Barbara Senckel

Mit geistig Behinderten leben und arbeiten

Michael Rahnfeld
Micha und Mama, 1990

Barbara Senckel

Mit geistig Behinderten leben und arbeiten

Eine entwicklungspsychologische Einführung

Verlag C. H. Beck München

Die Deutsche Bibliothek – CIP-Einheitsaufnahme

Senckel, Barbara:
Mit geistig Behinderten leben und arbeiten :
eine entwicklungspsychologische Einführung /
Barbara Senckel. – 3., durchges. Aufl. – München :
Beck, 1998
ISBN 3 406 38111 1

ISBN 3 406 38111 1

Dritte, durchgesehene Auflage 1998
Umschlaggestaltung: Uwe Göbel, München
Umschlagabbildung: „Mutter und Kind" von Walter Knobelspieß, Birkenfeld

Gesamtherstellung: C. H. Beck'sche Buchdruckerei, Nördlingen
Gedruckt auf säurefreiem, alterungsbeständigem Papier
(hergestellt aus chlorfrei gebleichtem Zellstoff)
Printed in Germany

Inhalt

Viertes Kapitel
Das Grundschulalter
Seite 71

Fünftes Kapitel
Pubertät und Adoleszenz
Seite 82

Sechstes Kapitel
Das junge Erwachsenenalter
Seite 102

Siebtes Kapitel
Krisen in der Lebensmitte
Seite 115

Achtes Kapitel
Die zweite Lebenshälfte
Seite 120

Neuntes Kapitel
Trennung: Sterben und Trauern
Seite 128

Zweiter Teil
Ausgewählte Themen der menschlichen Entwicklung

Zehntes Kapitel
Das psychoanalytische Persönlichkeitsmodell
Seite 143

Elftes Kapitel
Die Beziehungs- und Ich-Entwicklung
Seite 150

Zwölftes Kapitel
Sexualentwicklung
Seite 168

Dreizehntes Kapitel

Die Entwicklung des Norm- und Wertbewußtseins

Seite 181

Vierzehntes Kapitel

Aggression

Seite 194

Fünfzehntes Kapitel
Angst
Seite 209

Sechzehntes Kapitel
Die Entwicklung der Schutzfunktionen
Seite 226

Siebzehntes Kapitel
Wahrnehmung
Seite 233

Achtzehntes Kapitel
Intelligenz und Denken
Seite 263

Einundzwanzigstes Kapitel

Kommunikation

Seite 328

Anhang

Einleitung

«Tua res agitur»
es geht um deine Sache.

Wenn man zu der Fülle psychologischer Einführungsliteratur noch ein weiteres Buch hinzufügt, so bedarf es einer besonderen Begründung. Zwei Argumente, die mich veranlaßt haben, dieses Buch zu schreiben, seien deshalb gleich zu Beginn genannt. Als Dozentin für Psychologie an einer Fachschule für Heilerziehungspflege und einem Seminar für Heilpädagogik suchte ich vergeblich nach einer Einführung, die diejenigen psychologischen Theorien hinlänglich differenziert und für Laien verständlich abhandelt, die für den Umgang mit geistig behinderten Menschen hilfreich sein können. Ein entsprechendes Werk, in dem darüber hinaus der Bezug zu dieser besonderen Klientel hergestellt wird, war schon gar nicht zu finden, obgleich es selbstverständlich eine Fülle psychologischer und vor allen Dingen heilpädagogischer Veröffentlichungen gibt, die sich mit der Eigenart geistig behinderter Menschen befassen. Doch es fehlt eine «einführende Zusammenschau» verschiedener psychologischer Aspekte. Sie sei hier versucht, wobei die Wahl der theoretischen Ansätze meine eigene psychologische Orientierung widerspiegelt.

Alle Aussagen über geistig behinderte Menschen gründen in der Überzeugung, daß ihre psychische Struktur nicht prinzipiell von derjenigen der sogenannten «normal Begabten» abweicht. Vielmehr gelten allgemein psychologische Erkenntnisse auch tatsächlich «allgemein». Behinderungsspezifische Abweichungen, die eine Kennzeichnung der geistigen Behinderung etwa als «Schwäche der Gesamtseelenstruktur» (*H. Hanselmann/P. Moor*) oder «kognitives Anderssein» (*M. Thalhammer*) erlauben, rechtfertigen keineswegs Vorstellungen von einer völlig andersgearteten psychischen Konstitution. Vielmehr läßt sich jedes psychische Merkmal geistig behinderter Menschen unter bestimmten Voraussetzungen oder zu irgendeinem Zeitpunkt der Entwicklung auch bei den sogenannten «Durchschnittsmenschen» nachweisen. Deshalb bildet die allgemeine Psychologie – und insbesondere die Entwicklungspsychologie – den Bezugsrahmen für alle den geistig behinderten Menschen betreffenden Ausführungen.

Ich möchte allen, die sich für geistig Behinderte interessieren – z. B. Eltern, Heilerziehungspfleger und Heilpädagogen – ein vertieftes Verständnis für deren Erleben und Verhalten vermitteln. Darüber hinaus will ich zeigen, welche Konsequenzen sich für den alltäglichen Umgang von dem theoretisch entworfenen Verständnishintergrund ableiten lassen. Die Handlungsvorschläge orientieren sich dabei an der Frage: Welchen Forderungen muß eine Beziehung genügen, in der sich die beteiligten Personen wohl fühlen und die zugleich die Entfaltung der Persönlichkeit fördert? Die Beziehung zu behinderten Menschen steht also im Zentrum des Buches. Dementsprechend behandelt es jeweils im Hinblick auf ein bestimmtes Lebensalter oder eine umschriebene psychische Funktion Fragen der Beziehungsentwicklung, der Beziehungsstörung sowie der angemessenen – Defizite ausgleichenden – Beziehungsgestaltung. Die Antworten folgen den Erkenntnissen der humanistischen Psychologie sowie der tiefenpsychologischen und kognitiven Entwicklungstheorie. Denn eine Beziehung entfaltet nur dann eine belebende Wirkung, wenn sie aus der bedingungslosen Achtung des Gegenüber erwächst und sich seinem Entwicklungsstand anpaßt.

Um die Reife eines geistig behinderten Menschen ausreichend zu erfassen, bedarf es differenzierter Kenntnisse hinsichtlich seiner emotionalen, kognitiven und sozialen Entwicklung; denn bei Menschen mit geistiger Behinderung entspricht das Entwicklungsalter niemals der Anzahl der bereits gelebten Jahre, sondern bleibt – bezogen auf die einzelnen Entwicklungsbereiche oftmals unterschiedlich – weit hinter diesen zurück. Die Darstellung entwicklungspsychologischer Kenntnisse nimmt in diesem Buch deshalb den meisten Raum ein. Ergänzt wird sie durch einige psychoanalytische Annahmen und die mir wesentlich erscheinenden kommunikationstheoretischen Grundlagen.

Psychoanalytische Konzepte im entwicklungsfördernden und therapeutischen Umgang mit geistig behinderten Menschen anzuwenden, ist bislang nur wenig verbreitet. Geläufiger ist der Rückgriff auf die Vorstellungen der kognitiven Entwicklungstheorien. Auch kommunikationstheoretische und sozial-interaktionelle Zugänge differenzieren sich allmählich aus. Doch insgesamt herrscht in der pädagogischen und psychologischen Behandlung geistig behinderter Menschen eine lerntheoretisch-verhaltenstherapeutische Vorgehensweise. Meine Erfahrung zeigte mir jedoch, daß sich die psychoanalytischen Vorstellungen der emotionalen und sozialen Entwicklung der Persönlichkeit – und hier besonders die Theorien von *Margaret Mahler* – nicht nur vorzüglich für das Verständnis des Verhaltens geistig behinderter Menschen eignen, sondern daß sie auch einen Weg weisen, wie ein weiteres Wachstum ihrer Persönlichkeit zu bewirken sei. Von entsprechendem Gewicht für die Diagnose und Förderung der kognitiven Entwicklung erwiesen sich die von *Jean Piaget* und seinen Nachfolgern aufgestellten Theorien. Die lerntheoretisch-verhaltenstherapeutischen Konzepte scheinen mir jedoch von nachrangiger Bedeutung, da sie sich entweder an den äußeren Bedingungen menschlichen Verhaltens orientieren und diese zu kontrollieren versuchen, wobei sie die innerpsychischen Gegebenheiten häufig als zweitrangig erachten. Oder sie bedienen sich der Methode des kognitiven Modellierens, die aber nur bei Menschen mit einem relativ hohen kognitiven Niveau Erfolg verspricht. Aus diesem Grund finden Methoden der Verhaltensmodifikation in diesem Buch kaum Beachtung.

Im ersten Teil gebe ich einen Überblick über die verschiedenen Lebensstufen. Querschnittartig werden jeweils die wichtigsten emotionalen, sozialen und kognitiven Themen beleuchtet, so daß ein vielseitiges Bild jeder Altersstufe entsteht. Im zweiten Teil behandle ich die Gebiete systematisch, die sich mir als besonders wichtig herausstellten: das psychonanalytische Persönlichkeitsmodell, die Beziehungs- und Ich-Entwicklung, Sexualität, die Entwicklung des Norm- und Wertbewußtseins, Aggression, Angst, die Schutzfunktionen (Abwehr), Wahrnehmung, Intelligenz und Denken, die Entwicklung des Spielens, der Sprache und der Kommunikation. Die Zweiteilung soll dem Leser die Möglichkeit geben, sich je nach Belieben entweder über eine Lebensphase oder über ein spezielles Thema zu informieren. Weil aber auch die systematischen Kapitel des zweiten Teils entwicklungspsychologischen Gesichtspunkten folgen und viele von ihnen zudem Themen behandeln, die schon innerhalb der einzelnen Lebensstufen berücksichtigt werden mußten, ließen sich Wiederholungen nicht immer vermeiden, sollte die Problematik facettenreich dargestellt und ein jeweils in sich geschlossener Zusammenhang gewährleistet sein.

Da die Intention des Buches darin besteht, in Handlungen umsetzbares Grundwissen zu vermitteln, beschränke ich mich bei den einzelnen Kapiteln in der Regel darauf, einen bedeutenden theoretischen Ansatz in seinen Grundzügen darzulegen. Auf die ausführliche Schilderung empirischer Forschungen sowie die Diskussion gegensätzlicher theoretischer Meinungen wurde weitgehend verzichtet, um nicht durch eine zu große Vielfalt von Erörterungen den gedanklichen Zusammenhang zu gefährden. Dieser Absicht entsprechend enthält das Literaturverzeichnis auch nur grundlegende Werke.

Schließlich sei noch bemerkt, daß, soweit wie möglich, auf eine fachsprachliche Ausdrucksweise verzichtet wurde, um Laien den Zugang zu den ohnehin oft abstrakten und deshalb schwer verständlichen Theorien zu erleichtern.

Viele haben dazu beigetragen, daß dieses Buch entstehen konnte. Ihnen sei an dieser Stelle gedankt. Zu nennen sind in erster Linie die geistig behinderten Bewohner der Anstalt Stetten, durch deren Verhaltensweisen ich ein vertieftes Verständnis allgemeinmenschlicher Entwicklungsvorgänge gewann. Wichtig waren auch meine Schüler, die mich veranlaßten, alle theoretischen Erwägungen im Zusammenhang praxisnah zu vermitteln. Überaus hilfreich waren mir das anhaltende Interesse von meiner Kollegin Ulrike Luxen – ich verdanke ihr manche inhaltliche Anregung und viele Fallbeispiele – und von Walther Killy (Göttingen). Besonderen Dank schulde ich schließlich auch meiner Mutter, die mich von früh auf in meinem Wunsch, die Hintergründe menschlichen Verhaltens zu erfassen, verstand und unterstützte. Ihr möchte ich mit diesem Buch ein Denkmal setzen.

Barbara Senckel

Erster Teil

Lebensphasen

Erstes Kapitel

Pränatale Entwicklung und Geburt

Lange Zeit vertrat die Wissenschaft die Meinung, daß die vorgeburtliche Entwicklung eines Kindes nur seinen Körper betreffe. Sein seelisches Leben – das Fühlen, Speichern von Erlebnissen und Sammeln von Erfahrungen, die ihrerseits seine Reaktionen beeinflussen, und somit das Lernen – begänne, so meinte man, frühestens bei, wenn nicht sogar erst nach der Geburt. Man begründete diese Annahme damit, daß das Nervensystem vor der Geburt noch nicht hinreichend ausgebildet sei, um Fühl- und Lernprozesse zu ermöglichen. Die wissenschaftlichen Forschungsergebnisse der jüngsten Zeit widerlegen diese Ansicht gründlich. Sie zeigen, daß körperliches und seelisches Leben von Anfang an unverbrüchlich zusammengehören. Indem ein Organ sich bildet, beginnt es auch zu arbeiten, wobei seine Leistungen immer zugleich körperliche und seelische Anteile enthalten. Da sich die einzelnen Organe und Funktionssysteme aber kontinuierlich herausbilden, beginnt das menschliche Leben als psycho-physische Einheit mit der Zeugung. Im Folgenden seien einige Erkenntnisse dargestellt, die das Zusammenspiel von körperlicher und seelischer Entwicklung belegen.

I.
Organanlagen und früheste Funktionen

Während der zweiten Woche nach der Zeugung nistet sich der Keimling – die Vorstufe zum Embryo – in der Gebärmutterschleimhaut ein. Dabei wachsen mütterliches und embryonales Gewebe zusammen. So bildet sich zwischen der Mutter und dem werdenden Kind über den Stoffwechsel die erste, für die körperliche und seelische Entwicklung höchst bedeutsame Beziehung.

Mit drei Wochen beginnt das Herz des Embryos, das durch die Verschmelzung zweier Blutgefäße entstand, zu schlagen und das Blut durch den 1,7 mm großen Embryo zu pumpen. Am Anfang der vierten Lebenswoche schließt sich das Neuralrohr, das zukünftige Rükkenmark und Gehirn. In seinem Bereich vermehren sich die Zellen besonders rasch, was darauf hinweist, wie wichtig das Gehirn für das spätere Wachstum werden wird. Am Ende der vierten Woche haben sich schon drei Gehirnbläschen gebildet: das Vorder-, Mittel- und Rautenhirn. In der fünften Woche differenziert sich das Gehirn weiter aus. Gleichzeitig arbeitet es: es steuert zunächst das Wachstum und die Gestaltbildung des Embryos. Seine höheren Funktionen bauen später auf diesen elementaren Leistungen auf. Ebenfalls in der fünften Woche entwickeln sich viele innere Organe: der Magen, die Leber, die Bauchspeicheldrüse, das Darmrohr und die Lungenanlage. Am Ende der Embryonalzeit sind alle Organe, die inneren wie die äußeren, angelegt. Zum Teil arbeiten sie schon funktionsgerecht (das Herz-Kreislauf-System, die Leber), zum Teil beginnen sie gerade mit der Einübung ihrer Funktionen (die Lunge).

In der fünften Woche werden auch die Anlagen für die Arme und Beine sichtbar. Sie differenzieren sich in der nächsten Woche aus, so daß mit einundvierzig Tagen die knorpeligen Anlagen des Oberarmknochens, der Elle und Speiche sowie der Fingerstrahlen gebildet sind. Die Fußplatten sind ebenfalls vorhanden, die Zehenstrahlen wachsen einige Tage später. In den folgenden beiden Wochen verlängern sich Arme und Beine, die einzelnen Finger ebenso wie die Zehen trennen sich voneinander, die Hände wie die Füße nähern sich einander. Der acht Wochen alte Embryo bewegt seine Hände und Arme ebenso wie seine Füße und Beine. Bald darauf «versucht» er zu greifen und erübt sich so – wie in den entsprechenden Kapiteln erläutert wird – die Voraussetzung für das «Begreifen», d.h. für die Denk- und Sprachentwicklung. Zu einem etwas späteren Zeitpunkt kommt es vor, daß er seine Nabelschnur umfaßt oder seinen Mund, das erste Tastorgan, berührt. Mit seinen Beinen und Füßen führt er die ersten Stoßbewegungen durch.

Gleichfalls in der fünften und sechsten Woche entstehen die Anlagen für Augen und Ohren. In der achten Woche nehmen die Ohrmuscheln ihre endgültige Form an, auch die Augen sind vollständig ausgebildet und zunächst offen (in der neunten Woche werden sie sich für die nächsten viereinhalb Monate schließen); das Gesicht des inzwischen 3 cm messenden Embryos zeigt ausgesprochen kindliche Züge.

Sein Gehirn gliedert sich nun in das Stamm-, Klein- und Mittelhirn, den Thalamus und Hypothalamus sowie das Großhirn. Die ersten Synapsen, d.h. die Kontaktstellen an den Enden der Nervenfasern, bilden sich. Über die synaptischen Verbindungen nehmen die Nervenzellen Informationen auf und leiten sie weiter ans Gehirn. Die Informationen erhalten sie von Rezeptoren – das sind Zellen, die Sinneseindrücke empfangen –, die zugleich mit den ersten Synapsen entstehen. Das aber bedeutet: die Reizaufnahme und -verarbeitung, die man früher erst nach der Geburt für möglich gehalten hat, da man erst zu diesem Zeitpunkt die Synapsenbildung ansetzte, beginnt schon am Ende der Embryonalzeit. Denn in der achten Woche wird die Mundregion empfänglich für Berührungsreize, die Anlagen für den Geruchs- und Geschmackssinn entstehen. Der Embryo beginnt wahrzunehmen. Die Wahrnehmung aber, bestehend aus der Reizaufnahme, -verarbeitung und -beantwortung, und das Lernen als Grundlage für das Sammeln von Erfahrungen sind eindeutig psychische Funktionen.

Wie bereits erwähnt, ist der Embryo über den Stoffwechsel innigst mit seiner Mutter – ihrer körperlichen und seelischen Befindlichkeit – verbunden. Nicht nur körperliche Belastungen, wie z. B. Krankheiten – bekannt ist die Gefährdung durch eine Erkrankung an Röteln –, chemische Schadstoffe, Röntgenstrahlen oder eine mangelhafte Ernährung, gefährden den Embryo. Auch ihr Empfinden teilt sich ihm über ihren Herzschlag und die Hormonausschüttungen unmittelbar mit und wirkt sich auf seine Entwicklung aus. Schwere seelische Konflikte und der damit verbundene, lang anhaltende Streß der Mutter führen zu einer dauerhaft erhöhten Ausschüttung des Hormons Serotonin. Dieses Hormon, das bei verschiedenen psychischen Prozessen – z. B. bei Depressionen und Aggressionen – eine Rolle spielt, bewirkt eine Verengung der Blutgefäße und damit eine schlechtere Durchblutung des Uterus. Sauerstoff- und Nahrungsmangel sind die Folgen für den Embryo. Besonders beeinträchtigt wird dadurch das sich entwickelnde Gehirn, das ohnehin einen erhöhten Sauerstoffbedarf hat. Im Extremfall kann die übermäßige Serotoninproduktion den Uterus zu Kontraktionen anregen und dadurch eine Ausstoßung des Embryos verursachen. Doch auch andere Hormone, etwa das Adrenalin oder das Nebennierenrindenhormon Hydrocortison, können, wenn sie durch anhaltenden Streß bedingt im Übermaß ausgeschüttet werden, den Embryo schädigen. Manche Föten bekommen sogar Magengeschwüre, wenn ihre seelisch belasteten Mütter ständig zu viel des Gewebshormons Gastrin produzieren, das die Säureabsonderung des Magens anregt. Als gefährdende Streßfaktoren erwiesen sich schwere Beziehungskonflikte, traumatische Erlebnisse, wie der Tod eines nahestehenden Menschen oder die plötzliche Arbeitslosigkeit des Ernährers, aber auch die Ablehnung der Schwangerschaft.

Kinder von Müttern, die ursprünglich abtreiben wollten, es aber doch nicht taten, scheinen in ihrer weiteren Entwicklung störanfälliger als andere zu sein. Doch ist es äußerst problematisch, Störungen einseitig als Konsequenz einer belasteten Schwangerschaft zu deuten. Denn die Ambivalenz, die eine Mutter ihrem Ungeborenen gegenüber spürt, besteht häufig nach der Geburt fort und beeinträchtigt nun «extrauterin» die Beziehungsgestaltung und damit die psychische Entwicklung des Kindes. Umgekehrt vermag wohl der klare Wunsch und der Mut einer Mutter, ein Kind allen Widrigkeiten zum Trotz zu gebären, es vor den negativen Folgen ihrer seelischen Not zu schützen.

Die Auswirkungen seelischer Belastungen der Mutter auf das heranreifende Kind lassen sich zwar nicht exakt erfassen, doch ist erwiesen, daß sich die emotionale Situation der Mutter schon dem Embryo mitteilt und bei ihm Spuren hinterläßt. Deshalb gilt es, eine schwangere Frau zu entlasten und zu unterstützen, damit sie möglichst ausgeglichen die Schwangerschaft durchleben kann. Hier setzt die Mitverantwortung der Umwelt an, insbesondere die des Vaters und der unmittelbaren Bezugspersonen.

II.
Entwicklung von Bewegung und Wahrnehmung

Standen die acht Wochen der Embryonalzeit im Zeichen der Organentwicklung, so entfalten sich in der ersten Hälfte der Fötalzeit insbesondere die Wahrnehmungs- und Bewegungsfähigkeit. In der neunten bis zwölften Woche beginnt der Fötus (manche Wissenschaftler rechnen diese Zeit noch der embryonalen Periode zu) auf vielfältige Weise Berührungsreize mit Bewegungen zu beantworten. Er krümmt und streckt den Körper, stößt mit den Beinen, schließt die Hand bei Reizung der Handfläche, wendet den Kopf und rollt mit den Augen, wenn die Wangen oder Augenlider berührt werden, und entwickelt sogar verschiedene Gesichtsausdrücke. Zwar entstehen diese Fähigkeiten auf der Grundlage eines genetischen Programms, doch stellen sie keine festgelegten Reflexreaktionen dar, sondern individuelle Antworten des Fötus, die fortwährend verändert und verbessert werden. Sie sind mithin als erste Anpassungsleistung aufgrund der einsetzenden Reizverarbeitungsprozesse zu werten.

Damit der Fötus Berührungen mit Bewegungen beantworten kann, muß er sie als solche wahrnehmen. So differenziert sich ebenfalls während des dritten Monats seine Wahrnehmungsfähigkeit aus: der größte Teil seiner Hautoberfläche wird reizempfänglich, das Gleichgewichtsorgan und der Sinn für die Eigenwahrnehmung, die Propriozeption, entstehen und beginnen zu arbeiten, so daß der Fötus seine Lage im Mutterleib und die Geschwindigkeit und Richtung einer Bewegung wahrnehmen und seine Körperhaltung beibehalten oder verändern kann. Im folgenden Monat vervollkommnet sich der Gleichgewichtssinn, entwickelt sich das Gehör und reift der Geschmackssinn aus.

Indem die Reizinformation zum Gehirn weitergeleitet wird, wird es, ebenso wie durch die Körperbewegungen, stimuliert, sich zu strukturieren und auszudifferenzieren. Es entsteht ein Wechselwirkungsprozeß, der die Bildung weiterer Synapsen und die beginnende Vernetzung der Nervenzellen des Gehirns anregt. Es zeigt sich also, daß eine weitgehende Reifung des Gehirns für seine Funktionsfähigkeit keineswegs, wie früher behauptet, die Voraussetzung bildet, sondern daß umgekehrt die Ausübung aller rudimentär entwickelten Funktionen zu ihrer Weiterentwicklung und zum Aufbau des Gehirns beitragen. Der Entwicklungsprozeß verläuft mithin nicht in einer Richtung – erst wenn die Hirnstruktur ausgereift ist, um Handbewegungen zu steuern, werden diese möglich –, sondern kreisförmig vernetzt: unkoordinierte Bewegungen helfen zur Differenzierung der Hirnstruktur, diese wiederum steuert, ihrem jeweiligen Vermögen entsprechend, die Bewegungen. Auch die Entwicklung der Intelligenzstruktur in nachgeburtlicher Zeit folgt diesem Muster (vgl. die sensomotorische Intelligenzentwicklung nach *Piaget*).

Die zwölfte Woche bringt weitere Fortschritte: Das Geschlecht des Kindes läßt sich nun eindeutig bestimmen. Sein Gaumen schließt sich, der Saugreflex entwickelt sich. Der Fötus schluckt Fruchtwasser und kann auch schon schmecken. Überprüft wurde seine Geschmacksfähigkeit, indem unterschiedlich schmeckende Zusatzstoffe ins Fruchtwasser gespritzt wurden. Wurde Süßstoff injiziert, trank er mehr, bei unangenehm schmeckenden Zusätzen (Röntgenkontrastmittel) weniger. Mit vierzehn Wochen ist sein Geschmackssinn ausgereift, und sein Gehör entwickelt sich. Mit sechs Monaten wird es funktionsfähig sein. Im vierten Monat beginnt der Fötus, verbunden mit der nun sich bildenden Plazenta durch die Nabelschnur, als eigenständiges System innerhalb des mütterlichen Organismus zu funktionieren. Die «Verselbständigung» ermöglicht ihm eine gewisse innere Eigenregulation, einen Ausgleich z. B. bei Stoffwechselproblemen, Überanstrengung, harmlosen Krankheiten oder Rauchen der Mutter. Machtlos aber bleibt er bei Sauerstoffmangel, manchen Krankheiten oder schon erfolgten Entwicklungsschäden.

Mit fünf Monaten endlich spürt auch die Mutter die Bewegungen ihres Kindes. Lebhafte und ruhige Phasen wechseln sich ab: das Kind entwickelt im Mutterleib einen Wach-Schlaf-Rhythmus, den es weitgehend von seiner Mutter übernimmt. Arbeitet sie bis spät in die Nacht – etwa als Serviererin –, so bleibt auch ihr Kind entsprechend lange munter. Geht sie früh zu Bett und steht früh wieder auf – z. B. als Bäckerin – so paßt sich ihr Kind auch diesem Rhythmus an.

III.
Erleben und Lernen im Mutterleib

Von der zwanzigsten Woche an bilden sich um die Axone der Nervenzellen des Gehirns sogenannte Markscheiden (Myelin). Durch sie werden die Nervenfasern isoliert. Auch gewinnen sie eine größere Stabilität, so daß die Reizverbindungen länger aufrecht erhalten bleiben. Darüberhinaus nimmt man an, daß häufig sich wiederholende Reizzustände zu bleibenden elektrochemischen Veränderungen an den Nervenzellen führen, d. h. sogenannte Gedächtnisspuren hinterlassen. Die Bildung von Gedächtnisspuren aber bedeutet, daß Erlebnisinhalte aufbewahrt werden. Bis vor wenigen Jahren ging man davon aus, daß die Myelinisierung der Nervenfasern erst nach der Geburt einsetzt, und begründete mit diesem Argument die Behauptung, daß Föten keine Erlebnisse speichern könnten. Nun zeigt sich, daß die Speicherfähigkeit – vorstellbar zunächst als unbewußtes Gedächtnis – schon mit der zweiten Hälfte der Schwangerschaft beginnt.

Wie die Gedächtnisspuren entstehen, ist bislang unbekannt. Noch schwerer läßt sich vorstellen, wie die Erlebnisinhalte wieder abgerufen werden können, da die Wahrnehmungssysteme des Fötus gerade erst ansatzweise beginnen, sich aufeinander abzustimmen. Selbst bei der Geburt arbeiten die einzelnen Systeme noch keineswegs gut zusammen. Für die Koordination der einzelnen Sinneseindrücke zu einem zusammenhängenden Objekt braucht der Säugling noch etwa ein halbes Jahr. (S. Kap. 18, S. 263 ff.) Die fötalen Erfahrungen können also nicht als das Erfassen eines Sinnzusammenhanges gedeutet werden, vielmehr werden sie sich bruchstückhaft auf einzelne Sinneswahrnehmungen und evtl. auch auf affektive Reaktionen beziehen.

Als gesichert gilt, daß Säuglinge sich an vertraute Laute aus dem Mutterleib erinnern. Denn sie reagieren schon kurz nach der Geburt auf den mütterlichen Herzschlag und ihre Stimme, aber auch auf bekannte Melodien und Rhythmen anders als auf unvertraute Geräusche. Wiegenlieder, die die Mutter während der Schwangerschaft dem Ungeborenen vorgesungen hat, vermögen nach der Geburt den weinenden Säugling am besten zu beruhigen. Wenn die Mutter ihren musikalischen Vorlieben während der Schwangerschaft folgte und etwa bestimmte Musikstücke besonders oft hörte, so kann es sein, daß auch ihr Kind später diese Musik ganz besonders liebt. Doch auch Angsterlebnisse können gespeichert werden. Eine Mutter, die während der letzten Schwangerschaftsmonate einen Autounfall hatte, berichtet, daß ihr Kind jahrelang ungewöhnlich schreckhaft reagierte, wenn Autobremsen in seiner Nähe quietschten. Schließlich geben auch Träume erwachsener Menschen Hinweise auf die Speicherung der Geburtserlebnisse oder gar intrauteriner Erfahrungen. Immer wieder erscheinen Traumbilder, die den Träumenden in engen, dunklen Räumen zeigen, oftmals besonderen Bedrohungen ausgeliefert, oder die den schmerzhaften und äußerst gefahrvollen Durchbruch durch eine enge Öffnung in eine völlig andersgeartete (weite, helle) Umgebung schildern. Nachforschungen haben oft bestätigt, daß die Träume kritische Situationen symbolisch korrekt wiedergaben. Diese Beispiele mögen als Indizien dafür genügen, daß der Fötus im letzten Viertel der Schwangerschaft nicht nur wahrnimmt und mit sinnvollen Bewegungen reagiert, sondern daß er auch beginnt, seine Wahrnehmungen zu verarbeiten, «Erfahrungen zu sammeln», zu «lernen».

Das Gehirn des Fötus ist vom sechsten Schwangerschaftsmonat an sehr aktiv. Wenn das Kind schläft (überwiegend REM-Schlaf, das ist der leichte Schlaf am Ende jedes Schlafzyklus', in dem der Mensch die erinnerungsfähigen Träume träumt), zeigen die Hirnströme an, daß es lebhaft träumt. Wir wissen zwar nicht, was es träumt, doch sicher ist, daß es Eindrücke verarbeitet und sich dabei wohl und unwohl fühlen kann. Im Wachen übt es seine Fähigkeiten. Tätigkeiten, die zu angenehmen Empfindungen führen, wie das Daumenlutschen, wiederholt es häufig, andere vermeidet es. Unruhig, ja regelrecht aufgeregt reagiert es bei lautem Streit, Krach und hektischen Rhythmen, während es klassische und barocke Musik geradezu zu genießen scheint. Das Kind trinkt viel Fruchtwasser und schult sich dabei im Schlucken, damit es gleich nach der Geburt reibungslos gelingt. Auch seine Stimmbänder übt es schon. Desgleichen entwickelt sich seine Atemfähigkeit, und seine Augen öffnen sich im achten Monat. Bald darauf beginnt es, hell und dunkel zu unterscheiden.

Bei einer Geburt mit sechsundzwanzig Wochen ist der tausend Gramm schwere Säugling überlebensfähig, kann allerdings noch nicht selbständig atmen. Ein gefahrloses Überleben ist erst mit sieben Monaten möglich, wenn alle Funktionen hinreichend ausgereift sind. Während der letzten acht Wochen vor der Geburt konzentriert sich das Entwicklungsgeschehen, neben der intensivierten Wahrnehmungs- und Erlebnisverarbeitung, auf die Gewichtszunahme. Da außerhalb des Mutterleibes viel niedrigere Temperaturen herrschen als innerhalb, legt sich der Fötus zum Schutz gegen die Kälte ein dickes Fettpolster zu. Er verdoppelt sein Gewicht nahezu und wiegt schließlich bei der Geburt sechs bis sieben Pfund.

Wenn, wie ausgeführt, der Fötus schon so früh unterschiedliche Reize wahrnimmt, wenn er fühlt, Empfindungen speichert und aktiv sein intrauterines Dasein mitgestaltet, so versteht es sich eigentlich von selbst, daß die mütterlichen Gefühle und die entsprechenden Signale, die mit ihnen verbunden sind (Herzschlagfrequenz, Hormonausschüttungen), nicht wirkungslos bleiben. Das bestätigte eine österreichische Untersuchung, bei der die Einstellung von einhunderteinundvierzig schwangeren Frauen ihren ungeborenen Kindern gegenüber mit dem Schwangerschaftsverlauf, dem Geburtsvorgang und dem Verhalten der Säuglinge verglichen wurde. Man unterschied vier Müttergruppen und kam zu folgenden Beobachtungsergebnissen: bei den sogenannten «Idealmüttern», die ihre Kinder freudig erwarteten, zeigten sich dreiunddreißig Säuglinge als emotional stabil und belastungsfähig. Bei den «kühlen» Müttern, die ihr Kind bewußt ablehnten, es unbewußt aber eventuell akzeptierten, fielen sechzehn Neugeborene durch Apathie auf. Bei den vierundzwanzig «zwiespältigen» Müttern, die eine primäre Ablehnung ausschließlich durch bewußtes Bejahen ausgleichen wollten, traten Schwierigkeiten auf. Sie neigten zur Frühgeburt, und ihre Kinder waren häufig nervös, überaktiv und erbrachen sich oft. Bei den siebenundzwanzig «katastrophalen» Müttern, die ihre Schwangerschaft nur als eine Katastrophe ansahen, verliefen sowohl Schwangerschaft als auch Geburt überwiegend kompliziert; sie erlitten häufig Frühgeburten und ihre Kinder entwickelten oft Verhaltensstörungen.

Die Notwendigkeit einer liebevollen Annahme und einer gelebten Beziehung für das Gedeihen der Föten bzw. Säuglinge läßt sich auch bei zu früh geborenen Kindern nachweisen. Verbringen sie die letzten acht bis zwölf Schwangerschaftswochen im Brutkasten, also nicht im Bauch der Mutter, so gedeihen sie deutlich besser, wenn sie von ihren Eltern besucht werden, wenn diese sie anfassen, streicheln und mit ihnen sprechen und sie nicht nur allein sich selbst überlassen. Die Beziehungsbedürftigkeit und Beziehungsfähigkeit, die sie außerhalb des Mutterleibes zeigen, besteht aber selbstverständlich zum gleichen Entwicklungszeitpunkt auch innerhalb des Uterus.

IV.
Die Geburt

Nach achtunddreißig Wochen seit der Zeugung oder nach neun Schwangerschaftsmonaten erfolgt die Geburt. Möglicherweise beteiligt sich das Kind sogar selbst an der Wahl seines Geburtstermins, indem es durch eine Hormongabe an die Plazenta die Mutter zur Wehenbildung veranlaßt. Auf jeden Fall ist es beim Geburtsverlauf aktiv beteiligt, denn durch Stoß- und Drehbewegungen arbeitet es mit und wird nicht nur passiv aus dem Uterus «ausgetrieben». Hat der Kopf den Scheidenausgang passiert, so folgt der übrige Körper rasch hinterher, die Geburt ist überstanden. Sie war nicht nur für die Mutter, sondern auch für das Kind ein anstrengender, schmerzhafter und gefahrvoller Vorgang. Etwa zwei Drittel der behinderten Kinder erleiden ihre Schädigung in der letzten Zeit vor, während oder bald nach der Geburt. Als häufigste Ursache während des Geburtsprozesses ist der Sauerstoffmangel zu nennen (wenn sich z. B. die Nabelschnur um den Hals des Kindes geschlungen hat), der zu mehr oder minder starken bleibenden Hirnschäden führen kann, als deren Folge wiederum – je nach betroffenem Hirnbereich – die unterschiedlichsten Störungsbilder auftreten können.

Aber auch eine «normale» Geburt belastet das Kind außerordentlich: muß es doch einen radikalen Wechsel seiner bisherigen Lebensbedingungen verkraften! Während es intrauterin eine gleichmäßige Wärme vorfand, ununterbrochen mit Nahrung versorgt wurde, ihm der Sauerstoff mit der Nahrung zufloß, es viele Sinnesreize nur in gedämpfter Form empfing und die Wirkungen der Schwerkraft durch das Fruchtwasser abgemildert wurden, so ändern sich diese Verhältnisse nun grundlegend. Die Temperatur der es umgebenden Luft ist, obgleich es warm eingehüllt wird, deutlich kühler als der Mutterleib. Es muß also seine Körperwärme regulieren, damit alle inneren Organe angemessen arbeiten können. Seine Nahrungsaufnahme wird zur Aufgabe: es erlebt zum ersten Mal Hunger und Durst, schreit, um auf sein Bedürfnis aufmerksam zu machen, und muß selbständig trinken. Wie gut, daß es das im Mutterleib schon geübt hat. Auch die Atmung muß in Gang kommen. Beim ersten Atemzug, der durch die plötzliche Ausdehnung des Brustkorbes nach seiner Befreiung aus dem Geburtskanal hervorgerufen wird, füllt sich die Lunge mit Luft wie ein Luftballon. Zugleich beginnt der Lungenkreislauf zu arbeiten, und der Blutkreislauf im Herzen stellt seine Tätigkeit um. Vor der Geburt erhielt die rechte Herzkammer das sauerstoffreiche Blut von der Nabelschnurvene und leitete es direkt weiter in die linke Herzkammer. Nun bleibt der Zustrom sauerstoffreichen Blutes aus. Stattdessen strömt das sauerstoffarme Blut in die Lunge, an der es zuvor weitgehend vorbeifloß, reichert sich dort mit Sauerstoff an und fließt zurück zur linken Herzkammer, von wo aus es nun wie zuvor durch den Körper gepumpt wird.

Vielen neuen Sinnesreizen ist das Neugeborene ausgesetzt. Nicht nur empfindet es zum ersten Mal Kälte und erlebt die Rauheit einer direkten Berührung. Auch die trockene Luft ist zunächst unangenehm fremd für die empfindliche Haut. Hinzu kommen das grelle Licht der Außenwelt und die neuen Klangqualitäten der Geräusche. Schließlich ändern sich noch die Raumverhältnisse und Bewegungsmöglichkeiten. Zwar bot der Mutterleib zum Schluß nicht mehr viel Bewegungsraum, aber die Bewegungen, die der Fötus bislang durchführte, vollzog er relativ schwerelos. Nach dem Austritt aus dem Fruchtwasser erfordern nun alle Bewegungen durch die erhöhte Wirkung der Schwerkraft viel mehr Kraft. Auch kannte er bislang keinen freien Raum: immer wieder stieß er schnell an die schützende Begrenzung des Leibes. Nun aber fallen viele der Sicherheit bietenden Raumgrenzen fort, ebenso wie die vertrauten Bewegungsrhythmen und Geräusche.

Daß die grundlegende Wandlung der Daseinsbedingungen im Kind, das ja schon seit Monaten empfindungs- und erlebnisfähig ist, Angst auslöst, ist bekannt. *Otto Rank* wertet das «Trauma der Geburt» sogar als Urform der Angst, die hinfort jedwede Angstreaktion des Menschen bestimmt. Ohne die Bedeutung zu mindern, die dieser Angst sicherlich zukommt, führen heutige Erkenntnisse doch zu einer differenzierteren Einschätzung. Einerseits läßt sich das Geburtstrauma nicht mehr als die erste Angst, die ein Mensch erlebt, behaupten: Sie kann schon in die intrauterine Zeit fallen. Andererseits muß sie sich nicht unbedingt auf das weitere Leben negativ auswirken, wenn die nun folgende Zeit für den Säugling so Geborgenheit spendend und seine Bedürfnisse befriedigend verläuft, daß er seine Angst überwinden und ein starkes Vertrauen in die Welt und seine eigenen Kräfte, das Leben mitzugestalten, entwickeln kann.

Bei der Geburt verläßt der Säugling die körperliche Einheit mit der Mutter. Er ist, was die Aufrechterhaltung seiner biologischen Funktionen betrifft, selbständig lebensfähig. Damit wurde die Geburt zum ersten sichtbaren Schritt in Richtung auf die Verwirklichung eines Ziels seines Lebens: die Verselbständigung, die Selbstwerdung, die Individuation. Diesem Ziel aber widerspricht ein zweites, gegenläufiges: die Suche nach der verlorenen Einheit, das Bestreben, sie – zunächst mit der Mutter, später aber auch mit anderen Menschen – wiederzugewinnen, das Ziel einer psychischen Symbiose. *M. Mahler* sieht in der Sehnsucht sowohl nach Symbiose als auch nach Individuation eine grundlegende Kraft für die seelische Entwicklung des Menschen. Aus der Gegensätzlichkeit der Ziele erwachsen unvermeidbar Konflikte; die Notwendigkeit, diese Konflikte, die auf jeder Entwicklungsstufe in neuer Gestalt erscheinen, immer wieder zu bewältigen und ein neues Gleichgewicht zu finden, treibt die psychische Entwicklung voran. Erst mit dem Tod endet das Bemühen um den Ausgleich dieser beiden menschlichen Grundstrebungen.

V.
Pränatale Entwicklung, Geburt und geistige Behinderung

Eine geistige Behinderung kann aufgrund genetischer Abweichungen schon beim Entwicklungsbeginn angelegt sein. Weiterhin kann sie durch schädigende Einflüsse (chemische, physikalische und biologische), insbesondere während der Embryonalzeit, entstehen. Eine wichtige Ursache geistiger Behinderungen ist zudem der Sauerstoffmangel während der Geburt, der zu einer sogenannten «frühkindlichen Hirnschädigung» führt. Je nach dem Zeitpunkt und Ausmaß der Schädigung wird nicht nur die körperliche, sondern auch die seelische vorgeburtliche Entwicklung beeinträchtigt. Denkbar ist weiterhin, daß Kinder, die ihre sie behindernde Verletzung erst während der Geburt erleiden, diese als ein besonders traumatisches Erlebnis speichern. Unabhängig von der Schädigung aber bleiben die Sehnsucht des Menschen nach symbiotischem Erleben und der Drang zur Entfaltung der eigenen Persönlichkeit, zur Autonomie und Individuation. Allerdings erschwert eine geistige Behinderung – jeweils ihrem Grad entsprechend – die psychische Entwicklung; häufig gelingt es einem schwerer geistig behinderten Kind erst verzögert, die primäre Symbiose mit der Mutter zu verlassen – vorausgesetzt: es hat sie überhaupt erleben dürfen –, es erwirbt nur ein geringeres Maß an Autonomie, und es findet schwerer zu reifen Konfliktlösungen für seine beiden gegensätzlichen Strebungen. So braucht ein geistig behindertes Kind für die nun folgende Entwicklung noch mehr Unterstützung als ein sogenannter «normaler» Säugling.

Zweites Kapitel

Das erste Lebensjahr

I.
Der Säugling als «physiologische Frühgeburt»

Zu dem Zeitpunkt, an dem ein Menschenkind den Mutterleib verläßt und den beschriebenen, radikalen Wechsel seiner Lebensbedingungen auf sich nimmt, können seine vitalen Funktionen (Atmung, Stoffwechsel, Wärmeregulierung) selbständig arbeiten. Dennoch ist es, verglichen mit anderen höheren Säugetieren, nur sehr dürftig entwikkelt. Jedes neugeborene Fohlen (Nestflüchter) kann laufen, jedes Äffchen (Tragling) sich an der Mutter festklammern und folglich sein eigenes Gewicht tragen; beide koordinieren ihre Bewegungen hinreichend, um die Nahrungsquelle selbständig aufzusuchen und sich in begrenztem Maß selbst zu schützen. Ein Säugling kann beides nicht. Erst mit einem Jahr lernt er, mit dem Erwerb der aufrechten Haltung, zu gehen. Die höheren Säugetiere äußern sich auch von Anfang an in artspezifischen Lauten. Das Wiehern eines Fohlens unterscheidet sich nicht grundsätzlich von dem seiner Pferdemutter. Das Kind aber lallt zunächst ein Jahr lang, bis es die ersten Wörter seiner Muttersprache nachplappern kann. Da das Menschenkind also erst mit einem Jahr die artspezifischen Fähigkeiten beherrscht, die ein höheres Säugetier schon bei der Geburt besitzt, bezeichnet der Schweizer Biologe *Portmann* es als «physiologische Frühgeburt» und das erste Lebensjahr als «extrauterines Frühjahr». Unreif und unvergleichlich hilflos wird es in seine Familie hineingeboren, die es als ein «sozialer Uterus» aufnimmt und ihm noch ein Jahr lang weitgehend «gebärmutterähnliche» Fürsorge zuteil werden läßt.

Die frühe Geburt des Kindes ist jedoch keineswegs als Nachteil zu betrachten. Vielmehr eröffnet erst sie die typisch menschlichen Entwicklungsmöglichkeiten. Denn aufgrund der physiologischen Unreife ist das Verhalten des Säuglings längst nicht so festgelegt wie das der Tiere. Seine nur schwach ausgeprägten Instinkte schreiben ihm nicht im einzelnen vor, was er in verschiedenen Lebenssituationen zu tun hat, sie legen ihm lediglich gewisse Verhaltenstendenzen nahe. Das bedeutet aber auch, daß menschliche Handlungen nicht von vorneherein triebhaft gebunden sind, sondern daß es einen Freiheitsspielraum gibt, in dem ungebundene Energien auf eine nicht durch die Situation festgelegte Art und Weise in Handlung umgesetzt werden können. Die Möglichkeit, Distanz zur gegenwärtigen Situation zu gewinnen, die prinzipielle Freiheit, ein und dieselbe Gegebenheit auf unterschiedliche Weise zu beantworten, ist damit eröffnet. Diese Freiheit wird erfahrbar als die Fähigkeit innezuhalten, nachzudenken, zu wählen, eine Tat zu beurteilen und mögliche Folgen abzuschätzen. Sie schlägt sich aber auch in der menschlichen Kulturentwicklung nieder. Die Vielseitigkeit, mit der unterschiedliche Völker ihr Leben gestalten, liegt so nicht nur in der Notwendigkeit begründet, auf verschiedenartige Umweltbedingungen angemessen zu reagieren, sondern zeigt auch, daß sich mannigfaltige Lösungen für ähnliche Probleme finden lassen, wenn die Handlungsweisen nicht genetisch vorherbestimmt sind.

Da dem Menschen seine Fähigkeiten nicht in die Wiege gelegt werden, muß er sie erst im Laufe seiner Entwicklung erwerben. Offen in seinen Verhaltensmöglichkeiten, ist er wie kein anderes Wesen darauf angewiesen zu lernen, hat aber auch in einem jedes Tier übertreffenden Maße die Fähigkeit dazu. Der «weltoffene» Säugling ist erziehungsbedürftig und erziehungsfähig. Für die Lernentwicklung ist seine physiologische Unreife bei der Geburt von unschätzbarem Wert. Denn das Niveau seiner späteren Handlungs- und Denkmöglichkeiten hängt ab von der Differenzierung seiner Hirnstruktur, die sich zu einem bedeutsamen Teil im ersten Lebensjahr vollzieht. Sie ereignet sich im Zusammenspiel von sinnlicher Wahrnehmung und motorischer Reaktion und ist folglich an Umwelterfahrungen gebunden. Der Erfahrungsspielraum eines Kindes vergrößert sich außerhalb des Uterus beträchtlich. Daher läßt sich abschließend sagen, daß die Intelligenz des Menschen in direktem Zusammenhang steht mit der Tatsache, daß er im Vergleich zu einem höheren Säugetier als «physiologische Frühgeburt» oder als «Mängelwesen» auf die Welt kommt.

II.
Körperliche und kognitive Entwicklung

Das neugeborene Kind, der ungewohnten Schwerkraft ausgesetzt, kann seine Motorik noch kaum kontrollieren. Während des ersten Monats liegt es hilflos, zumeist in ähnlich gekrümmter Haltung wie im Mutterleib, in seinem Bettchen. Doch hin und wieder gelingt es ihm, den Kopf kurz anzuheben und auf eine Seite zu legen. Und bestimmte Berührungen lösen Reflexbewegungen aus. So ruft die Berührung seiner Lippen den Saugreflex hervor, die der Handfläche den Greifreflex, die der Fußsohlen den Kriechreflex oder die Stützreaktion und den Schreitreflex, je nachdem ob der Säugling auf dem Bauch liegt oder ob man ihn aufrecht hält. Diese Bewegungsautomatismen verlieren sich nach einigen Wochen, um differenzierteren Bewegungen Platz zu machen, die sich der Säugling inzwischen strampelnd erübt hat.

Mit drei Monaten liegt das Baby überwiegend mäßig gestreckt in seinem Bettchen. Es kann sich nun auf seinen Unterarmen abstützen und seinen Kopf für mindestens eine Minute anheben. Wenn man es aus der Rückenlage zum Sitzen hochzieht, so nimmt es den Kopf mit und kann ihn mindestens eine halbe Minute selbständig halten. Auf ein Spielzeug in Sichtweite schaut es aufmerksam, um dann – zunächst noch sehr unkoordiniert – nach ihm zu greifen, es in seinen Händen zu betrachten und dann in den Mund zu stecken. Auch seine Mundmotorik übt es eifrig: in Silbenketten lallt es vor sich hin.

Mit fünf bis sechs Monaten unterhält sich das Baby in rhythmischen Silbenketten, reiht verschiedene, deutlich erkennbare Silben aneinander und wechselt dabei die Lautstärke und Tonhöhe. Es reagiert nun auch viel lebhafter auf alles, was es hört und sieht. Es koordiniert die Bewegungen seiner Augen und Hände und ergreift ein angebotenes Spielzeug gezielt, wechselt es von einer Hand in die andere und steckt es nach wie vor mit Vorliebe in den Mund. Inzwischen hat es gelernt, sich vom Bauch auf den Rücken (fünfter Monat) und vom Rücken auf den Bauch (sechster Monat) zu drehen. In Bauchlage vollführt es regelrechte «Schwimmbewegungen» und zeigt dabei ein recht gutes Gleichgewicht. Setzt man es auf, so kann es seinen Kopf gut aufrecht halten und die verschiedenen Neigungswinkel seines Rumpfes ausgleichen. Alleine Sitzen kann es noch nicht.

Mit acht Monaten können die meisten Säuglinge eine kurze Zeit frei sitzen. Sie üben eifrig sich fortzubewegen: sie rollen um ihre eigene Achse, machen Kriechbewegungen und beginnen zu robben, indem sie sich, auf die Unterarme gestützt, nach vorne ziehen. Hält man das Kind an den Händen, so übernimmt es für einen Augenblick sein eigenes Gewicht. Sein Greifen verfeinert sich. Nun läßt es Spielzeug absichtlich fallen. Ein beliebtes Spiel beginnt: das Kind wirft alle Dinge aus dem Bettchen, die Eltern geben sie ihm zurück. Seine Vorstellungskraft hat sich inzwischen so weit entwickelt, daß es vor seinen Augen verschwundene Gegenstände sucht. Es kann mittlerweile mehrgliedrige Handlungen durchführen, um ein beabsichtigtes Ziel – etwa den außer Reichweite auf der Bettdecke sitzenden Teddy – zu erreichen.

Mit zehn Monaten setzt sich das Baby selbständig hin und bleibt über eine längere Zeitdauer sicher sitzen, es krabbelt geschickt umher, zieht sich in den Stand hoch und bleibt eine Sekunde stehen. Auch seine Fingergeschicklichkeit nimmt zu. Kleine Dinge ergreift es nun mit Daumen und Zeigefinger. Beim Spielen koordiniert es beide Hände miteinander, etwa wenn es zwei Würfel gegeneinander klopft. Seine Sprechfähigkeit hat sich ebenfalls deutlich weiterentwickelt: Schon seit zwei Monaten lallt es in deutlichen, der Muttersprache in der Sprechmelodie angepaßten Doppelsilben. Inzwischen vermag es die bereits beherrschten Silben richtig nachzuahmen, wenn man sie ihm vorsagt. Es versteht seinen Namen, die Worte für Vater und Mutter, häufig auch schon einige andere Wörter sowie Lob und Verbote.

Mit einem Jahr schließlich spricht das Kind die erste sinnvolle Silbe, äußert Wünsche durch bestimmte Laute, etwa durch «äh-äh», und befolgt einfache Aufforderungen. Es beginnt, die Gegenstände regelrecht zu untersuchen. So räumt es z. B. Behälter aus und ein und variiert dabei sein Vorgehen. Kleine Dinge ergreift es geschickt, es blättert ein Bilderbuch um und versucht beim Anziehen durch eigene Bewegungen zu helfen. Krabbelnd erobert es sich seine Umgebung, selbst Stufen stellen kein Hindernis mehr dar, und an der Hand läuft es die ersten Schritte. Der aufrechte Gang ist erreicht. (S. Kap. 18, S. 273 ff. und Kap. 20, S. 312)

III.
Frühe Beziehungsgestaltung und emotionale Entwicklung

Wie hilflos ein neugeborenes Kind auch erscheinen mag, es bringt doch grundlegende Kompetenzen mit, die normalerweise sein Überleben sichern. Sie sind in erster Linie kommunikativer Art: der Säugling kann auf sich aufmerksam machen, z. B. durch Schreien, er kann – zunehmend differenziert – seine Bedürfnisse äußern, er kann das Interesse seiner Bezugsperson an sich binden. Er kann aber auch auf sein Gegenüber reagieren, er stimmt sich auf dessen Befindlichkeit ein, nimmt die Kontaktangebote wahr und «versteht» die Antworten. Durch die sich ständig wiederholenden Abläufe lernt er Zusammenhänge kennen und allmählich auch einzuordnen.

1. Nonverbale Signale

Die Aufmerksamkeit seiner Umgebung zieht der Säugling schon durch sein Aussehen («Kindchenschema») auf sich. Sein großer Kopf mit den großen Augen, dem ruhigen, offenen Blick, dem kleinen Mund, der Stupsnase und den Pausbacken rühren jeden Betrachter. Aber auch der winzige Körper mit den unkoordinierten Bewegungen löst die Schutzbereitschaft der Bezugspersonen aus. Sein Befinden teilt er über gestisch-mimische und lautliche Signale mit. Liegt er entspannt lächelnd da oder schaut er aufmerksam mit leicht geöffnetem Mund sein Gegenüber an, so fühlt er sich sicherlich wohl. Vielleicht gurrt oder lallt er auch zufrieden vor sich hin. Ein angespannter Körper, eine gerunzelte Stirn, ein kläglich verzogener Mund und ein durchdringendes Geschrei verkünden hingegen unmißverständlich sein Mißbehagen. Seine Bezugspersonen verstehen in der Regel die Bedeutung solcher Äußerungen und reagieren entsprechend.

Eine «bestätigende» Antwort und möglichst schnelle Befriedigung der Bedürfnisse braucht das Kind vor allen Dingen während des ersten halben Lebensjahres, in der sogenannten symbiotischen Phase, um Vertrauen zum Leben, also zur Welt und zu sich selbst, aufbauen zu können. Die Grundlage für dieses Vertrauen bildet die Erfahrung, verläßlich und liebevoll versorgt zu werden und auch selbst die Gegebenheiten wirkungsvoll beeinflussen zu können. Beides erlebt der Säugling, wenn auf seine Kontaktsuche und Bedürfnisse schnell reagiert wird. So sollte man sich einem weinenden Säugling verständnisvoll zuwenden und ihn nicht unnötig lange schreien lassen. Man verwöhnt ihn damit so lange nicht, als er keine anderen Mittel hat, sich selbst zu helfen.

2. *Frühe Zwiesprache*

Zuwendung wird nicht nur durch «Notrufe», wie durch Hunger-, Bauchweh- oder Verlassenheitsgeschrei, angefordert. Zahllose alltägliche Ereignisse bieten sich an, um Zwiesprache mit dem Kind aufzunehmen. Intuitiv stellen sich die Eltern auf seine Äußerungsweise ein: wie ein Spiegel ahmen sie die Mimik, die Laute und den Tonfall nach. Der Säugling wird dadurch aufmerksam, zieht die Augenbrauen hoch, dabei runzelt er die Stirn und schaut seinen Vater oder die Mutter mit großen Augen und leicht geöffnetem Munde an. Der Vater begrüßt nun sein Kind mit dem gleichen Gesichtsausdruck. Dann beginnt es, leicht erregt mit den Händchen zu wedeln und in schneller Folge einige ä-ä-ä-Laute hervorzustoßen. Der Vater wiederholt die Töne. Eine kurze Pause – wie ein erstauntes Nachlauschen – dann lächeln sich beide gegenseitig an. So etwa mag sich ein früher Dialog abspielen. Das «Spiegeln» durch das Gegenüber – insbesondere durch die Bezugspersonen – ist dabei von entscheidender Bedeutung.

Eltern verhalten sich nicht plötzlich kindisch, wenn sie ihr Gesicht «übertrieben» verziehen oder im sogenannten «Babytalk» wie ihr Baby lallen oder Urlaute ausstoßen, wenn sie kurze, hinsichtlich des Informationsgehaltes oft überflüssige Sätze ständig wiederholen und dabei ein Wort übermäßig dehnen, wenn die Sprechmelodie dabei unnatürliche Höhen und Tiefen umspannt: «Ja, was maaachst du denn?» Oder: «Ist doch alles guuut.» Mit derartiger «Ammensprache», die alle Erwachsenen und selbst größere Kinder instinktiv einsetzen (so daß sie einem psychobiologisch verankertem Verhaltensprogramm zu entspringen scheint) begeben sich die Eltern in der Kommunikation auf die Ebene des Kindes. Damit zeigen sie ihm, wie es ist – es erfährt sich wie im Spiegel gleichsam selbst. Sie vermitteln ihm aber zugleich, daß sie es verstehen und daß sie es und seine Eigenart annehmen und unterstützen. Sie ermutigen es zu weiterer Kontaktaufnahme, regen es an, seinerseits Laute und Gebärden nachzuahmen, sie wecken seine Aufmerksamkeit und fördern die Zuwendung zur Welt. Sie schenken ihm auf diese Weise auch die so notwendigen Erlebnisse emotionaler Übereinstimmung und Einheit – symbiotische Grunderfahrungen, die sein Urvertrauen aufbauen. Auch in späteren Entwicklungsphasen bleibt das Spiegeln ein kommunikatives Grundelement, nur daß sich seine Erscheinungsformen wandeln. (S. Kap. 21, S. 328ff.

Der Säugling sucht jedoch nicht immer nur Nähe. Auch seine Abgrenzungsbedürfnisse, seinen Wunsch nach Ruhe äußert er deutlich, indem er seinen Kopf abwendet, die Augen schließt, Kontaktversuche mit einem Verziehen des Gesichtes oder mit Weinen beantwortet. Solche Reaktionen bilden den frühesten Ausdruck seiner Autonomiebestrebungen. Es ist wichtig, daß man schon bei einem Säugling die Bedürfnisse nach Nähe und Distanz respektiert und ihm damit ein Mitspracherecht bei der Beziehungsgestaltung einräumt. Denn schon jetzt wird begonnen, den Grundstein dafür zu legen, ob ein Mensch im späteren Leben hoffnungsvoll Nähe begehren und angstfrei Nähewünsche, die ein anderer an ihn heranträgt, zurückweisen, sich mithin ohne Schuldgefühle abgrenzen kann.

3. Das «soziale Lächeln»

Ein wichtiges Element der Zwiesprache mit dem Säugling ist das «soziale Lächeln». Es tritt in der Regel im dritten Lebensmonat auf. Während das Kind zuvor als Zeichen des Wohlbefindens, unabhängig vom zwischenmenschlichen Kontakt, lächelte, erscheint es nun als Folge des Blickkontaktes und drückt eine Freude an der Begegnung aus. Oft ist es die Mutter, der das erste «bewußte» Lächeln gilt, und es berührt, ja beglückt sie. Dadurch daß sie, aber auch jede andere Person, schon einige Wochen später das Lächeln zuverlässig auslösen kann, vertieft sich die Beziehung zu dem Kind. Wenige Monate später, wenn das Kind sechs bis acht Monate alt ist und allein aufgrund der optischen Verschiedenheit vertraute von fremden Gesichtern unterscheiden kann, wird es fremde Personen nicht mehr generell anstrahlen. Es «fremdelt» und zeigt damit zugleich, daß es sich nun fest an die Mutter oder die ihm vertrauten Bezugspersonen gebunden hat.

4. Die welterschließende Funktion der Zwiesprache

Indem Eltern in der Beschäftigung mit ihrem Kind alle Sinne einsetzen und ansprechen, verhelfen sie dem Kind dazu, verschiedene Sinneswahrnehmungen auf ein Erlebnis oder einen Menschen zu beziehen. Sie schauen und sprechen gleichzeitig mit dem Baby, halten es im Arm und streicheln es dabei, spielen vielleicht auch mit seinen Fingern; so ermöglichen sie ihm, allmählich die verschiedenen Einzelwahrnehmungen, die ihm vermutlich schon längst vertraut sind – etwa den Herzschlag, die Stimme, den Geruch und die Berührungsart der Mutter – miteinander zu verknüpfen. Zugleich geschieht vermutlich auch der umgekehrte Vorgang: Der Säugling lernt ein vertrautes, aber unbestimmtes Gesamterleben – natürlich unbewußt – zu differenzieren, also in seine einzelnen Sinnesempfindungen zu zergliedern. Kehren dieselben Ereignisse oder Spiele verläßlich wieder, werden sie vorhersehbar, so wiederholt sich nicht nur das beglückende Erlebnis, sondern die erworbenen «Kenntnisse» werden gefestigt. Durch leichte Abwandlungen schließlich bleiben die Spiele spannend, und der Säugling sammelt neue Erfahrungen, die an das bereits Vertraute anknüpfen und zugleich seinen «Erkenntnishorizont» erweitern. Die vergnügliche, harmonische Zwiesprache mit den Eltern trägt wesentlich dazu bei, daß der Säugling Interesse an seiner Umwelt bekommt, daß er sich ihren Reizen öffnet und sie sinnvoll zu verarbeiten lernt, daß er folglich die grundlegenden kognitiven Strukturen aufbaut und ausdifferenziert. Der soziale Kontakt hat mithin eine welterschließende Funktion: Über das Erleben «begreift» und «erkennt» das Kind allmählich, daß sich eine Person oder ein Gegenstand aus verschiedenen Sinneseindrücken «zusammensetzt», daß es den Unterschied zwischen «Ich» und «Nicht-Ich» gibt, daß eine Person oder eine Sache, ist sie aus dem Blickfeld verschwunden, dennoch weiterexistiert (Objektpermanenz) und daß sie nicht nur das Objekt einer Handlungen ist, sondern eine unabhängige Existenz besitzt. (S. Kap. 18, S. 273 ff.)

5. *Einheitserleben und beginnende Loslösung*

In der ersten Hälfte des ersten Lebensjahres, der «symbiotischen Phase» ist es für das Kind besonders wichtig, daß seine Lebensbedingungen so weit wie möglich den Verhältnissen im Mutterleib angeglichen werden, daß also seine körperlichen Bedürfnisse, die es noch nicht selbst befriedigen kann – Nahrung, Wärme, Sauberkeit –, so schnell wie möglich gestillt werden, damit sich keine unnötige Angstspannung in ihm aufbaut. Aus demselben Grund sollten die Bezugspersonen es vor unangenehmen und übermäßigen Reizen (Reizüberflutung) schützen und einfühlsam für das zuträgliche Maß an sinnlicher Anregung sorgen. Und last not least müssen sie dem Kind immer wieder ihre unmittelbare, körperliche Nähe schenken: es streicheln, in den Armen wiegen, am Körper tragen, mit ihm sprechen, damit es wieder in die vom Mutterleib vertrauten Empfindungen und Grundrhythmen eintauchen und das Gefühl von emotionaler Einheit erleben kann, das sich immer dann einstellt, wenn Bedürfnis und Bedürfnisbefriedigung ineinanderfließen.

In der zweiten Hälte des ersten Lebensjahres beginnt der Säugling allmählich aus der Symbiose herauszuwachsen, sich zu differenzieren. Er lernt, sich körperlich von der Mutter zu unterscheiden, entwickelt die Anfänge der Objektpermanenz, beginnt sich aufzurichten und fortzukrabbeln und wendet sich immer aktiver einem größeren Bereich seiner Umgebung zu. Diese Entwicklungsschritte erlauben es, dem Kinde nun auch kleine Frustrationen zuzumuten, es kurze Zeit warten zu lassen, das erste «Nein» auszusprechen. Trost wird es sich bei der Schmusedecke oder dem Kuscheltier (Übergangsobjekt) suchen, die es nun aufgrund seiner entstehenden Vorstellungskraft mit hilfreicher Bedeutung ausstatten kann. Dennoch bleibt die grundsätzliche Verfügbarkeit der Mutter notwendig.

Die primäre Bezugsperson, der Symbiose-Partner, ist für den Säugling gewöhnlich die Mutter. Sie ist durch die Zeit im Mutterleib vertraut und übernimmt normalerweise nach der Geburt den Großteil seiner Versorgung, so daß er überwiegend mit ihr die emotionale Einheit erlebt. Aufgrund dieser Tatsache bezeichnet man die Beziehung im ersten halben Jahr auch als «Mutter-Kind-Dyade», als eine Einheit mit zwei Polen. Der Vater, beschäftigt er sich von Anfang an hinreichend mit dem Säugling, so daß dieser eine eigene Beziehung zu ihm aufnehmen kann, hat Teil an der «mütterlich»-symbiotischen Funktion. Es kommt auch vor, daß er sehr früh zur Hauptbezugsperson wird, wenn er, aufgrund einer Wesensähnlichkeit, die Bedürfnisse des Kindes besser erfaßt oder wenn die Zuwendung der Mutter fehlt. Kümmern sich beide Elternteile gleichermaßen um das Kind, so entwickelt es in der symbiotischen Phase die Beziehung zum Vater etwa ein bis zwei Wochen später als zur Mutter. Dabei unterscheiden sich beide Beziehungen deutlich, erkennbar an der Art, wieviel und wann der Säugling strampelt, lallt etc. In der Differenzierungsphase besteht die typisch väterliche Aufgabe darin, das Kind beim Verlassen der Symbiose zu unterstützen, indem er als «erster Landepunkt» in einer sich vergrößernden Welt zur Verfügung steht, während die Mutter vorwiegend die «Sicherheitsbasis» darstellt, zu der das Kind nach seinen «Ausflügen in die Welt» zurückkehrt, um «emotional aufzutanken». Ist der Vater dem Kind hinlänglich vertraut, so entwickelt es ihm gegenüber die für dieses Alter so typische Fremdenangst nicht.

Die Geborgenheit spendende Beziehung, in der sich das Kind «gehalten» fühlt – indem seine Bedürfnisse liebevoll befriedigt werden, es nicht durch elterliche Ansprüche überfordert wird, ihm genügend Nähe geschenkt, aber auch eine friedliche Distanz gewährt wird –, läßt in ihm das Urvertrauen wachsen, das ist die Gewißheit: das Leben gibt mir, was ich brauche, und ich bin es wert zu bekommen, was ich brauche. Ich kann mich selbst annehmen und auf das Dasein einlassen. Ich darf vertrauen: anderen Menschen, mir selbst und dem Leben überhaupt. (S. Kap. 11, S. 150ff.)

IV.
Aspekte und Folgen gestörter Beziehungen

Weisen die Beziehungen, die das Kind in den ersten Lebensjahren erfährt, schwerwiegende Mängel auf, so rufen sie in der Regel, wenn sie auch in den späteren Jahren nicht ausgeglichen werden, Störungen in der emotionalen, oft auch in der kognitiven und manchmal sogar in der körperlichen Entwicklung hervor. Anstelle des Urvertrauens wird ein grundlegendes Mißtrauen erworben, das sich auf die Beziehungen zu anderen Menschen, zu sich selbst und zur Welt, mit anderen Worten: zum Leben insgesamt hemmend auswirkt. Vielfältige Bedingungen können zu einer gestörten Beziehungs- und infolgedessen auch Persönlichkeitsentwicklung führen. Hier seien nur einige erwähnt:

- Das Kind ist von vornherein – mindestens von der Mutter, möglicherweise von beiden Elternteilen – nicht gewünscht, und auch seine hilflose, bedürftige Erscheinung vermag die Ablehnung nicht wirkungsvoll zu durchbrechen.
- Die Eltern – eventuell auch nur die Mutter als Hauptbezugsperson – sind dem Kind gegenüber höchst widersprüchlich eingestellt: Wut und Ablehnung wechseln abrupt mit Verwöhnungs- und Vereinnahmungstendenzen.
- Die Mutter ist selber schwer emotional gestört, z. B. extrem affektlabil oder depressiv, und deshalb mit der Fürsorge für ein Kind überfordert. Sie liebt es zwar, kann ihm aber nicht genügend freudig-gelassene Zuwendung geben.
- Das Kind ist den Eltern – z. B. als behindertes – in seinen Reaktionen so fremd, daß sie keinen Weg finden, seine Beziehungsbedürfnisse angemessen zu befriedigen.
- Eine konstante Bezugsperson, die auf das Kind hinlänglich eingehen und an die sich das Kind binden kann, fehlt überhaupt, z. B. weil lange Krankenhaus- oder Heimaufenthalte einen ständigen Betreuerwechsel mit sich bringen.

Den genannten Gegebenheiten gemeinsam ist, daß keine liebevoll annehmende, einfühlsame, den Säugling verläßlich versorgende und ihn spiegelnde Bezugsperson zur Verfügung steht. Damit fehlt ihm die grundlegende Sicherheit als Voraussetzung, sich den Eindrücken des Lebens gegenüber öffnen zu können.

Als Folge eines derartigen Mangels, der als «emotionale Deprivation», «sozialer Erfahrungsentzug» oder – bezogen auf die Heimsituation – als «Hospitalismus» bezeichnet wird, können die verschiedenartigsten Störungen auftreten. Im unmittelbaren Verhalten des Säuglings zeigen sich die Defizite durch emotionale Unausgeglichenheit: er schreit scheinbar grundlos, ist nicht zufriedenzustellen, fordert ständige Nähe und Aufmerksamkeit oder quengelt trotz Zuwendung. Vielleicht reagiert er auch mit körperlichen Symptomen, wie häufigem Erbrechen, Neigung zu Verkrampfung, Eß- und Schlafstörungen. Möglicherweise interessiert er sich nur schwach für die Dinge seiner Umwelt, entdeckt verspätet, was er mit ihnen anfangen kann, spielt nicht so zufrieden wie andere Babies in seinem Bettchen, lutscht statt dessen hingebungsvoll am Daumen oder am Zipfel des Schmusetuchs.

Die krassen Formen des Hospitalismus übertreffen die dargestellten Störungen bei weitem: Nach einer Zeit der Auflehnung, in der es viel schreit, wird das Kind zunehmend weinerlich und furchtsam. In der Regel zieht es sich traurig in sich zurück, läßt sich auf keine enge Beziehung mehr ein, verweigert möglicherweise sogar jeden Kontakt. An seiner Umgebung nimmt es nur wenig Anteil, mit seinen Spielsachen weiß es nichts anzufangen, allenfalls ergreift es sie, um sie stereotyp hin und herzubewegen. Auch mit seinem Körper führt es stets gleichbleibende Bewegungen durch: es sitzt mit dem Oberkörper schaukelnd im Bettchen, es reibt sich mit der Hand stets dieselbe Stelle am Kopf. Fühlt es sich in seinem Rückzug bedroht, so antwortet es mit aggressiven oder auch autoaggressiven Ausbrüchen. Apathisch, wie es normalerweise ist, lernt es nicht nur unzureichend zu spielen und verspätet zu sprechen, sondern bleibt auch in der körperlichen Entwicklung zurück: es bewegt sich wenig, läßt sich Zeit damit, krabbeln und laufen zu lernen. Doch auch auf die Gesundheit wirkt sich der hochgradige Beziehungsmangel aus: hospitalisierte Kinder leiden häufig unter Appetitlosigkeit, verweigern unter Umständen sogar die Nahrung, verlieren an Gewicht, werden infektanfällig und leiden unter erheblichen Schlafstörungen. Die Gesamtentwicklung wird oftmals so gehemmt, daß eine sekundäre geistige Behinderung entsteht.

Es leuchtet wohl ein, daß eine langfristige, schwere emotionale Deprivation, wird sie später nicht gezielt durch die Vermittlung alternativer Erfahrungen ausgeglichen, deutliche Schäden in der Persönlichkeitsentwicklung hinterläßt. Zumeist bleibt die Beziehungsfähigkeit gestört. Aufgrund des mangelnden Vertrauens wagen diese Menschen es nicht, eine dauerhafte, enge Bindung einzugehen: sie meiden entweder jeden engen Kontakt und verlassen sich nur auf sich selbst, oder sie nähern sich – getrieben von der ungestillten Sehnsucht – distanzlos jedem sich anbietenden Gegenüber, jedoch ohne jegliche Verbindlichkeit. Die kleinste emotionale Belastung stellt deshalb auch den Bestand einer derartigen Beziehung sofort in Frage. Diese beiden typischen Reaktionsmuster treten in vielfältigen Varianten in Erscheinung. Darüber hinaus können sich Lern- und Leistungsstörungen sowie psychosomatische Beschwerden dauerhaft verfestigen. Die Frustrationstoleranz bleibt niedrig, der Anspruch auf sofortige Bedürfnisbefriedigung ist hoch, wenn überhaupt Wünsche zugelassen werden. Häufig fehlt diesen Menschen später der Zugang zu ihren Gefühlen: sie reagieren stets gleich nüchtern und rational oder freudlos-depressiv oder unnahbar-hart oder oberflächlich.

V.
Probleme bei geistig behinderten Säuglingen

Geistig behinderte Säuglinge beginnen ihr Leben in jeder Hinsicht unter erschwerten Bedingungen. Sieht man dem Kind die Behinderungen an, fügt es sich nicht in das gängige «Kindchenschema» ein, so ruft es eventuell Angst, Entsetzen und Ablehnung hervor, anstatt die Fürsorgebereitschaft der Eltern zu wecken.

Auch ohne äußere Deformationen gestaltet sich, allein aufgrund der geistigen Behinderung, die frühe Beziehungsaufnahme oftmals schwierig. Der Säugling reagiert «nicht normal». Er ist entweder apathisch und scheint die Reize kaum wahrzunehmen oder kann sie doch nicht angemessen beantworten. Oder er ist verspannt, schreit viel und läßt sich kaum beruhigen. Beide Male sind die Eltern enttäuscht, verunsichert, fühlen sich als Versager, weil ihre Zuwendungsformen das Kind nicht erreichen und keine befriedigende Zwiesprache entsteht. In ihrer Hilflosigkeit ziehen sie sich mehr und mehr aus dem Kontakt zurück oder überfordern das Kind mit ihrem krampfhaften Bemühen, eine «normale» Entwicklung zu erzwingen. Damit fehlt dem Säugling die beglückend bestätigende und ermutigende Spiegelung, ihm fehlt die Ebene des Kontaktes, die seine Nachahmungsfähigkeit anregt. So tritt häufig zu der behinderungsbedingten Reizverarbeitungsstörung, die sein Vermögen, die Umwelt erlebend zu begreifen, ohnehin reduziert, noch die Beziehungsstörung. Sie führt dazu, daß sich der Säugling noch weniger für seine Umgebung interessiert, als grundsätzlich möglich wäre, und verstärkt damit die Defizite.

Doch nicht nur des Säuglings Kontaktverhalten – seine fehlende Aufmerksamkeit, die schwerfällige Mimik, das undifferenziertere Lallen, das häufig verspätet auftretende «soziale Lächeln», die Neigung zu Verkrampfung und zu Stereotypien – und seine Unfähigkeit, sofort und in feiner Abstimmung zu reagieren, bewirken die Beziehungsstörung. Oftmals tragen auch die Eltern dazu bei, die die Geburt eines behinderten Kindes in eine so tiefe emotionale Krise gestürzt hat, daß sie sich nicht unbefangen auf ihr Kind einlassen können. Sie neigen häufig dazu, die Behinderung zu verleugnen, indem sie sich entweder von dem Säugling emotional distanzieren oder ihn wie ein «normales Kind» behandeln, ihn damit aber nicht erreichen; oder aber sie wollen ihn bestmöglich fördern und überfordern ihn dabei leicht. Wenn sie hingegen seine Behinderung annehmen, in der Fürsorge ihre Aufgabe finden, laufen sie Gefahr, das Kind zu sehr zu behüten. Sie sind zwar immer für es da, um bestmöglich seine Bedürfnisse zu befriedigen, neigen jedoch dazu, auch entwicklungsfördernde, maßvolle Anforderungen und Zumutungen zu vermeiden und seine Ansätze zur Eigeninitiative zu übersehen. In jeder der angedeuteten elterlichen Reaktionen wird die Art der Interaktionen von den Eltern bestimmt und nicht vom Säugling, wie es im normalen Entwicklungsgeschehen der Fall ist. Schon durch diese Tatsache wird dem behinderten Kind die Loslösung und der Aufbau des Selbstwertgefühls erschwert. Zudem fehlen in der Beziehung zumeist die freudige Gelassenheit, Sicherheit und Zuversicht, die der Säugling durch die Spiegelung als positive Grundstimmung erfahren und in Urvertrauen umwandeln kann.

Ist das behinderte Kind außerdem auch körperlich krank, so daß Krankenhausaufenthalte erforderlich werden, dann beeinträchtigt die Trennung von der Bezugsperson die Beziehungsentwicklung abermals. Bezugspersonenwechsel und Beziehungsmangel können nun leicht Deprivationserscheinungen hervorrufen, die mit den Behinderungsfolgen eine nur schwer aufzulösende Synthese eingehen.

Die dargestellten Schwierigkeiten lassen deutlich werden, daß es für ein geistig behindertes Kind ungleich schwerer ist, Urvertrauen zu entwickeln. Da jedoch nicht nur die Lebensgrundstimmung, sondern auch die Entfaltung der verbliebenen geistigen Möglichkeiten von einer Sicherheit spendenden, emotional erfüllten Beziehung abhängen, gilt es, im Umgang mit geistig behinderten Menschen den Schwerpunkt auf die Gestaltung der Beziehung zu legen.

Drittes Kapitel

Das Kleinkindalter

I.
Körperliche Entwicklung

Das Säuglingsalter endet, wenn das Skelett und die Muskulatur so weit ausgereift sind, daß sich das Kind zum Laufen aufrichtet, und wenn es beginnt, Worte gezielt sinnentsprechend zu verwenden. Auch in seiner äußeren Erscheinung zeigt sich das eroberungsmutige Kleinkind völlig anders als der hilflose Säugling. Auf seinem walzenförmigen, ungegliederten Rumpf mit dem geraden Rücken, dem hervorspringenden Bauch und den zarten Gliedmaßen trägt es anmutig seinen großen Kopf mit der beherrschenden Stirn, der Stupsnase und der kleinen Mund-Kinn-Partie.

Zunehmend behende und stolz auf die erworbenen Fähigkeiten bewegt sich das einjährige Kind in der Wohnung und im Freien. Schon drei Monate, nachdem es die ersten drei Schritte alleine lief, beginnt es zu klettern, etwa auf einen Stuhl. Mit ca. zwei Jahren kann es sich drehen, es «trudelt» im Kreis herum, geht rückwärts und einige Schritte auf den Zehenspitzen. Mit drei Jahren fährt es Dreirad und übt sich im vierten und fünften Lebensjahr im Balancieren, indem es auf kleinen Mäuerchen, dem Bordstein oder auf den Plattenfugen des Weges entlangläuft. Alle Bewegungsabläufe «übt» das Kleinkind begeistert in ausgiebigen Funktionsspielen. Mit fünf bis sechs Jahren beherrscht es normalerweise seinen Körper so geschickt, daß es Rad (Rollschuh, Ski, Schlittschuh) fährt, auf verschiedenste Weise hüpft, Purzelbäume schlägt und sowohl auf dem rechten als auch auf dem linken Bein stehen kann. Damit ist die Entwicklung der Grobmotorik, d. h. die der größeren Bewegungen, die von rumpfnahen Muskeln und Muskelgruppen gesteuert werden, weitgehend abgeschlossen.

Die feinmotorische Entwicklung, das feine Zusammenspiel der kleinen Bewegungen, z. B. der Hände und Finger, folgt der Grobmotorik. Immer wenn das Kind eine grobe Bewegungsfunktion beherrscht, kann es lernen, sie auszudifferenzieren. So hat es gegen Ende des ersten Lebensjahres seine Greifmöglichkeiten verfeinert, es koordiniert den Daumen- und Zeigefingergebrauch zum Pinzettengriff. Auf diese Weise wird es im Laufe des zweiten Lebensjahres kleinste Fusseln, Krümel, Steinchen vom Boden auflesen. Seine feinmotorischen Fähigkeiten übt es auch im selbständigen Essen. Mit einem Jahr führt es den gefüllten Löffel zum Mund, kleckert dabei aber häufig. Mit zwei bis zweieinhalb Jahren ißt es den Teller leer und kleckert nur noch wenig.

Vielfältige Aufgaben des täglichen Lebens und viele Spiele dienen dem Kind als feinmotorisches Übungsfeld. So schraubt es mit zwei Jahren den Verschluß des Fläschchens auf und zu, fädelt eine Perle auf, baut einen einfachen Turm und zeichnet eine flache Spirale. Mit drei Jahren öffnet es große Knöpfe, dreht den Wasserhahn auf und zu, schneidet mit der Schere und zeichnet einen Kreis. Mit vier bis fünf Jahren verknotet es eine Schnur, zieht sich ohne Anleitung an (kann zuknöpfen), baut anspruchsvolle Konstruktionen (z. B. mit Lego), beginnt zu basteln und zeichnet Quadrate, Kreise und einfache Menschen. Mit fünf bis sechs Jahren lernt es nähen. Beim Zeichnen steuert es seine Bewegungen so gut, daß es eine vorgezeichnete Form farbig ausmalen kann. Mit sechs bis sieben Jahren schließlich gelingt es ihm, eine Schleife zu binden.

Wie die Handgeschicklichkeit so verfeinert sich im Laufe der Vorschuljahre auch die Koordination der beim Sprechen beteiligten Muskeln. Gelingt es dem zweijährigen Kleinkind bei manchem Laut noch nicht, ihn richtig zu bilden, so spricht das sechsjährige Kind gewöhnlich auch die schwierigen S- und Zischlaute korrekt aus.

Schon leichte Hirnschädigungen, die noch nicht einmal die Intelligenzentwicklung beeinträchtigen, führen zu einer verlangsamten motorischen, insbesondere feinmotorischen Entwicklung. Dementsprechend bleiben Menschen mit geistiger Behinderung zumindest in der feinmotorischen Entwicklung zurück: sie bewegen sich fahrig oder tollpatschig, zeigen eine große Bewegungsunruhe oder auch Bewegungsunlust, haben unter Umständen Mühe, das Gleichgewicht zu halten, und versagen bei Aufgaben, die eine feine motorische Koordination erfordern. Eine früh einsetzende, gezielte Förderung kann nicht nur motorische Defizite verringern, sondern wirkt sich aufgrund der Wechselwirkung zwischen sensorischer, motorischer und kognitiver Entwicklung auch günstig auf die geistigen Fähigkeiten des Kindes aus.

II.
Kognitive Entwicklung

Parallel zu der stürmischen motorischen Entwicklung vollzieht sich das genauso beachtliche geistige Wachstum.

1. Sprachentwicklung

Mit etwa einem Jahr merkt das Kind, daß jedes Ding einen Namen hat. Es spricht seine ersten Worte, die sogenannten Ein-Wort-Sätze. Etwa ein halbes Jahr später beginnt es, zwei Worte zueinander in Beziehung zu setzen und so etwas über etwas auszusagen: «Papa fort», «Auto put». Es hat die Darstellungsfunktion der Sprache erkannt. Nun übt es die Zuordnung von Wort und Sache systematisch, indem es unzählige Male nach demselben Begriff fragt. Es zeigt beispielsweise auf jeden Tisch und fragt: «Das ist?», immer die Antwort «Tisch» erwartend. Es begreift: Gegenstände von unterschiedlichster Form (rund, oval, rechteckig, quadratisch), Größe, Höhe und Materialbeschaffenheit (Holz, Metall und Glas) heißen alle «Tisch», weil man etwas auf sie stellt (Geschirr, Speisen) oder etwas an ihnen tut (arbeiten, essen, malen, spielen). Ein kleiner, niedriger Couchtisch ist auch ein Tisch, nicht aber ein Hocker, obgleich dieser jenem ähnlicher sieht als etwa ein großer runder Eßtisch. Aber auf einem Hocker sitzt man. Die Funktion bildet hier das begriffliche Unterscheidungskriterium. Sich derart mit den Wortbedeutungen auseinandersetzend, legt das Kleinkind den Grund für die spätere Abstraktionsfähigkeit.

Den Zwei-Wort-Sätzen folgen im dritten Lebensjahr die Drei- und Mehr-Wort-Sätze. Nun nähert sich die Wortfolge der muttersprachlichen Grammatik an, obgleich das Kind noch viele Fehler macht: Es läßt manche Wortarten mit Vorliebe aus (Hilfsverben, Artikel) und verwendet falsche Wortendungen, etwa bei der Mehrzahl- oder Zeitenbildung. Die Grundregeln erfaßt es schnell, doch den richtigen Gebrauch der Ausnahmen erlernt es erst in den folgenden zwei Jahren.

Ebenfalls im dritten Lebensjahr lernen die meisten Kinder, sich als «ich» zu bezeichnen. Für den emotionalen Bereich signalisiert der Schritt das wachsende «Ich-Bewußtsein». Für den geistigen Bereich aber zeigt es, daß das Kind nun verschiedene Beziehungsqualitäten nachahmend unterscheiden und sprachlich benennen kann: Ich bin für mich selbst ein «Ich», für meine Mama im direkten Kontakt ein «Du», im Hinblick auf einen dritten Menschen eine «Sie»/ein «Er». Umgekehrt ist Mama für mich ein «Du», für sich selbst ein «Ich» und im Gespräch mit einer dritten Person eine «Sie».

Mit drei Jahren setzt sich das Kind mit den unsichtbaren Zusammenhängen auseinander. Es erforscht die Hintergründe einer Gegebenheit oder einer Forderung. Es will die Ursachen und den Zweck wissen und fragt deshalb bei jeder passenden und unpassenden Gelegenheit «Warum». Zwar stellt das Kind damit die Geduld seiner Eltern auf eine harte Probe, doch braucht es die zahllosen geduldigen Antworten, um das Verständnis für seine Lebenswirklichkeit zu erweitern. Die Antworten sollten allerdings seinem Vorstellungsvermögen angepaßt werden. So ist es normalerweise sinnlos, einem dreijährigen Kind, das fragt, warum der Himmel abends beim Sonnenuntergang golden leuchtet, die naturgesetzlichen Zusammenhänge erklären zu wollen. Viel begreiflicher ist die anthropomorphisierende, an die Erlebniswelt des Kindes anknüpfende Erklärung, daß die Engel für Weihnachten Plätzchen backen. Allerdings sollten realitätsgerechte Antworten immer dann gegeben werden, wenn das Kind sie gedanklich nachvollziehen kann.

Die voranschreitende geistige Entwicklung zeigt sich auch darin, daß das dreijährige Kind beginnt, einfache Nebensätze zu bilden. Es begründet nun seine Handlungen und Wünsche: «Uwe kriegt kein Eis, wenn er böse war.» Oder: «Ich will nicht, daß du weggehst.»

Mit vier bis fünf Jahren überwindet das Kind die letzten Probleme mit der Grammatik und differenziert sein syntaktisches Vermögen aus, so daß es mit sechs Jahren die Umgangssprache seiner Umgebung korrekt beherrscht. (S. Kap. 20, S. 315f.)

Wie in allen Bereichen der geistigen Entwicklung hinken geistig behinderte Kinder den normalbegabten auch in der Sprachentwicklung hinterher. Häufig betrifft die Verzögerung schon die vorsprachlichen Lautäußerungen: der Säugling lallt weniger oder verharrt länger auf der jeweiligen «Lallstufe». Die Funktion der Sprache zu erfassen, bereitet ihm Mühe: verspätet begreift er, daß man Dinge durch sprachliche Zeichen – Wörter – benennen kann; häufig reden leichter geistig behinderte Kinder erst im dritten Lebensjahr in Ein-Wort-Sätzen. Die nächste Hürde, die das Kind dann bewältigen muß, ist die Verknüpfung zweier Worte zu einer Aussage: «Mama fort». Viele schwerer geistig behinderte Menschen bleiben auf dieser Stufe der Sprachentwicklung stehen. Ihnen gelingt die Aneignung der muttersprachlichen Grammatik nicht mehr. Leichter geistig behinderte Menschen erreichen in ihrer Sprachentwicklung jedoch durchaus das Niveau der einfachen, aber korrekten Umgangssprache.

Die frühe Sprachförderung gleicht der Wahrnehmungs- bzw. sensomotorischen Förderung. Denn eine hinreichend intakte Wahrnehmungsfähigkeit bildet die Voraussetzung für den Spracherwerb, und die Wahrnehmungsverarbeitung hängt ihrerseits ab von dem Zusammenspiel sinnlicher und motorischer Erfahrungen. Die Förderung hilft dem Kind, Erfahrungen zu sammeln und zu verarbeiten, so daß das Bild einer strukturierten Wirklichkeit in ihm überhaupt erst entstehen kann. Ist dieser Grund gelegt, so kann sich als eine Dimension der Struktur die der Sprache entwickeln. Ist sie ausgebildet, läßt sich der weitere Spracherwerb durch die Ermutigung zum Sprechen – etwa durch das Spiegeln und sprachliche Begleiten der Handlungen – und die Unterstützung der Denkvorgänge fördern. (S. Kap. 20, S. 309ff.)

2. *Denkentwicklung*

Das symbolisch-anschauliche Denken

Mit dem Erwerb der Symbolfunktion im zweiten Lebensjahr beginnt das Kind im eigentlichen Sinne zu denken. Seine geistige Aktivität löst sich vom unmittelbaren Handlungsvollzug: Die wachsende Vorstellungskraft und der Besitz von sprachlichen Zeichen befähigen es, Handlungen «innerlich» durchzuführen, zu «denken, bevor es handelt». Das Kind denkt, d. h. es «handelt innerlich» und begleitet seine Handlungen zunehmend verbal. Je besser es die sprachlichen Strukturen beherrscht, um so mehr steuern diese das Denken.

Nun verwendet das Kind die Wörter bis zum Alter von drei Jahren noch nicht in der exakten, der Alltagssprache entsprechenden Wortbedeutung. Die sprachlogischen Bezüge stimmen noch nicht (bestimmter oder unbestimmter Artikel, Bezugsmenge, Name oder Begriff). Die unscharfen Wortbedeutungen, die *Piaget* als «Vorbegriffe» bezeichnet, finden ihren Niederschlag im kindlichen Denken: es denkt symbolisch, d. h. es orientiert sich nicht an der – noch nicht erfaßten – Allgemeinheit des Begriffs, sondern an der individuellen bildhaften Vorstellung, die es mit dem Wort verbindet.

Ab dem vierten Lebensjahr beherrscht das Kind die Wortbedeutungen und sprachlogischen Beziehungen so weit, so daß es einfache Zusammenhänge angemessen ausdrücken kann. Das Ergebnis gedanklicher Schlüsse überprüft es nun anhand des optischen Eindrucks. Zur Verdeutlichung ein Beispiel: auf einem Tisch liegen zehn Groschen und ein Markstück sowie fünf kleine, gefüllte Schokoladenmaikäfer, die zusammengenommen 100 g wiegen, und ein großer hohler, der ebenfalls 100 g wiegt. Fragt man nun das Kind: „Was ist mehr?“, so urteilt es gemäß dem Augenschein; es orientiert sich an der wahrnehmbaren Menge und vernachlässigt dabei das nicht sichtbare Kriterium Wert bzw. Gewicht. So wird es sich vermutlich für die zehn Groschen und den erheblich größeren hohlen Maikäfer entscheiden. Erst im Alter von sieben Jahren wird es zwei verschiedenartige Gesichtspunkte in seinem Urteil zuverlässig zugleich berücksichtigen können.

Das symbolisch-anschauliche Denken des Vorschulkindes genügt noch nicht den Anforderungen an ein logisch korrektes Denken, doch bereitet es dieses vor. *Piaget* bezeichnet es deshalb als «prälogisch» oder «präoperativ».

Egozentrismus

Mit dem prälogischen Charakter des kindlichen Denkens sind einige weitere Merkmale verbunden. So denkt das Kind in diesem Alter «egozentrisch». Es geht stets von sich aus – von seiner Wahrnehmung, seinem Fühlen, Wünschen und Wollen – und vermag sich noch nicht in die Perspektive eines anderen Menschen hineinzuversetzen. Es nimmt an, daß andere Menschen ebenfalls sehen, was sich in seinem Blickfeld befindet, auch wenn sie in eine andere Richtung schauen oder sich in einem anderen Zimmer aufhalten. Es glaubt, daß sie dasselbe hören, aber auch, daß sie dasselbe fühlen, daß sie seine Wünsche kennen, seine Gedanken «lesen können», daß sie dieselben Vorlieben haben.

Ebenso geht das Kind davon aus, daß seine eigenen Wünsche die wichtigsten sind, so daß es sie selbstverständlich durchsetzen darf. Es nimmt ja nicht wahr, wenn es auf Kosten anderer handelt, wundert sich höchstens über den Protest. Folglich mißt es mit zweierlei Maß: Wenn es, ohne zu fragen, mit dem Spielzeug seines Geschwisterchens spielt, ist das durchaus in Ordnung; wehe aber, dieses verhält sich ebenso, dann beklagt es sich mit lautem Gezeter. Sozial einfühlsam zu handeln, lernt das Kind erst im Laufe der Zeit. Dazu braucht es eine größere Flexibilität im Denken (Reversibilität) und die Fähigkeit zur bewußten Einfühlung. Letztere erwirbt es einerseits durch zahllose Rollenspiele und andererseits dadurch, daß seine Bezugspersonen es zur Identifikation auffordern: «Stell dir vor, dein Brüderchen nimmt dir einfach deine Spielsachen weg, würde dir das gefallen? Nein? Siehst du, dem Brüderchen geht es genauso. Es gefällt ihm auch nicht, und darum schreit es.»

Phantasie und Realitätsbewußtsein

Das Kind lernt aus seinen Erfahrungen. So erarbeitet es sich handelnd und denkend ein Bild von der Wirklichkeit. Dabei kann es zunächst noch nicht unterscheiden, welche seiner Vorstellungen auf «Fehlurteilen» beruhen, also lediglich seinen eigenen Gedanken und Wünschen entspringen, und welche den Tatsachen entsprechen; kurz, es vermag im Vorschulalter Phantasie und Realität nicht sauber zu trennen. Dazu fehlen ihm einerseits die rationalen Voraussetzungen und andererseits die Fähigkeit zur distanzierenden Selbstbetrachtung. Noch fließen seine emotionale Befindlichkeit, Wünsche und Befürchtungen unverstellt und ungehindert in seine Wahrnehmungen und Denkinhalte ein, so daß es häufig als Tatsache behauptet, was seine Eltern lediglich als seine Wünsche, wenn nicht gar als «Lüge» entlarven. Beispielsweise verkündet es stolz, es bekomme ein Geschwisterchen, obgleich die Familie keinen Nachwuchs erwartet. Oder das Kind klagt, es habe Angst vor seinem Spielgefährten, denn dieser sei plötzlich garstig und wolle ihn schlagen. Das ist jedoch nicht der Fall. Vielmehr «verdreht» das Kind die Sachlage und «verschweigt», daß es selbst den Jungen zuerst geschlagen hat. Wichtig ist hier für die Bezugspersonen zu verstehen, daß das Kind nicht «lügt», sondern seinem geistigen und emotionalen Entwicklungsniveau entsprechend handelt. Deshalb ist nicht die Rüge oder gar Strafe angezeigt, sondern die hilfreiche Klärung: «Du wünschst dir wohl sehr ein Geschwisterchen.» Oder: «Erzähl mir mal, warum dein Freund plötzlich garstig ist. Und du, hast du dich auch über ihn geärgert? Und dann habt ihr euch gehauen?» Darüber hinaus ist zu bedenken, daß auch bei Erwachsenen die Realitätswahrnehmung häufig durch Projektionen getrübt ist, nur daß derartige Verzerrungen nicht so leicht zu durchschauen sind wie das kindliche Wunsch- bzw. Angstdenken.

Transduktives, analoges, anthropomorphes und magisches Denken

Das Kind sucht nach Erklärungen für die Gegenbenheiten und die Vorgänge in der Welt. Doch nur in begrenztem Ausmaß versteht es die faktischen, beispielsweise naturwissenschaftlich begründeten Zusammenhänge. Aber sein Erkenntnishunger macht auch vor schwierigen Problemen nicht Halt. So sucht es sich – insbesondere wenn Mutter und Vater nicht augenblicklich für eine Antwort zur Verfügung stehen – seine eigenen Lösungen. Dabei greift es auf bereits bestehende Erfahrungen zurück und überträgt seine Erklärungsmuster auf neue Situationen. Es denkt «transduktiv», begründet seine Schlußfolgerungen durch unmittelbare Analogien: «Im Winter schlafen die Blumen in der Erde, weil es auf der Erde so kalt ist.» Es selbst hat ja auch erfahren, daß es in seinem warmen Bett Schutz vor der Winternacht findet. Oder: Die zerbrochene Puppe ist «krank». Sie muß «verbunden werden», und dann «heilt» sie wieder. Vielleicht benutzt das Kind zur Unterstützung des Heilungsprozesses auch die magische Formel: «Heile, heile, Segen, drei Tage Regen», die seine Mutter zu seinem Trost spricht, wenn es sich verletzt hat. Ebenso glaubt es, daß sein Vater, der ein kaputtes Spielzeugauto reparieren kann, auch den toten Vogel wieder zum Leben erwecken wird. Das Kind orientiert sich also an einem wesentlichen Merkmal – etwa «kalt» oder «kaputt» – und überträgt seine Erkenntnisse auf alle Situationen, die dieses Merkmal aufweisen und ihm deshalb als vergleichbar erscheinen.

Da die Erfahrungswelt des Kindes menschlich bestimmt ist, überträgt es mit Vorliebe menschliche Attribute auf die natürliche und dingliche Umwelt; es «anthropomorphisiert»: die «kranke» Puppe «empfindet Schmerz» und «braucht Trost»; der Tisch, an dem es sich stößt, ist «böse» und «will es ärgern». Das Kind stellt bei seinen Erklärungsbemühungen, wie die Beispiele zeigen, unsachgemäße Zusammenhänge her, es findet Ursachen, die nicht den realen Verhältnissen entsprechen. Oftmals stattet es dabei sich selbst oder andere Menschen bzw. Naturphänomene mit «übernatürlichen» Kräften aus; es denkt gleichsam «magisch», wenn es meint, der Vater könne den toten Vogel beleben oder der Wind nehme seine guten Gedanken mit und bringe sie zum entfernten Vater. Hierbei mag das Wunschdenken eine Rolle spielen, der Hauptgrund für diese Sichtweise liegt jedoch in dem mangelnden Verständnis der realen Gegebenheiten. (S. Kap. 20, S. 314ff.)

Pädagogische Konsequenzen

Im Umgang mit Kindern dieses Alters ist ihr Denkniveau genauso wie ihre Empfindungswelt zu berücksichtigen. Von daher ist es angemessen, sich auf die «magische» Erlebnisform einzustellen. Doch nicht nur kognitive, sondern auch emotionale Faktoren begründen diese Forderung. Das Kind braucht eine «menschliche» Welt, um sich in ihr beheimatet und geborgen fühlen zu können. Nur wenn es sich selbst und die Qualitäten der ihm vertrauten Menschen in der Welt wiederfindet, ist sie ihm vertrauenswürdig, interessant und liebenswert. Von daher sind das anthropomorphisierende und magische Denken für das Kind auch eine emotionale Notwendigkeit. Es erlebt die Nähe zu den geliebten Menschen, wenn diese seine Denkformen teilen.

Natürlich dürfen Eltern nicht jede Frage nach einem Begründungszusammenhang «magisch» beantworten. Die Grenzen liegen dort, wo eine derartige Antwort nur der elterlichen Bequemlichkeit oder einem Bedürfnis nach «Verkindlichung» entspringt – hier wären auch alle Schreckgespenste und Drohgebärden zu nennen, etwa der Weihnachtsmann, der mit der Rute kommt, wenn das Kind unartig ist. Auch darf das Kind dort nicht mit magischen Antworten abgespeist werden, wo es reale Zusammenhänge durchaus begreifen könnte.

Ganz besondere Sensibilität erfordert hier der Umgang mit geistig behinderten Menschen. Ihre Schwäche, rationale Zusammenhänge zu erfassen, führt dazu, daß sie unverhältnismäßig lange (wenn nicht sogar immer) auf der Stufe des egozentrisch-phantastisch-magischen Denkens verharren. Will man sie gedanklich und emotional erreichen, muß man sich auf ihre Ebene begeben, sonst entsteht kein wechselseitiges Verständnis. Zugleich verarbeitet der geistig behinderte Mensch seine Erfahrungen in der Regel nicht so erfolgreich, daß er durch selbständige Fragen und Einsichten über das prälogische Niveau hinauswachsen würde. Deshalb braucht er stärker als das normale Kind die behutsame Leitung, die sachgerechte Erklärung. Hier muß jeweils sehr sorgfältig überprüft werden, in welcher Hinsicht das magische Weltbild unterstützt werden sollte – etwa: «Der Teddy ist bei dir, du bist nicht allein, ihr beide schafft es gemeinsam», wenn es um eine Ermutigung geht. Andererseits müssen leicht faßliche Inhalte korrekt erläutert werden, um das begriffliche Vermögen zu stärken. Wurde z. B. einer Puppe das Bein abgerissen, so hängt es vom emotionalen Entwicklungsstand des Besitzers ab, ob gesagt wird: «Die Puppe muß zum Puppendoktor, er macht sie wieder gesund» oder: «Die Puppe kommt zur Reparaturwerkstatt, dort wird sie heilgemacht.» Auf die Frage, wie der Schnee entstehe, ist für die Entwicklung des Realitätssinns sicher die wahrheitsgemäße Antwort einer magischen («Frau Holle schüttelt ihre Betten aus.») vorzuziehen. Sie könnte etwa lauten: «Wenn im Winter die Luft sehr kalt ist, dann gefrieren die Regentropfen zu Schneeflocken. Dann regnet es nicht, sondern es schneit.»

3. Spielentwicklung

Die geistige Entwicklung des Kindes findet auch ihren Niederschlag in seiner Art zu spielen. (S. Kap. 19, S. 295ff.)

Das Funktionsspiel

Im ersten und zu Beginn des zweiten Lebensjahres beschäftigte sich das Kind ausschließlich mit Funktionsspielen, in denen es seiner Bewegungsfreude und seiner Explorationslust Ausdruck verlieh. Es spielt mit seinem Körper und allen erreichbaren Materialien. Solche Funktionsspiele bleiben ungefähr bis zur Einschulung bedeutsam, beispielsweise wenn das Kind aus Bewegungslust rennt, hüpft, Rad fährt oder Rollschuh läuft. Gegen Ende des zweiten Lebensjahres kommen zwei weitere Formen des Spiels hinzu.

Das Symbol- oder Rollenspiel

Die wachsende Vorstellungskraft befähigt das Kind, einen wahrgenommenen Vorgang zu einem späteren Zeitpunkt darzustellen. Im Spiel ahmt es nun viele Tätigkeiten nach, die es bei den Menschen seiner Umgebung gesehen hat. Dabei bedient es sich verschiedenster Dinge, die einen nicht vorhandenen, aber benötigten Gegenstand ersetzen sollen. Es fährt wie der Papa mit dem «Auto» – dem Dreirad – zur «Arbeit», oder legt «sein Kind» – die Puppe – «schlafen». Wiederum ist es die jüngst erfaßte Darstellungs- oder Symbolfunktion, die ihm diese neue, für die Vorschuljahre so überaus wichtige Spielqualität – das Symbol-, Fiktions-, Illusions- oder Rollenspiel – eröffnet.

In den folgenden Jahren «lebt» das Kind geradezu im Rollenspiel. Nicht nur daß es Alltagsereignisse für sich selbst und zunehmend auch mit anderen Kindern nachahmt (etwa «Mutter, Vater und Kind», «Arzt» oder «Schule»), sondern es spielt auch gehörte und im Fernsehen angeschaute Geschichten nach oder benützt sie als Ausgangspunkt für eigene phantastische Einfälle. Sein magisches Weltbild sowie die nur unscharfe Trennung von Realität und Phantasie erlauben ihm, mit unerhörter Leichtigkeit von einer Rolle in die nächste zu schlüpfen und die unwahrscheinlichsten Abenteuer zu bestehen, aber auch jede beliebige Tat zu vollbringen. Indem das Kind im Rollenspiel seine Vorstellungen, Erlebnisse und Erfahrungen mit dem Verhalten von Bezugspersonen und anderer interessanter Leute wiederholt und variiert, verinnerlicht es alltägliche Handlungsabläufe, Gepflogenheiten und die Normen der Bezugspersonen. Zugleich übt es sein Einfühlungsvermögen und Sozialverhalten, entfaltet seine Phantasie und verarbeitet emotionale Konflikte.

Das Konstruktionsspiel

Die vielfältigen Kenntnisse, die das Kind durch das Funktionsspiel erwirbt, bilden nicht nur die Grundlage für das Rollenspiel, sondern auch für das ebenfalls gegen Ende des zweiten Lebensjahres beginnende Konstruktionsspiel: es übt nicht mehr einfach die Bausteine aufeinander zu setzen, sondern es baut mit ihnen «einen Turm». Auch hierfür ist die Vorstellungskraft die Vorausssetzung: das Kind muß sich den Turm vorstellen können, um ihn planvoll zu «konstruieren».

Vom dritten Lebensjahr an verfeinert das Kind zusehends seine konstruktiven Fertigkeiten, bis es, fünf- oder sechsjährig, kunstvolle Gebilde – Städte, Burgen, Fahrzeuge – baut. Durch derartige Spiele hat es zugleich ein umfassendes Erfahrungswissen erworben. Es kann sachgerecht mit den verschiedenen Materialien umgehen, kann einen mehrgliedrigen Handlungsablauf planen und zielgerichtet durchführen und erfährt manches über naturgesetzliche Wirkungszusammenhänge. Es ist spielerisch (natürlich nicht begrifflich) den Dimensionen von Raum und Zeit, aber auch physikalischen Problemen – etwa dem der Schwere oder der Statik – und logischen Beziehungen – wie der Reihe oder der Klasse – begegnet. So hat es «spielend» seinen Realitätssinn und die Denkfähigkeit geschult und mit sechs Jahren sich die für das logische Denken notwendigen Prinzipien «erarbeitet».

Das Regelspiel

Als letzte Spielform erobert sich das Kleinkind ab dem vierten Lebensjahr das Regelspiel. Seine Auseinandersetzung mit der «Ordnung» der Welt – mit Ge- und Verboten, Ursache und Wirkung – befähigen es allmählich, sich in eine soziale Gemeinschaft einzufügen und herrschenden Regeln entsprechend zu verhalten. Damit erwirbt es die Voraussetzung für das Gelingen des Regelspiels, an dem sich zumeist mehrere Personen beteiligen und das nach zuvor festgelegten Regeln abläuft.

Memory, Bilder-Lotto, Domino und Schwarzer Peter sind bei drei bis fünfjährigen Kindern beliebte Spiele. Anfänglich hält sich das Kleinkind nur so lange an die Regeln, wie es ihm Spaß macht; verliert es die Lust, etwa weil es zu lange warten muß oder der erwünschte Erfolg ausbleibt, so definiert es die Regeln zu seinem Vorteil um. Doch im Laufe der Zeit ordnet es sich dem vorgegebenen Ablauf immer leichter unter, weil es «dabeisein» und «mitmachen» möchte.

Einen großen Anreiz bieten Spiele – und zu ihnen gehören die meisten Regelspiele –, bei denen man gewinnen oder verlieren kann. Sie wekken (wie das Konstruktionsspiel) die Leistungsmotivation und bieten sich an, um Rivalitätsgefühle – die in diesem Alter ohnehin eine große Bedeutung erlangen – auszuleben. Gewinnen, der/die Schnellste und Klügste sein möchte jedes Kind. Doch das Verlieren fällt noch schwer. Es ohne Emotionsausbrüche zu ertragen, lernen die meisten Kinder erst im Grundschulalter.

Das Spiel geistig behinderter Kinder

Die geistige Retardierung zeigt sich auch im Spielverhalten. Geistig behinderte Kinder weisen oft schon Defizite im Funktionsspiel auf: sie bewegen sich wenig oder ungesteuert, fahrig und ziellos. Schon bald tendieren sie dazu, sich selbst und die ihnen angebotenen Materialien immer wieder gleich zu bewegen, so daß sie nur unzureichende Bewegungs- und Materialerfahrungen sammeln können. Damit fehlen ihnen bereits Grundlagen für die weitere Auseinandersetzung mit der dinglichen Umwelt und das Bestreben, sie selbst tätig zu gestalten, wie es im Konstruktions- und Rollenspiel erfolgt. Darüber hinaus fällt es ihnen schwer, die Folgen ihres Tuns zu erkennen, Gesetzmäßigkeiten handelnd zu erfassen und Erfahrungen zu übertragen. Deshalb gelingen vielen Kindern nur einfache Bauten, Bastelarbeiten oder Rollenspiele, mit denen sie sich stereotyp immer und immer wieder beschäftigen. Manche Kinder entwickeln allerdings auch in einer dieser Spielarten ausgesprochene Stärken und finden ihren «Zugang zur Welt», der ihnen einen kreativen Selbstausdruck erlaubt und Erfolgserlebnisse schenkt.

Einfache Regelspiele erfassen viele geistig behinderte Menschen leicht. Gelingt es ihnen, sich in den Ablauf eines Gemeinschaftsspieles einzufügen und die Rollen des gelegentlichen Verlierers zu ertragen, so erleben sie ein befriedigendes Spiel. Allerdings setzt dies eine verhältnismäßig normal entwickelte Frustrationstoleranz voraus. Besonders erwähnt werden muß in diesem Zusammenhang das Memory-Spiel: wie häufig bei Kleinkindern anzutreffen, haben auch viele geistig behinderte Menschen ein hervorragendes optisches Gedächtnis. Das kommt ihnen beim Memory-Spiel zugute, so daß sie hierbei manchen Erfolg verbuchen können.

Eine Förderung der Spielfähigkeit kommt, da, wie beschrieben, kognitive Fähigkeiten die Grundlage des Spiels darstellen und sich zugleich im Spiel weiter ausdifferenzieren, einer kognitiven Förderung gleich. Sie ist von unschätzbarem Wert und sollte, ansetzend am erreichten emotionalen und geistigen Entwicklungsstand, so früh wie möglich erfolgen.

III.
Emotionale und soziale Entwicklung

1. Die Übungsphase

Das einjährige Kind ist im Begriff, frei laufen, klettern, selbständig essen und sprechen zu lernen – kurz: sich körperlich und geistig die Welt zu erobern. Seine raschen motorischen und geistigen Fortschritte begeistern nicht nur die Eltern, sondern erfüllen auch das Kind mit Freude und Stolz. Wie ein kleiner König oder eine Königin kommt es strahlend auf die Eltern zugelaufen und spricht seine bedeutungsvollen ersten Worte. Es genießt seine neuen Fähigkeiten und die Macht, die sie ihm verleihen: nun kann es hin, wo es will, sich holen, was es will, die Dinge, die so erreichbar wurden, geschickt handhaben und untersuchen und mit seinen Worten beherrschen. Fasziniert von der Fülle der Welt und berauscht von seinem eigenen Können entfernt sich das Kind von der Mutter, krabbelt über die Schwelle ins Nebenzimmer und spielt dort lange Zeit still für sich.

Die Mutter scheint, bedingt durch die Verselbständigung des Kindes, an Bedeutung verloren zu haben. Doch der Schein trügt; nur ihre Aufgabe hat sich gewandelt. Denn schon kommt das Kind angelaufen, um das Steinchen zu zeigen, das es gefunden hat, um sie anzustrahlen und ein Lachen zurückzubekommen oder einfach, um sich ihrer Gegenwart zu versichern. Ihre wichtigste Funktion besteht nun darin, das Kind in seinen Bestrebungen, die Welt zu erobern, zu unterstützen und es in seiner «Großartigkeit» zu bestätigen. Sie muß die Gefahren der Welt so gut wie möglich bannen und einen interessanten Erfahrungsspielraum zur Verfügung stellen, indem sie die Wohnung «babysicher» macht: vor der gefährlichen Kellertreppe wird ein Gitter angebracht, das unterste Regalbrett wird von wertvollen Büchern befreit, in der Küche wird eine Schublade zum Aus- und Einräumen zur Verfügung gestellt. Die Mutter und selbstverständlich auch der Vater räumen Hindernisse aus dem Weg, helfen dem Kind und teilen mit ihm die Begeisterung an seinen Erfolgen. So schenken sie ihm eine neue Art der emotionalen Einheit und vermitteln ihm die Gewißheit: die Welt wartet auf dich, es ist gut, daß du ihr aktiv begegnest; wir freuen uns über deinen Mut, wir glauben an deine Kraft und sind neugierig auf deine sich entfaltenden Fähigkeiten. Durch solche Unterstützung und Spiegelung gewinnt das Kind das Selbstvertrauen, das es zur Lebenstüchtigkeit dringend braucht.

Das wachsende Selbstvertrauen des Kindes wird erkennbar an der steigenden Frustrationstoleranz: mit vorwärts strebender Energie nimmt es die vielen Stürze des Laufen-Lernens hin; tapfer erträgt es – oft mit Hilfe des tröstenden Übergangsobjektes – die Trennungen von der Mutter, wenn sie ihm bewußt werden. Außerdem strebt es nun aktiv von der Mutter weg und zu anderen Menschen hin, vor allen Dingen zu Kindern und vertrauten Erwachsenen. Das ist weitgehend überwunden, nur bei Müdigkeit oder kurz nach dem Schlafen tritt es noch auf.

Der Vater – wenn er nicht ohnehin längst zur gleichrangigen Bezugsperson geworden ist – gewinnt an Bedeutung. Mit ihm spielt das Kind aufregende, wilde Spiele, wie «Auffangen» und «Auf-den-Schultern-Reiten», und hat dabei emotionalen Anteil an seiner Größe und Kraft. Die Aufgabe des Vaters besteht nach wie vor darin, neben der eher regressiven, auf die Mutter gerichteten Geborgenheits- und Verschmelzungssehnsucht, die Lust an den progressiven Tendenzen zu wecken und zu fördern. Er war der «erste andere», dem sich das Kind neben der Mutter zuwandte. In dieser Funktion ermöglicht er ihm, zu weiteren Personen und zu der Welt Vertrauen zu fassen und Freude an den eigenen Fähigkeiten zu bekommen. So bildet neben der Mutter auch der Vater das «Tor zur Welt», ja, er wird zum wesentlichen Vermittler des Realitätssinns.

Die Selbsteinschätzung, – die «Allmachtsgefühle», das «Größenselbst» –, die das Kind in dieser sogenannten «Übungsphase» entwikkelt, ist zwar unrealistisch, doch gewinnt es durch sie die Zuversicht, sich erfolgreich mit den Herausforderungen der Wirklichkeit auseinandersetzen zu können. Und nur manchmal dringen diese als unerwünschte Tatsachen und Aufgaben in sein Bewußtsein. (S. Kap. 11, S. 156)

2. Die Trotzphase

Neben den vielen Erfolgen und der Bewunderung, die dem Kind zuteil werden, erfährt es zunehmend die Grenzen, die seinem Eroberungsdrang gesetzt sind. Vieles, was es möchte, erreicht es nicht (die Schokolade im oberen Schrankfach), was es will, darf es nicht (mit den Händen im Essen matschen, mit dem Messer spielen), und was es soll, will es nicht (ins Bett gehen). Solche Grenzen seines Könnens und Wollens erlebt es als Demütigungen: zeigen sie ihm doch seine Ohnmacht und Abhängigkeit. Außerdem machen sie ihm unabweislich klar: Mutter und ich sind nicht nur körperlich zwei getrennte Wesen, sondern auch emotional. Wir sind mit zweierlei Willen begabt. Mit dieser Erkenntnis, die ihm nicht nur sein Empfinden sondern auch sein wachsendes Denkvermögen aufzwingt, endet das Gefühl der symbiotischen Einheit endgültig. Angst und Wut über den Verlust stellen sich ein: Welch eine «Unverschämtheit», daß Mutter etwas anderes will! Wird sie das Kind verlassen, wenn es nicht will wie sie, so wie ja auch das Kind weglaufen kann? Aber es braucht sie doch! Muß es sich unterwerfen, um ihre Zuwendung nicht zu verlieren? Doch welch schreckliche Vorstellung: Unterwerfung würde Selbstaufgabe bedeuten, Verzicht auf die gerade erst erworbene Fähigkeit zu selbstbestimmtem Handeln. Das Kind verlöre seine Autonomie und würde wieder zum «Teil» der Mutter, so wie es bisher auch die Mutter als «Teil seiner selbst» betrachtete. Beide Möglichkeiten – die einsame Autonomie und die Selbstaufgabe durch die Rückkehr in die Symbiose – sind für es gleichermaßen unerträglich.

Hin- und hergerissen durch den Konflikt verliert das nun eineinhalbjährige Kind jegliche emotionale Stabilität: die «Wiederannäherungsphase», landläufig auch «Trotzphase» genannt, beginnt. Sie ist eine harte Prüfung für Mutter und Kind. So herzlich das Einvernehmen mit dem bezaubernden und liebenswürdigen kleinen Engel nach wie vor sein mag, so schnell kann es doch umschlagen, wenn sich seinem Willen ein Hemmnis in den Weg stellt. Dann liegt plötzlich ein schreiendes Bündel auf der Erde, dem die Mutter nichts recht machen kann: Verwehrt sie ihm die Erfüllung seiner Wünsche, hilft sie ihm nicht, eine unmögliche, selbstgestellte Aufgabe zu bewältigen, so demonstriert sie ihm seine Ohnmacht, seine Abhängigkeit, seine Getrenntheit von ihr und verletzt seinen Stolz. Hilft sie, so verletzt sie das kindliche Selbstbewußtsein ebenfalls. Um sich zu behaupten, weist das Kind die Hilfe wütend zurück, denn sie anzunehmen, würde das Eingeständnis der eigenen Unzulänglichkeit und die Aufgabe der Selbständigkeit bedeuten und die drohend-verlockende Gefahr der Verschmelzung bedenklich nahe rücken. Hebt die Mutter ein zuvor ausgesprochenes Verbot, an dem sich der Trotzanfall entzündete, auf, so bekommt das Kind die ersehnte Bestätigung seiner Macht. Das wird je nach Situation sinnvoll sein, weil das Kind erleben muß, daß es sich durchsetzen und mit seinem Willen «die Welt verändern» kann; doch dürfen solche Siege nicht die Regel werden, denn sonst wird die Symbiose mit umgekehrtem Vorzeichen – die Mutter als Teil des Kindes – wiederhergestellt und verhindert, daß das Kind echte Autonomie erwirbt. Es lernt nicht, seine Getrenntheit zu ertragen, es entwickelt weder Frustrationstoleranz noch Kreativität im Umgang mit schwierigen Situationen, sondern wird auch später stets alle ihm zur Verfügung stehenden Mittel einsetzen, sich andere Menschen zu unterwerfen und als Verlängerung des eigenen Selbst zu benutzen. In letzter Zeit hat sich für solche Kinder der Begriff «kleiner Tyrann» eingebürgert.

Die Mutter steckt also in einem Dilemma, zufriedenstellen kann sie ihr wütendes Kind kaum. Wie also soll sie sich verhalten? Auf der Suche nach einer angemessenen Antwort hilft die Frage weiter: Wie sieht denn das Entwicklungsziel für eine gelungene «Trotzphase» aus? Welchen Reifungsschritt sollte das Kind am Ende vollzogen haben?

Im Idealfall hat das Kind mit drei Jahren hinreichend oft erlebt, daß seine Getrenntheit von der Mutter nicht zugleich Verlassenheit bedeutet; vielmehr stellt sie die Grundlage für seine Selbständigkeit dar. Es hat gemerkt, es darf einen eigenen Willen haben; die Mutter erträgt die Getrenntheit auch, ohne das Kind zu verstoßen oder sich emotional von ihm abzuwenden. Es muß sich nicht bedingungslos unterordnen, um sich die Liebe der Mutter, auf die es nicht verzichten kann, zu erhalten. Die Mutter liebt das selbständige Kind ebenso wie das hilfs- und schutzbedürftige. Es begreift: wir, Mutter und ich, sind zwei Wesen mit verschiedenen Körpern, Willen, Emotionen, wir dürfen beide selbständig sein und gehören dennoch zusammen. Diese Erkenntnis ermöglicht dem Kind auch Nähewünsche und Anlehnungsbedürfnisse wieder zuzulassen, denn nun besteht die Gefahr nicht mehr, daß sie «ausgenutzt» werden, daß sie zur Selbstaufgabe zwingen oder verleiten.

Das Kind hat auch erfahren, daß die Mutter alle seine Gefühle – einschließlich Traurigkeit, Wut, Zorn, Ablehnung, Eifersucht – erträgt, so wie es selber auch den mütterlichen Ärger oder ihre Trauer aushalten kann, ohne daran zu zerbrechen. Derartige Gefühle gehören zum Menschen, dürfen gezeigt werden und sind nicht so bedrohlich, daß man sie abspalten oder verleugnen müßte. Sie können in das eigene Selbstbild, aber auch in das Mutterbild integriert werden, denn sie stellen die grundsätzliche mütterliche Liebe nicht mehr in Frage. Die Beziehung ist stabil. Das Kind hat die Grundlagen der emotionalen Selbst-, Objekt- und Beziehungskonstanz erworben. Darüber hinaus besitzt es nun ein hinreichend gutes Mutterbild, das ihm hilft, schwierige emotionale Situationen ohne mütterliche Gegenwart zu bewältigen. Es weiß, wie Mutter handeln würde, und dieses Wissen reicht vorübergehend. So kann sich das Kind nun für einige Stunden von der Mutter trennen, etwa um in den Kindergarten zu gehen.

Das Ziel, daß das Kind emotionale Konstanz erwerben soll, legt folgende Verhaltensweisen im Umgang mit seinen Trotzanfällen nahe: Die Wutanfälle, obgleich sie sich sehr nachdrücklich gegen Mutter, Vater oder widerständige Dinge richten, dürfen nicht als persönliche Angriffe aufgefaßt werden. Sie sind kein Zeichen des elterlichen Versagens, sondern eine Entwicklungsnotwendigkeit und dienen der Festigung des kindlichen Ichs. Deshalb muß das Kind trotzen dürfen; sein Trotz darf nicht gebrochen werden. Das bedeutet nicht, daß das Kind immer seinen Willen mit Hilfe seiner Wutanfälle durchsetzen soll, wohl aber, daß ihm seine emotionalen Ausbrüche nicht als Fehlverhalten angelastet und nachgetragen werden dürfen. Ist ein Trotzanfall vorüber, läßt das Kind wieder Kontakt zu oder sucht es ihn sogar von sich aus, dann sollten die Eltern auf es eingehen und es wieder liebevoll in ihre Arme schließen. So erlebt das Kind, daß seine Gefühle nicht gefährlich sind.

Für den Umgang mit dem Kind im akuten Trotzzustand gibt es keine allgemeingültigen Regeln. Je nach Situation kann es angemessen erscheinen, das trotzende Kind auf den Arm zu nehmen und davonzutragen (etwa wenn es unbedingt alleine über eine verkehrsreiche Straße laufen will), es einfach trotzen zu lassen und zu warten, bis es sich alleine beruhigt (zum Beispiel daheim im Kinderzimmer), es abzulenken oder einen Kompromiß – vielleicht in Form einer Wahlmöglichkeit schon im Vorfeld – anzubieten; manchmal ist es auch sinnvoll, dem Willen des Kindes stattzugeben, ebenso wie es wichtig sein kann, die eigene Emotionalität durch ein «kontrolliertes Gegentrotzen» spürbar werden zu lassen. Gelassenheit und emotionale Betroffenheit sind für das Kind gleichermaßen wichtige Erlebnisqualitäten. Solche Reaktionsweisen verdeutlichen ihm sowohl seine Macht als auch deren Grenzen. Es fühlt sich gleichermaßen bestätigt und eingeschränkt und erlebt die Sicherheit eines begrenzten und dennoch genügend Entfaltungsmöglichkeiten gewährenden Lebensraums.

Voraussetzung hierfür ist allerdings, daß die Eltern bei aller Kompromißbereitschaft und Nachgiebigkeit sich in wesentlichen Dingen konsequent verhalten und daß sie weder einseitig rational noch affektiv ungezügelt reagieren. Erklärungen, die an den Verstand appellieren, überfordern das blindwütige Trotzkind; Forderungen hinsichtlich der Selbstkontrolle vermag es nicht zu erfüllen, auch dann nicht, wenn es «ganz genau weiß, was es soll» und «welche Strafe droht». Werden aber die Eltern selbst von ihren eigenen Affekten beherrscht, so drohen sie die Realität des Kindes aus den Augen zu verlieren. Die ungebremste Wucht ihres Affektes bedroht die psychische Ganzheit des Kindes. Es ängstigt sich vor derartigen Gefühlen – seien es die eigenen oder die der Eltern – und kann sie nur bedingt verarbeiten und als zur eigenen Person gehörig anerkennen. So wird die Entwicklung der emotionalen Konstanz erschwert. (S. Kap. 11, S. 160ff.)

3. Die anale Phase

Ein wichtiges Gebiet, auf dem sich das Drama der Trotzphase abspielt, ist das der Erziehung zur Sauberkeit. Gleichzeitig mit seiner Willensentwicklung und der Erkenntnis der psychischen Differenz zur Mutter erwirbt das Kind die Kontrolle über seine Schließmuskeln. Dies bedeutet einerseits einen Zuwachs an Autonomie: es kann nun selbst bestimmen, wann und wohin es «sein Geschäft» macht. Zugleich wachsen die Anforderungen, die es zu erfüllen hat; die Mutter erwartet, daß es rechtzeitig ins Töpfchen macht, sie setzt den Zeitpunkt nach ihrer Einsicht fest und beschneidet damit die kindliche Autonomie. So ist der Konflikt vorprogrammiert. Nur zu leicht entwickelt sich aus dieser Situation ein Machtkampf: das Kind wird auf den Topf gesetzt, verweigert die «Produktion», muß lange sitzen, verweigert trotzdem, darf endlich aufstehen, macht «aus Trotz» früher oder später in die Hose. So erhält es sich seine Selbstbestimmung. Oder es fügt sich der elterlichen Macht, ist «brav» und wird sauber.

Häufig spiegeln die Konflikte der Sauberkeitserziehung das gesamte Beziehungsgeschehen dieser Phase: Fühlt sich das Kind in den übrigen Lebensbereichen sehr unter Druck, so zeigt sich das in der Sauberkeitserziehung, indem es sich – je nach Temperament – entweder vehement wehrt oder übermäßig anpaßt.

Auch die gute Beziehung läßt sich am Umgang mit den Ausscheidungen ablesen: von Stolz erfüllt über das erste eigene Produkt, läuft das Kind zu den Eltern, macht es ihnen zum «Geschenk», läßt sich von ihnen bewundern. Wichtig ist hier, daß die Eltern ebenfalls ihre Freude bekunden und einfühlsam eine kindgerechte Lösung finden, was nun zu geschehen hat. Viele Kinder bestehen darauf, daß man den Inhalt des Töpfchens mit ihnen zusammen ins Klo schüttet und das Kind die Spülung bedienen läßt

Die elterliche Einstellung beeinflußt die Haltung, die das Kind gegenüber seinen vegetativen Funktionen entwickelt. Ein unbefangener elterlicher Umgang, frei von Angst und Ekel, der das kindliche Interesse wohlwollend zur Kenntnis nimmt, hilft dem Kind, sich in seiner Körperlichkeit anzunehmen, und dient damit dem Erwerb der Selbstkonstanz. Elterliche Vorbehalte hingegen können eine «leibfeindliche» Entwicklung des Kindes begünstigen. Es schämt sich seiner «schmutzigen» Körperlichkeit und der Lust, die ihm die Beschäftigung mit der – im weitesten Sinne – «schmutzigen Materie» bereitet; es verkrampft und verliert möglicherweise von seiner unmittelbaren leiblichen Genußfähigkeit. Zu früh kontrolliert und/oder verleugnet es seine vitalen Impulse, verinnerlicht die Angst vor Strafe, versucht ihr zu entkommen, indem es sich übermäßig anpaßt und sich bemüht, jede erwünschte Leistung zu erbringen. Die Aggressionen, die durch die Einschränkung seiner Selbstbehauptung entstehen, unterdrückt es. Später können sie die unbewußte Ursache sein für ein fehlendes Durchsetzungsvermögen, für Ängste und die Ausbildung zwanghafter Verhaltensweisen, aber auch für unterschwellige Machtbedürfnisse, die ausgelebt werden, indem das genaue Einhalten von Normen gefordert und überwacht wird. Grenzen werden bedingungslos anerkannt und als Machtmittel über sich selbst und andere Menschen benutzt. Hier verbindet sich die anale Problematik wiederum mit derjenigen der Trotzphase. (S. Kap. 12, S. 169f.)

4. Konsequenzen für geistig behinderte Kinder

Die beschriebene Thematik der Persönlichkeitsentwicklung im zweiten und dritten Lebensjahr gilt ebenso für geistig behinderte Kinder. Der einzige Unterschied besteht wiederum in den Ausgangsbedingungen, die sich mit zunehmendem Behinderungsgrad verschlechtern.

Ein nur leicht bis mäßig behindertes Kind wird die dargestellte Entwicklung zwar verzögert, aber doch weitgehend «erfolgreich» durchlaufen, wenn seine Bezugspersonen es lieben, ihm den notwendigen Erfahrungsspielraum gewähren und eine angemessene Förderung zuteil werden lassen. So mag es sein, daß es erst mit etwa zwei Jahren laufen und sprechen lernt, seine Umgebung erforscht und den Stolz der Übungsphase empfindet. Dieser wird jedoch in den seltensten Fällen so ungetrübt auftreten wie bei nicht behinderten Kindern. Denn zu viele Mißerfolge müssen verarbeitet werden, und die meisten Erfolge gelingen nur mit elterlicher Unterstützung. Das erhebende Gefühl, etwas aus eigener Kraft zu können, bleibt deshalb gering und die Abhängigkeit von elterlicher Bewunderung vergleichsweise groß. Diese Tatsache erschwert die Loslösung und die Entwicklung des Selbstwertgefühls; sie spielt eine wesentliche Rolle für die zumeist überdurchschnittlich groß bleibende emotionale Abhängigkeit und mangelnde Stabilität des Selbstwertgefühls.

Der Übungsphase schließt sich die «Trotzphase» an. Diese mag sich lange hinziehen, weil das behinderte Kind nur schwer die «ideale Distanz» zur Mutter findet, die ihm gleichermaßen die Selbstbehauptung wie auch die Unterordnung und die Teilhabe am mütterlichen Bereich ermöglicht. Auch der mit diesem Vorgang verbundene Erwerb der Frustrationstoleranz gestaltet sich entsprechend schwierig, zumal die kognitiven Voraussetzungen, mit deren Hilfe man Erfahrungen einordnet, beschränkt sind. Dennoch kann das Kind das «Entwicklungsziel», die emotionale Konstanz, erreichen. Fehlt hierfür als Voraussetzung das empathische Beziehungsangebot, wie es bei Kindern, die im Heim aufwachsen, häufig vorkommt, dann ist der Erwerb der Konstanz – auch bei normal begabten Kindern – bedroht. So sind bei weit über der Hälfte der geistig behinderten Erwachsenen, die eine lange und oft wechselhafte «Heimkarriere» hinter sich haben, erhebliche Defizite in der Konstanz festzustellen.

Bei Kindern mit schwerer geistiger Behinderung, die schon in den motorischen Fähigkeiten deutliche Defizite zeigen und weder sprechen noch «denken» lernen können, ist weder das Glück der Übungsphase noch die Ausbildung der Konstanz zu erwarten. Sie mögen, bei guter Betreuung, ein harmonisches Wesen entwickeln, aber die ebenfalls dazugehörige Selbständigkeit und psychische Unabhängigkeit bleiben aus. Trotzähnliche Wutanfälle mögen bei Frustrationen aller Art –

z. B. warten müssen, einen Gegenstand nicht bekommen, Bauchschmerzen – auftreten. Doch sind sie nicht als Demütigung aufgrund einer Grenzsetzung und Kampf um die Autonomie zu werten, sondern als verzweifelter Versuch, die zerstörte Ganzheit der Welt (d. h. die emotionale Einheit mit der Bezugsperson) wiederzugewinnen und das vom Zerbrechen bedrohte Ich zu schützen. In dieser Situation sollte die Bezugsperson sich nicht wie in der Trotzphase als abgegrenztes Gegenüber behaupten, sondern Mittel und Wege ersinnen, um haltenden Trost zu gewähren.

Für die Bezugsperson ist die Unterscheidung zwischen den «Verzweiflungsanfällen» und den «echten Trotzanfällen» oftmals nicht leicht. Sie verlangt eine gute Kenntnis der Ich-Stärke des Gegenübers sowie eine differenzierte Einschätzung der jeweiligen Situation, da ein und dieselbe Person sowohl «Trotzanteile» als auch in besonderen Belastungssituationen «Verzweiflungsanfälle» zeigen kann. Für den Umgang mit echten Trotzanfällen behalten alle beschriebenen Verhaltensweisen ihre Gültigkeit, nur müssen sie mit noch mehr Geduld und Fingerspitzengefühl eingesetzt werden. Dies gilt insbesondere dann, wenn die psychische Entwicklung sich um Jahre verspätet, etwa wenn ein geistig behinderter junger Mann in die Trotzphase eintritt.

Ein Beispiel mag das zuletzt Gesagte verdeutlichen: Der sechsundzwanzigjährige, in einem Heim lebende Frank konnte durch das einfühlsame Beziehungsangebot seiner Betreuerin die symbiotische Phase und die beginnende Loslösung nachholen und trat anschließend in die Trotzphase ein. Typischerweise verhielt er sich gerade seiner Betreuerin gegenüber besonders trotzig, denn mit ihr mußte er ja sein Verhältnis von Nähe und Distanz klären. Er versuchte bei jeder Gelegenheit, seinen Willen durchzusetzen, beispielsweise im Hinblick auf das Fernsehprogramm oder die Wochenendgestaltung, Tätigkeiten, an denen er sich früher ohne eigene Willensbekundung beteiligte. Er behauptete Dinge, die nicht wahr sein konnten, etwa die Schokolade oder die Kassette seines Zimmerkollegen gehörten ihm, sein Vater hätte sie ihm geschenkt. Er weigerte sich, zur Arbeit zu gehen, mußte hingebracht werden, um dann aber seelenruhig in die Werkstatt zu marschieren. Er war grundsätzlich anderer Meinung als die übrigen Bewohner und begann erstmals, sich gegen deren Beschuldigungen zu wehren.

Selbstverständlich ist es oft schwierig, mit derartigen Situationen umzugehen, und doch stellt die eigene Willensentwicklung und Fähigkeit zur Selbstbehauptung einen bedeutsamen Fortschritt dar; sie darf nicht unterdrückt werden, sondern muß allmählich behutsam in sozial akzeptable Bahnen gelenkt werden.

Den engen Zusammenhang zwischen Trotzphase und analer Phase zeigt das folgende Beispiel: der zwanzigjährige, geistig behinderte

Tom, der zwar Ansätze zum Trotzen zeigte, die aber weitgehend unterdrückt wurden, war noch nie in seinem Leben sauber. Früh ins Heim gekommen, litt er unter den wechselnden Bezugspersonen. Er sollte sich zwar selbständig versorgen, bekam aber nie den Spielraum, seinen eigenen Willen zu entfalten. So kotete er immer wieder ein, besonders in Situationen, in denen er sich überfordert oder ungerecht behandelt fühlte. Ein Erzieher, seit etwa einem Jahr in der Gruppe, hatte eine besonders gute Beziehung zu ihm aufgebaut. Eines Tages sollte ein gemeinsamer Ausflug stattfinden. Der Erzieher dachte an den einzupackenden Proviant – die geliebten und gehorteten Äpfel – und fragte den jungen Mann vor dem Aufbruch: «Willst du mir nicht noch etwas schenken?»; daraufhin ging der Mann aufs Klo, produzierte eine Wurst, kehrte stolz zu dem Erzieher zurück und zeigte sein «Geschenk».

5. *Die ödipale Phase*

Im ersten Lebensjahr steht im Zentrum der Persönlichkeitsentwicklung das symbiotische Erleben und das vorwiegend körperlich bestimmte Ichgefühl. Im zweiten und dritten Lebensjahr tritt – bei fortschreitender körperlicher Verselbständigung – das kognitiv begründete Selbsterleben in den Vordergrund. Das Kind sagt: «ich» und «ich will». Es erlebt sich als ein wollendes und könnendes Wesen, das sich zu seiner Umwelt auf die vielfältigste Weise in Beziehung setzt, wobei es die Beziehungen zu Menschen überwiegend dyadisch gestaltet. Es hat auch schon gelernt, daß es ein Mädchen oder Junge ist, doch erfaßt es noch nicht die Tragweite dieser Zuordnung. Sie zu begreifen, eine festgelegte Geschlechtsrolle zu übernehmen und die Zweierbeziehung zur Dreiecksbeziehung zu erweitern, sind die Entwicklungsaufgaben der folgenden drei Lebensjahre.

Zwei- bis dreijährige Jungen und Mädchen finden die unterschiedlichsten Gründe für ihre Geschlechtszugehörigkeit. «Ich bin ein Mädchen/Junge, weil ich Eva/Hans heiße, weil meine Mama sich ein Mädchen/einen Jungen wünschte, weil ich Kleider trage/keine Kleider trage, weil ich eine Scheide/einen Penis habe.» Sie stellen sich vor, daß sie sich jeder Zeit, wenn sich ihre oder die elterlichen Wünsche ändern, in das andere Geschlecht verwandeln können. Ihr «magisches» Denken legt ihnen derartige Vorstellungen nahe. Eine herbe Enttäuschung und weitere Reduktion der noch partiell bestehenden Omnipotenzgefühle bedeutet die Erkenntnis, daß sie in ihrer Geschlechtlichkeit festgelegt sind und sich deshalb nicht aussuchen können, ob sie später einmal Vater oder Mutter werden. Die Zugehörigkeit zu der anderen Hälfte der Menschheit ist ihnen versagt. Zu der Zeit als – gesamtgesellschaftlich gesehen – Jungen bevorzugt wurden und einen größeren Entfaltungsspielraum hatten, reagierten viele Mädchen bekanntlich mit dem sogenannten «Penisneid»: sie wollten lieber Jungen sein. Weniger geläufig ist die männliche Antwort auf die Demütigung, geschlechtlich begrenzt zu sein: die Ausbildung des «Gebärneids».

Ein Beispiel mag den Schmerz der Beschränkung veranschaulichen. Der viereinhalbjährige Wolfgang und der knapp dreijährige Bernhard unterhalten sich über ihre Zukunftspläne. Wolfgang überlegt sich, ob er Pilot oder Kapitän oder vielleicht doch lieber Erfinder werden möchte. Dann fragt er seinen Bruder: «Und du, Bernhard?» Bernhard antwortet: «Ich werde Mama.» Wolfgang lacht: «Du kannst gar nicht Mama werden, du wirst später ein Papa!» Bernhard wird ärgerlich: «Ich will aber Mama werden!» Wolfgang trumpft auf: «Das geht aber nicht, du bist ein Junge, und aus Jungen werden Männer und Papas.» Weinend wendet sich Bernhard um Hilfe bettelnd an seine Mutter: «Mama, ich will Mama werden! Sag Wolfgang, daß ich Mama werde.» Der Realität entsprechend antwortet die Mutter: «Wolfgang hat recht, du wirst ein Papa.» Ein untröstliches Geheul ist Bernhards Reaktion. Noch ist er zu klein, um seine Wunschwirklichkeit aufgeben zu können. Vielfältige Erfahrungen werden es ihm erst allmählich ermöglichen.

Einen wichtigen Beitrag zur Realitätsanpassung leisten die Rollenspiele. Bei den bekannten Doktorspielen setzen sich die Kinder mit ihrer Geschlechtlichkeit auseinander, erstes Aufklärungswissen verarbeiten sie in Geburtsspielen, ihre Erfahrungen mit der Geschlechtsrolle finden in Mutter-Vater-und-Kind-Spielen ihren Niederschlag. Die etwa vierjährigen Kinder interessieren sich sehr für die Lebensgestaltung der ihnen bekannten erwachsenen Personen. «Wo ist dein/e Mann/Frau? Warum hast du keine/n Frau/Mann? Warum hast du keine Kinder?», fragen sie die unverheirateten Freunde/Freundinnen der Eltern. Eine ehrliche Antwort nehmen sie nachdenklich auf.

Die Beschränkung auf eine Geschlechtsrolle fällt um so leichter, je attraktiver sie erscheint. So entwickeln die kleinen Jungen einen Stolz auf ihre Männlichkeit: bereitwillig zeigen sie ihren Penis; gegen Ende der Kindergartenzeit entwickelt sich als beliebtes Spiel das Wettpinkeln: Wem gelingt der höchste und weiteste Bogen? Auch kleine Mädchen lieben die körperliche Selbstdarstellung, etwa im Tanz. Hübsche Kleidung gewinnt hierbei an Bedeutung.

Das wichtigste Übungsfeld für die Übernahme der Geschlechtsrolle bildet aber die Beziehung zu den Eltern. Der gleichgeschlechtliche Elternteil dient als nachzuahmendes (oder zu übertreffendes?) Vorbild, das andersgeschlechtliche als umworbener Wunschpartner, dessen Aufmerksamkeit und Anerkennung herbeigesehnt wird. Mit bezauberndem Charme umgarnt das vier- bis fünfjährige Mädchen seinen Vater; es umsorgt ihn, setzt sich ihm auf den Schoß, schmust hingebungsvoll und ausdauernd und verspricht ihm, daß sie ihn später heiraten werde. Der Mutter schenkt es vergleichsweise wenig Beachtung. Entsprechend wirbt der gleichaltrige Knabe um seine Mutter: als ihr Ritter trägt er den Abfall hinaus und ist, wenn sie bittet, zu allen Dienstleistungen bereit, gegen die er sich, werden sie vom Vater gewünscht, vehement wehrt. Von ihr möchte er ins Bett gebracht werden, obgleich er ein Jahr zuvor bei diesem Akt keinen Unterschied zwischen Vater und Mutter machte. Auch er bietet seiner Mutter die spätere Heirat an und zeigt deutliche Zeichen der Eifersucht, wenn er sieht, daß sich Mutter und Vater zärtlich umarmen. In dieser, der sogenannten ödipalen Phase stört der gleichgeschlechtliche Elternteil die ersehnte Intimität. Er wird plötzlich zum Rivalen, der – für den Augenblick – beseitigt werden müßte. Damit bekommt die Beziehung zu den Eltern eine neue Qualität, die neue Probleme mit sich bringt.

In den ersten drei Lebensjahren entwickelte sich – im Idealfall – eine gleichmäßig gute und tragfähige Beziehung zu Mutter und Vater. Im Mittelpunkt des Erlebens stand das jeweils gegenwärtige Gegenüber. So bestanden zwei gleichwertige Zweierbeziehungen nebeneinander, eventuell ergänzt durch die Beziehungen zu den Geschwistern, Großeltern und sonstigen Bezugspersonen. Ausgeblendet wurde – sofern es die unmittelbare Anschauung nicht verhinderte – die Tatsache, daß Mutter und Vater eine eigene, qualitativ andere Beziehung zueinander haben, die das Kind zumindest teilweise ausschließt.

Das vierjährige Kind kann – schon aufgrund seiner fortgeschrittenen kognitiven Entwicklung – das Wissen um die Intimität der elterlichen Beziehung nicht mehr verleugnen. Es muß sich mit ihm auseinandersetzen, sich dem Konflikt, den es in ihm auslöst, stellen. Wie das Zweijährige liebt es beide Elternteile, möchte von ihnen geliebt werden, fühlt sich zurückgesetzt und ausgeschlossen, wenn es Zärtlichkeiten zwischen ihnen beobachtet, und reagiert mit Eifersucht. Doch nun verschärft sein «geschlechtliches» Begehren die Situation. Es möchte nicht nur einbezogen werden, etwa auf dem Sofa zwischen Vater und Mutter sitzen und beider Zuwendung genießen, sondern das kleine Mädchen möchte die Mutter und der Junge den Vater fortschicken; sie möchten die den Eltern vorbehaltene Beziehungsqualität, wie sie sich in ihrer kindlichen Phantasie darstellt, erleben.

Die Eifersucht steigert sich zur Rivalität. Die mit ihr verbundene Aggression löst Strafängste und Schuldgefühle aus. Wird sich der – doch ebenfalls geliebte – gleichgeschlechtliche Elternteil die Vertreibungsversuche bieten lassen? Wird er sich nicht rächen – etwa durch «Kastration», das ist das Verbot der geschlechtlichen Selbstdarstellung und Selbstbehauptung, und durch Liebesentzug? Außerdem hat das Kind die elterlichen Gebote und Verbote inzwischen so weit verinnerlicht, daß es bei einer Übertretung – z. B. beim Ausleben von Aggressionen – die Bewertung gedanklich vorwegnimmt: es bekommt Schuldgefühle. Werden Vater und Mutter so ein böses Kind nicht verstoßen? Um das zu verhindern, möchte es «gut» oder «lieb» sein. Gutsein aber bedeutet in diesem Falle den Verzicht auf die bevorzugte Behandlung durch den andersgeschlechtlichen Elternteil, den Verzicht auf die Rolle der/des Geliebten und die Beschränkung auf die Rolle des Kindes. Das Liebsein beinhaltet darüber hinaus, die gewohnten Zweierbeziehungen aufzugeben zugunsten einer triadischen Beziehungsstruktur: Mutter, Vater und Kind; alle drei gehören zusammen, wobei jeder mit jedem eine besondere Beziehung hat, die der jeweils «ausgeschlossene Dritte» zulassen muß, ohne sich selbst dadurch in seinem «Daseinsrecht» bedroht zu fühlen. Eine Trostvorstellung hilft dem Mädchen/Jungen diesen Entwicklungsschritt, die sogenannte «ödipale Triangulierung», zu vollziehen: Wenn ich einmal groß bin, werde ich sein wie Papa/Mama und eine/n Frau/Mann wie Papa/Mama heiraten.

Nach Abschluß der Triangulierung – wenn es mithin die Dreierbeziehung akzeptiert hat – ist das Kind im vollen Sinne gruppenfähig. Denn um sich in Gruppen wohlfühlen zu können, muß es einen Platz beanspruchen und verteidigen können; es muß sowohl um die Beziehung zu den Gruppenmitgliedern werben, sich für sie einsetzen können, als auch zurückstehen und ertragen, nicht die erste Geige zu spielen, ohne dabei zu viel an Selbstwertgefühl einzubüßen. Der Platz «in der Mitte» muß akzeptabel erscheinen, und das Vertrauen in die eigene Kraft, Beziehungen wunschgemäß mitzugestalten, hinreichend ausgebildet sein. Zu diesem Zeitpunkt hat sich das Kind auch so weit von den Eltern gelöst, daß es von sich aus neuen Beziehungen entgegenstrebt: Es ist – von seinen emotionalen und sozialen Fähigkeiten her gesehen – schulreif. (S. Kap. 12, S. 170f.)

Damit das Kind die ödipale Konfliktsituation gut bewältigen kann, benötigt es den elterlichen Beistand. Um Sicherheit im geschlechtsspezifischen Verhalten zu bekommen, braucht es einerseits ein sicheres gleichgeschlechtliches Vorbild, andererseits aber auch die Anerkennung durch den gegengeschlechtlichen Elternteil. Erst durch die Bestätigung, die liebevolle Aufmerksamkeit, den Stolz des Vaters/der Mutter entwickelt die Tochter/der Sohn ein Gefühl für ihre/seine geschlechtsspezifische Wirksamkeit. Sie/Er erlebt, was sie/er tun muß, um beim anderen Geschlecht «anzukommen». Geht der Vater/die Mutter gar nicht auf das kindliche Werben ein, so besteht die Gefahr, daß das Kind resigniert und die Erfahrung generalisiert: «Für mich interessiert sich niemand, ich bin nicht attraktiv, es ist sinnlos zu werben, denn denjenigen, den ich will, bekomme ich ja doch nicht. Ich muß warten und nehmen, was übrig bleibt.» Sonnen sich Vater und Mutter andererseits zu sehr in der kindlichen Idealisierung, benutzen sie die Gefühle des Kindes zur eigenen Befriedigung und Aufwertung, so erschweren sie ihm den Verzicht auf seine ödipalen Wünsche. Die Folge ist oftmals, daß es sich nicht angemessen vom andersgeschlechtlichen Elternteil lösen kann und daß es – insbesondere bei alleinerziehenden Elternteilen oder bei einer unglücklichen Ehe der Eltern – allzu leicht in die Rolle des «Ersatzpartners» rutscht. Eine Zeitlang mag das Kind diese Position, die eine gewaltige Überforderung darstellt, genießen – hebt sie doch das Selbstbewußtsein. Auf die Dauer aber stellt sie eine Belastung dar und beeinträchtigt häufig die Fähigkeit, sich später einen angemessenen Partner zu suchen.

Wichtig ist also, daß das Kind sowohl Resonanz erfährt als auch liebevoll in seine Grenzen verwiesen wird. Dies geschieht am natürlichsten, wenn die Eltern sich ihrer eigenen Rolle sicher sind. Zum hilfreichen Elternverhalten gehört auch, daß sich der gleichgeschlechtliche Elternteil durch die Eifersucht und partielle Ablehnung seines Kindes nicht in Frage gestellt fühlt. Mutter und Vater sollten nicht ihrerseits eifersüchtig, beleidigt oder autoritär reagieren, wenn das charmante Töchterchen mit einem Augenaufschlag den Vater zu einem weiteren Spiel verführt oder der ritterliche Sohn die Mutter vor der Zärtlichkeit des Vaters beschützt und sich im Falle einer Unstimmigkeit auf ihre Seite schlägt. Vielmehr sollten sie großzügig solche Konfliktmomente übergehen, sich vielleicht sogar an der «Weiblichkeit»/«Männlichkeit» des Kindes freuen, ohne sie jedoch für eigene Zwecke zu mißbrauchen. Erlebt die Tochter mütterliche Eifersucht oder der Sohn eine vom Vater ausgehende Rivalität, so verstärken sich die kindlichen Schuldgefühle und Strafängste. Das Kind folgert dann unbewußt: ich darf mich nicht weiblich/männlich verhalten, wenn ich nicht den Haß der Menschen auf mich ziehen will, von denen ich abhängig bin. Das aber ist zu gefährlich, also verzichte ich darauf, um einen guten Platz in der geschlechtlichen Hierarchie zu kämpfen. Oder das Kind nimmt die Herausforderung zum Kampf an, findet aber kein natürliches Ende: Denn es überträgt den innerlich nie aufgegebenen Kampf gegen den gleichgeschlechtlichen Elternteil auf die neuen «Gegner». So bleiben Geschlechtsgenossen/innen auch später Rivalen/innen, die es zu überflügeln oder aus dem Felde zu jagen gilt.

Die großzügige Solidarität des gleichgeschlechtlichen Elternteils, Angebote zur Identifikation – «wir Männer graben den Garten um, wir Männer helfen der Mutter gemeinsam» oder «wir Frauen machen uns hübsch» – hingegen helfen dem Kind, seine aggressive Ablehnung zu überwinden und sich wiederum der Liebe beider Eltern sicher zu werden, ohne dabei Angst vor der «geschlechtlichen Selbstaufgabe» haben zu müssen.

Ein Kind, das seine ödipale Situation gut gemeistert hat, hat seine geschlechtliche Identität gewonnen. Es wird frei und in der Lage sein, in Freundschaften die Initiative zu ergreifen. Menschen hingegen, die keine angemessene Lösung fanden, sondern in Rivalität, Schuldgefühlen und Strafängsten verhaftet bleiben, werden auch in späteren Beziehungen leicht von Schuldgefühlen bestimmt werden.

6. Konsequenzen für den Umgang mit geistig behinderten Menschen

Wiederum gilt: Der Umgang mit geistig behinderten Menschen orientiert sich am normalen Entwicklungsgeschehen.

Für manche, besonders für schwerst behinderte Menschen wird die ödipale Thematik nie akut; viele leichter Behinderte werden von ihr erfaßt, nachdem sie die Problematik der Trotzphase nur unzureichend bewältigt haben. Mit deutlichen Defiziten in der emotionalen Selbst-, Objekt- und Beziehungskonstanz treten sie – oft um Jahre verspätet – in die ödipale Phase ein. Damit haben sie schlechte Voraussetzungen, diese erfolgreich abzuschließen – d. h. mit einer klaren geschlechtlichen Identität, hinreichend vom gegengeschlechtlichen Elternteil abgelöst und gruppenfähig. Unter Umständen bleiben sie lebenslänglich in ödipalen Konflikten verhaftet (wie im übrigen viele normalbegabte Menschen auch), selbst wenn die nachfolgenden Lebensphasen auf anderen Gebieten durchaus noch manchen Entwicklungsschritt ermöglicht haben. Sehr kompliziert wird die Situation sowohl für den Betroffenen als auch für die Bezugsperson, wenn die ödipale Problematik in einer ohnehin konfliktträchtigen Zeit, wie etwa der Pubertät, virulent wird. Beide Konfliktebenen sind dann nur schwer voneinander zu unterscheiden, und doch ist gerade dies die Voraussetzung für ein hilfreiches Beziehungsangebot.

Einige Beispiele mögen abschließend verdeutlichen, wie sich die ödipale Thematik im Gruppenalltag bei geistig behinderten, jungen Erwachsenen darstellen kann. Robert, ein zwanzigjähriger, mittelgradig behinderter Mann mit schweren Mängeln in der Objektkonstanz, schwärmt für seine Erzieherin. Er sehnt sich nach ihr, spricht von ihr in ihrer Abwesenheit, «schreibt» kleine «Liebesbriefe». Wenn sie aber Dienst hat und morgens sein Zimmer betritt, um ihn zu wecken, verkriecht er sich unter der Bettdecke. Ihren Blickkontakt, wenn sie ihm bei Tisch gegenübersitzt, hält er nicht aus. Wendet sie sich aber im Gespräch anderen Bewohnern zu, so fällt er diesen ins Wort und stört. In ein gemeinsames Gespräch einfügen kann er sich nicht. Andere Gruppenbewohner zeigen ähnliche Verhaltensweisen: sie umschwärmen einen gegengeschlechtlichen Erzieher, suchen seine körperliche Nähe, gehorchen und helfen ihm gern, buhlen um seine Zuwendung und versuchen Rivalen aus dem Feld zu schlagen. Aggression und Eifersucht entzünden sich vorzugsweise in diesem Zusammenhang. Eine leicht behinderte Jugendliche schwärmt für ihren Lehrer. Erhält sie von ihm freundliche Worte, so lebt sie auf; fühlt sie sich von ihm mißachtet, so versinkt sie in Depressionen, die sie träge oder launisch werden lassen. In der morgendlichen Andacht versucht sie neben ihm zu sitzen; gelingt es ihr nicht, so ist der Tag verdorben. Auf ihre Gefühle zu dem Lehrer angesprochen, sagt sie, daß sie sich ihn als Vater wünsche. Auf die Frage, ob sie denn nicht einen Freund wolle, antwortet sie zögernd: «Ja, vielleicht», sagt manchmal aber auch: «Eigentlich will ich doch ein Junge sein».

Viertes Kapitel

Das Grundschulalter

I.
Körperliche Entwicklung

Eingeleitet wird das Grundschulalter durch den ersten Gestaltwandel, eine Zeit der körperlichen Veränderung, die sich im sechsten und siebten Lebensjahr vollzieht. Ihr hervorragendstes Merkmal ist der Zahnwechsel: die Milchzähne fallen aus. Da die nachwachsenden, bleibenden Zähne wesentlich größer sind, müssen Kiefer und Mund wachsen, um ihnen Raum zu bieten. Auch die Nase wächst, während die Augen, die Stirn und der gesamte Schädel ihre Größe weitgehend beibehalten. So verliert das Gesicht die kleinkindhaften Proportionen. Der übrige Körper differenziert sich aus; der Rumpf wird schmaler und schlanker; dabei verbreitern sich die Schultern, und das Hohlkreuz entsteht, der kleinkindhafte Bauch verschwindet. Die Muskeln bekommen deutlichere Formen. Sie fallen besonders an den Armen und Beinen auf, die im Verhältnis zum Rumpf stärker wachsen. Das Kind kann nun mit dem rechten Arm über den Kopf greifen und sein linkes Ohrläppchen erreichen.

Durch diese Veränderungen gewinnt das Kind eine neue, sehr anmutige Gestalt. Seine gute Körperbeherrschung, die es sichtlich genießt, erhöht seine Anziehungskraft. Unermüdlich rennt, hüpft, springt es, fährt Fahrrad und Rollschuh. Bewegungsspiele – zusammen mit einem oder mehreren Freunden – füllen einen großen Teil seiner Freizeit. Auch die feinmotorischen Fähigkeiten verbessern sich schnell: Die Stiftführung beim Zeichnen und Schreiben bereitet bald keine Schwierigkeiten mehr; geschickt handhabt es Schere und Messer; mit Leichtigkeit erlernt es ein Instrument. Seine Körperkraft, Behendigkeit und Geschicklichkeit stellen für es einen großen Wert dar. Es mißt sich mit den Gleichaltrigen. In Freundesgruppen erhalten oft diejenigen Kinder eine Führungsposition, die auf diesen Gebieten über die besten Fähigkeiten verfügen.

II.
Kognitive Entwicklung

Mit dem ersten Gestaltwandel geht eine Veränderung des kindlichen Denkens einher. Das Kleinkind erfaßte seine Umwelt ganzheitlich, ging dabei «egozentrisch» von sich aus, ließ sich in seinem Denken durch hervortretende Merkmale der Anschauung leiten, übertrug bekannte Merkmale auf scheinbar Ähnliches, erfand magische Begründungszusammenhänge und vermischte in seinem Denken ständig Wunsch und Wirklichkeit, Phantasie und Realität. Im Gegensatz dazu strebt das sechs- bis siebenjährige Kind nach realistischer Welterkenntnis. Es überwindet allmählich die egozentrische Perspektive und versucht, zwischen den eigenen Wünschen und Phantasien einerseits und objektiven Zusammenhängen andererseits zu trennen. Es will wissen, «wie es wirklich ist». Es bemüht sich, sachgerechte und naturwissenschaftliche Erklärungen nachzuvollziehen: Dunkel wird es auf der Erde, weil die Erde rund wie ein Ball ist und sich um sich selber dreht. Wenn die Hälfte der Erde, auf der es wohnt, sich der Sonne zuwendet, ist es hell und Tag, wenn sie sich ihr abwendet, dunkel und Nacht. Nun sind magische Antworten auf Sachfragen nicht mehr angebracht, statt dessen ist es hilfreich, den erfragten Sachverhalt modellhaft oder durch Bilder zu veranschaulichen. Das Kind löst sich aus dem Bann des vordergründigen optischen Eindrucks und lernt, bei der Lösung eines Problems mehrere Faktoren gleichzeitig zu berücksichtigen. Es beherrscht neben den in der Grammatik enthaltenen Ausdrucksmöglichkeiten für sachliche Zusammenhänge inzwischen auch abstrakte Ordnungsprinzipien wie die Reihenbildung, die Klassenbildung und den Meßbegriff. Wesentliche Denkgesetze – etwa das der Mengenkonstanz und das der Reversibilität des Denkens – werden ihm bewußt, und es wendet sie folgerichtig an. So denkt das Grundschulkind gegen Ende dieser Phase logisch korrekt, wenn die Denkaufgaben seinem Erfahrungsbereich entstammen und es die Ergebnisse an der Realität überprüfen kann. Dem Wissensdurst des Kindes muß entsprochen werden, um den Lerneifer und die Leistungsmotivation zu erhalten.

Ein Hindernis für die geistige Entfaltung (auch schon in der Vorschulzeit) stellt die Zunahme des kindlichen Fernsehkonsums dar. Nicht nur, daß die Kinder viele Bilder und Inhalte aufnehmen, die sie emotional nicht verarbeiten können, sondern sie erschweren dem Kind auch die Unterscheidung zwischen Vorstellung und Wirklichkeit, da fiktive Inhalte genauso «wirklichkeitsgetreu» wiedergegeben werden wie Dokumentationen realer Geschehnisse. Darüber hinaus vermitteln sie dem Kind ein «Leben aus zweiter Hand» und halten es davon ab, selbst Erfahrungen zu sammeln und sich Erkenntnisse zu «erarbeiten». Dies schlägt sich nieder in der Phantasielosigkeit und eingeschränkten Spielfähigkeit vieler Kinder, die regelmäßig – häufig täglich – stundenlang fernsehen. Sie haben oft Konzentrationsstörungen und können sich weder alleine noch in einer Gemeinschaft ohne Anleitung kreativ betätigen. Dieser Mangel führt schließlich auch zu Defiziten im Sozialverhalten; denn nur durch eine lebendige Fülle gemeinschaftlicher Erfahrungen differenzieren sich die sozialen Handlungsmöglichkeiten der Kinder aus. (S. Kap. 20, S. 316f.)

III.
Emotionale und soziale Entwicklung

In Gesellschaftsformen, die keine Schulpflicht kennen, nutzen die Eltern das Bedürfnis ihrer etwa sechsjährigen Kinder, lernend in die Welt der Erwachsenen hineinzuwachsen, indem sie diese in ihre Tätigkeiten einbeziehen und ihnen Pflichten auferlegen, wie die Mithilfe im Haushalt und auf dem Feld, das Beaufsichtigen der jüngeren Geschwister, das Hüten der Gänse, Ziegen, Kühe.

Unser Kulturkreis antwortet auf die Lern- und Leistungsbereitschaft des Kindes mit der Einschulung. Von nun an wird es einen beträchtlichen Teil des Tages in der Schule verbringen. Alles, was es dort erfährt und erlebt, übt einen deutlichen Einfluß auf seine weitere emotionale und soziale Entwicklung aus.

1. Die Bedeutung der Schule und der ersten Lehrer

Unsere Gesellschaft hat wesentliche Erziehungsaufgaben auf die Schule übertragen. Sie soll dem Kind nicht nur ein breites Sachwissen vermitteln, sondern auch seine Fertigkeiten im Denken «schulen», sein Wertbewußtsein schärfen sowie seine Arbeitshaltung und sein Sozialverhalten fördern, kurz: sie soll persönlichkeitsbildend wirken. Es versteht sich von selbst, daß es sehr schwierig ist, diesen anspruchsvollen Aufgaben gerecht zu werden.

Wie stellt sich nun die Situation aus der Perspektive des Kindes dar? Die Schule verspricht ihm Stoff für seinen Wissenshunger. Doch sie gibt ihm das begehrte Wissen nicht kostenlos, vielmehr fordert sie einen hohen Preis: Das Kind muß sich vielen Regeln unterordnen, sich in eine soziale Gemeinschaft einfügen und seine augenblicklichen Impulse und Bedürfnisse zurückstellen. Hat es die Trotzphase und die ödipale Problematik gut bewältigt, so ist es auch diesen Anforderungen gewachsen. Und doch fällt es ihm schwer, ruhig sitzen zu bleiben, nicht herumzutollen, still zu sein, wenn es plappern möchte, aufzupassen und zu tun, was der Lehrer sagt, nicht zu spielen oder zu träumen, zu warten, bis es an die Reihe kommt, etwas zum Unterricht beizutragen und zu dulden, daß andere Kinder sagen dürfen, was es selbst sagen will. All das verlangt ein hohes Maß an Selbstkontrolle. Die Selbstbeherrschung strengt das Kind an, sie erzeugt außerdem Frustrationen und Aggressionen, die sich nach dem Unterricht in wilden Bewegungsspielen und Raufereien ihr Ventil suchen. Viele Erst- und Zweitkläßler sind nach Unterrichtsende erschöpft, reizbar und ruhebedürftig.

Auch das Lernen erweist sich als mühsam. Denn so wißbegierig das Kind sein mag, so bereitwillig es auch verschiedenste Inhalte aufnimmt, so wird dennoch sein jeweils gegenwärtiges Interesse von der jeweils gegenwärtigen Situation bestimmt. So hat es doch bislang gelernt: irgendein Impuls in ihm selbst wollte seinen Ausdruck finden, irgendetwas in der Umgebung zog seine Aufmerksamkeit auf sich; es wandte sich ihm zu, setzte sich mit ihm auseinander und wandte sich wieder ab, wenn sein Interesse erschöpft war. Auf diese Weise lernte es laufen und sprechen; so spielte es mit seinen Bauklötzen oder erfand seine Rollenspiele, so lernte es bislang die Welt kennen.

Nun beginnt eine neue, stärker von außen gesteuerte Art des Lernens. Das Kind muß sich einem fremden Maß unterordnen; ein Lehrer bestimmt wann, was, wie gelernt wird, unabhängig davon, ob der Stoff auf eine gerade vorhandene Frage antwortet. Als Schüler muß es lernen, sein augenblickliches Interesse einer äußeren Vorgabe anzupassen. Dazu kommt, daß es zum ersten Mal offiziell aufgrund seiner Lern- und Leistungsfähigkeit beurteilt wird. Sein bisheriges Lernen ereignete sich in einem relativen Freiraum – wenn auch unter den Augen der stolzen und besorgten Eltern und Verwandten, die durchaus ihr Kind mit anderen verglichen und mit ihrem Lob und ihrer Zuwendung verdeutlichten, welchen Stellenwert sie den kindlichen Fortschritten beimaßen. In der Schule aber stellt ein Lehrer Aufgaben, die das Kind zusammen mit den Klassenkameraden lösen muß. Die Ergebnisse werden bewertet hinsichtlich ihrer Qualität und der Zeit, die es benötigte, um sie zu erreichen. Die «guten Schüler» erfüllen die Anforderungen gut und schnell, sie gelten als «begabt».

Nicht nur die kognitiven Fähigkeiten werden kritisch gewürdigt, sondern auch das Sozialverhalten. Das Kind soll sich lebendig und aufgeweckt am Unterricht beteiligen, nicht aber stören, es soll den Anweisungen des Lehrers folgen, ohne scheu oder unterwürfig zu sein, sich gegenüber Klassenkameraden behaupten, ohne sie zu dominieren, sich wehren, ohne brutal zu werden, weder sich still zurückziehen noch Unruhe stiften.

Schließlich nehmen viele Kinder auch an außerschulischen leistungsorientierten Veranstaltungen teil – sei es der private Musikunterricht oder eine Sportgruppe –, die wiederum entsprechende kognitive und soziale Forderungen stellen. Manche Grundschulkinder haben schon einen Terminkalender wie Erwachsene, so daß kaum noch freie Zeit zum Spielen bleibt.

Das Kind spürt den Bewertungsdruck und sucht einen Weg, ihm standzuhalten. Wenn es ihm gelingt, genügend soziale Anerkennung von seinen Eltern, Lehrern und/oder Spielkameraden zu bekommen, so kann es ein befriedigendes Selbstbewußtsein hinsichtlich seiner Leistungsfähigkeit entwickeln. Das wird sich niederschlagen in Lerneifer und Leistungsbereitschaft; erfolgsorientiert wird das Kind sich willig neuen Aufgaben zuwenden, seine Konzentrationsfähigkeit und Frustrationstoleranz werden angesichts der zu erwartenden Bestätigung durch gute Ergebnisse steigen.

Umgekehrt werden ständige Überforderungen gehäuft zu Fehlschlägen und Kritik führen, die schließlich Versagensängste und eine Mißerfolgsorientierung hervorrufen: Das kann ich ja doch nicht. Das Kind bekommt Minderwertigkeitsgefühle hinsichtlich seiner Begabung und Fähigkeiten. Um sie nicht ständig spüren zu müssen, wird es Mechanismen entwickeln, sich den Anforderungen zu entziehen. Es wird träumen, herumkaspern, zu verspielt bleiben oder aufsässig werden; auf jeden Fall wird es ausweichen, um nicht wieder erleben zu müssen, daß seine Mühe doch keinen Erfolg nach sich zieht.

Ob es dem Kind gelingt, die Chancen zu nutzen, die die schulischen Anforderungen für seine Persönlichkeitsbildung bieten, hängt von mehreren Faktoren ab. Erstens sollte das Kind zum Zeitpunkt der Einschulung in kognitiver, emotionaler und sozialer Hinsicht schulreif sein. Zweitens spielt eine Rolle, wie die Eltern das Kind unterstützen, mit den neuen Aufgaben zurechtzukommen. Eine Hilfestellung allgemeiner Art ist es, wenn die Eltern der geistigen Betätigung gegenüber selbst aufgeschlossen sind, wenn sie etwa in ihren Mußestunden gerne lesen, wenn bei den Mahlzeiten wirkliche Gespräche geführt werden, wenn gemeinsam über die verschiedensten Fragen und Probleme nachgedacht wird.

Doch das elterliche Vorbild allein genügt nicht. Darüber hinaus braucht das Kind Verständnis und konkrete Hilfestellungen, etwa beim Umgang mit Hausaufgaben. Eltern verschärfen möglicherweise den Leistungsdruck, indem sie einseitig auf Lernfortschritte achten und in die Rolle der Fordernden und Bewertenden schlüpfen. Sie können sich einseitig für den Lehrer (Motto: Er wird schon wissen, was er tut) oder gegen ihn (Motto: Der böse Mensch, was tut er mit meinem armen Kind) aussprechen, ohne vorurteilsfrei nach den Zusammenhängen zu forschen. Damit verstärken sie die emotionalen Spannungen im Kind und erschweren ihm die Integration. Schließlich können sie das Kind auch emotional allein lassen, indem sie die Schule zu «seiner Sache» erklären, um die sie sich nicht kümmern müssen. Wenn darüber hinaus das Kind durch häusliche Konflikte, etwa Beziehungsprobleme, belastet ist, raubt ihm das wichtige Kräfte für die konstruktive Auseinandersetzung mit der Schule.

Last not least trägt der Lehrer (oder die Lehrerin, die selbstverständlich immer in die Bezeichnung eingeschlossen ist) wesentlich dazu bei, wie sich das Kind an die schulischen Bedingungen anpaßt. Denn er wird durch seine Funktion schnell zur wichtigen Autorität und Bezugsperson neben den Eltern. Die meisten Schulanfänger begegnen ihm erwartungsvoll und beziehungsbereit. Sie möchten als Gesamtpersönlichkeit wahr- und angenommen werden. Läßt sich der Lehrer in eine ganzheitliche Beziehung zu dem Kind ein, so wird er dadurch positive Gefühle in ihm wecken. Es wird «seinen» Lehrer bewundern, als Vorbild anerkennen, ihm zu gefallen suchen und deswegen willig gehorchen und sich bemühen, den Anforderungen zu entsprechen. Die Beziehung zum Lehrer hilft ihm, seine eigenen Bedürfnisse zurückzustellen und die Lernangebote anzunehmen. Es lernt in erster Linie für den Lehrer, um sein Lob zu erhalten und seine Freude zu sehen. Selbstverständlich spielen auch die Zufriedenheit der Eltern oder die Bewunderung der Mitschüler eine Rolle für die Lernmotivation. Aber während des Unterrichts hängt sie primär von der Interaktion und der Stimmung zwischen Lehrer und Schüler ab. Es trifft eben nicht zu, daß das sechs- bis zehnjährige Kind für sich selbst oder «das Leben» lernt (das tun selbst Abiturienten nur in geringem Ausmaß), es lernt vielmehr personengebunden, dem Lehrer zuliebe. Diese Tatsache gilt es anzunehmen und sich als eine Bezugsperson, die auch auf die Gefühle, Erlebnisse und Erfahrungen des Kindes eingeht, zur Verfügung zu stellen.

Darüber hinaus kommt den methodisch-didaktischen Gesichtspunkten eine erhebliche Bedeutung zu. Sie auszuführen, sprengt den gegebenen Rahmen. Kurz erwähnt seien nur einige Gesichtspunkte. Wichtig ist, daß der Lernstoff, wo immer möglich, an die Erfahrungswelt der Kinder anknüpft, die Darbietung möglichst viele Sinne anspricht, ein ausgewogenes Verhältnis zwischen gedanklicher, musischer sowie körperlicher Betätigung herrscht und daß insgesamt rhythmische Prinzipien in der Unterrichtsgestaltung berücksichtigt werden, damit sich das Kind vielfältig in den Unterricht einbringen und in ihm wiederfinden kann.

2. Die Bedeutung der Freunde

Nicht nur die Schule übt einen starken Einfluß auf die kindliche Persönlichkeitsentwicklung aus, sondern in zunehmendem Maße auch die peer-group, d. h. die Bezugsgruppe der gleichaltrigen Kinder. Lernte das Kind im Vorschulalter mit anderen gemeinsam zu spielen, so vertiefen sich im Grundschulalter die Freundschaften. Die sich verselbständigenden Kinder verbringen einen großen Teil ihrer Freizeit mit ihren Freunden, die sie sich in der Nachbarschaft, der Klasse oder der eigenen Verwandtschaft suchen. Ihren starken Bewegungsdrang befriedigen sie im Freien beim Radfahren, Rollschuhlaufen, bei Lauf- und Ballspielen sowie rollenspielartigen Bewegungsspielen, wie beispielsweise «Indianer». Häufig bieten auch Fernsehsendungen die Vorlage für gemeinschaftliche Spiele. Einige lassen sich zu zweit durchführen, für andere braucht man mehrere Personen. So nehmen die selbstorganisierten Gruppenspiele zu. Dabei schulen die Kinder ihre soziale Durchsetzungsfähigkeit in Gruppen ohne äußere Leitung. Sie finden ihre Position, entwickeln Fähigkeiten, um sich Anerkennung zu verschaffen. Meist bildet sich in diesen Freundescliquen eine strenge hierarchische Struktur heraus: der Anführer ist häufig das stärkste, schnellste, sportlichste Kind. Körperliche Überlegenheit zählt vor allen Dingen bei den Jungen – manchmal auch Schlagfertigkeit und Frechheit. Der Anführer wird unterstützt von den Gruppenmitgliedern, die ebenfalls allgemein anerkannt und beliebt sind. Sie geben den Ton an. Die niedrigeren Rangplätze werden eingenommen von Kindern, die gerne dabeisein möchten, aber wenig Beachtung finden oder als «Diener» ausgenutzt werden. Manchmal rutscht ein Kind auch in die Sündenbockrolle. Die Gruppenstruktur ist jedoch nicht sehr stabil, sondern hängt stark von den mitspielenden Kindern und anderen äußeren Bedingungen ab.

Den meisten Kindern ist es wichtig, einer Clique anzugehören. Aus der Zugehörigkeit ziehen sie einen bedeutenden Teil ihres Selbstwertgefühls, sie dient ihnen als Maß ihrer Beliebtheit. Um dazuzugehören, unterwerfen sie sich Gruppennormen und Gruppenritualen oder führen Mutproben durch (letzteres gilt besonders für Jungen). Manche Gruppen geben sich einen Namen und verwenden Geheimsprachen. Insgesamt ist der Anpassungsdruck, den Kinder untereinander ausüben, groß. Sie bewerten sich nach der Kleidung, der Marke der Turnschuhe, der Größe und Farbe des Schulranzens. Kinder, die nicht «mithalten» können, werden erbarmungslos gehänselt und geraten, wenn sie sich nicht auf andre Weise Respekt verschaffen können, leicht in eine Außenseiterrolle.

Die Attraktion einer Clique ist für Jungen und Mädchen gleich groß. Ihre Zusammensetzung hängt hauptsächlich von den in einer Nachbarschaft wohnenden Kindern ab. Sind Jungen und Mädchen aufeinander angewiesen, weil es nur wenig Kinder gibt, so spielen sie häufig miteinander. Stehen jedoch beliebig viele Kinder zur Auswahl, so läßt sich als Tendenz erkennen, daß die meisten Mädchen gerne zusammen mit Jungen eine Clique bilden, während Jungen lieber unter sich bleiben und nur ausnahmsweise Mädchen aufnehmen. Generell aber gilt, die Freunde werden überwiegend im eigenen Geschlecht gesucht. Öffentlich wird das andere Geschlecht eher entwertet. Besonders die Jungen finden Mädchen albern, zickig und langweilig; ein Teil der Mädchen bezeichnet Jungen als grob und frech, andere jedoch – überwiegend diejenigen, die selbst lieber Buben wären – tun es den Jungen gleich und werben damit um ihre Anerkennung. Im Privaten aber, etwa zu Hause, wenn Besuch kommt, spielen Jungen und Mädchen nach wie vor friedlich miteinander.

Neben der Clique kommt auch den Einzelfreundschaften, den besten Freunden, eine besondere Bedeutung zu. Enge Freundschaften, die in diesem Alter entstehen, halten oft über viele Jahre. Mit diesen Freunden tollt man nicht nur draußen herum, sondern beschäftigt sich auch drinnen in der Wohnung. So lernen die Kinder wechselseitig ihr Zuhause kennen, nehmen regelrecht am Leben der anderen Familie teil. Dadurch erfahren sie, wie andere Menschen ihren Tagesablauf gestalten, was sie essen und trinken, wie sie Ordnung halten, welche Normen gelten, was ihren Freunden erlaubt und verboten ist, welch ein Umgangston untereinander herrscht, wie mit Konflikten umgegangen wird. Sie erleben eine Alternative zu den Gewohnheiten der eigenen Familie. Durch solche Horizonterweiterung werden sie zum ersten Mal in die Lage versetzt, ihre eigenen Lebensbedingungen kritisch zu betrachten. Sie merken: man kann auch anders leben, als wir es tun; sie vergleichen und werten. Manche Kinder in diesem Alter, wenn sie sich von den eigenen Eltern nur unzureichend verstanden und geliebt fühlen, phantasieren, daß sie gar nicht das leibliche Kind ihrer Eltern seien, und suchen sich in Gedanken eine Wunschfamilie. Oder sie weichen häuslichen Konflikten aus, indem sie sich bei ihren Freunden «einnisten». Doch auch wenn die Freundesfamilie der eigenen nicht vorgezogen wird, ja sogar wenn sie im Vergleich schlechter abschneidet, stellt sie eine Erweiterung des kindlichen Lebensraumes dar und fördert das Weltverständnis des Kindes.

Führt man sich die Bedeutung der kindlichen Freundschaften vor Augen, so leuchtet es ein, welch Mangel Kinder erleiden, denen die Integration in die Gruppe der Gleichaltrigen nicht gelingt. In diesem Zusammenhang ist wieder die negative Rolle des Fernsehens – und in zunehmendem Maße auch der Computerspiele – zu erwähnen. Doch auch der Mangel an Spielkameraden in vielen Wohngebieten und eine langweilige oder verkehrsreiche und deshalb zum Spielen ungeeignete Umgebung tragen erheblich zur Isolation vieler Kinder bei.

IV.
Latenzzeit

Im Hinblick auf die Triebentwicklung bezeichnete *Freud* die Periode nach dem Abschluß der ödipalen Phase und vor der Pubertät, die sich in etwa mit dem Grundschulalter deckt, als «Latenzzeit». Er meinte, daß in dieser Zeit die sexuellen Impulse weitgehend ruhen, so daß dem Kind seine vitalen Kräfte zur Verfügung stehen, um die Forderungen der äußeren Realität zu erfüllen. Wie bereits dargelegt, braucht das Kind tatsächlich viele Energien, um sein Bild von der Realität zu erweitern, sich eine Position in der Gleichaltrigengruppe zu erkämpfen und zu sichern und um den schulischen Anforderungen zu genügen.

Dennoch geht auch die geschlechtliche Entwicklung weiter. Die Identifikation mit dem eigenen Geschlecht nimmt zu und kommt in einer Entwertung des jeweils anderen zum Ausdruck. Trotzdem bleibt das Interesse am anderen Geschlecht bestehen. In der Öffentlichkeit äußert es sich zumeist in gegenseitigen Neckereien, in großspurigen Annäherungsversuchen seitens der Jungen sowie in der genauen Beobachtung und dem albernen Gekicher der Mädchen. Die Jungen ärgern die Mädchen, die Mädchen reagieren mit einer lustvoll-erregten Empörung. Im Verborgenen hingegen finden zaghafte freundschaftliche Kontakte statt, die aber viel von ihrer früheren Unbefangenheit verloren haben. Auch die sexuelle Neugier besteht weiter. Sie kleidet sich nach wie vor in das Gewand der Doktor-Spiele, die jetzt in größerer Heimlichkeit stattfinden, äußert sich aber auch im Betrachten von Aktphotos oder Pornographie. Darüber hinaus zeigt das Grundschulkind Interesse an einer differenzierten Aufklärung. Wie in anderen Gebieten so will es auch über sexuelle Abläufe genau Bescheid wissen, wenn es nicht schon in früheren Jahren gemerkt hat, daß seine sexuellen Fragen den Eltern peinlich sind, und es sie deshalb eingestellt hat. (S. Kap. 12, S. 172f.)

V.
Konsequenzen für geistig behinderte Menschen

Während die meisten geistig behinderten Menschen in körperlicher Hinsicht den ersten Gestaltwandel durchlaufen und die Latenzzeit erreichen, so gilt dies keineswegs für den kognitiven, emotionalen und sozialen Bereich. Viele geistig behinderte Menschen erlangen geistig nie die Stufe des logisch-konkreten Denkens; sie lösen sich emotional nie so weit von ihren primären Bezugspersonen (oder entsprechenden Ersatz-Bezugspersonen) ab, daß sie sich als Individuum in eine Gruppe einfügen und sich in ihr auf sozial angemessene Weise Geltung verschaffen können. Allenfalls gelingen ihnen – zumeist deutlich verspätet erreichte – «Teilerfolge»: Einige geistige Spitzenleistungen befinden sich auf dem Gebiet der konkreten Operationen, während andere Denkleistungen dem anschaulichen Denken verhaftet bleiben.

Der sechzehnjährige Thomas ist verhältnismäßig leicht behindert. Emotional ansatzweise in der ödipalen Phase, hat er im kognitiven Bereich im letzten Jahr deutliche Fortschritte gemacht. Während er anfänglich ganz in seiner Phantasie befangen war und hauptsächlich «Heidi» oder «Vater, Mutter und Kind» spielte, interessiert er sich seit einiger Zeit lebhaft für alle Themen, die ihm zu Ohren kommen. So fragt er: «Warum ist der Neckar schmutzig? Wie wird er wieder sauber?» Oder «Was sind Ausländer? Wo kommen sie her?

Warum kommen sie? Wie leben sie bei sich zu Hause?» Solche Fragen spiegeln deutlich die Realitätsorientierung eines Grundschulkindes.

Der fünfzehnjährige, ebenfalls leicht behinderte Peter begriff nach einigen «Umschüttversuchen» das Prinzip der Mengenkonstanz und konnte es wenig später auf seinen Umgang mit anderen Materialien (beispielsweise im Hinblick auf Formveränderungen beim Kneten) übertragen. Auch die Grundsätze des Zählens, Messens und Wägens erfaßte er. Zur gleichen Zeit – mitbedingt durch die pubertäre Umwandlung – interessierte er sich lebhaft für sexuelle Fragen. Er wollte wissen, wie ein Geschlechtsakt vollzogen wird, ein Kind entsteht, die Geburt vor sich geht und wie Jungen und Mädchen miteinander umgehen, wenn sie sich lieben. Trotz dieser deutlichen Auseinandersetzung mit den Gegebenheiten der Wirklichkeit spielte er weiterhin am liebsten mit etwa sechsjährigen Kindern phantastische Rollenspiele. Bei Konflikten zog er sich sofort in eine magische Wunschwelt zurück und war auf reale Zusammenhänge nicht ansprechbar. Auch seine Aufgabenorientierung ließ, wenn sie sich nicht im Spiel gleichsam von selbst ergab, deutlich zu wünschen übrig.

Andere geistig behinderte Menschen erfüllen im Rahmen ihrer Möglichkeiten willig alle Leistungsforderungen und fügen sich problemlos in soziale Ordnungen ein. Sie führen ihre Aufgaben richtig und zuverlässig durch und beziehen einen wesentlichen Teil ihres Selbstwertgefühls aus ihrer Arbeit, aber ihre Denkleistungen liegen im Bereich des Vorschulkindes.

So hat die zwanzigjährige Elisabeth etwas lesen gelernt und ist in der Lage, einfache Sätze abzuschreiben. Sie rechnet im Zahlenraum bis 10, beherrscht aber die Prinzipien des Messens sowie der Reihen- und Klassenbildung nur ansatzweise. Auch bei ihren Begründungen greift sie häufig auf magische Zusammenhänge zurück. Sie ist aber der Realität zugewandt, beschäftigt sich vorzugsweise mit hauswirtschaftlichen Tätigkeiten, erledigt zuverlässig alle Aufträge – Botengänge, Einkäufe mit Einkaufszettel – und erfüllt selbständig einmal übernommene Pflichten. So spült sie das Geschirr, fegt abends die Küche aus und gießt die Pflanzen. Die Freude an der Arbeit ist ihr anzumerken.

In emotionaler Hinsicht gewinnen nur die leichter geistig behinderten Menschen – und auch nur unter günstigen Entwicklungsbedingungen – die dem Grundschulkind entsprechende Unabhängigkeit. Wenn dieser Entwicklungsschritt gelingt, so ist der geistig behinderte Mensch emotional relativ stabil und ausgeglichen. Er ist fähig, sich selbst zu beschäftigen, hält Freundschaften und nimmt mit Interesse am gemeinschaftlichen Leben teil. So die achtzehnjährige Gisela, die kurz vor der Ausschulung steht. Sie denkt noch vollständig in den Formen des Vorschulkindes, kann weder lesen noch rechnen. Sie hat ein sonniges Gemüt, ist meistens gut gelaunt, empfindet sich deutlich als junge Frau, sucht auch zumeist Kontakt zu Frauen, ist aber jungen Männern ebenfalls vorsichtig zugeneigt. Obgleich zwei Betreuerinnen der Wohngruppe noch den Rangplatz von primären Bezugspersonen (Identifikationsfiguren) innehaben, sucht sie fast in gleichem Maße die Freundschaft zweier, etwa gleichaltriger Gruppenmitglieder. Darüber hinaus ist sie in der Lage, sich mit Basteleien und leichten Handarbeiten ausdauernd selbst zu beschäftigen.

Fünftes Kapitel

Pubertät und Adoleszenz

Die Latenzzeit findet ihr Ende mit einem erneuten, dem sogenannten «zweiten Gestaltwandel». Die Pubertät, die Phase der geschlechtlichen Reifung, beginnt. Sie umfaßt beim Mädchen etwa die Zeit vom elften oder zwölften bis sechzehnten Lebensjahr, beim Jungen vom dreizehnten bis siebzehnten Jahr und geht dann über in die Adoleszenz, die beim Mädchen etwa mit achtzehn Jahren, beim Jungen mit einundzwanzig Jahren ihren Abschluß findet. Beide Phasen zusammengenommen kennzeichnen das Jugendalter, den Übergang vom Kind zum Erwachsenen, und zwar sowohl in körperlich-sexueller als auch in emotionaler und sozialer Hinsicht.

I.
Körperlich-sexuelle Entwicklung

Mit Beginn der Pubertät löst sich die harmonische Körperform des Grundschulkindes auf. Arme und Beine wachsen, während der Rumpf zunächst weitgehend die bisherigen Maße beibehält. Dadurch verändern sich die Bewegungsabläufe. Oftmals werden sie schlaksig und ungelenk. Die Motorik der Jungen wirkt dabei noch unausgeglichener als die der Mädchen, da bei jenen – hormonell bedingt – die körperlichen Kräfte und die triebbestimmte Aggressionsbereitschaft erheblich zunehmen, aber noch nicht angemessen beherrscht werden können. In dem zunächst noch schmalen, kindlichen Rumpf behalten die inneren Organe ihre bisherige Größe; das aber bedeutet, daß ihre Leistungsfähigkeit gleich bleibt, obwohl der «Bedarf», angezeigt durch die verlängerten Gliedmaßen und den Bewegungsdrang, steigt. So kommt es in dieser Phase leicht zu Kreislaufstörungen; durch körperliche Überforderungen können bleibende Herzfehler entstehen.

Gesteuert wird die puberale Wandlung durch die Produktion der Geschlechtshormone, die nun innerhalb kürzester Zeit ihren Höhepunkt erreicht. Der Körper wird von ihnen regelrecht überschwemmt. Sie bewirken das Wachstum der primären und die Ausbildung der sekundären Geschlechtsmerkmale. So wachsen bei Mädchen und Jungen der Genitalbereich, die weibliche Brustentwicklung setzt ein, die Behaarung am Rumpf (zunächst im Schambereich, später in den Achselhöhlen) beginnt. Die Drüsen unter den Achseln bilden nun riechenden Schweiß. Der Kehlkopf wächst; die Jungen kommen in den Stimmbruch. Auf dem Höhepunkt dieser Entwicklung, wenn die größten Diskrepanzen erreicht sind, setzt bei den Mädchen die Regelblutung, bei den Jungen die Samenproduktion ein. Damit ist die sogenannte erste puberale Phase abgeschlossen.

In der zweiten puberalen Phase harmonisiert sich die Gestalt wieder und bekommt das deutlich geschlechtsspezifische Aussehen. Nun wachsen der Rumpf und die inneren Organe. Bei den Mädchen formen sich die Brüste aus, das Becken wird breiter, die Hüften runden sich. Die Ausdrucksbewegungen gewinnen an weiblicher Anmut. Bei den Jungen werden die Schultern breiter und die Hüften schmaler, der Stimmbruch kommt zum Abschluß, so daß die Stimme nun männlich klingt. Der Bart sprießt. Die Muskulatur kräftigt sich, die Bewegungen werden wieder ausgeglichener. Bei beiden Geschlechtern verfeinern sich die Gesichtszüge und dunkelt die Haarfarbe nach.

Die körperlichen Veränderungen führen sowohl zu einer starken vegetativen Labilität als auch zu großen affektiven Schwankungen. Diese sind nicht nur als emotionaler Ausdruck der Verunsicherung durch die körperliche Wandlung zu verstehen, sondern auch als unmittelbare Begleiterscheinung der hormonellen Umstellung. Denn die männlichen Hormone bewirken nicht nur die körperliche Entwicklung und Zeugungsfähigkeit, vielmehr steigern sie auch die körperliche Spannkraft und erhöhen die Aggressionsbereitschaft. Die weiblichen Geschlechtshormone hingegen verstärken die Reizbarkeit und Neigung zur Depression. So lassen sich die pubertären Gefühlsumschwünge – der Wechsel zwischen der «himmelhoch jauchzenden» und der «zu Tode betrübten» Stimmung sowie die Tendenz zu aggressiven Durchbrüchen – teilweise durch die hormonelle Überflutung erklären.

Doch in erster Linie verursachen die Sexualhormone eine sexuelle Erregbarkeit, einen Triebdruck und sexuelle Gefühle von zuvor unbekannter Qualität. Der sexuelle Wunsch steigert sich zur Sehnsucht nach genitaler Befriedigung. Alle Veränderungen – besonders aber die sexuellen – als zur eigenen Person gehörig zu begreifen, zu lernen, mit ihnen umzugehen und sie in das Identitätsgefühl einzubeziehen, ist eine der Entwicklungsaufgaben des Jugendalters. (S. Kap. 12, S. 172f.)

II.
Kognitive Entwicklung

Das Grundschulkind kann logisch denken, wenn die Probleme sein Vorstellungsvermögen nicht übersteigen und es die gedanklichen Lösungen anhand seiner Erfahrungen überprüfen kann. Doch es vermag noch nicht abstrakt zu denken in dem Sinne, daß es aus theoretischen Grundsätzen logische Konsequenzen ableiten und ihren Wahrheitsgehalt beurteilen könnte. Das aber lernt der Jugendliche. Sein Denken löst sich aus der Bindung an die Vorstellung; es stützt sich nicht länger auf die Erfahrung als Kriterium der Wahrheit, sondern folgt den Gesetzen der formalen Logik. Damit erschließt sich ihm der Spielraum des hypothetischen Denkens. Diesen nutzt er ausgiebig. Er findet Gefallen am «Philosophieren» und stellt alle ihm bisher vermittelten Normen und Werte sowie die als unumstößliche Tatsachen vermittelten Zusammenhänge in Frage. Es könnte ja möglicherweise auch anders sein. Und was wäre, wenn ...?

Die neugewonnene Freiheit des Denkens trägt einerseits zur Verunsicherung des Pubertierenden bei, legt sie ihm doch nahe, die bisher anerkannten geistigen Orientierungen über Bord zu werfen und reizvoll-neue auszuprobieren. Andererseits bildet sie die notwendige Voraussetzung dafür, daß der Jugendliche sowohl die anerzogenen als auch die selbst gewählten moralischen Werte, Urteilskategorien und Denkgewohnheiten überprüfen kann. Was sich davon als gut und tragfähig darstellt, gilt es, in der folgenden Zeit bewußt anzuerkennen und als moralische Grundlage für das eigene Wollen und Handeln zu begreifen. In der Entwicklung zur geistigen Unabhängigkeit und zur moralisch gefestigten, selbstverantwortlichen, sozial handlungsfähigen Persönlichkeit liegt so die zweite Hauptaufgabe der Pubertät und der sich anschließenden Adoleszenz. (S. Kap. 12, S. 173 und Kap. 13, S. 190)

III.
Emotionale und soziale Entwicklung

Die Entwicklungsaufgaben der Pubertät, unter emotionaler und sozialer Perspektive formuliert, lauten:

- Lösung aus der emotionalen Abhängigkeit von den Eltern und den bisher vorgegebenen Elternrepräsentanzen innerhalb der Gesellschaft
- Suche nach einer «stimmigen» und abgegrenzten Identität
- Ausprobieren der Möglichkeiten, wie sich die gegenwärtigen – und zukünftigen – Beziehungen und Aufgaben der bewußt gewählten Identität entsprechend gestalten lassen.

Der Wandlungsprozeß, der die Überwindung kindlich vertrauter Beziehungsformen und das Vordringen in eine ungewisse Zukunft verlangt, löst einen Aufruhr der Gefühle aus. Denn Abschiedsschmerz und Trauer über das Ende der Kindheit, Angst vor dem Verlust der Sicherheit, Verlassenheits-, Fremdheits-, Minderwertigkeitsgefühle und Selbstzweifel, aber auch Hoffnung und Zuversicht, Vertrauen in die eigene Stärke, Siegesgewißheit und die Wut auf alle Hindernisse, die sich ihm einschränkend in den Weg stellen, bedrängen den Jugendlichen. Es dauert einige Jahre, bis er sich die Grundlagen seiner Erwachsenenidentität erarbeitet hat, bis er für sich hinreichend geklärt hat, in welchem Maß und in welchen Aspekten er der Vergangenheit gestattet, in seine Zukunft hineinzuwirken. Eine so verstandene Identitätsfindung steht am Ende einer gelungenen Pubertät/Adoleszenz. Die übernommene Identität hingegen, die sich durch die unreflektierte Identifikation mit elterlichen Normen, Haltungen und Erwartungen sowie die unkritische Übernahme bereitstehender konventioneller Werte und Rollen auszeichnet, und die diffuse Identität, bei der die Festlegung auf bestimmte Haltungen und Werte fehlt oder sich beliebig ändert, kennzeichnen den ungünstigen Verlauf des Jugendalters.

Das Ringen um die Identität spielt sich auf vielen Schauplätzen und mit den verschiedensten Mit- und Gegenspielern ab, so im Kreis der Familie, insbesondere im Kampf mit den Eltern, im Selbstbezug und im Kontakt zu Freunden des gleichen und des anderen Geschlechts. Die Themen, mit denen sich der Jugendliche auseinandersetzt – sowohl lautstark und offensichtlich als auch im Verborgenen –, um seine Persönlichkeit auszubilden und sich seiner Identität bewußt zu werden, sind vielfältig. Da gibt es die Sorge um die eigene Körperlichkeit und das äußere Erscheinungsbild. Es entstehen die Frage nach dem eigenen Geschmack, der Wunsch, gesteckte Grenzen zu überschreiten, der Kampf um Unabhängigkeit. Es beginnt die Suche nach selbstverantworteten Wertorientierungen und eigenen Kommunikations- und Gemeinschaftsformen. Sexuelle Erfahrungen werden gesammelt und müssen eingeordnet werden. Die Zukunftsorientierung, z. B. die Frage nach beruflichen Wünschen und Möglichkeiten, aber auch Vorstellungen hinsichtlich des eigenen Lebensstils, gewinnt an Ernsthaftigkeit. Das Verhalten der Eltern und bisherigen Vorbilder wird ebenso kritisch betrachtet wie der gesellschaftliche Zustand und die herrschende Politik.

Es versteht sich von selbst, daß eine derart umfassende Revision des eigenen Selbst- und Weltbezugs, verbunden mit dem entschiedenen Wunsch nach Wandlung, erschwert durch die – allerdings abgewehrten – rückwärtsgewandten Sehnsüchte, nicht reibungslos vonstatten geht, zumal auch die Eltern um die Wahrung ihrer Interessen und ihrer Position kämpfen. Deshalb häufen sich bei vielen Jugendlichen die Konflikte, so daß die Pubertät im allgemeinen als Zeit einer erhöhten Krisenanfälligkeit angesehen wird.

1. Konflikte mit den Eltern

Die Eltern verkörpern für den Pubertierenden seine Vergangenheit, die Kindheit. Sie waren seine ersten Bezugspersonen, sie wandten sich ihm als erste zu, bestätigten ihn, vermittelten ihm Selbstvertrauen und ebneten ihm den Zugang zu der sich erweiternden Welt. Durch sie erfuhr er, was Liebe ist. Im Gegenzug richtete er sein erstes Begehren auf sie. Er liebte sie und ersehnte ihre Liebe. Um emotional «aufzutanken», kehrte er nach seinen «Erkundungsreisen» und «Welterfahrungen» stets in die elterliche Geborgenheit zurück. Er holte sich ihre Unterstützung, indem er von ihnen lernte, sich an ihnen in seinen Handlungen und Urteilen orientierte.

Nun erscheinen dem Jugendlichen seine Eltern plötzlich als Hindernis auf dem Weg der Verselbständigung. Die Verlockung, in der kindlichen Geborgenheit zu verhaften, ist groß; noch gewaltiger aber ist der Drang, sich die Zukunft zu erobern, und zwar aus eigener Kraft. So müssen die scheinbar hemmenden Eltern bekämpft werden. Zugleich haben die – oftmals lautstarken – Abgrenzungsgefechte die Funktion, sich selbst den Rückweg in kindliche Beziehungsformen zu versperren, so wie das Kind in der Wiederannäherungsphase mit seinem Trotzverhalten nicht nur seinen Willen zur Selbständigkeit bekundete, sondern auch die eigene Symbiose-Sehnsucht bekämpfte. Alle elterlichen Vorgaben – Haltungen, Gebote und Verbote – werden nicht länger als Ausdruck des Wir-Gefühls selbstverständlich hingenommen (bei uns zieht man nach dem Betreten der Wohnung die Schuhe aus, putzt man sich morgens und abends die Zähne, wird nicht geraucht, hilft jeder bei der Hausarbeit). Sie werden auch noch nicht als Strukturelemente des gemeinsamen Lebens akzeptiert. Vielmehr werden sie als zur elterlichen Identität gehörig begriffen, von der es sich abzugrenzen gilt. Eigene Ansichten und Lebensformen werden gesucht und den elterlichen entgegengesetzt.

Als Mittel zur Abgrenzung setzt der Jugendliche alles ein, was geeignet ist, um ihn in einen Gegensatz zu seinen Eltern zu bringen und ihm die Anerkennung seiner Freunde zu sichern. Denn emotionale Übereinstimmung und Unterstützung braucht er nach wie vor. Nur sucht er sie jetzt im Freundeskreis bzw. in seiner «Clique». Von den zahllosen Konfliktthemen seien hier nur einige, besonders typische aufgezählt:

Das äußere Erscheinungsbild

Ursache vieler Auseinandersetzungen sind die unterschiedlichen Auffassungen über Kleidung, Frisur, Umgang mit Schminke oder die persönliche Hygiene. Dabei verkörpern die Eltern den «bewährten» Geschmack und die gesellschaftlichen Normen, wohingegen die Pubertierenden ihren Geschmack und Selbstausdruck suchen. Ähnlich verhält es sich bei Fragen der Zimmergestaltung oder der musikalischen Vorliebe.

Der Umgang mit der Zeit und der elterlichen Kontrolle

Viele Jugendliche beanspruchen, ohne elterliche Grenzsetzungen über ihre Zeit frei verfügen zu können. Indem sie keine Einmischung in Ort und Zeitdauer ihres Aufenthalts dulden, erleben sie sich als «erwachsen». Sie wollen nach ihrem Belieben fortgehen und heimkehren, zu Bett gehen und aufstehen. Zu zeitlichen Verbindlichkeiten und Rücksichtnahmen finden sie sich kaum bereit, was die Eltern häufig erzürnt, da diese sich, trotz ihres Erwachsenenstatus', keineswegs zeitlich ungebunden fühlen. So reagieren sie nicht nur aus Angst («Wo bleibt das Kind? Hoffentlich ist nichts passiert!») kontrollierend, sondern auch gekränkt, rivalisierend.

Ordnung halten, im Haushalt mithelfen, Verpflichtungen übernehmen

Zu weiteren Konflikten, bei denen sich beide Seiten ungerecht behandelt fühlen, führen die Erwartungen der Eltern, daß sich ihre pubertierenden Kinder an den häuslichen Arbeiten beteiligen. Doch die Jugendlichen sehen es kaum ein, wenn ihr Wunsch nach größerer Freiheit und Selbstverantwortung zugleich mit einer Erhöhung der Pflichten und sozialen Verantwortung – im Sinne von handfesten Aufgaben für die Familie – beantwortet wird. In der «egozentrischen Faulheit» melden sich die regressiven Sehnsüchte nach dem Versorgtwerden und der Verlängerung des eigenen Selbst durch die Eltern. Denn wie im Kleinkindalter wünscht sich der Pubertierende, daß die Eltern ihm die Hindernisse aus dem Weg räumen, damit er sich in seiner Großartigkeit entfalten kann – ein Wunsch, den er niemals zugeben kann, sondern aufs schärfste bekämpfen muß, da er seinen Vorstellungen vom Erwachsensein keineswegs entspricht.

Schule

Die Abgrenzungstendenzen, die sich als Aufgabenverweigerung darstellen, wirken sich auch auf das Verhalten in der Schule aus. Emotional von der psychischen Umbruchsituation beansprucht und vielfältig anderweitig engagiert, interessiert sich der Jugendliche oftmals nur wenig für den angebotenen Stoff. Da Lehrer überwiegend unter der Rubrik «elternähnliche, fordernde Wesen» abgebucht werden, haben sie ihre Faszination verloren. Meist werden sie nicht mehr als Vorbild angenommen, sondern als nicht ernstzunehmende Autorität abgelehnt. Insofern zudem Aufmüpfigkeit von den Klassenkameraden als Zeichen der Verselbständigung begrüßt wird, fühlt sich der Pubertierende nicht mehr veranlaßt, nach guten Noten zu streben. Er vernachlässigt die Hausaufgaben, schwänzt den Unterricht oder beschäftigt sich während der Stunden mit anderen Dingen. Als Folge sinken die Leistungen, was wiederum die Konflikte mit den Eltern verschärft.

Diese fürchten um die Zukunft ihres Kindes, sehen in seinem Verhalten ein Zeichen seiner Unreife und halten es deshalb für ihre Pflicht, ihm ins Gewissen zu reden, die Freiheitsspielräume einzuschränken und die Kontrolle zu verschärfen. Oder sie resignieren: «Wir können nichts machen, er/sie macht ja doch, was er/sie will».

Freizeitgestaltung

Nicht nur im Hinblick auf die häuslichen Pflichten, sondern auch hinsichtlich der Freizeit will sich der Jugendliche von den Eltern loslösen. Gleichgültig ob es sich um Familienbesuche, sonntägliche Ausflüge oder nur um den gemeinsamen Aufenthalt im Wohnzimmer, etwa beim Fernsehen, handelt: alles langweilt den Pubertierenden und erregt seinen Widerwillen. Dabei lehnt er gar nicht unbedingt den Inhalt der Freizeitbeschäftigung ab, sondern will sie nur nicht im Rahmen der Familie durchführen. Er will seine Zeit mit seinen Freunden verbringen, und zwar soviel wie möglich. Auch die Familienurlaube stellt er in Frage. Er will die Welt kennenlernen, drängt in die Weite, aber ohne die Eltern als Wegbereiter. Viele Jugendliche schließen sich in diesem Alter einer Gruppe Gleichaltriger an, mit der sie zusammen in die Ferien fahren. Für die Eltern ist die Verselbständigung ihrer Kinder oft schmerzlich und angstbesetzt. Einerseits fühlen sie sich ständig abgelehnt und entwertet, andererseits fürchten sie, daß die Kinder ihre Grenzen nicht kennen, sich übernehmen, schlechten Einflüssen ausgesetzt sind und Gefahren nicht rechtzeitig erkennen, richtig einschätzen und bewältigen können.

Umgang mit Tabak, Alkohol, Drogen

Oftmals bezieht sich die elterliche Sorge darauf, daß sich ihre Kinder durch einen unverantwortlichen Umgang mit Tabak, Alkohol und Drogen ihre Gesundheit schädigen und/oder ihre Chancen für die Zukunft verderben. Sie fürchten, daß ihre Kinder den Halt verlieren und den Weg in ein verantwortliches Berufsleben nicht finden. Für die Jugendlichen gehört das Ausprobieren der «Genußmittel» zu den «informellen Pubertätsriten». Es stellt eine Grenzüberschreitung dar, verleiht ihnen das Gefühl, an der Erwachsenenwelt teilzuhaben, verschafft ihnen die Anerkennung der Gleichaltrigengruppe (peer-group) und bedeutet eine Erweiterung ihres Erfahrungshorizontes. Manchmal erfährt der Jugendliche auf diese Weise seine Grenzen und respektiert sie daraufhin; auf jeden Fall probiert er hier wie auch bei den Fragen des Geschmacks, der Betätigung, des Lebensstils und der Werthaltungen aus, was zu ihm paßt und woran er sich in Zukunft orientieren will.

Gespräche mit den Eltern

Konstruktive Gespräche zwischen Eltern und Kind gelingen nur selten, wenn es sich mitten in der Pubertät befindet. Zu sehr fühlt sich jeder durch sein Gegenüber infrage gestellt oder gar abgelehnt und deshalb in seinem Selbstwertgefühl bedroht. Gegenseitig fühlt man sich in «berechtigten» Wünschen mißverstanden. Die elterliche Sorge «nervt» die Jugendlichen, rücksichtslos demonstrieren sie deren Sinnlosigkeit, indem sie sich über alle Grenzen hinwegsetzen, was die Eltern nur in ihrer Haltung bestärkt. So neigt der Kampf zwischen den beharrenden und den Wandlung fordernden Kräften dazu zu eskalieren. Die Rollenverteilung scheint hierbei klar: das Kind drängt fort, die Eltern halten es zurück. Doch trügt der vordergründige Augenschein; im Jugendlichen selbst ringen beide Tendenzen miteinander, wobei die regressiven Wünsche seltener ins Bewußtsein treten. Umgekehrt ergeht es den Eltern. Neben dem deutlichen Wunsch, die gewohnte Familienordnung zu bewahren, erwachen in ihnen – ausgelöst durch das Verhalten ihrer Kinder – Sehnsüchte, den eigenen Lebensrahmen zu erweitern. In der Auseinandersetzung zwischen Eltern und Kind wird die Ambivalenz aufgespalten. Jeder vertritt den von ihm bevorzugten Pol und bekämpft die abgewehrte eigene Seite im Gegenüber.

Wenn auch Gespräche selten harmonisch verlaufen, richtet sich der Jugendliche doch in wichtigen Fragen nach den elterlichen Ratschlägen. Langfristige Entscheidungen, wie etwa Fragen der Schulbildung und der Berufswahl, werden zumeist im Einvernehmen mit den Eltern getroffen. Obgleich er sich nicht verstanden fühlt, sucht und findet er bei ihnen dennoch Halt für den Übergang in die Welt der Erwachsenen.

2. Der Selbstbezug

Die pubertären Wandlungen, welche die gesamte Persönlichkeit – die äußere Erscheinung, Gefühle und Einstellungen – betreffen, führen zu einem neuen Selbstbezug des Jugendlichen. In einem langen, auch schmerzhaften Prozeß setzt er sich mit sich selbst auseinander, getrieben von der Notwendigkeit, die Veränderungen einzuordnen und zu einem neuen, relativ stabilen sowie hinreichend realitätsnahen Selbstbild zu gelangen. Seine Erfahrungen mit den Eltern, den Freunden und dem Alleinsein helfen ihm bei dieser Entwicklung.

Die veränderte Körperlichkeit

Ein wesentlicher Anteil des Identitätsgefühls erwächst aus der Vertrautheit mit der eigenen Körperlichkeit. Vertraut waren das kindliche

Spiegelbild, die Körpergröße, das Körpergefühl, insbesondere bei den Bewegungsabläufen. Das gewohnte Selbsterleben löst sich innerhalb kürzester Zeit auf; nichts «stimmt» mehr, weder die Kleidergröße, noch die Nasenform, die Gesichtshaut oder der Körpergeruch. Zeiten mit überschießender körperlicher Energie wechseln mit Phasen lähmender Müdigkeit, Bewegungsbedürfnis und Erschlaffung lösen unvorhersehbar einander ab. Körperliche Leiden, wie Kopf- oder Rückenschmerzen – eine Folge des schnellen Längenwachstums –, treten häufiger auf. Bei vielen Mädchen verursacht darüber hinaus die Umstellung auf den Rhythmus der Regelblutung schmerzhafte Beschwerden.

Solche Veränderungen der Körperlichkeit verunsichern derart, daß sie von vielen Pubertierenden zunächst abgelehnt werden, obwohl sie zugleich Anzeichen der ersehnten Reifung sind. Hinzu kommt, daß sich manche Veränderungen wirklich nicht vorteilhaft auswirken. Man denke nur an den pubertären «Babyspeck», den Schweißgeruch, die Pickel im Gesicht oder die Fettentwicklung der Haare. So fühlen sich viele Jugendliche als «häßliche junge Entlein», ziehen sich zurück, weil sie meinen, nicht mehr liebenswert zu sein, oder verbringen viel Zeit mit der Körperpflege, um ihre Unzulänglichkeiten auszugleichen. Indem sie sich intensiv mit ihrem Körper beschäftigen, machen sie sich mit ihrer sich wandelnden Erscheinung vertraut. Sie lernen, sich selbstverantwortlich herzurichten, probieren neue, insbesondere erotische Wirkungsmöglichkeiten aus und gewinnen allmählich ihr körperliches Selbstbewußtsein zurück. Ein geringerer Anteil der Pubertierenden verzichtet auf solch aktive Auseinandersetzung mit der Körperlichkeit. Diese Jugendlichen begegnen der Verunsicherung, indem sie die Veränderungen weitestmöglich ignorieren, bewußt «keinen Wert» auf modische Kleidung, geschlechtsspezifische Attraktivität oder ein aus dem Rahmen der gesellschaftlichen Norm fallendes Äußeres legen. Die allmähliche Annahme der körperlichen, die Geschlechtsrolle bejahenden Erwachsenenidentität vollzieht sich bei ihnen überwiegend in einem inneren Prozeß.

Die neuen Gefühlswelten

Parallel zu der stürmischen körperlichen Entwicklung – ebenfalls ausgelöst durch die hormonelle Umstellung – verliert der Pubertierende seine emotionale Ausgeglichenheit. Er reagiert in den Augen seiner Umwelt häufig unberechenbar und unverständlich: überempfindlich, kindlich trotzig, gekränkt, wütend, albern, ängstlich. Dadurch verschärfen sich die Konflikte; der Jugendliche fühlt sich nicht verstanden, versteht sich aber auch oftmals selber nicht. Zudem wird er von sexuellen Spannungen geplagt, die ihm in dieser Intensität völlig unbekannt sind. Das genital-sexuelle Begehren erwacht und beherrscht zeitweise Fühlen und Denken.

Die emotionalen Veränderungen beunruhigen den Jugendlichen im Innersten, stellen doch auch sie sein unreflektiertes Selbstbild in Frage. So beginnt er sich mit sich selbst auseinanderzusetzen: wer und wie bin ich; wie wirke ich auf andere Menschen? Er entdeckt den Reichtum seiner Empfindungs- und Gedankenwelt, erkennt, daß sich diese nicht selbstverständlich seinem Gegenüber mitteilt, und beginnt, zwischen seiner Persönlichkeit und seinem Verhalten zu unterscheiden. In vielen, langen Gesprächen mit Freunden, aber auch allein und abgeschieden vollzieht sich die Suche nach einem Selbstverständnis, das die neuen Gefühlsdimensionen und vor allen Dingen die Sexualität einschließt.

Die Suche kann sich sehr verschiedenartig gestalten. Angeregt durch Gespräche, einen Film oder eine Lektüre, mag der Jugendliche über sich selbst und seine Vorstellungen, über Gott und die Welt nachdenken. Es kann aber auch sein, daß er stundenlang träumend auf seinem Bett liegt, seinen Empfindungen hingegeben oder eintauchend in eine Musik, die ihm seine Gefühlslage widerspiegelt. Häufig entwirft er in ausgedehnten Tagträumen ein ideales Selbst- und Zukunftsbild: als anziehender Freund erobert er eine attraktive Freundin (oder umgekehrt), entwickelt er außerordentliche Fähigkeiten, verbessert die Welt und lebt ein freies, selbstbestimmtes Leben in erfüllten Beziehungen – wenn man ihn nur nicht von außen (Eltern, Gesellschaft) daran hindert. Doch auch Zukunfts- oder Versagensängste sowie Minderwertigkeitsgefühle können den Inhalt derartiger Phantasien bilden. Häufig wechseln Selbstüberschätzung und Selbstzweifel einander ab, oftmals ausgelöst durch geringfügige äußere Erfolgs- oder Mißerfolgserlebnisse. Erst gegen Ende der Adoleszenz stellt sich eine Selbsteinschätzung ein, die ungefähr den realen Möglichkeiten und Verhaltensweisen entspricht.

Die sexuellen Sehnsüchte finden nicht nur ihre symbolische Erfüllung in den Tagträumen, vielmehr drängen sie den Jugendlichen auch zur direkten Befriedigung. Deshalb beginnen die meisten Pubertierenden – sowohl die Jungen als auch die Mädchen – zu onanieren. Auch wenn ihnen die Onanie schon vertraut ist, so gewinnt sie jetzt doch eine neue, orgiastische Qualität. Die Masturbation ermöglicht die «private sexuelle Selbsterfahrung» und hilft dem Pubertierenden, sich als sexuelles Wesen anzunehmen, vorausgesetzt, daß er sie genießen kann, ohne Schuldgefühle zu entwickeln. Die Integration der Sexualität bleibt jedoch, auch bei unbelasteter Selbstbefriedigung, eine schwer zu bewältigende Aufgabe, die viele Jahre in Anspruch nimmt.

3. Freundschaften

Eine zentrale Rolle spielen für den Pubertierenden seine Freunde. Durch sie erfährt er Bestätigung und Geborgenheit, Rückhalt bei seinen Konflikten mit den Eltern und der Schule. Mit ihnen diskutiert er über alle ihn bewegenden persönlichen, sachlichen, philosophischen und politischen Fragen. In der Auseinandersetzung mit ihnen bildet er sich seine Meinung und bekommt Rückmeldung über die Wirkung seiner Persönlichkeit. Mit ihnen gemeinsam sammelt er Erfahrungen und erprobt neue Verhaltensformen, durch die er seine bislang «kindliche Welt» verläßt und sich die sogenannte «Erwachsenenwelt» erobert, die aber keinesfalls diejenige der Eltern und Autoritäten sein darf, sondern «seine eigene» sein muß. Kurz: die Freunde helfen dem Jugendlichen bei der Loslösung von den Eltern und bei der Suche nach einem eigenen Lebensstil und Lebensentwurf. Dieser wichtigen Aufgabe entsprechend orientiert sich der Jugendliche stärker an der Meinung der gleichaltrigen Kameraden als an der der Eltern. Im Konfliktfall stellt er sich gegen diese und wählt die Anerkennung jener. Dazuzugehören, ihren Normen zu entsprechen, ihre Bewunderung zu erfahren, darauf kommt es ihm an. Freilich besitzen nicht alle Freundschaften denselben Stellenwert, vielmehr sind sie von unterschiedlicher Qualität und erfüllen verschiedene Funktionen.

Die Clique (peer-group)

Viele Jugendliche finden sich zu Gruppen etwa Gleichaltriger zusammen, mit denen sie gewisse Interessen teilen, die vor allen Dingen die Freizeit betreffen. Das gemeinsame Erleben und die Selbsterfahrung im sozialen Kontext stehen im Vordergrund. Sie besuchen Filme und Kneipen, gehen tanzen und baden, lungern auf der Straße herum oder engagieren sich für eine Idee oder Aufgabe. In der Clique kämpft man auch um seinen sozialen Status; der wiederum hängt ab von der Erfüllung der in ihr geltenden Normen. Zu diesen gehören zumeist die Demonstration von Mut, sozialer sowie sexueller Attraktivität, Unabhängigkeit und Durchsetzungsvermögen. Der Jugendliche übt sich in solchen Fähigkeiten, um sich möglichst vorteilhaft darzustellen. Das führt häufig zu regelrechter Aufschneiderei, besonders bei Jungen, die mit ihrer körperlichen Entwicklung, ihren Erfahrungen mit der Freundin, ihrer Trinkfestigkeit und ihren rasanten Mofa-Fahrten prahlen. In der Gruppe wird aber auch über die verschiedensten Themen geredet; sie übt einen starken Einfluß auf die moralische und politische Meinungsbildung des Jugendlichen aus. Oftmals orientiert man sich an gemeinsamen Vorbildern oder Idolen – seien es Popstars, Sporthelden oder geschichtlich bedeutsame Persönlichkeiten. Häufig übernimmt man ihre Einstellung, auch ihre Art, sich zu kleiden und sich selbst darzustellen. Oft werden radikale Ansichten vertreten, man ist von ihnen felsenfest überzeugt – für eine kurze Zeit, bis man sich die gegenteilige Argumentation zu eigen macht. Allmählich, im Laufe der Adoleszenz, mäßigen sich die Einstellungen; die Schwarz-Weiß-Malerei nimmt ab, Gegenargumente werden berücksichtigt, und die Urteilsbildung wird differenziert. Der Jugendliche hat die Grundwerte, nach denen er sich ausrichten möchte, gefunden.

Enge gleichgeschlechtliche Freundschaften

Neben der Clique kommt den besten gleichgeschlechtlichen Freunden eine große Bedeutung zu. Mit ihnen verbringt der Jugendliche die Freizeit, sucht gemeinsame Erlebnisse. Im Zentrum solcher Freundschaften steht der Austausch der innersten Gefühle und Gedanken, der Wunsch, bedingungslos angenommen zu werden, auch mit Gefühlen, die verunsichern oder ängstigen. Die Sehnsucht nach dem Gleichklang der Seelen entfaltet ihre Macht; doch lernt der Jugendliche auch zu dem Freund bzw. der Freundin zu stehen, wenn er sein bzw. ihr Verhalten gerade nicht billigt. Innerste Verbundenheit, eine neue Form der Symbiose, zeichnet die «beste Freundschaft» aus. Häufig weist sie homoerotische Elemente auf: die Mädchen gehen Arm in Arm, leihen sich wechselseitig ihre Kleidung, tauschen Zärtlichkeiten aus, schlüpfen – wenn sie sich besuchen – zusammen in ein Bett, um sich in der vertrauten Nähe stundenlang zu unterhalten. Auch die Jungen suchen untereinander die körperliche Nähe, doch eher im sportlichen als im zärtlichen Spiel. Ihre Berührungen fallen burschikoser aus, es sei denn, sie wollen das sexuelle Erlebnis in gemeinsamer Onanie oder dem homosexuellen Experiment. Viele Jugendliche suchen homosexuelle Erfahrungen, um sich ihrer Sexualität zu versichern, ohne sich gleich dem anderen Geschlecht stellen zu müssen. Normalerweise verliert sich das homosexuelle Interesse gegen Ende der Pubertät, wenn sich die Identität festigt.

Die symbiotische Qualität der «besten Freundschaften» drückt sich nicht nur im körperlichen Bereich aus, sondern auch in dem der Gefühle und Gedanken. Der Freundin oder dem Freund teilt man alle Probleme mit den Eltern und der Schule mit, man gesteht sich seine Verliebtheit, seinen Liebeskummer; man leidet gemeinsam, tröstet sich gegenseitig, regt sich über die gleichen Gegebenheiten auf, findet dieselben Dinge komisch, lacht und freut sich miteinander.

Die emotionale Einheit, die gute Freunde erleben, hilft ihnen, ihre ungewohnten, sie verunsichernden oder belastenden Gefühle als Teil ihrer selbst anzuerkennen. Auch dienen die Gespräche, die oft um existentiell bedeutsame Inhalte kreisen, der gedanklichen Klärung. Erlebnisse, Gefühle, Ansichten, Werturteile, eigene Handlungsweisen und Forderungen müssen im Laufe der Zeit aufeinander bezogen und möglichst auch abgestimmt werden. Dies ist ein langwieriger – in abgeschwächtem Maße sich lebenslang fortsetzender – Prozeß, zu dem es eines verständnisvollen, spiegelnden und Anregungen gebenden Partners bedarf. Solch ein Gegenüber finden die Jugendlichen in ihren besten Freunden; wechselseitig unterstützen sie sich bei ihrer Identitätssuche und Persönlichkeitsbildung.

Die ersten heterosexuellen Freundschaften

Durch die erwachende Sexualität wächst das Interesse am anderen Geschlecht. Eine heterosexuelle Freundschaft gilt zudem als Zeichen des Erwachsenwerdens sowie als sozialer Erfolg und hebt deshalb das Selbstwertgefühl und den sozialen Status. Viele Pubertierende erstreben aus diesen Gründen solch eine Freundschaft. Der erste Freund oder die erste Freundin dient häufig als «Vorzeigeobjekt» und als «Eintrittskarte» in ein neues Erfahrungsfeld. Voller Spannung überschreitet der Jugendliche bislang gewahrte Grenzen: er «hält Händchen», wagt die erste Umarmung, den ersten Kuß und gemeinsame Tänze mit erotisierendem Körperkontakt. Sein eigenes Begehren und der Wunsch, von den Freunden bewundernde Anerkennung zu erhalten, ermutigen ihn zu diesem Verhalten. Dabei ist ihm die Selbstdarstellung und die Gewißheit, gesehen zu werden, sehr wichtig. Viele dieser ersten Freundschaften beruhen mehr auf dem Wunsch, das reizvoll Neue kennenzulernen, die innere Spannung gleichermaßen zu reduzieren und wiederzubeleben sowie sich selbst in der erotischen Kontaktaufnahme zu erfahren und zu üben, als auf tiefgehender Zuneigung. Aus diesem Grund dauern sie oftmals auch nur wenige Tage, Wochen oder Monate.

Eine andere Qualität besitzt die erste «große Liebe», die mit der ersten heterosexuellen Freundschaft zwar zusammenfallen kann, aber keineswegs muß. Sie wird getragen von der Begeisterung für den Freund oder die Freundin, von der Überzeugung, daß die oder der Erwählte etwas ganz Besonderes und Unübertreffliches darstellt, von dem Erstaunen und dem Glück, gerade so einem Menschen begegnet zu sein. Der Verliebte fühlt sich wie beflügelt, das Zentrum seiner Welt bildet nun der geliebte Andere, auf ihn richtet sich das Fühlen und Denken, mit ihm wird die Gemeinsamkeit gesucht, von ihm hängt das eigene Wohlbefinden ab; alle anderen Menschen und Anforderungen verlieren an Bedeutung. Die erste Liebe lebt von der gegenseitigen Spiegelung, der Bestätigung und Selbstbestätigung. Die so Liebenden wachsen über sich selbst hinaus: sie entwickeln ungeahnte Fähigkeiten, überwinden Ängste, tun dem Geliebten alles zuliebe, was sie unter anderen Bedingungen – z. B. wenn Geschwister ähnliche Bitten an sie richten – niemals machen würden, sie erfüllen sogar geschlechtsrollenspezifische Aufgaben, die sie zuvor schroff ablehnten. Das Mädchen beispielsweise umsorgt den Jungen, er hingegen repariert ihr Fahrrad.

Die Sexualität spielt in den ersten «Demonstrations»-Freundschaften ebenso wie in der ersten Liebe eine bedeutsame Rolle, unabhängig davon, ob sie nur als scheue Umarmung, als koketter Flirt erscheint oder den Koitus einschließt. Getrieben von der Erregung und dem Begehren, geleitet von der Neugier und dem Wunsch, sich diesen Aspekt des Lebens anzueignen, der bislang den Erwachsenen vorbehalten war, öffnet sich der Jugendliche der zwischenmenschlichen Sexualität. Zugleich quälen ihn vielfältige Ängste: Ängste vor dem Unbekannten der sexuellen Erfahrung, Ängste zu versagen, einer vorgestellten Norm nicht zu entsprechen, sich lächerlich zu machen und seelisch verletzt zu werden. Im Laufe der Zeit wird er seine sexuellen Phantasien überprüfen, Erwartungen und Befürchtungen mit den tatsächlichen Erfahrungen vergleichen; aber auch diese gilt es hinsichtlich ihrer Ursachen zu befragen: Liegen sie in der «Natur des Geschehens», oder gründen sie in dem eigenen Verhalten bzw. dem des Partners? Im sexuellen Erleben, das zunächst überwiegend von dem berauschenden Selbstgenuß oder von dem Wunsch, sich der eigenen «Normalität» und Leistungsfähigkeit zu versichern, beherrscht wird, öffnet sich allmählich der Blick für die Befindlichkeit und die Bedürfnisse des Partners. Das ist die Voraussetzung für echte Intimität, die normalerweise erst im jungen Erwachsenenalter erworben wird.

Der Zauber der ersten Liebe liegt im emotionalen Gleichklang. Seit der Spiegelung in den mütterlichen Augen im ersten Lebensjahr gab es kein vergleichbares symbiotisches Erleben. Doch dauert die vollkommene Harmonie niemals ewig. Allmählich treten die unterschiedlichen Erlebensweisen und Bedürfnisse ins Bewußtsein, die Autonomiebestrebungen fordern ihr Recht. Viele Jugendliche erleben diese natürliche Entwicklung als herbe Enttäuschung und Verletzung, die sie nicht verwinden können. Noch suchen sie in der Beziehung zu einseitig den Selbstgenuß und können die zeitweilige innere Distanz und die unbequemen Seiten des Partners nicht ertragen. Ihre Liebe zerbricht daran. Lähmende Trauer oder wilde Verzweiflung, eine tiefe Erschütterung des Selbstvertrauens und Zweifel an zukünftigen Liebesmöglichkeiten ebenso wie am Lebenssinn überhaupt können – besonders auf der Seite des verlassenen Partners – die Folge sein. Die Bewältigungsstrategien sehen sehr verschieden aus: Rückzug, Konzentration auf andere Tätigkeiten oder die Ablenkung im nächsten Liebesabenteuer. Trotz des häufig schmerzlichen Endes und der zurückbleibenden Verletzungen bleibt der Glanz der ersten großen Liebe über viele Jahre hin erhalten.

IV.
Die Pubertät bei Menschen mit geistiger Behinderung

1. Biologische Aspekte

Die meisten Menschen mit einer geistigen Behinderung durchlaufen, unabhängig vom Grad ihrer geistig-leiblichen Beeinträchtigung, die biologischen Aspekte der Pubertät. Das bedeutet: Es erfolgt die hormonelle Umstellung; die primären und sekundären Geschlechtsmerkmale entwickeln sich; die Geschlechtsreife tritt ein. Allerdings dehnt sich der Zeitraum dieses Prozesses. Teilweise setzt die Pubertät erst mit einer Verzögerung von etwa zwei bis fünf Jahren ein, hin und wieder verspätet sie sich auch um zehn bis fünfzehn Jahre. Außerdem dauert sie oft wesentlich länger als bei nicht behinderten Jugendlichen.

Selbst bei schwerstbehinderten Menschen, die den geistigen Entwicklungsstand eines dreimonatigen Säuglings nicht überschreiten, zeigen sich, hormonell bedingt, die affektiven Begleiterscheinungen der Pubertät. Ihre Stimmungslage wird schwankender, sie neigen zu plötzlichen, scheinbar unmotivierten Wutausbrüchen, bekunden spürbarer ihren Willen, indem sie heftiger mit Ablehnung aber auch deutlicher mit Freude reagieren. Es kann sein, daß zuvor friedliche Zeitgenossen fremd- oder autoaggressiv werden und still zurückgezogene lebhaft. Neben der affektlabilisierenden Wirkung der Hormone mögen sexuelle Spannungen, die die schwerst behinderten Menschen nicht aufzulösen vermögen, die Ursache für die Stimmungsumschwünge (besonders für deren aggressive Anteile) bilden.

Auch ein geistiges Erwachen läßt sich selbst bei Schwerstbehinderten beobachten. Eine Frau z. B., die bislang unbeteiligt in ihrem Bett lag und stereotyp mit den von der Decke hängenden, zufällig ergriffenen farbigen Bändern herumwedelte, entwickelt mit dem Eintritt in die Pubertät plötzlich Interesse an ihrer Umgebung. Sie schaut bewußt auf die Bänder, ergreift sie gezielt und versucht, sie zum Mund zu befördern. Sie lernt, Blickkontakt zu halten, und beginnt auf vielfältige Weise zu lallen, während sie vorher nur einzelne Kehl- oder Rachenlaute, mit Vokalen verbunden, von sich gab.

Ein anderes, charakteristisches Beispiel betrifft einen schwerst behinderten Mann, der sich bisher völlig zurückgezogen und alle Annäherungsversuche abgewehrt hatte. Er öffnet sich, als er mit Mitte zwanzig seine Pubertät erlebt, den Kontaktangeboten und läßt sich berühren, greift sogar seinerseits zaghaft nach den Betreuern. Er beginnt mit sichtbarer innerer Teilnahme die Handlungen der ihn umgebenden Menschen zu beobachten und fängt schließlich sogar an, im Rahmen seiner Möglichkeiten neue Aktivitäten zu entfalten, etwa indem er auf Aufforderung ein Kleidungsstück zum Anziehen bringt oder anfängt, mit seinen Schuhen zu spielen.

So ist auch für den geistig behinderten Menschen die Pubertät eine Zeit des Umbruchs, die die Gesamtpersönlichkeit erfaßt und neue Entfaltungschancen eröffnet. Welche Entwicklungsschritte jedoch tatsächlich vollzogen werden können, hängt ab von der Art und dem Grad der Behinderung.

2. Psychische Voraussetzungen

Die psychische Aufgabe, die der «normale» Pubertierende bewältigen muß, besteht in der Integration der Sexualität, der emotionalen Verselbständigung gegenüber den Eltern, dem Aufbau eines selbst verantworteten Wertesystems und dem Hineinwachsen in die Gesellschaft, wozu unter anderem die berufliche Ausrichtung gehört. Um solch komplexen Anforderungen voll zu genügen, müssen vielfältige Bedingungen erfüllt sein. Seine kognitiven Fähigkeiten helfen dem Jugendlichen zu erfassen, was mit ihm geschieht. Sie ermöglichen ihm, seine Gefühle zu deuten, das eigene Benehmen und das anderer Menschen zu beobachten und zu beurteilen, Rückmeldungen hinsichtlich des eigenen Verhaltens zu bedenken, die Erfahrungen auszuwerten und einzuordnen. Anregungen aus der Umwelt, Möglichkeiten zu experimentieren und selbst gewählte Leitbilder erleichtern ihm die Identitätsfindung. Darüber hinaus ist die Qualität der in der Kindheit erlebten Beziehungen von ausschlaggebender Bedeutung. Reichte sie aus, um ein Grundvertrauen zu erwerben, die Objektkonstanz und ein stabiles Selbstwertgefühl aufzubauen, das sich auch durch Frustrationen nicht sofort in Frage gestellt fühlt, konnten Kreativität und ein angemessener Realitätssinn entwickelt werden, dann bestehen gute Chancen für eine erfolgreiche Bewältigung. Je schlechter die Voraussetzungen erfüllt sind, desto mehr Schwierigkeiten läßt der Reifungsprozeß erwarten.

Bei geistig behinderten Menschen sind die kognitiven Funktionen auf jeden Fall beeinträchtigt. Ihre rationalen Fähigkeiten, den Umwandlungsprozeß und die mit ihm verbundenen Gefühle zu begreifen, sind eingeschränkt. Dabei nimmt das Maß der kognitiven Bewältigung entsprechend dem zunehmenden Grad der Behinderung ab. Aufgrund der Behinderung wird der Erfahrungsraum solcher Jugendlicher zusätzlich eingeschränkt – und zwar unabhängig davon, ob sie bei den Eltern wohnen oder im Heim –, denn man traut ihnen wenig zu. Sie bekommen nur selten gezielte, hilfreiche Anregungen aus der Umwelt, dürfen wenig ausprobieren, haben kaum Gelegenheit, herauszufinden, was zu ihnen paßt, und erhalten unzureichend Rückmeldung über ihr Sozialverhalten. Statt dessen werden sie meist sowohl überbehütet als auch überfordert, indem auf sie ein starker Anpassungsdruck ausgeübt wird. Schließlich haben viele geistig behinderte Menschen in ihrer Kindheit keine befriedigenden, das Urvertrauen fördernden Beziehungen erlebt. Der nur unzulänglich kompensierte Mangel tritt unter den Belastungen des pubertären Geschehens deutlich zutage: viele Jugendliche entwickeln emotionale Verhaltensstörungen. Sie neigen entweder dazu, sich zurückzuziehen, sich aggressiv zu gebärden, regressiv-fordernd oder distanzlos zu werden.

Verschärft wird die psychische Problematik zusätzlich durch die Tatsache, daß den leichter Behinderten im Laufe der Pubertät ihre Beeinträchtigung deutlicher ins Bewußtsein tritt, ausgelöst sowohl durch die verstärkte Beschäftigung mit der eigenen Person als auch durch Reaktionen der Umwelt. War ein daheim lebendes behindertes Kind noch einigermaßen in sein soziales Umfeld integriert, so ziehen sich nun, bedingt durch die zunehmende kognitive Diskrepanz, die Altersgenossen aus dem Kontakt mehr und mehr zurück. Der behinderte Jugendliche erlebt schmerzlich sein Anderssein und die damit verbundene Einsamkeit. Wohnt er schon seit Jahren im Heim, so läßt ihn sein erwachender Loslösungs- und Expansionsdrang unter dessen Grenzen leiden. Er vergleicht sich mit den «Normalen», möchte frei leben wie sie und muß doch erfahren, daß es unmöglich ist und vermutlich bleiben wird. Viele Jugendliche beantworten diese Tatsache mit aggressivem, regressivem oder depressivem Verhalten.

3. Pubertäres Verhalten

Geistig behinderte Jugendliche verhalten sich, wenn sie nur leicht bis mittelgradig behindert sind, durchaus ähnlich wie normal begabte. Auch sie versuchen, sich von ihren Bezugspersonen abzulösen und eine selbständigere Lebensform zu finden. Sie widersetzen sich deren Anforderungen, verweigern die Mithilfe im Haushalt, versuchen sich größere Freiheiten zu erobern. Wie ihre nicht beeinträchtigten Altersgenossen wollen sie selbst bestimmen, wann sie abends zu Bett gehen, mit wem sie wo ihre Freizeit verbringen, wann sie nach Hause kommen, kurz: was sie tun und lassen. Sie beanspruchen das Selbstbestimmungsrecht über ihr äußeres Erscheinungsbild ebenso wie über ihren privaten Lebensraum, gleichgültig ob er aus einem eigenen Zimmer oder nur einer Bettnische besteht. Sie werden hoffnungslos unordentlich und schmuddelig oder auch penibel und eitel. Auffällige Kleidung, Schmuck und Frisuren dienen ihnen zur Selbstdarstellung.

Die erhoffte Bestätigung erhalten behinderte Jugendliche allenfalls von den Gleichaltrigen. Die Erwachsenen neigen in dieser Phase dazu, ihre Zuwendung zu verringern, zumal bedingt durch den Wachstumsschub die körperlichen Begleitmerkmale der Behinderung deutlicher in Erscheinung treten und unter Umständen abstoßend wirken. Dies spürend ziehen sich die Pubertierenden zurück oder reagieren fordernd-distanzlos. Sie richten ihr Sozialverhalten darauf aus, die Anerkennung der Gleichaltrigen zu gewinnen: die Bedeutung der peer-group wächst. Die Themen, für die sie sich interessieren, entsprechen den Gruppeninteressen, diese wiederum orientieren sich an den gesellschaftlichen Vorgaben. So spielen beispielsweise Popmusik, bestimmte Fernsehsendungen, Sport – besonders Fußball – eine bedeutsame Rolle. Auch werden Idole verehrt und nachgeahmt. Die Auseinandersetzung mit gedanklichen Themen – etwa gesellschaftlichen oder ethischen Fragen – beschränkt sich aufgrund der Behinderung hauptsächlich auf die Wiedergabe übernommener Urteile. Die Bildung eines eigenen Weltbildes ist folglich nur sehr begrenzt möglich.

Innerhalb der peer-group suchen die behinderten Jugendlichen ihren Status; ein rivalisierendes Messen, die aggressive Auseinandersetzung und unterwürfige Hörigkeit bleiben nicht aus. Doch es können sich auch tragfähige Freundschaften entwickeln, so daß neue Formen des Sozialverhaltens erlernt werden. Selbstverständlich erwacht mit dem Sexualtrieb auch das Interesse am anderen Geschlecht. Auch hier ähneln die Sehnsüchte denen der Nicht-Behinderten, und gelungene Freundschaften erfüllen einen wichtigen, durch die Erwachsenen nicht leistbaren Beitrag zur Identitätsentwicklung.

4. *Erziehungsprobleme*

Die Kämpfe mit den Eltern oder Erziehern, die durch den Wunsch der Jugendlichen entstehen, die Grenzen zu erweitern, nehmen oft sehr elementare Formen an. Schon der «normale» Pubertierende wird häufig von seinen Affekten beherrscht. Noch weniger gelingt dem geistig Behinderten die Impulskontrolle; handgreifliche Auseinandersetzungen und wüste Beschimpfungen, die zur Durchsetzung der eigenen Wünsche verhelfen sollen, treten aus diesem Grunde während der pubertären Entwicklung vermehrt auf und sind kein Zeichen «besonderer» Verhaltensstörungen. Gleichwohl stellt solch Verhalten die Erziehenden vor besondere Schwierigkeiten. Wesentlich ist hier, daß sie sich – wie ehedem im Trotzalter – nicht persönlich angegriffen fühlen. Notwendige Grenzen müssen konsequent durchgesetzt werden, gleichzeitig sollte aber bedacht werden, daß die Gefahr, die Pubertierenden wegen ihrer Behinderung übermäßig einzuschränken, sehr groß ist. Normal begabte Jugendliche finden wirksame Mittel, sich zu befreien; behinderte eskalieren in ihrer Wut oder resignieren und geben sich selbst auf. Ihnen müssen die Bezugspersonen helfen, indem sie Freiräume zur Verfügung stellen und ihrerseits den Jugendlichen freigeben, ohne sich emotional zurückzuziehen. Dies gilt insbesondere für Erzieher der in Heimen lebenden Behinderten. Die Heimbedingungen verleiten dazu, eine übermäßige Anpassung zu fordern, und gewähren nur einen geringen Erfahrungsspielraum. Hier müssen Erzieher bewußt gegensteuern, wollen sie Hospitalisierungsschäden und damit sekundäre Behinderungen vermeiden.

Ihrer Sexualität fühlen sich geistig Behinderte oftmals hilflos ausgeliefert. Die kognitiven Defizite erschweren natürlicherweise das Verständnis. Hinzu kommt, daß sie häufig auch nicht die Aufklärung erhalten haben, die angemessen wäre. Denn viele Erziehende fürchten das Thema «Sexualität und geistige Behinderung». Ihnen fehlt genaueres Wissen, das oftmals durch Vermutungen und allgemeine Vorurteile ersetzt wird, wie z. B. durch das Pauschalurteil, geistig behinderte Menschen seien besonders triebhaft. Selbst wenn sie ahnen, daß derartige Meinungen nicht der Wirklichkeit entsprechen, haben sie doch Angst vor sexuellen Aktivitäten ihrer Schützlinge und deren möglichen Folgen. Also lieber den Anfängen wehren und keine «schlafenden Hunde wecken». Darüber hinaus fühlen sich die Bezugspersonen unsicher: «Wie sag ich's meinem Kinde?» Schon die Aufklärung normal begabter Kinder fällt vielen schwer; wie sollen sie die richtigen Worte für die behinderten finden. Aus solchen Gründen geschieht es oft, daß geistig Behinderte unzulänglich vorbereitet von ihrer Menarche oder ihrem ersten Samenerguß überrascht werden und sich schämen. Die Mädchen entwickeln Ängste, verletzt oder krank zu sein, die sich bis zu Todesängsten steigern können. Um hier seelische Schäden – etwa eine dauerhafte Ablehnung der Sexualität und der Geschlechtsrolle als Mann oder Frau – zu verhüten, ist eine rechtzeitige Aufklärung dringend notwendig.

Im aktiven Umgang mit ihren sexuellen Gefühlen sind geistig behinderte Jugendliche oft unbeholfen. Zwar finden die Begabteren recht bald den Weg, wie sie sich mit ihren Händen selbst befriedigen können, die stärker Retardierten aber benutzen oft Spielzeug bzw. rutschen, die Genitalregion reibend, über Möbelkanten oder den Fußboden. Auch können viele von ihnen nicht beurteilen, wo sie sich, ohne Ärgernis zu erregen, befriedigen dürfen, da ihnen differenzierte «Moralvorstellungen» fehlen. Deshalb brauchen sie eine liebevolle Lenkung, die ihnen die Masturbation erlaubt, eventuell vorhandene Ängste oder Schuldgefühle und Unsicherheiten überwinden hilft, aber auch die gesellschaftlichen Gepflogenheiten zu berücksichtigen lehrt. Der Aufbau eines Intimbereichs muß unterstützt werden, was zugleich bedeutet, daß auch Bezugspersonen die Intimsphäre der Jugendlichen achten müssen.

Die Begleitung heterosexueller Freundschaften bedarf, da sie für die Jugendlichen eine nicht ersetzbare Quelle sozialer Erfahrung und Bestätigung sind, besonderer Sorgfalt. Erziehende fürchten sich oft davor, Freundschaften zuzulassen oder ein Freundespaar unbeaufsichtigt zu lassen – es könnte zum Beischlaf kommen. Tatsächlich ist diese «Gefahr» viel geringer als landläufig angenommen, doch sollte sie auch um der positiven Wirkung einer Liebesbeziehung willen in Kauf genommen werden. Gegebenenfalls kann der Einsatz von Verhütungsmitteln vor unerwünschten Folgen schützen. Im übrigen steht geistig behinderten Menschen, wie allen anderen, das Recht zu, ihre Formen sexueller Intimität zu suchen und zu entfalten. Begleitung brauchen sie hingegen für die Probleme, die aus ihrer Beziehung erwachsen, und zwar insbesondere Unterstützung bei der gegenseitigen Verständigung, Rücksichtnahme und der Bewältigung von Konflikten. Normal begabte Jugendliche suchen sich in solchen Fällen Hilfe bei ihren Freunden oder anderen Vertrauenspersonen. Geistig Behinderte können sich von selbst häufig nicht hinreichend artikulieren, deshalb müssen sie behutsame Hilfsangebote bekommen.

Ein besonderes Problem im Umgang mit geistig behinderten Pubertierenden besteht in der Tatsache, daß sie niemals in allen Persönlichkeitsbereichen den gleichen Entwicklungsstand erreicht haben. Die geistigen und wesentliche Bereiche der emotionalen Entwicklung bleiben gegenüber der körperlichen und affektiven zurück; zugleich brechen unzureichend bewältigte frühe emotionale Konflikte wieder auf und führen zu regressivem Verhalten. So sieht sich die Bezugsperson häufig einem Jugendlichen gegenüber, der zwar seine Loslösung anstrebt, um seinen Freiraum kämpft und sich dabei wie ein Trotzkind gebärdet, im nächsten Augenblick aber symbiotische Bedürfnisse äußert, Körperkontakt sucht, schmust und unter starken Trennungsängsten leidet. Hier gilt es, alle Entwicklungsebenen ernst zu nehmen, und zwar jede in dem Augenblick, in dem sie das Verhalten bestimmt. Das erfordert die Fähigkeit, ständig die Kontaktebene zu wechseln: herrschen die symbiotischen Wünsche vor, sollten sie berücksichtigt werden, steigt der Jugendliche auf eine höhere Entwicklungsstufe, sollte ihm dort begegnet werden. Auf diese Weise wird ihm eine Weiterentwicklung der Gesamtpersönlichkeit am ehesten ermöglicht.

Sechstes Kapitel

Das junge Erwachsenenalter

Bestimmten bisher biologische Reifungsschritte die Einteilung in die verschiedenen Lebensphasen, so entfällt dieses Kriterium für die nächsten Jahrzehnte, bis im Alter von etwa 50 Jahren die Frauen in die sogenannten Wechseljahre kommen. Damit fehlt das einigende Band, das eine allgemeinverbindliche, zeitlich relativ eng begrenzte Zuordnung erlaubte. Was bleibt, sind die phasenspezifisch zu bewältigenden psychosozialen Aufgaben, an denen sich die folgenden Ausführungen orientieren. Der Zeitraum und die Art und Weise, wie die anstehenden Entwicklungsschritte vollzogen werden, variieren jedoch erheblich, je nachdem, wie sich die Herausforderungen des Lebens – selbständige Lebensführung, Berufstätigkeit, Ehe und Elternschaft, Erleben von Beziehungsverlusten, Krankheit und Tod – stellen. Die Adoleszenz mündet, wenn die körperliche Reifung abgeschlossen und ein gewisse Klarheit hinsichtlich der eigenen Zukunftsvorstellungen gewonnen ist, mit etwa 18 bis 20 Jahren in das jungen Erwachsenenalter. In dieser Lebensstufe geht es darum, der vorangeschrittenen emotional-geistigen Loslösung von den Eltern die materielle Verselbständigung folgen zu lassen. Die selbstverantwortete Lebensführung beginnt.

I.
Ausbildung und Beruf

Die finanzielle Grundlage für eine unabhängige Lebensweise bildet die Berufstätigkeit. Deshalb war die Entscheidung für einen Beruf, für einen Großteil der Adoleszenten auch die Ausbildung ein zentrales Thema; mit dem Eintritt in das Erwachsenenalter ist für viele Haupt- und Realschulabsolventen die Ausbildungszeit abgeschlossen. Sie verdienen in der Folgezeit genug, um ihren Lebensunterhalt bestreiten zu können. Auch wenn sie weiterhin elterliche Unterstützung erhalten, so stärkt doch das selbst erarbeitete Geld ihr Selbstbewußtsein und schenkt ihnen das Gefühl der Gleichwertigkeit und Freiheit. Darüber hinaus verleiht ihnen ihre Berufstätigkeit die ersehnte Anerkennung als erwachsenes – und das heißt für viele: vollwertiges – Mitglied der Gesellschaft. Die Berufsausbildung und -ausübung hebt jedoch nicht nur den sozialen Status, sondern sie trägt auch wesentlich dazu bei, die Persönlichkeit zu formen und zu festigen. Fühlte sich der Pubertierende hauptsächlich dadurch frei, daß er sich aus den vorgefundenen Bindungen löste, was sich in seiner grundsätzlich opponierenden Haltung zeigte, so fordert die Berufsausbildung eine neue Einbindung in soziale Verhältnisse und Orientierung an von außen gestellten Aufgaben. Die Auseinandersetzung mit diesen Bedingungen bleibt nicht ohne Folgen: die Einstellungen der Heranwachsenden werden allmählich realistischer. Bei hinreichend günstigen Bedingungen entwickelt er Haltungen, die ihn seine derzeitige Lebensform als Wert erleben lassen: eine gewisse Anpassung ist notwendig, «damit das Ganze funktioniert»; die Zugehörigkeit zu einem Arbeitsteam oder einer Berufsgruppe stärkt das Identitätsgefühl; Arbeit wird als Quelle der Befriedigung und als Chance zur eigenen Entwicklung entdeckt, Pflichtbewußtsein, Zuverlässigkeit und Einsatzfreude werden als Voraussetzungen für eine erfolgreiche berufliche Laufbahn anerkannt.

Darüber hinaus spielt das Geld die Hauptrolle: der hohe Wert, der ihm zuerkannt wird – ermöglicht es doch neben der Lebenserhaltung die Befriedigung vieler materieller Wünsche, die «dem Leben seinen Glanz verleihen» –, bewirkt oftmals die Unterwerfung unter Bedingungen, die der erhofften Lebensgestaltung entgegenstehen. Aus diesen Gründen erwächst ein wesentlicher Teil des Selbstbildes eines berufstätigen jungen Erwachsenen aus seiner Identifikation mit der Berufsrolle, wobei ihm seine Leistungserfolge, der Arbeitslohn und die Rückmeldungen durch seine Kollegen als Basis für seine Selbsteinschätzung dienen. Ist die in diesen drei Bereichen erfahrene Bestätigung zu gering, so sinken das Selbstwertgefühl und häufig auch die Leistungsbereitschaft. Die positive Identifikation mit den Bedingungen der Arbeitswelt mißlingt.

Anders ergeht es den jungen Erwachsenen, die das Abitur abgelegt haben und nun am Beginn einer Hochschulausbildung stehen, die für noch unbestimmte, in fernerer Zukunft liegende Berufe befähigen soll. Das Studium stellt ebenfalls neue, erhöhte Anforderungen. Sie entstehen durch die Selbständigkeit des Lernens und die Selbstdisziplin, die ein trotz zunehmender Verschulung unübersichtlicher und in vielen Fächern wenig kontrollierter Studienweg erfordert. Denn es liegt weitgehend in der Verantwortung des Studenten, wann er sich das geforderte Wissen aneignet. Nur die – gemessen an der täglichen Arbeitsleistung seiner berufstätigen Alterskollegen – relativ seltenen Übungen und Prüfungen dienen als bewertende Rückmeldungen. So erscheint das Studium im Vergleich mit der konkreten Berufsausbildung eher als eine «verlängerte Schulzeit»: Es dient vorwiegend der geistig-theoretischen Qualifizierung; es bleibt relativ frei vom Druck zur gesellschaftlichen Anpassung und der äußerlich überwachten Pflichterfüllung; es wird häufig als vorbereitendes Stadium aufgefaßt; das «Eigentliche», die Berufstätigkeit und Eingliederung in das «Alltagsleben des Durchschnitts-Erwachsenen», steht noch aus. Entsprechend bleibt der Student länger mit seinen idealistisch gefärbten Vorstellungen identifiziert; er orientiert sich stärker an idealen Forderungen und weniger an realen Gegebenheiten. Die Aufgabe, die Widersprüche zwischen dem Angestrebten und dem Vorgefundenen zu verringern, auszubalancieren und zu ertragen, stellt sich ihm erst einige Jahre später, wenn er ins Berufsleben eintritt.

II.
Selbständige Lebensführung

Eng verbunden mit Studium oder Beruf ist für einen großen Teil der jungen Erwachsenen der Auszug aus dem Elternhaus. Das Studentenzimmer oder die eigene kleine Wohnung eröffnet die langersehnte Möglichkeit der unabhängigen Lebensgestaltung. Das steigert das Freiheitsgefühl. Denn der neue Lebensrahmen schenkt neue Erlebnismöglichkeiten, und der Lebensrhythmus kann nun vollständig den eigenen Bedingungen und Bedürfnissen angepaßt werden; die Rücksichtnahme auf Familienmitglieder ist nicht mehr notwendig. Das persönliche Reich wird dem eigenen Geschmack entsprechend gestaltet, Ordnung und Sauberkeit unterliegen nicht mehr dem kontrollierenden elterlichen Blick. Darüber hinaus erweitert die lebenspraktische Verselbständigung das Selbstgefühl: nicht nur das berufliche Fortkommen unterliegt der eigenen Verantwortung, sondern auch die Erfordernisse des täglichen Lebens, wie die Sorge für die Ernährung, die Pflege der Kleidung und der Wohnung, die Einteilung des Geldes und der – Pflichten und Wünsche berücksichtigende – Umgang mit der Zeit. Gelingt die Bewältigung dieser Aufgaben hinlänglich, so steigt die Sicherheit, den praktischen Anforderungen des Lebens gewachsen zu sein.

Nicht immer verläuft dieser Prozeß innerlich konfliktfrei; vielmehr wird neben der Lust an der Freiheit oftmals auch die Mühsal empfunden, lästige, früher den Eltern überlassene häusliche Arbeiten nun selbst verrichten zu müssen. Zudem enthüllt das ungebundene Leben seine Kehrseite: es erweist sich keineswegs ausschließlich als fröhliche Freiheit, sondern weckt in Zeiten des Alleinseins auch Verlassenheitsgefühle und Ängste, mit der Verantwortung überfordert zu sein. So gelangt der junge Erwachsene durch die Selbstversorgung ebenso wie durch seine Berufstätigkeit oder sein Studium zu der Einsicht, daß eine freiheitsschenkende Wahl zugleich Verpflichtungen mit sich bringt, die das Lustprinzip einschränken. Mit der Unterwerfung unter diese oftmals schmerzlich empfundenen Bedingungen der Realität vollzieht er einen wichtigen Reifungsschritt.

III.
Freundschaft, Liebe, Partnerschaft

Neben der Berufsorientierung und der lebenspraktischen Verselbständigung kommt der Erfahrung von Freundschaft, Liebe und Partnerschaft eine zentrale Bedeutung zu. Die Offenheit, mit der schon während des Jugendalters neue Beziehungen geknüpft wurden, gilt auch für die jungen Erwachsenen. Sexuelles Begehren spielt hierfür eine wichtige Rolle, doch nach wie vor auch der Wunsch, gemeinschaftlich Erfahrungen zu sammeln, Freizeit und Alltagssituationen zu gestalten, Gefühle und Gedanken auszutauschen, die eigenen Wertsetzungen und Erfahrungszusammenhänge zu klären und den geistigen Horizont um die Inhalte zu erweitern, die das Gegenüber anbietet. Freunde werden nun sorgfältig gewählt. Die Jugendfreundschaften, die aufrecht erhalten werden, bleiben häufig das ganze Leben über tragfähig; neue Freundschaften, die auf Grund eines ähnlichen Wert- und Weltverständnisses erwachsen, erreichen schnell Verläßlichkeit und emotionale Tiefe.

Auch die Liebesbeziehungen werden verbindlicher. Der Flirt als «Funktionsspiel der Liebe» sowie das Sich-selbst-Erproben und Sammeln elementarer Erfahrungen im Umgang mit dem anderen Geschlecht stehen nicht mehr im Vordergrund; die Liebesbeziehung genügt sich auch nicht mehr selbst als «phantastische Gegenwart», die sich in eine ideale gemeinsame Zukunft hineinträumt; vielmehr gewinnt der Realitätsbezug an Bedeutung. Der mehr oder weniger bewußte Wunsch wächst, im allübergreifenden Austausch – gedanklich, emotional und leiblich – den Alltag zu gestalten. Dieser Wunsch kann durch eine Heirat besiegelt werden; vielen Paaren erscheint heute jedoch das freie Zusammenleben als angemessenere Art seiner Erfüllung. Als bedeutsamstes Kriterium für die Partnerwahl wäre das «Ähnlichkeitsprinzip» zu nennen. Die Ähnlichkeiten hinsichtlich der sozialen Herkunft, wichtiger Werte, Interessen und anderer Persönlichkeitsmerkmale erleichtern die Kontaktaufnahme, die gegenseitige Wertschätzung und das Verständnis füreinander. Das Gefühl der emotionalen Einheit vertieft die Verbindung. Sie muß sich nun bewähren, wenn allmählich die individuellen Unterschiede ins Bewußtsein treten, die Autonomiewünsche sich melden und die äußere Realität ihre Forderungen an das Paar stellt.

Scheitern in der Pubertät und Adoleszenz viele Liebesbeziehungen an dieser Aufgabe, so gelingt es dem jungen Erwachsenen eher, sie zu meistern und daran zu reifen. Anerkennung der Freiheit des Gegenübers im Vertrauen auf die verläßliche Beziehung, Nähe und emotionale Harmonie ohne Selbstaufgabe, Akzeptanz der Andersartigkeit von Bedürfnissen und Ansichten und der damit verbundenen Distanz, ohne sie zum trennenden Faktor werden zu lassen, diese Fähigkeiten ermöglichen es nach *Erikson* erst, die emotionale Hauptaufgabe des jungen Erwachsenenalters zu bewältigen. Die Voraussetzung für das Gelingen ist eine relativ klare und gefestigte Identität. Sie erst schenkt die Sicherheit, sich nicht durch das Angebot inniger Nähe gleichsam aufzulösen oder sie aus Angst vor der Verschmelzung zu meiden; sie verleiht auch die Gewißheit, daß die notwendigen Eigenheiten des Partners keine Kündigung der Gemeinschaft bedeuten. Ein Mensch mit einer verschwommenen Identität hingegen wird dazu neigen, sich echter Nähe innerlich zu entziehen. Seine Schwäche kann sich als soziale Scheu, distanziertes Auftreten, aber auch als extrovertierte Flatterhaftigkeit oder als starres Haften an bezogenen Positionen äußern. So ist innere Isolation die Gefahr dieser Lebensphase, während ihre Chance in der Erfahrung der Intimität – nicht nur mit Partnern des anderen Geschlechts – besteht. Daß ein großer Teil der Erwachsenen der Gefahr der emotionalen Isolation unterliegt, zeigen die zunehmenden sozialen Probleme in der Gesellschaft auf eindrucksvolle Weise.

IV.
Übernahme sozialer Verantwortung

Alle beschriebenen Lebensbereiche dienen dem jungen Erwachsenen dazu, seine Kraft zu erleben, seine Fähigkeiten einzusetzen und zu erweitern, die Umsetzung seiner Ideal- und Wertvorstellungen zu erproben, seinen Realitätssinn zu schärfen und sein Durchstehvermögen zu schulen. In diesem Sinne erweist sich die Sehnsucht, «das Leben in seiner ganzen Fülle zu erleben», als zentral für den jungen Erwachsenen. Der Blick ist in erster Linie auf das «Ich» gerichtet, die eigenen Wünsche und Möglichkeiten, das eigene Erleben und Erkennen, die eigene Gegenwart und Zukunft stehen im Vordergrund und nicht die Absicht, soziale Aufgaben zu übernehmen. Da der Erfahrungsdrang aber zur Aufnahme intensiver Beziehungen führt, die alsbald Verbindlichkeit verlangen, entsteht schließlich auch die Notwendigkeit, Verantwortung zu tragen. Eine Partnerschaft glückt auf die Dauer nur, wenn Bindung und Freiheit, wechselseitige Verantwortung und Selbstverantwortung sich ausgewogen ergänzen. Das «Du» muß als freie Person, deren Eigenheiten und Bedürfnisse zu respektieren sind und die Unterstützung in ihren Schwächen braucht, in die eigenen Überlegungen und Entscheidungen einbezogen werden. Doch auch Berufe, insbesondere die sozial ausgerichteten, wie Lehrer, Erzieher, Ärzte, fordern die Übernahme sozialer Verantwortung. Letztlich enthält jede Tätigkeit eine derartige Dimension, wenn man sie hinsichtlich ihrer Bedeutung für das Allgemeinwohl betrachtet. Die Erkenntnis dieses Sachverhalts führt zu einem Bewußtsein umfassender Zuständigkeit und zugleich zu einem erweiterten Selbstgefühl.

Die schöpferischen Kräfte für einen derart vergrößerten Bezugsrahmen einzusetzen, beschreibt *Erikson* als Entwicklungsaufgabe der zweiten Erwachsenenphase. Sie läßt sich meistern durch die Erfahrung echter Intimität, der sich das Individuum hinzugeben vermag, ohne sich selbst zu verlieren. Als Gefahr sieht *Erikson* das Verharren in der Selbstbefangenheit, das zu Stagnation der Persönlichkeitsentfaltung führt. Die Ausdrucksformen solcher Selbstbezogenheit und Stagnation sind vielfältig. Sie können als mißverstandene «Selbstverwirklichungstendenzen» erscheinen, aber auch als allgemeine Resignation und Perspektivelosigkeit oder als egoistisches Erfolgserleben. Die elementarste Form der Übernahme sozialer Verantwortung und des Einsatzes der schöpferischen Kräfte ist die Familiengründung und Erziehung der Kinder. Doch können alle anderen Lebensformen durchaus zur vergleichbaren Herausforderung für den erwachsenen Menschen werden.

V.
Der erwachsene geistig behinderte Mensch

Vergegenwärtigt man sich die wesentlichen Themen des Erwachsenenalters – lebenspraktische und berufliche Verselbständigung, die Entwicklung der Intimität und den Einsatz der schöpferischen Kräfte in einem die eigene Person überschreitenden Bezugsrahmen – so fallen die Einschränkungen, denen geistig behinderte Menschen unterliegen, deutlich auf. Denn aus ihrer Behinderung folgt ja gerade, daß sie nicht in der Lage sind, alle für ein selbständiges Leben notwendigen Fähigkeiten in hinreichendem Maß zu erwerben. Deshalb bleiben sie ihr Leben lang auf besondere, ihrem Entwicklungsstand angepaßte Unterstützung in emotionalen, kognitiven und lebenspraktischen Belangen angewiesen; und ihre Abhängigkeit wächst mit steigendem Grad der Behinderung.

Selbst wenn ein dreißigjähriger geistig behinderter Mensch auch nur die lebenspraktischen Kenntnisse eines Achtjährigen, die geistigen Fähigkeiten eines Fünfjährigen und Verhaltensweisen eines Dreijährigen haben sollte, so ist er dennoch ein Erwachsener. Im Rahmen seiner Möglichkeiten strebt er nach einem selbstbestimmten, sinnerfüllten Leben, zu dem – zumindest bei leicht- und mittelgradig Behinderten – Arbeit, größtmögliche Selbständigkeit, selbstgewählte enge Beziehungen und das Erleben von sozialer Bedeutsamkeit wichtige Anteile gewinnen.

An den Betreuer stellt die große Kluft zwischen Lebensalter und Entwicklungsstand besondere Anforderungen, bedeutet sie doch, daß er ständig erfassen muß, welche Ebene der Begegnung gerade angemessen ist. Steht die emotionale Befindlichkeit im Vordergrund – etwa bei Angst, und «Schmerz»-empfindungen oder bei Müdigkeit nach einem Arbeitstag –, so sollte die Umgangsweise ihrem Niveau, beispielsweise dem des dreijährigen Kindes, angepaßt werden. Die Vernunft eines Fünfjährigen, die Leistungen eines Achtjährigen oder gar die Selbstkontrolle eines Dreißigjährigen dürfen in solchen Augenblicken nicht verlangt werden. In Zeiten emotionaler Ausgeglichenheit können hingegen die weiter entwickelten Persönlichkeitsbereiche angesprochen und herausgefordert werden. Dann kann man wie mit einem Fünfjährigen «die Welt» entdecken und sie erklären oder die Hilfeleistungen eines Achtjährigen erwarten. Bei alledem gilt es jedoch, den Respekt vor dem dreißigjährigen Menschen zu bewahren, seine Würde zu schützen.

Deshalb ist zugleich nach Umgangs- und Lebensformen zu suchen, die dem tatsächlichen Lebensalter Rechnung tragen. Die dem Entwicklungsstand gerechte Kommunikation rechtfertigt niemals, den behinderten Menschen als Kind zu betrachten, sondern sie schützt ihn nur vor Überforderung (manchmal auch vor Unterforderung) und verhilft zum Gelingen des Kontakts. Nachfolgend werden die verschiedenen, dem Kindesalter entsprechenden Verhaltensebenen nicht weiter berücksichtigt; betont werden vielmehr die – trotz der Behinderung – erwachsenen Anteile der Persönlichkeit.

1. Bedeutung der Arbeit

Wie für den normal begabten, so gehört auch für den geistig behinderten Menschen die Arbeit zu den Merkmalen des Erwachsenseins. Sie erfüllt für ihn ebenfalls die Funktion, seine Identität zu festigen, und schenkt ihm Bestätigung, Sicherheit und Sinn. Normalerweise arbeitet er in einer «Werkstatt für Behinderte», einer Einrichtung, in der ihm Tätigkeiten, die seinen Fähigkeiten entsprechen, angeboten werden. Auch die Forderungen hinsichtlich seines Arbeitsverhaltens richten sich nach seinen Möglichkeiten. Werkstattbetreuer stehen als Ansprechpartner ständig zur Verfügung. Übliche Beschäftigungen sind leichte Sortier-, Verpackungs- oder Montagearbeiten ebenso wie handwerkliche oder hauswirtschaftliche Tätigkeiten.

Durch Arbeit erfährt der behinderte wie der nichtbehinderte Mensch eine Strukturierung und Rhythmisierung des Alltags und dadurch Sicherheit. Er erlebt sich einbezogen in einen übergeordneten Zusammenhang der Nützlichkeit; er spürt seine eigene Wirksamkeit und Bedeutung, indem er für seine Leistungen Anerkennung bekommt, die sich auch in einem angemessenen Lohn niederschlagen sollte; er erfährt sich als Teil einer anderen sozialen Gemeinschaft als der in seinem Elternhaus oder seiner Wohngruppe. Er knüpft neue Beziehungen und orientiert sich an den Gegebenheiten der Werkstatt. So verhilft ihm die Arbeit zu einem erweiterten Selbsterleben, sie hebt sein Selbstwertgefühl und trägt bei zu dem Empfinden eines sinnhaften Lebens.

Schwerstbehinderte Menschen, die keinerlei «wirtschaftlich verwertbare Leistung» erbringen können, erfahren Bestätigung ihrer Identität und Sinnerfüllung ihrer Existenz zwar nicht über die «Arbeit», wohl aber über die ihnen möglichen Formen selbstbestimmten Tätigseins, selbst wenn diese nur aus einfachsten Handlungen, dem Niveau eines Säuglings entsprechend, bestehen. Die Anerkennung schenkende Aufmerksamkeit der Bezugspersonen, etwa für das Zerreißen und Zerknüllen von Papier, hat für solche Menschen dieselbe Bedeutung wie das Lob und die Entlohnung für eine produktorientierte Leistung.

2. Selbständige Lebensführung

Größtmögliche Selbständigkeit zu erreichen, ist das erklärte Ziel jeder Behindertenpädagogik. Allzu leicht verführt diese Absicht jedoch zu einer psychischen Überforderung des behinderten Menschen, der wegen seiner emotionalen Entwicklungsrückstände die erwünschten lebenspraktischen Leistungen nicht von sich aus zu erbringen vermag. Um zu vermeiden, daß daraus dauerhafte Spannungszustände, Konflikte und Verhaltensstörungen erwachsen, ist der Grundsatz, jede Forderung sollte dem Stand der Entwicklung aller Persönlichkeitsbereiche Rechnung tragen, unbedingt zu berücksichtigen. Dennoch bleibt die Befähigung zur Selbständigkeit auch während des Erwachsenenalters eine wesentliche Aufgabe.

Nicht immer fällt es Eltern und Betreuern leicht, sich auf das Erwachsenwerden ihrer Kinder oder Schützlinge einzustellen. Zu viel Fürsorge war bisher notwendig, zu groß und beängstigend bleibt auch weiterhin der Unterschied zu den «normalen» Erwachsenen, zu sehr folgt die Beziehungsgestaltung eingeschliffenen Bahnen. Und der geistig behinderte Mensch fordert seine Freiheit ungleich schwächer als der nicht behinderte. So werden kleine Fortschritte und Möglichkeiten, die Unabhängigkeit zu unterstützen, leicht übersehen. Insofern ist das junge Erwachsenenalter auch für Eltern und Betreuer eine Aufgabe: sie müssen lernen, sich trotz bleibender Zugewandtheit ein wenig aus ihrer Verantwortlichkeit zu lösen, um «die Kinder» ihren Möglichkeiten entsprechend selbständig werden zu lassen. Im Folgenden seien exemplarisch zwei Themenbereiche angesprochen, die für das Problem der Selbständigkeit bedeutsam sind.

Verlassen des Elternhauses oder Wohngruppenwechsel

Wie ein großer Teil der normal begabten jungen Menschen mit der Aufnahme des Studiums oder der vollen Erwerbstätigkeit sein Zuhause verläßt, so ziehen auch geistig behinderte junge Erwachsene oftmals nach der Schulentlassung (bzw. nach der Trainingsphase in der Werkstatt) vom Elternhaus ins Heim, oder sie wechseln innerhalb des Heims von einer Jugendgruppe in eine Erwachsenengruppe. Bei ihnen markiert also ebenfalls ein Umzug einen Schritt der inneren Entwicklung und des veränderten Status.

Viele geistig behinderte Menschen werden zwar durch einen Orts- und Beziehungswechsel noch stärker verunsichert als die sogenannten «Normalen», dennoch bietet er auch Reifungschancen: die andere Umgebung eröffnet unbekannte Lernräume und fordert die Anpassungsfähigkeit heraus. Damit wirkt sie Erstarrungstendenzen entgegen. Mit nicht vertrauten Betreuern läßt sich eher ein «erwachsenengemäßer» Umgangsstil finden, da die Beziehungsmuster noch nicht festgelegt sind. So können neue Verhaltensweisen leichter ausprobiert und gefestigt werden, und es bietet sich die Chance zur Verselbständigung. Eine Gefahr liegt jedoch darin, daß die Verunsicherung durch den veränderten Lebensrahmen so bedrohlich wirkt, daß sie mit dem Rückgriff auf regressive oder aggressive Verhaltensweisen beantwortet wird. In solchen Fällen brauchen die Betreuer viel Geduld und Einfühlungsvermögen, bis die entwicklungsfördernden Angebote eventuell doch wirksam werden.

Wünschenswert wäre die aktive Beteiligung der behinderten jungen Erwachsenen an ihrer zukünftigen Lebensweise. Wenn ihr Entwicklungsniveau es zuläßt, sollten sie wählen können, in welcher Wohnform, mit welchen Gruppenmitgliedern und – falls irgend möglich – Betreuern sie zukünftig leben wollen. Sie sollten mit entscheiden, ob sie ein Einzel- oder Doppelzimmer vorziehen. Ebenso sollten sie ihren Wohnbereich nach ihrem Geschmack gestalten dürfen.

Solche Entscheidungsprozesse können nur gelingen, wenn schon in frühen Lebensphasen angemessen Gelegenheit zur Mitbestimmung gewährt wurde. Doch selbst dann bedürfen sie stets der behutsamen Unterstützung. Sind sie erfolgreich, so liegt der Lohn dafür in einer Steigerung der persönlichen Kompetenz: Selbstsicherheit, Selbstbewußtsein und Selbstwertgefühl wachsen.

Angebote zur Erwachsenenbildung

Daß der Mensch während seines ganzen Lebens lernt, daß er sich fortwährend aktiv mit seiner Umwelt auseinandersetzt, dabei neue Erkenntnisse gewinnt und sich immer wieder auf veränderte Bedingungen einstellt, ist eine allseits anerkannte Tatsache. Angebote zur Erwachsenenbildung unterstützen solche Lernprozesse.

Nicht so zweifelsfrei akzeptiert ist, daß auch geistig behinderte Menschen zeit ihres Lebens lernen und dafür eine angemessene Begleitung brauchen. Ihre Lernfähigkeit und Offenheit für Neues nimmt im Erwachsenalter keineswegs ab, vorausgesetzt sie werden auf ihrem Entwicklungsniveau und in ihren Interessenbereichen angesprochen. Arbeitstraining und lebenspraktische Förderungsprogramme knüpfen an diese Gegebenheiten an. Fehlt geistig Behinderten jedoch die Herausforderung, ihren Geist zu nutzen und einmal erworbene Kenntnisse möglichst oft anzuwenden, so vergessen sie diese allerdings schneller als «Normalbegabte» und neigen dazu, frühzeitig in ihren Gewohnheiten zu erstarren.

Anregungen zu lernen müssen an den geistig behinderten Menschen normalerweise herangetragen werden, da er sie nur in sehr geringem Umfang von sich aus erkennen und nutzen kann. Doch in der Art ihrer Darbietung gibt es große Unterschiede. Das Arbeitstraining oder eine Förderung im lebenspraktischen Bereich beispielsweise werden meist von Betreuern angeordnet. Daneben sollte es zur freien Wahl gestellte Kurse geben, die entweder innerhalb einer Einrichtung oder aber im Rahmen der öffentlichen Volkshochschulen abgehalten werden. Letzteres erscheint in besonderem Maß als «erwachsenengerecht» und dient den Zielen der «Normalisierung der Lebensbedingungen» und der «Integration in die Gesellschaft». Erfahrungen zeigen, daß geistig behinderte Erwachsene bis ins Alter hinein mit großem Interesse Kurse auswählen und gewinnbringend besuchen. Geleitet werden sie dabei von dem Wunsch, ihren Horizont zu erweitern und «das Leben» besser zu verstehen, um ihm vielfältiger und erfolgreicher begegnen zu können; verlockend ist auch die Möglichkeit, dabei andere Menschen kennenzulernen.

Die unterschiedlichsten Kurse haben sich als anziehend erwiesen:

- Kurse, die der Erweiterung der lebenspraktischen Fähigkeiten dienen, z. B. Kochen, Einkaufen, Benutzung öffentlicher Verkehrsmittel
- Kurse zur Anhebung der Allgemeinbildung, z. B. Lesen und Schreiben, Englisch für Anfänger, Informationen über fremde Länder und Leute
- Hobby-Kurse, wie Photographieren, Basteln, Töpfern, Malen, Musizieren
- Kurse, die die Selbstwahrnehmung und Selbstreflexion ansprechen und zur Auseinandersetzung mit emotional bedeutsamen Themen anregen, z. B. Umgang mit Angst, Ärger, Sexualität, Gestaltung von Freundschaften, Übungen zur Selbstbehauptung

und schließlich

- Kurse, in denen das körperliche Selbsterleben im Vordergrund steht, z. B. Tanzen, Gymnastik, Entspannungsübungen.

Schon diese beschränkte Zahl von Themen verdeutlicht, wie gut die Erwachsenenbildung geeignet ist, dem leicht bis mittelgradig geistig behinderten Menschen eine Fülle von Lebensräumen zu eröffnen, die ihm sonst im Rahmen seines Alltags allzu leicht verschlossen bleiben. Sie bietet ihm neue Erfahrungsfelder oder unterbricht zumindest – selbst wenn «sonst nichts» gelernt wird – die oftmals ermüdende Routine des Alltags.

3. Freundschaft, Liebe, Partnerschaft

Zu einem erfüllten Dasein gehört die Erfahrung wechselseitiger Liebe; im Erwachsenenleben enthält die Liebe erotische und sexuelle Qualitäten. Dies trifft auch auf geistig behinderte Menschen zu, eine Tatsache, die den sogenannten «Normalen» oftmals Furcht einflößt und sie veranlaßt, das Recht behinderter Mitmenschen auf heterosexuelle Freundschaften oder Liebesbeziehungen einzuschränken. Die Angst vor unerwünschtem Nachwuchs führt auch heute noch allzuoft dazu – jedenfalls in Kreisen mit einem bewußt christlichen Selbstverständnis –, daß die «nichtbehinderten» Verantwortlichen die Bedingungen formulieren, unter denen die «behinderten» Betreuten eine heterosexuelle Freundschaft leben dürfen. Dabei fordern sie häufig die Erfüllung von Idealnormen, wie sie zu Beginn des Kapitels beschrieben wurden und die nur ein emotional harmonisch entwickelter Erwachsener annähernd erfüllen kann. (Die Realität zeigt jedenfalls, daß ein großer Teil der in einer festen Partnerschaft lebenden «Normalen» solche Vorstellungen keineswegs erfüllt.) Die Gefahr der gegenseitigen Abhängigkeit oder gar «Ausbeutung», die Angst, daß «entwicklungshemmende Fixierungen» entstehen könnten, die Einschätzung, daß sie nicht hinreichend «Verantwortung füreinander» übernehmen könnten, kurz das Urteil der mangelhaften Beziehungsfähigkeit dient oftmals als «einleuchtende» Begründung für den Entschluß, daß eine Freundschaft überwacht, gelenkt oder gar unterbunden werden muß.

Übersehen wird, daß damit auch die positiven Wirkungen solch einer Beziehung vermindert oder zerstört werden. Denn der vertraute Umgang mit dem anderen Geschlecht fördert bei vielen geistig behinderten Menschen – auch wenn sie nur ein kindliches emotionales Entwicklungsniveau erreicht haben – das Selbstwertgefühl und die seelische Ausgeglichenheit, er verringert die Neigung zur Depression und Aggression und unterstützt insgesamt das Sozialverhalten. Manch behinderter Mensch, besonders wenn er in einem Heim wohnt, gewinnt durch die Freundschaft die zuverlässige Zuwendung, die ihm wechselnde Betreuer nicht geben können.

In den letzten Jahren ist das «Menschenrecht auf Sexualität» auch in Hinblick auf behinderte Menschen zunehmend ins Gespräch gekommen. Viele Behinderteneinrichtungen haben daraufhin ihre Einstellung überdacht und ihren Bewohnern ein größeres Recht zugestanden, heterosexuelle Freundschaften aufzunehmen und zu gestalten. Beobachtungen solcher Liebesbeziehungen zeigen, daß die «sexuelle Gefahr» deutlich geringer ist, als allgemein vermutet wurde. Nur ein geringer Anteil der Paare übt Geschlechtsverkehr aus; die meisten begnügen sich mit Zärtlichkeiten aus dem sogenannten «sexuellen Mittelbereich»: Umarmen, Streicheln, Küssen. Die Qualität der Beziehung entspricht vollkommen dem Durchschnitt: es gibt sowohl überwiegend harmonische, hilfreiche, «glückliche» Gemeinschaften als auch konfliktträchtig – explosive und eingeschliffene Gewohnheitsbeziehungen. Deutlich wurde jedoch, daß viele Partnerschaften, insbesondere zur Bewältigung ihrer Konflikte, einfühlsamen Beistand brauchen. Wurde er gewährt, so lernten viele Paare einen konstruktiven Umgang miteinander, womit ihnen mehr gedient war als mit einer Trennung.

Ein schwieriges Problem bleibt der Kinderwunsch, den viele geistig behinderte Erwachsene äußern, unabhängig davon, ob sie eine feste Freundschaft unterhalten oder jemals Geschlechtsverkehr ausüben. Dieser Wunsch läßt sich wohl kaum unterstützen. Denn hier geht es nicht nur um die Erfüllung der ursprünglichen Sehnsucht nach Elternschaft; vielmehr ist die Zukunft der Kinder zu bedenken. So gerät das zur Würde des Menschen gehörende Recht, Nachkommen zeugen und gebären zu dürfen, in Widerstreit mit der ethischen Forderung, ihnen günstige Entwicklungschancen zu bieten. Daß Eltern die vielfältigen Pflichten der Erziehung hinlänglich erfüllen, ist eine unbestrittene Voraussetzung dafür, daß sich die Kinder ausreichend entfalten können. Daß selbst leicht geistig behinderte Erwachsene – und um diese handelt es sich in erster Linie – meist diese Aufgaben nicht angemessen bewältigen können, ist aber ebenfalls eine Tatsache. Keine der möglichen «Lösungen» des Dilemmas befriedigt: Unzumutbar ist – aus den dargelegten Gründen – das Verbot heterosexueller intimer Freundschaften, um eine Schwangerschaft zu vermeiden. Der Menschenwürde widerspricht auch der allgemeine Rat zur Sterilisation. Schwangerschaft und Geburt zu gewähren, dann aber das Kind zur Adoption oder in ein Heim zu geben, mag im Einzelfall zweckmäßig erscheinen, doch erfüllt es nicht den Wunsch, sich in der Elternschaft zu erleben, und eröffnet dem Kind häufig nur eine fragwürdige Zukunft. Versuche, die Fürsorge den geistig behinderten Eltern zu überlassen und ihnen dabei beratend zur Seite zu stehen, haben sich kaum bewährt. Insbesondere wenn die Kinder nicht geistig behindert waren – weil z. B. die Behinderung der Eltern durch eine frühkindliche Hirnschädigung entstand –, ergaben sich kaum zu überwindende Konflikte. Läßt sich die Sehnsucht, ein Kind aufzuziehen, nicht sinnvoll befriedigen, so bleibt nur der Weg des Verzichts. Verzicht darf jedoch nicht nur diktiert werden; vielmehr müssen auch Wege der Verarbeitung eröffnet werden. Als solche bieten sich Gespräche und die Hinführung zu Möglichkeiten der stellvertretenden Befriedigung.

In diesen Rahmen gehört unbedingt eine Bemerkung zu dem Einsatz von Verhütungsmitteln. Denn aus der Anerkennung von Liebesbeziehungen folgt auch die des möglichen Geschlechtsverkehrs. Die Freiheit, Schwangerschaften effektiv zu vermeiden, gehört zur verantworteten Gestaltung intimer Beziehungen und muß deshalb geistig behinderten Menschen gewährt werden. Das bedeutet, daß eine sorgfältige Einschätzung des Bedarfs und individuelle Hilfestellung hinsichtlich der Anwendung nötig ist. Hierbei entstehen natürlich eine Fülle neuer Schwierigkeiten: Wie könnte Hilfestellung aussehen? Welche Verhütungsformen sind angemessen, welche von den betroffenen Paaren überhaupt durchzuführen? Wäre eine «Kontrolle» denkbar oder gar notwendig? Aber aus Sicherheitsgründen allen gebärfähigen Frauen die «Pille» zu verordnen, würde wiederum ihrer Würde aufs schärfste widersprechen, abgesehen davon, daß es rechtlich nicht haltbar wäre.

4. *Übernahme sozialer Verantwortung*

Es versteht sich von selbst: Soziale Verantwortung können geistig behinderte Menschen nur bedingt tragen. Ansätze hierzu lassen sich jedoch durchaus erkennen. Freundschaften verdeutlichen immer wieder die Fähigkeiten zur emotionalen und praktischen Anteilnahme und Fürsorge, die völlig selbstverständlich gelebt werden. Doch nicht nur im privaten Bereich, sondern auch in «gesellschaftlichen» Zusammenhängen finden sich derartige Anfänge, wenn entsprechende Möglichkeiten bereitgestellt werden. So engagieren sich leicht geistig behinderte Menschen in Mitbestimmungsgremien ihrer Werkstatt oder ihres Wohnheims und entwickeln durchaus Initiative bei der Planung und Gestaltung von Aktivitäten, die einer gewissen «Allgemeinheit» dienen. In den Wohngruppen betreuen sie schwächere Mitglieder, helfen ihnen beispielsweise beim Essen, Anziehen, Spazierengehen, trösten oder ermahnen sie. Solche «Hilfserzieherfunktionen» sind keineswegs nur als anmaßende Nachahmung zum Zwecke des Statusgewinns zu werten, sondern durchaus als – wenn auch unreifer – Ansatz zur Überwindung der Selbstbefangenheit.

Siebtes Kapitel

Krisen in der Lebensmitte

Erschüttert wird die Stabilität des Erwachsenen nicht nur durch immer neue Herausforderungen, die es zu bewältigen gilt, sondern meist auch durch ein bis zwei tief liegende Krisen. Bei Frauen häufen sich die Krisen im Alter von dreißig bis vierzig Jahren und mit etwa fünfzig (Wechseljahre). Männer durchleben ihre «Krise der Lebensmitte» etwas später, etwa zwischen dem vierzigsten und fünfundvierzigsten Lebensjahr.

I.
Das Erleben der Krisen

Das Wort «Krise» bezeichnete im ursprünglichen Sinn den Wendepunkt einer schweren Krankheit, an dem sich entscheidet, ob der Patient ihr erliegt oder gesundet. In psychischer Hinsicht kennzeichnet eine Krise das unabweisliche Gefühl: es muß etwas geschehen, so kann es nicht weitergehen, das Leben muß eine neue Richtung bekommen.

1. Auslöser

Die unterschiedlichsten Anlässe können das Krisenerleben auslösen:
- Entfremdung vom Ehepartner, die Aufnahme außerehelicher Liebesbeziehungen
- der Freiraum und damit der Funktionsverlust, der für Frauen durch das Heranwachsen der Kinder entsteht
- bei Unverheirateten: «Torschlußpanik», die Angst, durch fehlende Partnerschaft oder Elternschaft etwas Wesentliches im Leben verpaßt zu haben
- das Ergrauen der Haare, physische Erschöpfung oder Krankheit, das Klimakterium oder Nachlassen der Potenz als Zeichen für das Älterwerden
- das Erleben von Gebrechen und Tod der Eltern oder nahestehender gleichaltriger Menschen
- die Erkenntnis, daß der Höhepunkt der beruflichen Laufbahn erreicht ist
- die Tatsache, daß Jüngere im Beruf nachrücken, höhere Positionen einnehmen und als Bedrohung für den eigenen Status, wenn nicht gar für den Arbeitsplatz erlebt werden
- die Erfüllung wesentlicher Ziele bei gleichzeitiger Erfahrung innerer Unzufriedenheit
- der Vergleich der Lebensträume und -ziele mit der Wirklichkeit.

2. Emotionale Hintergründe

Solche Erfahrungen erschüttern und machen Angst, denn sie kränken die Eigenliebe und lassen die «Grenzen des Lebens» aufscheinen. Zunächst die zeitliche Grenze: es ist «Halbzeit», die physischen Kräfte lassen deutlich nach, der körperliche Abbau überwiegt den Aufbau. Das Ende des Lebens kommt erschreckend deutlich ins Blickfeld. Lebte der Mensch bisher überwiegend zukunftsorientiert – was sich heute nicht verwirklichen ließ, hatte durchaus Zeit bis übermorgen –, so gewinnt nun die Gegenwart das Hauptgewicht, und auch die Vergangenheit tritt stärker ins Bewußtsein. Es wird Bilanz gezogen: Was habe ich gewollt, was habe ich mir vom Leben versprochen, was habe ich erreicht? Häufig fällt das Ergebnis negativ aus; man hatte sich mehr vom Leben – insbesondere von der Liebe – und von seinen eigenen Fähigkeiten, etwas zu bewirken, versprochen. Man erkennt eigene Unzulänglichkeiten, die kaum überwindbar scheinen; der Erfolg sieht, trotz des Einsatzes der letzten Kräfte, bescheiden aus; der Alltag besteht aus stets ähnlich wiederkehrenden Anforderungen und Problemen, die Menschen sind «schlechter» als erwartet, sie erfüllen das in sie gesetzte Vertrauen und die Hoffnungen nicht; das Weltgeschick nimmt unaufhaltsam seinen zweifelhaften Verlauf. Solche Einsichten enttäuschen; das Selbstgefühl sinkt, das Leben droht, seinen Glanz zu verlieren und nur noch als ermüdender, sich ständig wiederholender Kampf erlebt zu werden. Physische und psychische Erschöpfung stellen sich ein, aber auch die Unruhe: das kann doch nicht alles gewesen sein! Die eigenen Werte und Ziele, die bisher zur Orientierung dienten, werden überprüft. Dabei tritt schmerzlich ins Bewußtsein, daß die Entscheidung für eine Richtung – eine Ausbildung, einen Beruf, einen Ehepartner, einen Wohnort, einen Lebensstil – immer zugleich den Verzicht auf alle anderen Möglichkeiten bedeutete, daß deshalb viele Bereiche der eigenen Persönlichkeit nicht zur Entfaltung kamen. Und die Frage drängt sich auf: Will ich so weiter leben? Führten mich meine Werte und Ziele zu einer befriedigenden Lebensweise? Was ist mit den ungelebten Seiten? Erneut wird nach dem Sinn des Lebens gefragt und nach der rechten Art, es zu gestalten.

3. Lösungswege

Die Lösungen, die Wege aus der Krise können sehr unterschiedlich aussehen. Häufig lassen sich extreme Reaktionsweisen beobachten:

- Da mag das Erkennen der eigenen Endlichkeit zu verbissenen Leugnungsversuchen führen. Trotz unverkennbarer Zeichen der Belastung wird mit unvermindertem Kräfteeinsatz weiter gearbeitet – ein drohender Herzinfarkt wird ignoriert.

- Körperliche Spuren des Alterns werden so gut wie möglich beseitigt, etwa durch das Färben der Haare, durch Make-up, durch jugendlich wirkende Kleidung und an der jüngeren Generation orientierte Verhaltensweisen.
- Neue Liebesbeziehungen, bei Männern häufig mit weit jüngeren Frauen, dienen als Beweis für die eigene Attraktivität; verpaßte Gelegenheiten, das Leben zu genießen, werden bestmöglich nachgeholt.
- Die bisherigen Werte werden verworfen, die gewählte Lebensbahn verlassen; nicht nur der Partner wird gewechselt, sondern auch der Beruf; oder der Beruf, dem vorher die meisten Kräfte zuflossen, verliert «drastisch» an Bedeutung, statt dessen wird ein Hobby deutlich aufgewertet.
- Frauen steigen nach einer längeren Familienphase wieder ins Berufsleben ein oder suchen sich andere Wege der Selbstverwirklichung.
- Unverheiratete entschließen sich plötzlich zur Ehe, eventuell auch zur späten Familiengründung.
- An bisherigen Einstellungen und Art der Lebensführung wird zäh festgehalten. Der emotionalen Verunsicherung wird mit starren Vorurteilen oder ideologisch begründeter Härte begegnet; zudem wird die das psychische Gleichgewicht bedrohende Umwelt abgewertet und damit zugleich abgewehrt.

Den meisten der beschriebenen Lösungen haftet etwas Gewaltsames an, das sie fragwürdig erscheinen läßt. Gelungene Wege aus der Krise zeichnen sich durch mehr Ausgewogenheit aus. Die Erfahrung der Endlichkeit des Daseins wird nicht geleugnet, ihr wird auch nicht mit rastloser Schaffenswut begegnet; vielmehr führt sie zu einer klaren Einteilung der eigenen Kraft und Zeit und zu einer bewußten Hinwendung zum jeweiligen Augenblick. Erhöhte Genußfähigkeit und Wertschätzung schöner Erlebnisse können daraus erwachsen, aber auch die Abneigung, kostbare Lebenszeit sinnlos zu vergeuden.

4. *Entwicklungsaufgaben*

Wird die Begrenztheit der eigenen Spannkraft angenommen, dann lassen die Forderungen an die Leistungsfähigkeit etwas nach und andere, eher besinnlich-gemüthafte Persönlichkeitsanteile können leichter in Erscheinung treten. Sie zu entwickeln, ist nach *Jung* – besonders für die Männer – eine Aufgabe während der zweiten Lebenshälfte.

Die ins Bewußtsein getretene Einseitigkeit in der Persönlichkeitsentfaltung, zu der die Lebensentscheidungen geführt haben, drängen nach «Er»-gänzung. Umstürze und Brüche im Lebenslauf sollen eine «Wiedergutmachung» bewirken, doch führen sie nur allzuoft zum Verlust der bisher erarbeiteten Basis; und das neu eroberte Leben gerät leicht in die alten Bahnen. Die Aufgabe besteht darin, den – aus den verschiedensten Gründen – unterdrückten Selbstanteilen zum Leben zu verhelfen und sie in die Persönlichkeit zu integrieren. Bei den Männer sind es meist die sogenannten «weiblichen», d. h. die weichen, gefühlshaften, warmen, empfangenden, «schwachen» Seiten, während es bei den Frauen eher die sogenannten «männlichen» Züge sind, also die rationalen, zielbewußten, durchsetzungsfähigen, unabhängigen Qualitäten. Die Integration kann, aber muß keineswegs einen auffälligen Wechsel der äußeren Lebensgestaltung einschließen. Sie führt zu einer neuen Stufe der emotionalen Reife, die als Gefühl psychischer Ganzheit und Unabhängigkeit erlebbar wird. Sie stärkt das Sinnbewußtsein und verhilft zu einer annehmenden Haltung gegenüber der nun illusionsarm wahrgenommenen Wirklichkeit. Die Integration der «gegengeschlechtlichen» und «im Schatten» befindlichen Persönlichkeitsanteile gehört zur Individuation, die *Jung* als Ziel menschlichen Wachstums ansieht.

Erikson betrachtet die Entwicklung der Ich-«Integrität» als Aufgabe der zweiten Lebenshälfte. Damit meint er die Fähigkeit, das eigene Gewordensein – die eigenen Stärken und Schwächen, Erfolge und Verfehlungen, die der Entfaltungsdrang erfahren hat – ohne Bitterkeit anzuerkennen. Dazu gehört auch, von zersetzenden Schuldzuweisungen und unerfüllbaren Forderungen Abstand zu gewinnen und die Ent-Täuschung annehmend zu überwinden. Solche Haltung ermöglicht, sich den Menschen und dem Dasein insgesamt erneut zuzuwenden; sie befreit die Liebe weitgehend von eigennützigen Zwecken und befähigt zu einem gelassenen, weitblickenden Engagement, zu der klaren Bereitschaft, das jeweils Notwendige zu tun. Minderwertigkeitsgefühle und Größenphantasien sind überwunden in der Gewißheit, einen hinreichenden – wenn auch nicht den erträumten – Platz in einem – wenn auch unbegreiflichen – Gesamtzusammenhang einzunehmen.

Der Chance der Integrität steht die Gefahr der Verzweiflung gegenüber. Im ungünstigsten Verlauf führt die Krise der Lebensmitte zur Resignation, zum Verharren in der Enttäuschung bzw. Kränkung durch das Leben, zur Erstarrung, Verbitterung und zum Lebensüberdruß. Man lebt nur noch, weil man eben lebt, erwartet aber «nichts» mehr, weil man das ersehnte «Alles» doch nicht bekommt, und nimmt ohne Freude das Gegebene hin.

Im Gegensatz dazu erweitert sich nach einer gelungenen Krisenbewältigung das Spektrum der Interessen; zwischenmenschliche Beziehungen gewinnen an Tiefe – oftmals erfolgt eine Wiederannäherung an den entfremdeten Ehepartner –, und das Gefühl der eigenen Lebendigkeit und die Dankbarkeit wachsen.

II.
Krisen in der Lebensmitte bei geistig behinderten Menschen

Eine ausgeprägte, scharf umrissene Krise in der Lebensmitte läßt sich bei geistig behinderten Menschen nur selten finden. Aber dennoch kämpfen viele der leichter beeinträchtigten Erwachsenen mit vergleichbaren Schwierigkeiten, die sich krisenhaft zuspitzen können.

- Oftmals erleben sie nach einigen Jahren die Arbeit in der Werkstatt für Behinderte als eintönig und unbefriedigend. Sie erkennen auch, daß ihre Tätigkeit in den Augen der Öffentlichkeit nur wenig gilt und leiden unter Perspektivlosigkeit.
- Unerfüllte Sehnsüchte nach Partnerschaft und Elternschaft können Verhaltensauffälligkeiten und Depressionen auslösen, ebenso wie die Erfahrung sich wiederholender Beziehungsabbrüche, der so viele Heimbewohner ausgesetzt sind.
- Das Nachlassen der körperlichen Kräfte, ernste Krankheiten und das oftmals unbegreifliche Geschehen der Wechseljahre, besonders die durch die hormonelle Umstellung auftretenden Stimmungsschwankungen, verunsichern und beeinträchtigen das – ohnehin labile – Selbstwertgefühl.
- Schließlich werden auch viele geistig behinderte Erwachsene gewahr, daß sich ihre Lebensträume nicht erfüllt haben. Häufig wird ihnen dann bewußt, daß es ihnen nicht vergönnt war, ein «normales Leben» zu führen, daß sie darauf verzichten mußten zu heiraten, Kinder groß zu ziehen und eine eigene Wohnung zu haben.

Überdenkt man die Konfliktbereiche, so wird deutlich, daß für viele leichter geistig behinderte Menschen in der Lebensmitte nochmals eine Auseinandersetzung mit ihrer Beeinträchtigung ansteht. Mag die Problematik der «Halbzeit» und der Endlichkeit auch nicht deutlich ins Bewußtsein treten, ein schmerzhaftes Erleben der «Grenzen» stellt sich auf jeden Fall ein. So laufen auch sie Gefahr, der Resignation, dem emotionalen Rückzug oder dem fortgesetzt aggressiven Aufbegehren zu verfallen, und sie benötigen einfühlsame Hilfe, damit sie sich mit ihrem Geschick aussöhnen können. Der Bewältigung können Gespräche dienen, die sich am Trauerprozeß orientieren. Voraussetzung dafür ist aber ihre Einbettung in ein wertschätzendes Beziehungsangebot.

Achtes Kapitel

Die zweite Lebenshälfte

I.
Das höhere Erwachsenenalter

Nach dem Abklingen der Krise(n) in der Lebensmitte folgen für die meisten Menschen wiederum Jahre der psychischen Stabilität. Sie haben ihren Lebenskurs korrigiert und den gegebenen Bedingungen angepaßt.

Mütter haben gelernt, die Freiheit zu nutzen, die ihnen die Verselbständigung der Kinder schenkte. Entweder fanden sie zurück in die Berufstätigkeit, oder sie suchten sich anderweitig befriedigende Beschäftigungen. Für viele bringt einige Jahre später die Geburt von Enkelkindern eine erfüllende neue Aufgabe. Nun sind ihre mütterlichen Kenntnisse wieder gefragt; ohne daß sie die ganze Last der Erziehungsverantwortung auf sich nehmen müssen, schenken sie ihren Enkeln Zuwendung und freuen sich an deren Entwicklung. Das Leben pflanzt sich fort und setzt sich durch, selbst wenn die eigenen Kräfte nachlassen. Nach einer erfolgreich überwundenen Krise der Lebensmitte stimmt diese Erkenntnis – obgleich Wehmut mitschwingen mag – versöhnlich und nicht bitter. Darüber hinaus gewinnt die Beziehung zu den eigenen Kindern durch die Geburt von Enkeln häufig wieder an Intensität. Auch für viele Großväter spielen die Enkel eine ähnliche Rolle, allerdings meist erst nach dem Ausscheiden aus dem Berufsleben.

Unverheiratete berufstätige Frauen und Männer haben sich im höheren Erwachsenenalter damit abgefunden, daß sie den Gipfel ihrer Laufbahn erreicht haben. Je nach persönlicher Situation und dem Ausmaß, in dem der Beruf Befriedigung gewährt, setzen sie entweder ihre Kraft weiterhin in erster Linie für die Arbeit ein, wenn auch häufig mit größerer Gelassenheit, oder außerberufliche Interessen gewinnen wieder an Bedeutung. Auf diese Weise wird der Übergang ins Rentner- oder Pensionärsdasein langsam angebahnt.

Die Neuorientierung berücksichtigt außerdem das Nachlassen der körperlichen Kräfte. Das Selbstwertgefühl hängt nicht mehr so stark an der körperlichen und sexuellen Leistungsfähigkeit. Der Schmerz, den das Eintreten der Wechseljahre und das Nachlassen der Potenz verursachten, wird gemildert durch die Erfahrung, daß die hormonelle Umstellung bzw. Reduktion weder den Verlust der sexuellen Aktivität noch den der sexuellen Genußfähigkeit nach sich zieht. Versuche, den biologischen Prozeß zu leugnen und Selbstaufwertung in wechselnden Liebschaften zu suchen, können deshalb weitgehend aufgegeben werden, weil die Möglichkeit, in Anerkennung des tatsächlichen Alters das Leben zu gestalten und Bestätigung zu erhalten, sich durchaus als befriedigend erwiesen hat. In solch reifer Selbstannahme und Lebensoffenheit wächst der Mensch im günstigsten Fall allmählich ins Alter hinein. Dabei läßt sich nicht allgemein bestimmen, wann der Übergang vom «höheren Erwachsenenalter» ins «Alter» erfolgt.

II.
Das Alter

Die heute geltende Vorstellung, daß das Alter mit sechzig bis fünfundsechzig Jahren, also mit dem Aufgeben der Berufstätigkeit beginnt und mit etwa fünfundsiebzig Jahren zum «hohen Lebensalter» oder «Greisenalter» wird, stimmt nur sehr begrenzt mit dem subjektiven Empfinden überein. Das eigene Alterserleben hängt weniger von der Anzahl der Jahre ab als vom Gesundheitszustand, der geistigen Beweglichkeit, der Wahrnehmung lebenserfüllender Aufgaben, der Einbettung ins soziale Gefüge und nicht zuletzt von der Einstellung zum Prozeß des Alterns. Daß diese verschiedenen Bereiche voneinander abhängen, sich gegenseitig hemmen und fördern können, leuchtet unmittelbar ein. Sie bestimmen das Maß der Abbauprozesse deutlich mit, ebenso wie sie die Qualität dieser Lebensphase beeinflussen. So kann das Alter wirklich zum «defizienten Modus», gleichsam zur minderwertigen Abart des eigentlichen Lebens abgleiten oder die Weisheit als dessen reifste Frucht hervorbringen. In hohem Maß hängt die Gestaltung des Alters von der vorangegangenen Art der Lebensbewältigung ab und von dem Zeitpunkt, zu dem schwere körperliche Krankheiten den Aktionsradius erheblich und dauerhaft beschneiden.

1. Einflußfaktoren

Im Folgenden seien nun die einzelnen Faktoren dieses Wirkungszusammenhangs näher beschrieben.

Biologische Faktoren

Aus biologischer Sicht stellt sich das Altern als fortschreitende Abnahme der Zellregeneration dar. Verbunden damit sind eine Schwächung des Immunsystems und Störungen der verschiedenen Regulationssysteme. Als Konsequenz treten die typischen Alterserscheinungen hervor – beispielsweise graue Haare, trockene, erschlaffte Haut, Krümmung der Wirbelsäule, Einschränkungen der Bewegungsfähigkeit und erhöhte Anfälligkeiten für Krankheiten. Beeinträchtigt wird oftmals auch das Herz-Kreislauf-System sowie die Funktionstüchtigkeit der Sinnesorgane, insbesondere der Augen und Ohren. Die allgemeine Anpassungsfähigkeit und die Reaktionsgeschwindigkeit des zentralen Nervensystems lassen nach, so daß diejenigen Leistungen in ihrem Niveau absinken, die eine schnelle Verarbeitung komplexer neuer Informationen verlangen. Steht genügend Zeit zur Verfügung, so entspricht bei vielen die geistige Leistungsfähigkeit den vorangegangenen Lebensstufen. Auch neue Inhalte können – obgleich langsamer – erfaßt und gelernt werden, wenn sie angemessen dargeboten werden und den jeweiligen Interessen entsprechen.

Erst nach dem fünfundsiebzigsten Lebensjahr ist zumeist ein allgemeiner Rückgang des intellektuellen Leistungsniveaus zu verzeichnen. Die körperliche Verfassung beeinflußt die Selbsteinschätzung, wie umgekehrt der Umgang mit dem Körper und mit geistigen Anregungen auf diesen zurückwirken. So unterstützen eine rhythmische Lebensführung, gesunde Ernährung und die regelmäßige Übung der Bewegungsfunktionen die allgemeine Leistungsfähigkeit. Menschen, die sich vielfältig gedanklich beschäftigt haben, Neuem gegenüber aufgeschlossen bleiben, sich bewußt weitergebildet und ihre Merkfähigkeit geschult haben, werden länger geistig beweglich bleiben als solche, die unter intellektuell anspruchslosen, vielleicht sogar reizarmen und monotonen Bedingungen gelebt haben.

Soziale Faktoren

Wesentliche Faktoren für das Wohlbefinden sind die soziale Einbindung und das Bewußtsein, anderen Menschen nützlich zu sein. Nur wenige genießen ihren Lebensabend, indem sie sich aus den sozialen Bezügen und der Verantwortlichkeit zurückziehen und auf sich selbst konzentrieren. Viel häufiger zeigen Beobachtungen, daß Kontakte und Aufgaben, die den eigenen Bedürfnissen entsprechend gestaltet werden, zu Zufriedenheit und dem Gefühl «jung zu bleiben» führen. In dieser Hinsicht bedeutet das Ende der Berufstätigkeit für viele Menschen einen herben Verlust. Selbst wenn die Arbeit zunehmend eine Belastung war, so strukturierte sie doch den Tagesablauf, sorgte für menschliche Begegnungen, schenkte das Gefühl, ein nützliches Glied der Gesellschaft zu sein, und vermittelte Anerkennung. All dies geht mit dem Abschied vom Arbeitsleben verloren und führt zu einem schmerzlichen Absinken des Selbstwertgefühls, wenn nicht andere Möglichkeiten der Beschäftigung (die Pflege zurückgestellter Interessen, Hilfe innerhalb der Familie oder des Bekanntenkreises) zuvor eingeübt und als wertvoll empfunden und bestätigt wurden. Der allgemein bekannte «Pensionierungsschock», dessen Anzeichen meist negative körperliche und psychische Veränderungen zu Beginn des Ruhestands sind, und die Tatsache, daß die meisten Menschen ein bis zwei Jahre brauchen, um sich in die veränderte Situation einzuleben, unterstreichen eindrucksvoll die einschneidende Bedeutung dieses Ereignisses.

Ähnlich einschneidend ist der Tod des Ehepartners oder anderer nahestehender Personen. Nicht nur, daß er schmerzlich das eigene Alter und das bevorstehende Ende ins Bewußtsein ruft, er bedeutet wiederum einen Verlust an Liebe und Bestätigung und verlangt eine mühsame Neuorientierung hinsichtlich der eigenen Lebensgestaltung. Die Bewältigung des Alleinseins bzw. der sozialen Isolation und der damit verbundenen Einsamkeit wird nun zu einer Hauptaufgabe. Sie gelingt am besten, wenn der Betroffene es schafft, sich nach einer Trauerzeit wieder zu öffnen, alte Beziehungen zu vertiefen oder neue aufzubauen, am Erleben seiner Mitmenschen teilzunehmen und sich im Rahmen der verbliebenen Kräfte neuen Tätigkeiten zuzuwenden. So vermindert sich die nagende Furcht, zum «nutzlosen alten Eisen» zu gehören, das alle nur «loswerden» wollen.

Menschen, denen vergönnt ist, mit ihren Partnern zu altern, sind mit der Frage der sozialen Isolation und Einsamkeit deutlich weniger konfrontiert. Gegenseitig geben sie sich Halt und Bestätigung, indem sie sich mit ihren zunehmenden Schwächen annehmen und hilfreich beistehen. Auch der körperliche Ausdruck der Zuneigung und die Befriedigung der sexuellen Wünsche lassen sich in der Partnerschaft leichter verwirklichen als in lockeren Beziehungen. Denn da der Mensch auch im Alter ein geschlechtliches Wesen bleibt, schwinden die Bedürfnisse nach körperlicher Nähe keineswegs, wenngleich die Bedeutung der genitalen Sexualität bei vielen über Fünfundsiebzigjährigen abnimmt.

Hilfsbedürftigkeit

Das Greisenalter setzt ein, wenn – durch akute Krankheit oder beschleunigte Abbauprozesse bedingt – die psychophysische Funktionstüchtigkeit so weit abnimmt, daß die selbständige Lebensführung bedroht erscheint. Nach dem fünfundsiebzigsten Lebensjahr ist das gehäuft der Fall. Die Hilfsbedürftigkeit wächst und damit verbunden die körperlichen und seelischen Belastungen des Betroffenen, die wiederum negativ auf das Krankheitsgeschehen zurückwirken. Meist muß der gebrechliche Mensch Schmerzzustände ertragen, die er aus eigener Kraft kaum beeinflussen kann. Auch der Schweregrad und Verlauf der Krankheit läßt sich nicht vorhersagen, eine Tatsache, die oftmals starke Ängste auslöst. Schließlich müssen liebgewordene Lebensgewohnheiten aufgegeben werden, wenn die Fähigkeit zur Selbstversorgung nicht mehr ausreicht. Die Hilfe kommt jedoch selten zum gewünschten Zeitpunkt und erfolgt häufig eher gemäß den Möglichkeiten des Helfenden, als daß sie den Vorstellungen des Bedürftigen entspräche.

Der solcherart abhängige, in vielen Fällen auch ausgelieferte betagte

Mensch verliert weitgehend die Grundlagen, sein Selbstwertgefühl zu regulieren, das, bedingt durch die Normen der Leistungsgesellschaft, hauptsächlich im Bewußtsein der eigenen Wirksamkeit wurzelt. Er fühlt sich als nutzlose, unerwünschte Last, die je nach «der Laune der anderen» liegengelassen oder beachtet wird und die eigene Situation nicht mehr mitgestalten kann. Die Aussicht auf den nächsten Tag vergrößert seine Angst eher, anstelle sie zu mildern; sein Wohlbefinden hängt fast ausschließlich von dem Wohlwollen und der Einfühlungsfähigkeit des ihn versorgenden Menschen ab, es sei denn, er fühlt sich rückhaltlos geborgen in einer übergeordneten, geistigen Wirklichkeit.

2. Psychische Reaktionen

Dem greisen Menschen stehen verschiedene psychische «Auswege» offen, solchem Geschick zu begegnen:

Verleugnung und Starrsinn

Viele betagte Menschen kämpfen um ihre Selbständigkeit, indem sie ihren desolaten Zustand so lange wie irgend möglich verleugnen. Sie verharmlosen ihre Symptome, verweigern die Auseinandersetzung mit ihrer Krankheit und Fragen der Zukunft, betonen ihre Unabhängigkeit und beschäftigen sich intensiv mit anderen Dingen. Nicht zu übersehende Schwächen verharmlosen sie und sind überzeugt von deren baldigem Verschwinden. Darüber hinaus klammern sie sich an ihre in der vertrauten Umgebung in langen Jahren eingeschliffenen Lebensgewohnheiten. Starrsinnig wehren sie alle von außen kommenden Versuche ab, die ihre Handlungen und Entscheidungen in Frage stellen. So schützen sie sich vor aufbrechenden Ängsten und dem drohenden Selbstwertverlust.

Anspruchgebaren

Reichen die Kräfte nicht mehr, um die gewohnte Lebensweise aufrechtzuerhalten, und muß Hilfe beansprucht werden, so wird von ihr oftmals erwartet, daß sie alle Aufgaben haargenau den eigenen Vorstellungen entsprechend sofort erledigt. Sie sollte jederzeit zur Verfügung stehen und gleichsam als «Verlängerung des eigenen Selbst» dienen, um auf diese Weise das schmerzliche Empfinden der eigenen Defizite möglichst gering zu halten. Die Forderungen können zur Tyrannei fortschreiten und Nichterfüllung heftige Zornausbrüche hervorrufen. Durch solche Aggressionen werden die dahinterliegenden unbewältigten Ängste, Frustrationen über die körperlichen Schwächen und Ohnmachtsgefühle abgewehrt.

Egozentrismus

Das Gefühl der ständigen Bedrohung – körperlich durch den Funktionsabbau, seelisch durch den Selbstwertverlust – veranlaßt viele alten Menschen, nur noch die eigene Situation wahrzunehmen. Alle Gedanken und Gespräche kreisen um die eigene Befindlichkeit; die Körperfunktionen werden übergenau beachtet; nur das nächstliegende Bedürfnis erweckt das Interesse; der Umwelt, selbst den eigenen Kindern und Bekannten, wird teilnahmslos begegnet. Solche Selbstbezogenheit dient zwar dem «Überleben» des Ichs, erschwert jedoch die Aufnahme oder Fortführung von Beziehungen erheblich.

Regression

Viele Greise scheinen schließlich auch in kindliche Verhaltensweisen zurückzufallen. Sie fordern, jammern, nörgeln wie ein Kind, geben die Reste ihrer Selbständigkeit freiwillig auf, lassen sich vollkommen versorgen und richten ihr Augenmerk nur noch auf die Erfüllung primärer Bedürfnisse, wie etwa das Essen. Solche Regressionserscheinungen treten zwar regelmäßig bei altersverwirrten Menschen auf, dennoch sind sie keineswegs nur hirnsklerotisch bedingt; vielmehr stellen sie häufig einen Versuch des Individuums dar, mit der Hilflosigkeit zurechtzukommen. Darüber hinaus fördern die Lebensbedingungen pflegebedürftiger Personen, insbesondere wenn sie im Heim wohnen, regressives Verhalten.

Annahme

Manchmal, vor allem, wenn es noch Menschen gibt, die sich liebevoll um den greisen Menschen kümmern, gelingt es ihm, die Abhängigkeit zu akzeptieren, eigene Vorstellungen weitgehend aufzugeben, vergleichsweise bedürfnislos zu werden, warten zu lernen und Geduld zu entwickeln. Gelassenheit gewinnt er auch durch die Hinwendung zur geistig-religiösen Welt, die es ihm zudem ermöglicht, mitfühlend am Leben weiterhin teilzunehmen, Fragenden mit günstigem Urteil beizustehen; er lernt so, das Gefühl der Einsamkeit zu ertragen, und wird von denen, die ihn lieben, geachtet, weil er ihnen ein würdevolles Greisendasein unter schweren Bedingungen, vor denen sich alle Menschen ängstigen, vorlebt. Nicht umsonst spricht man von Altersweisheit.

III.
Der geistig behinderte alte Mensch

Alle beschriebenen Merkmale des Alterns treffen auch auf geistig behinderte Menschen zu. Der biologische Abbauprozeß vollzieht sich auf dieselbe Weise, führt zu denselben Funktionsausfällen und Krankheiten, wenngleich er bei manchen Behinderungsarten, beispielsweise beim Down-Syndrom, deutlich früher einsetzt. Insbesondere der unter Orientierungsstörungen und Verwirrtheit leidende «normale Greis» entspricht dem «geistig behinderten» alten Menschen. Die nichtverwirrten geistig behinderten Alten unterscheiden sich – wie in jedem Lebensalter – von den sogenannten «Normalen» dadurch, daß sie weniger verstehen, was mit ihnen vorgeht, daß sie sich nur begrenzt gedanklich mit ihrem Zustand auseinandersetzen können. Das Erleben der Kränkungen, die der Funktionsverlust mit sich bringt, und die psychischen Verarbeitungsmechanismen gleichen sich wiederum. Deshalb braucht er auch ähnliche – häufig jedoch intensivierte – Hilfsangebote.

Der geistig behinderte leidet ebenso wie der «normale» Alte unter den Eintritt in den «Ruhestand». Auch er verliert die ihm Halt gebende, gewohnte Tagesstruktur, den Ort wichtiger sozialer Kontakte und die Gewißheit seiner Nützlichkeit. Als Konsequenz sinken sein sozialer Status und sein Selbstwertgefühl; verbunden mit der geistigen Behinderung führen die alterstypischen Schwierigkeiten, sich an neue Situationen anzupassen, allerdings dazu, daß er die Verluste noch weniger aus eigener Kraft ersetzen kann als der sogenannte «Normale». Er wird also eher der Passivität verfallen und den Abbauprozessen weniger entgegenarbeiten können, wenn er nicht von außen tatkräftige Unterstützung erfährt. Mehr noch als der «normale Alte» braucht er Anregungen und die gezielte Aufforderung, seine Fähigkeiten einzusetzen. Auch für den geistig behinderten alten Menschen wächst die Gefahr der Vereinsamung. Da seine sozialen Fähigkeiten, die schon immer beeinträchtigt waren, vergleichsweise früh nachlassen, drohen Kontakteinbußen den Rückzug aus den verbleibenden Beziehungen zu fördern. Ein verstärkter Selbstbezug tritt bei ihm auf, wenn Betreuer ihn nicht einfühlsam aus seiner Isolation locken. Hierzu ist es sehr wichtig, daß sie seine Lebensgeschichte gut kennen und an seine Erlebnisse und Erfahrungen anknüpfen können.

Die Bezugnahme auf Vertrautes ist überhaupt der geeignete Weg, Interesse zu wecken, Erinnerungen wachzurufen und zugleich das Gedächtnis zu üben. Auch zu einer Tätigkeit, die als persönlich bedeutsam empfunden wird, kann der zurückgezogene Mensch sich eher bereitfinden als zu einem belanglosen Handgriff. So dient die Hinwendung zur Lebensgeschichte der Aktivierung und stärkt das Identitätsgefühl.

Damit der betagte (geistig) Behinderte nicht vorzeitig Kompetenzen verliert, bedarf es der ständigen Übung. So sollte darauf geachtet werden, daß er, so lange es seine Beeinträchtigungen irgend erlauben, möglichst viele verschiedene Tätigkeiten selbst durchführt. Nicht nur die lebenspraktischen Fähigkeiten, die normalerweise am längsten erhalten bleiben, sollten eingesetzt werden, sondern auch sonstige Kenntnisse (z. B. das Lesen) oder manuelle Fähigkeiten (z. B. Häkeln). Neben den alltäglichen Verrichtungen sollten deshalb Freizeitangebote bewußt so gestaltet werden, daß sie Freude an der Beschäftigung vermitteln und damit das Selbsterleben und Selbstbewußtsein fördern.

Den körperlichen Gebrechen gegenüber fühlt sich der geistig behinderte Greis häufig noch hilfloser ausgeliefert als der «normale». Da er kaum versteht, was mit ihm vorgeht, gelingt es ihm in der Regel nicht, aktiv zu einer Besserung beizutragen. Vielmehr läßt er sich völlig in seine Krankheit fallen und liegt meist unbeweglich im Bett. So muß er mit viel Geduld aufgefordert werden, sich umzudrehen, tief durchzuatmen, sich eventuell kurz in einen Sessel zu setzen oder zur Toilette zu gehen. Insbesondere wenn sie zuvor in ihrem Leben nie ernsthaft krank waren, sterben solche alten, der Krankheit gegenüber widerstandslosen Menschen oftmals schon nach kurzer Zeit.

Neuntes Kapitel

Trennung: Sterben und Trauern

I.
Das Sterben als letzte Krisenbewältigung

Eine Gesellschaft, in der Machbarkeit und Stärke herrschen, sucht das Leid und damit insbesondere Themen wie Sterben und Trauern auszugrenzen. So schwindet die lebendige Erfahrung im Umgang mit sterbenden Menschen. Damit geht das allgemeine Wissen um die Ausdrucksformen des Sterbeprozesses und deren Sinn verloren. Die Fremdheit gegenüber dem Tod führt wiederum zu großer Unsicherheit hinsichtlich des Trauerns. Wie können sinnvolles Sterben und Trauern eigentlich aussehen?

Es ist das Verdienst von *E. Kübler-Ross,* daß sie durch ihre einfühlsame Begleitung Tausender todkranker Menschen zu Erkenntnissen im Hinblick auf den Sterbeprozeß gelangt ist, die eine Antwort auf diese bei allen Beteiligten zunächst Hilflosigkeit auslösende Frage ermöglichen. Zahlreiche Beobachtungen und Gespräche mit sterbenden Patienten lehrten sie, diese letzte Lebensphase als einen Reifungsprozeß anzusehen, der sich in der Regel in fünf Stadien vollzieht. Dabei sind – um Mißverständnissen vorzubeugen – diese Stadien nicht als Stufen aufzufassen, die, sauber abgegrenzt, nacheinander beschritten und überwunden werden. Vielmehr bezeichnen sie Formen der Auseinandersetzung mit dem Tod, wobei Rückgriffe auf die Formen früherer Phasen oder Vorgriffe auf die der folgenden jederzeit vorkommen. Somit läßt sich der Sterbeprozeß nicht als linear, sondern eher als zirkulär begreifen. Um der gedanklichen Klarheit willen wird er im Folgenden dennoch so dargestellt, als ob er gradlinig verliefe.

1. Erste Phase: Verleugnung

Erfährt ein Mensch, daß er an einer unheilbaren Krankheit leidet und sein Ende nahe bevorsteht, so reagiert er in der Regel zunächst mit der Verleugnung dieser Gegebenheit. Z. B. behauptet er: das ist nicht wahr, die Ärzte irren sich, die Diagnose stimmt nicht usw. Als Konsequenz wechselt er möglicherweise den Arzt, in der Hoffnung, eine günstigere Beurteilung zu erhalten, oder er weigert sich, überhaupt noch eine Fachkraft aufzusuchen. Er versucht weiterzuleben, als ob nichts geschehen wäre. Mit dieser «Vogel-Strauß-Politik» schützt er sich, da er nicht die ganze Last der bitteren Wahrheit auf einmal ertragen kann. Die Auslöschung der eigenen Existenz ist für das menschliche Bewußtsein schlechthin unvorstellbar, und so muß sich der Mensch erst langsam an den Gedanken seines baldigen Endes gewöhnen. Die Verleugnung dient genau diesem Zweck. Denn wenn der Mensch sich auch äußerlich verhält, als bliebe alles unverändert, so hat er die Botschaft doch vernommen. Sie wirkt unterschwellig, das heißt: unbewußt setzt sich der Mensch in der Regel dennoch mit seinem Zustand auseinander. Äußerlich schreitet die Krankheit inzwischen weiter fort. Es kommt der Zeitpunkt, an dem die Verleugnung weder weiterhin aufrechterhalten werden kann noch muß, weil der Mensch inzwischen genügend Stärke gewonnen hat, das Unabänderliche bewußt wahrzunehmen.

Menschen, die einen Sterbenden begleiten, sollten beherzigen: Ihre Aufgabe besteht niemals darin, den Sterbenden durch seinen Prozeß hindurch zu führen, ihm zu verdeutlichen, auf welcher Stufe er sich befindet und wie er sie zu bewältigen hat. Mit derartiger Bevormundung würden sie nicht helfen, sondern einen Erwartungsdruck ausüben (nach dem Motto: so stirbst du richtig). Die hilfreiche Begleitung zeigt sich statt dessen im Annehmen des jeweiligen Verhaltens und im Erspüren der sich dahinter verbergenden Notwendigkeit. Eventuell kann der erahnte Grund einer Gefühlslage vorsichtig angesprochen werden, wenn der Kranke durch ein Signal seine Bereitschaft dazu andeutet.

Im Hinblick auf einen Menschen, der das Stadium der Verleugnung durchlebt, bedeutet diese Grundhaltung, daß die begleitende Person die Notwendigkeit der Verleugnung respektiert, mithin nicht versucht, den Kranken von seiner Unheilbarkeit zu überzeugen, aber auch nicht bewußt falsche Hoffnungen nährt. Vielmehr sollte sie einerseits widersprüchliche Äußerungen hinnehmen, andererseits aber auch auf Andeutungen über die innere Befindlichkeit behutsam eingehen, so daß sich der Kranke auch in seiner Angst und Not verstanden und angenommen fühlt.

2. *Zweite Phase: Zorn*

Dringt das Wissen um die Unabänderlichkeit allmählich in das Bewußtsein des Sterbenden, so löst es zumeist heftige Gefühlsreaktionen wie Zorn und Wut in ihm aus, die als Nörgelei, Selbstsucht und (Selbst-)Beschuldigungen in Erscheinung treten. Der Zorn richtet sich häufig gegen alles und jedes: gegen das «gleichgültige, faule, verständnislose» Pflegepersonal, gegen die «mangelhafte Versorgung», die «inkompetenten Ärzte», gegen die «selbstsüchtigen» Angehörigen, gegen die Zumutung des Schicksals, die Ungerechtigkeit Gottes. Die Empörung: «Warum trifft gerade mich dieses Los?!» drückt sich in diesem Zorn aus; er bedeutet einerseits eine Anerkennung der Tatsachen, andererseits beinhaltet er eine Auflehnung gegen dieses Schicksal. In der Auflehnung äußern sich noch einmal die Kraft und der Lebenswille, zugleich stellt sie eine gewisse Umwandlung stummer Angst in Aktivität dar und verhilft so zu einer affektiven Entlastung.

Der sich einfühlende, begleitende Mensch wird den Sinn des Zornes begreifen und dessen Notwendigkeit anerkennen. Wichtig ist, daß die aktuelle Zornesäußerung erst in zweiter Linie auf den vorgeblichen Anlaß bezogen und möglichst nicht persönlich gewertet wird. Geschieht dies, so entsteht leicht ein unauflösliches Geflecht gegenseitiger Vorwürfe und Schuldzuweisungen. Statt dessen muß sie als Ausdruck des Kampfes mit dem Schicksal verstanden werden. Den kann niemand dem sterbenden Menschen abnehmen; wohl aber ist es möglich, – wenn der Kranke entsprechende Wünsche signalisiert – mit ihm über die Härte dieses Kampfes zu sprechen.

3. Dritte Phase: Verhandlung

Die emotionale Befreiung im Zorn führt allmählich zur ruhigeren Auseinandersetzung mit der Situation. Die Vernunft kehrt, zumindest teilweise, zurück. Der todkranke Mensch anerkennt sein baldiges Ende, beginnt es «prinzipiell» anzunehmen, bittet nur noch um einen gewissen, befristeten Aufschub, um noch bestimmte, wesentliche Dinge zu erleben, zu erledigen... Zugleich bekundet er seine Bereitschaft, dafür alles in seiner Macht Liegende zu tun. Er verhandelt mit den Ärzten, dem Pfarrer, Gott: gewähre nur noch die Zeit, um eine begonnene Arbeit abzuschließen, eine wichtige Beziehung zu klären usw.; dafür werde ich z. B. alle Medikamente nehmen, meinen Tageslauf den ärztlichen Ratschlägen anpassen, mein Vermögen karitativen Zwecken spenden. In der Regel steckt sich, wird der eine Wunsch erfüllt, der Patient schnell ein neues Ziel, und die Verhandlung beginnt aufs neue. Nur selten kann ein Mensch in diesem Stadium nach Befriedigung der geäußerten Sehnsucht befreit loslassen, da sich im Verhandeln zumeist seine Ambivalenz ausdrückt: einerseits Einsicht und vernunftgesteuerte Akzeptanz des Unabänderlichen, andererseits die irrationale Hoffnung, dennoch durch Anpassung dem Unausweichlichen zu entrinnen. Dabei stärkt diese Hoffnung seinen Lebenswillen. Häufig ist es auch das Gefühl, Wesentliches im Leben versäumt zu haben, das der Hoffnung ihre Dringlichkeit verleiht. Beim Rückblick auf den Lauf des Lebens kommen Defizite schmerzlich zu Bewußtsein, Schuldgefühle erwachen, die Sehnsucht drängt, das noch eben Mögliche nachzuholen, zu ändern oder wiedergutzumachen.

Während der Verhandlungsphase ist es wichtig, daß der begleitende Betreuer wiederum «neutral» bleibt. Er sollte weder auf den vermeidenden oder wirklichkeitsfernen Charakter der Verhandlungen hinweisen und damit die Hoffnung und die Lebenskraft beeinträchtigen, noch sollte er unrealistischen Hoffnungen beipflichten, denn damit würde er diejenige Seite im Sterbenden verraten, die sich um Annahme des Endes bemüht. Vielmehr sollte der Betreuer (wiederum) wachsam auf Signale dieser Seite warten und sie vorsichtig im Gespräch aufgreifen. Insofern der Inhalt des Gespräches um Versäumnisse und Verfehlungen kreist, geht es darum, dem Sterbenden soweit wie möglich zur Entlastung von Schuldgefühlen zu verhelfen.

4. *Vierte Phase: Depression*

Das Fortschreiten der Krankheit, das Nachlassen der Kräfte, die vergeblichen Verhandlungen, mithin das bedrängend näher rückende Ende und die eventuell fortbestehenden Schuldgefühle leiten häufig über zu einer Zeit der Depression: es läßt sich nicht ändern, alles ist vergeblich, sinnlos. Die Depression, die tiefe Niedergeschlagenheit, bezieht sich dabei entweder auf zurückliegende, bereits erlittene Verluste: z. B. auf den Selbstwertverlust durch die körperliche Beeinträchtigung und Pflegebedürftigkeit, den Verlust der eigenen Möglichkeiten generell, der zugleich das eigene Versagen, die Schuldgefühle und den Mangel für eventuell unversorgt zurückbleibende Angehörige besonders deutlich ins Blickfeld rückt. Oder die Depression bezieht sich auf den zukünftigen Verlust, den bevorstehenden Abschied von allen lieben Menschen, dem Leben überhaupt.

Wiederum hilft es dem Sterbenden, in dieser Situation Begleitung zu erfahren. Bei konkreten Nöten wirken häufig Gespräche (z. B. über Versäumnisse, Zweifel) oder auch konkrete Maßnahmen (Terminvereinbarung mit dem Notar, Benachrichtigung von Bezugspersonen) entlastend. Die Trauer über den bevorstehenden Abschied drückt sich oftmals nur mit wenigen Worten aus und muß auch nur mit wenigen Worten, aber mit mitfühlender Präsenz beantwortet werden. Das gemeinsame Schweigen gewinnt als verstehende Nähe zunehmend an Gewicht.

5. *Fünfte Phase: Zustimmung*

Gelingt es dem Sterbenden schließlich, die Schuldgefühle zu überwinden, die eigene Ohnmacht anzunehmen, die Sorgen für die Angehörigen loszulassen, Wünsche an das Leben aufzugeben, den schon erlittenen sowie den drohenden Verlust hinzunehmen, dann findet er Frieden. Ruhig liegt er im Bett, seine Schlafenszeiten verlängern sich, die äußeren Belange bekümmern ihn nicht mehr, er ist bereit, das hiesige Leben hinter sich zu lassen und scheint das kommende zu erwarten.

In dieser letzten, meist kurzen Phase braucht der Sterbende die annehmende Gegenwart eines vertrauten Menschen, der ihn in Frieden gehen läßt. Gespräche haben in der Regel zuvor ihre Funktion erfüllt, nun besteht die Kommunikation vorwiegend in Gesten, im Halten der Hand und dergleichen mehr. Nach den Beobachtungen von *E. Kübler-Ross* erreichen die meisten Menschen kurz vor ihrem Tod diese friedvolle Zustimmung.

II.
Der Sterbeprozeß geistig behinderter Menschen

Der Sterbeprozeß bei Menschen mit geistigen Behinderungen entspricht grundsätzlich dieser Darstellung, nur daß sich mit wachsendem Behinderungsgrad die Möglichkeit zur Bewußtwerdung verringert. Deshalb sinkt auch die Bedeutung der verbalen Kommunikation in der Sterbebegleitung. Ähnlich aber bleiben die Formen, das Erleben der schwindenden Lebensmöglichkeiten zu verarbeiten, selbst wenn diese gar nicht bewußt mit dem nahen Tod in Zusammenhang gebracht werden. Reaktionen wie Zorn, eventuell auch Verhandeln und vor allen Dingen die Depression treten ebenso auf. Der Betreuer sollte diese Verhaltensweisen verstehend annehmen, sie, soweit es sinnvoll erscheint, verbal zurückspiegeln und vor allen Dingen gegenwärtig und emotional zugewandt bleiben.

III.
Trauern – Phasen einer Krisenbewältigung

Weitgehend analog zum Sterbevorgang vollzieht sich der Trauerprozeß. Wie der Sterbende, der sich vom Leben trennen muß, muß der Trauernde vom Toten Abschied nehmen. Bei dieser Trennung durchläuft er dem Sterbeprozeß vergleichbare Stadien. *V. Kast* hat den Verlauf der Trauerreaktion untersucht und dabei die im Folgenden beschriebenen vier Phasen unterschieden.

1. Die Phase des Nicht-wahr-haben-Wollens

Der mit dem Tod einer geliebten Person konfrontierte Mensch, insbesondere, wenn diese unerwartet starb, kann das Geschehen zunächst nicht fassen und neigt dazu, es zu verleugnen: Das kann doch nicht wahr sein, mich plagt ein böser Traum, wenn ich erwache, erkenne ich, daß der geliebte Mensch noch lebt. Und selbst wenn die Todesnachricht gedanklich aufgenommen wird, bleibt sie doch zunächst gefühlsmäßig unwirksam: der Empfänger erscheint wie erstarrt, emotionslos, und erst allmählich löst er sich aus der Empfindungslosigkeit.

Diese Schockwirkung hält – je nach dem, wie plötzlich der Tod eintrat – mehrere Stunden bis zu einer Woche an.

Helfende Mitmenschen sollten in dieser Situation den Trauernden nicht allein lassen, notwendige Aufgaben für ihn erledigen (z. B. Vorbereitungen für die Beerdigung), ihn aber auch nicht entmündigen oder für sich vereinnahmen. Wesentlich ist, ihm das Gefühl zu vermitteln, daß er in seiner augenblicklichen Verfassung akzeptiert wird. Denn die innere Starrheit schützt ihn vor der Überwältigung durch zu starke Gefühle.

2. *Die Phase der aufbrechenden Emotionen*

Mit dem Nachlassen der Schockwirkung erwachen im Hinterbliebenen neben der Trauer und tiefen Niedergeschlagenheit über den Verlust die unterschiedlichsten heftigen Gefühle: Wut gegen das Schicksal, das ihm diesen Verlust zumutet, den er nun ohnmächtig hinnehmen muß; Zorn gegen alle am Tod ursächlich Beteiligten: z. B. die schuldigen Unfallpartner, die versagenden Ärzte, aber auch den Verstorbenen selbst, der davongeht und liebende Menschen zurückläßt; Sehnsucht, ihm zu folgen und das Leben gleichfalls hintersichzulassen; Schmerz, Angst und Verzweiflung im Hinblick auf das weitere Leben; Schuldgefühle angesichts eigener Versäumnisse; aber auch Freude und Dankbarkeit für gemeinsame beglückende Erlebnisse und das Wissen um die Unverlierbarkeit dieser Erinnerung. Unter derartige Gefühle mischt sich – besonders wenn ein alter oder schwerkranker Mensch nach einem erfüllten Leben verstorben ist – auch schon eine wehmütige Zustimmung zu seinem Tod. Die Emotionen lösen sich häufig im raschen Wechsel gegenseitig ab und beanspruchen sehr viel Kraft des Trauernden. Sie dienen der Beziehungsklärung, verhindern die einseitige Idealisierung des Toten, ermöglichen das nachträgliche Wahrnehmen eigener «blinder Flecken» in der Beziehung und die Bearbeitung unbewältigter Konflikte. Sie verhelfen zum Abbau alter, an den Verstorbenen gebundener Beziehungsmuster und eröffnen die Möglichkeit, neue aufzubauen. Damit bahnen sie den Übergang zur nächsten Periode des Trauerprozesses, der Phase des Suchens und Sich-Trennens.

Zum Umgang mit Trauernden in diesem Stadium gehört die Bereitschaft, immer wieder über den Toten zu sprechen. Denn durch das Gespräch erwachen die Emotionen; alle möglichst vorbehaltlos auszudrücken, erleichtert den Trauervorgang. Obgleich einerseits derartige Gespräche den Verstorbenen psychisch in den Kreis der Lebenden zurückholen, mithin anzeigen, daß der Verlust noch nicht endgültig angenommen ist, so bereiten sie doch, indem die Lebenden sich noch einmal allen Facetten der vergangenen Beziehung einschließlich ihrer

Problematik stellen, gerade diesen Schritt vor. Im Gesprächsverlauf geäußerte Schuldgefühle sollten angehört und als Zeichen unausgetragener Beziehungsprobleme betrachtet werden. Es hilft nicht, sie abzuschwächen oder gar zu verstärken, wichtig ist vielmehr, ihnen Zeit und Raum zu geben. Dann werden in der Regel die meisten mit fortschreitender Beziehungsklärung von selbst verschwinden. Die Gespräche kreisen um den Verstorbenen, darin besteht ihr Inhalt. Gleichsam zum Trost eigene Trauererlebnisse zu berichten oder die Trauernden in eine Auseinandersetzung über die angemessene Sicht der Dinge zu verwickeln, wäre verfehlt. Wesentlich ist in dieser Phase hingegen das aufmerksame, mitfühlende und annehmende Zuhören.

3. Die Phase des Suchens und Sich-Trennens

Die Vergegenwärtigung des Verstorbenen setzt sich fort. Immer wieder wird er psychisch gleichsam gefunden; viele Menschen verfestigen dieses Erleben, indem sie hartnäckig an alten gemeinsamen Gewohnheiten festhalten, nichts in der vertrauten, ehemals gemeinsamen Umgebung verändern, starr die Ansichten des Toten übernehmen. Durch das einseitige Festhalten an derartigen «Merkmalen» des geliebten Menschen verhindern sie die heilende Weiterentwicklung. Diese vollzieht sich, indem nach den «Such-Erfolgen» auch die Trennung erneut vollzogen und so allmählich immer tiefer angenommen wird. Dabei zeigt sich letztlich, daß dieser Prozeß keinen einseitig-endgültigen Verzicht, sondern einen Wandlungsprozeß darstellt: gefunden wird zunehmend das, was der Verstorbene im Hinterbliebenen angeregt hat, die Fähigkeiten, die er hervorgelockt hat, aber auch die, die er stellvertretend übernommen und ausgelebt hat und die nun zurückgeholt werden. So erlebt der Trauernde den Verstorbenen allmählich als Teil seiner selbst, als einen Schatz innerer Erfahrungen und Möglichkeiten, auf die er zurückgreifen, die er ausgestalten kann. So dient nun der Tote der psychischen Befreiung und Weiterentwicklung. Zugleich erkennt der Trauernde deutlicher, welche Anteile des Toten sich in ihm hemmend und einengend auswirken. Von ihnen kann er sich nun endgültig trennen. Häufig helfen innere Zwiegespräche mit dem Verstorbenen bei diesem Wandlungsprozeß der Suche und Trennung. Im günstigsten Fall bleibt der Tote dem Trauernden dann als ein seine Entwicklung unterstützender, sich selbst auch weiter entwickelnder «innerer Ratgeber» erhalten.

Auch während dieser Phase ist es wichtig, daß die Mitmenschen den Trauernden nicht drängen, die «sinnlose Suche» aufzugeben. Allenfalls dürfen sie vorsichtig darauf hinweisen, daß sich die Art des

Suchens vielleicht ändern müßte. Ansonsten heißt es auch hier: immer wieder zuhören, damit die für die Verarbeitung notwendigen Gefühle immer wieder erwachen können.

4. Die Phase des neuen Selbst- und Weltbezugs

Ist der Verstorbene zur «inneren Figur» geworden, zum inneren Begleiter, der sich wandeln darf, oder zur eigenen Möglichkeit, die zuvor in der Beziehung verborgen war, sich nun aber auch außerhalb entfalten kann, dann werden auch die Gedanken und Interessen des Trauernden frei, um sich der lebendigen äußeren Wirklichkeit wieder zuzuwenden. Er entwickelt Kraft und Selbständigkeit und ist bereit, sich neuen Tätigkeiten und Beziehungen zu öffnen. Überholte Lebens- oder Beziehungsmuster «verlernt» er und entwickelt neue, die seiner gegenwärtigen Situation entsprechen. Sie sind in der Regel offener, weiter, freier als die ehemaligen. Die Freude kehrt zurück, häufig gepaart mit einem vertieften Sinngefühl dem Leben gegenüber. Dieser Zeitpunkt kann im Prinzip als Abschluß der Trauerarbeit gelten, obgleich Rückfälle in schon durchschrittene Trauerphasen normalerweise auftreten und eine Empfindlichkeit gegenüber neuen Trennungserlebnissen gewöhnlich erhalten bleibt.

IV.
Die Allgemeingültigkeit der Krisenstruktur

Dieselbe Struktur, die der Sterbe- bzw. Trauerprozeß aufweist, liegt auch der Bewältigung jeder anderen Lebenskrise zugrunde. Denn immer, wenn der Mensch sich selbst oder auch seine Lebensweise durch schwerwiegende Ereignisse in Frage gestellt sieht, muß er sich wandeln. Er muß von vertrauten Lebensgewohnheiten und Teilen seines Selbstbildes Abschied nehmen, muß einen neuen «Selbst- und Weltbezug» entwickeln. Die Krisenbewältigung bedeutet mithin nicht einfach die Wiederherstellung alter Verhältnisse, sondern sie erfordert einen «partiellen Tod» und einen «Neubeginn» auf einer anderen Stufe. In der schmerzhaften Befreiung, dem Reifungsvorgang, liegt die Chance, die jede Krise dem Menschen eröffnet. Das gilt für biologische Krisen (z. B. die Pubertät, die den Abschied von der Kindheit verlangt und das Hineinfinden in die Erwachsenenwelt, oder das Klimakterium, das das Ende der biologischen Fruchtbarkeit anzeigt) ebenso wie für extern ausgelöste kritische Situationen (z. B. eine Ehescheidung oder den Übergang in das Rentnerdasein). Daß dies auch für die Krise gilt, in die Eltern durch die Geburt eines geistig behinderten Kindes geraten, hat *E. Schuchardt* in ihrem Buch «Krise als Lernchance» aufgezeigt.

In jeder Krise müssen Trennungen – sei es von Menschen, Tätigkeiten, dem äußeren Umfeld oder von Vorstellungen in Bezug auf die eigene Person – hingenommen, betrauert und aktiv bewältigt werden. Dabei erscheint ein Trennungs- und Trauerprozeß dann als gelungen, wenn folgende Fragen möglichst positiv beantwortet werden können: Inwieweit wurden die für die eigene Persönlichkeit förderlichen Aspekte der verlorenen Situation/Person bewahrt und integriert? Inwieweit erfolgte die Ablösung von bedeutungslosen oder gar hemmenden Anteilen und konnte ein neuer, der eigenen Individualität entsprechender Weltbezug entwickelt werden?

Für Menschen mit geistiger Behinderung gestalten sich die Trauerprozesse häufig noch schwieriger als für normal begabte. Erstens erschweren die verminderten kognitiven Fähigkeiten meistens das Verständnis der Situation. Der geistig behinderte Mensch begreift nicht oder nur unzureichend, warum ein geliebter Mensch nicht mehr kommt oder was «Tod» bedeutet. So verringert sich die – ohnehin nur unzureichende – Hilfe, die der Verstand in Trauersituationen zu geben vermag. Zweitens erlebten geistig behinderte Menschen aufgrund ihrer Behinderung – der vielen krankheitsbedingten Trennungen, ihrer eigenen kommunikativen Schwäche und der erlittenen Ablehnung – in ihrer Entwicklung oft nicht genügend befriedigende Beziehungen, um ein hinreichendes Urvertrauen auszubilden. Sie sind in ihrer Ich-Entwicklung beeinträchtigt, werden deshalb durch Verlusterlebnisse besonders hart getroffen und können sie nur schwer verarbeiten. So ist zu erwarten, daß sie Trennungen von Menschen, die eine emotionale Bedeutung für sie gewonnen haben, entweder mit starken Reaktionen beantworten – mit Rückzugserscheinungen, Aggressionen gegen sich selbst und andere, regressiven Verhaltensweisen und verstärkten Zuwendungsansprüchen – oder psychosomatisch reagieren – z. B. mit Schlafstörungen oder Appetitlosigkeit – oder völlig «ignorieren», also ihre Trauergefühle verdrängen. Besonders häufigen, traumatisierenden Trennungserlebnissen sind die geistig behinderten Menschen ausgesetzt, die in einem Heim leben.

V.
Die Bewältigung von Trauer bei Menschen mit geistiger Behinderung

Betreuer kommen, bieten die so dringend benötigte Zuwendung und Nähe an, erwarten auch die emotionale Resonanz der behinderten Gruppenbewohner, und dann verlassen sie – oftmals nach wenigen Jahren – die von ihnen betreuten Menschen wieder. Der mühsam aufgebaute Kontakt zerbricht. Obwohl die Betreuer nicht sterben, gewinnt ihr Weggang ähnliche Bedeutung für die hinterbliebenen Gruppenbewohner und muß entsprechend betrauert werden.

Nun gestaltet sich aber der Trauerprozeß, insbesondere die Phasen des Suchens und Sich-Trennens und der sich daraus ergebende neue Selbst- und Weltbezug, schon aufgrund der kognitiven Beeinträchtigung als äußerst schwierig. Schuldgefühle auf seiten der bleibenden Betreuer (sie wissen: eines Tages werden auch sie gehen) und die ohnehin große Hilflosigkeit trauernden Menschen gegenüber verleiten häufig dazu, geistig behinderte Menschen von ihrer Trauer abzulenken. Diese wiederum sind durch häufige Trennungserlebnisse derart verletzt, daß sie selbst ihre Verletzung gerne übergehen, schweigen, einen verlorenen Betreuer nicht einmal mehr erwähnen und vor allen Dingen sich auf neue Beziehungen nicht mehr einlassen, um sich vor der Wiederholung des Schmerzes zu schützen. Solche verständliche Reaktionen blockieren aber die Möglichkeiten zur Weiterentwicklung. Darum ist es notwendig, daß sich die zurückbleibenden Kollegen aktiv als Partner für die Trauerbewältigung anbieten, daß sie vorsichtig das Gespräch über die verlorene Bezugsperon beginnen, daß sie den aufwallenden Gefühlen Verständnis entgegenbringen und ihnen Raum geben und daß sie den Prozeß des Suchens und Sich-Trennens so weit wie möglich stellvertretend verbalisieren. Die Trauerbegleitung fördert die Integration, weckt eine neue Beziehungsbereitschaft und trägt zur Entwicklungsförderung und Steigerung der Lebensqualität der geistig behinderten Bewohner bei.

Abschließend sollen zwei Beispiele verdeutlichen, wie ein gelungener Trauerprozeß und die Unterstützung eines in Trauer erstarrten Menschen verlaufen können. Daß nicht nur der Verlust eines nahestehenden Menschen, sondern auch andere schmerzliche Trennungserlebnisse mit den von *Kübler-Ross* und *Kast* beschriebenen Gefühlsregungen beantwortet werden, zeigt das erste Beispiel. Ein junger geistig behinderter Mann arbeitet in der Landwirtschaft. Er hegt eine besondere Vorliebe für Schweine, streichelt sie, spricht mit ihnen und versorgt sie treu und zuverlässig. Keine andere Aufgabe erfüllt er genauso gut, kein anderes Lebewesen, weder Mensch noch Tier, behandelt er genauso liebevoll. Sein sehnlichster Wunsch, der ihm auch gewährt wurde, war, die Schweine von der Aufzucht bis zum Schlachten zu betreuen. In den ersten Monaten genoß der junge Mann die Pflege der Schweine sichtlich. Erinnerte man ihn daran, daß die Tiere eines Tages geschlachtet würden, so antwortete er unbekümmert: «Das ist ja noch so lange hin.» Eine derartige Warnung hatte für ihn noch keinerlei emotionalen Realitätsgehalt. Einige Wochen vor dem Schlachttermin änderten sich seine Reaktionen auf die Hinweise. Er wurde wütend und schimpfte: «Das ist nicht wahr, ich verbiete es. Sie dürfen es nicht.» Als man ihm sagte, weder er noch man selber hätten die Macht, die Tötung zu verhindern, wurde er sehr übelgelaunt. In den folgenden Tagen vernachlässigte er die sonst so liebevoll gepflegten Schweine, schnauzte sie an und trat nach ihnen, so daß man ihn ermahnen mußte, sie anständig zu versorgen. Mürrisch fügte er sich. Mehrere Tage ging er schweigend seiner Arbeit nach. Dann fiel ihm ein, daß man doch wenigstens zwei Schweine retten, decken und zur Aufzucht behalten könnte. Als auch dieser Verhandlungsvorschlag abgelehnt wurde, zog er sich für die folgende Zeit in sich zurück und zeigte nicht mehr, welche Gedanken ihn hinsichtlich der Schweine bewegten. Erst zwei Tage vor dem Schlachttermin ließ er sich wieder auf ein Gespräch ein. Nun interessierte er sich für den zu erwartenden Festtagsschmaus: das Schnitzel, den Braten, die Wurst. Am Morgen des Schlachttages verabschiedete er sich zärtlich von den Tieren, streichelte sie und erzählte ihnen, daß sie keine Angst zu haben bräuchten und daß sie zu Schnitzel und Wurst verarbeitet würden. Mittags ging er fröhlich in die Schlachterei und nahm die Wurst in Empfang; dabei sagte er, daß er sich auf die neuen Ferkel freue.

Nicht immer verläuft ein Trauerprozeß so der Theorie entsprechend und endet mit der Annahme und Verarbeitung des Verlustes. Oftmals bleiben Menschen in ihrer Trauer «stecken», insbesondere dann, wenn die traumatischen Trennungserlebnisse sich häufen. Die Folge ist ein Versinken in depressiven Gefühlen, das bis zur weitgehenden Selbstaufgabe führen kann. Zur Überwindung solcher Trauer-Depression bedarf es meist der Hilfe durch andere Menschen. Wie sie, integriert in das alltägliche Geschehen, aussehen kann, schildert das zweite Beispiel.

Eine geistig behinderte, etwa fünfzig Jahre alte Frau hatte in ihrem Leben sehr viele Verluste hinnehmen müssen: die Trennung von der Familie und der Heimat bei ihrer Aufnahme ins Heim, damit zugleich den Verlust ihrer Selbständigkeit. Im Laufe der Jahre starben fast alle Angehörigen, die verbliebenen kümmerten sich nicht mehr um sie. Auch die Betreuer im Heim wechselten immer wieder. Mit ihrem Schmerz alleingelassen, zog sich die Frau mehr und mehr zurück. Sie gab nach und nach ihre Interessen – etwa an Blumen, Tieren, der Zimmergestaltung, der Körperpflege – auf und wurde immer passiver. Am liebsten blieb sie im Bett oder saß untätig in einem Sessel. Die Nahrungsaufnahme verweigerte sie häufig, so daß ihre Kräfte merklich nachließen.

In diesem Zustand schenkte ihr ein Betreuer endlich Aufmerksamkeit. Er befriedigte ihre durch Einfühlung erahnten, längst nicht mehr geäußerten Bedürfnisse, pflegte sorgfältig ihren Körper: er cremte wunde Hautstellen behutsam ein, bürstete ausgiebig ihre Haare, forschte nach ihren Bekleidungswünschen und hängte den Spiegel in Augenhöhe an die Wand, der bislang auf die Gesichtshöhe ihrer größeren Zimmerkollegin abgestimmt hing. Auf diese Weise zeigte er ihr tätig an: du bist mir nicht gleichgültig. Zugleich sprach er mit ihr, suchte ihre Aufmerksamkeit zu gewinnen und formulierte vorsichtig, wie sie sich vermutlich fühle. Er äußerte sein Verständnis für ihre vielen Verluste, ihre Traurigkeit, weil sie immer wieder vertraute Menschen verloren habe, und ihre Furcht vor erneuter Zuneigung. Er interessierte sich für ihre Lebensgeschichte, ermunterte sie, von früher zu erzählen, worauf sie sich auch allmählich einließ. Er fragte nach schweren und schönen Erlebnissen und erfuhr etwas über ihre früheren Handlungsmöglichkeiten. Schließlich lockte er sie aus dem Bett oder vom Sessel, veranlaßte mit sanftem Zwang gemeinsame Spaziergänge und achtete genau auf jede Äußerung einer Absicht oder eines Interesses. Er merkte, daß sie Blumen liebte: sie pflückten zusammen bunte Sträuße und kauften für sie eine schöne Topfpflanze. Indem er auf jeden Wunsch so schnell wie möglich einging, erlebte sie, daß sie wirklich Möglichkeiten hatte, ihr Leben zu beeinflussen. Zunehmend öffnete sie sich: sie freute sich über die Gegenwart ihres Betreuers und an gemeinsamen Handlungen, wie einkaufen, aufräumen, Geschirr spülen. Dabei wurden beachtliche lebenspraktische Fähigkeiten sichtbar. Sie stand freiwillig auf, entwickelte Interesse, ihr Zimmer zu gestalten, und ließ sich allmählich auf Kontakte zu anderen Gruppenmitgliedern ein: sie nahm wieder an den gemeinsamen Mahlzeiten teil und begann schließlich auch von sich aus zu sprechen. So ermöglichte ihr der Betreuer durch die nur scheinbar «selbstverständliche» Mitmenschlichkeit – durch seine einfühlsame Kontaktaufnahme, sein Verständnis ihrer Situation und seine Bereitschaft, für sie stellvertretend die Tätigkeiten auszuführen, die sie zunächst emotional überforderten – den Anfang eines neuen Selbst- und Weltbezugs.

Zweiter Teil

Ausgewählte Themen der menschlichen Entwicklung

Zehntes Kapitel

Das psychoanalytische Persönlichkeitsmodell

Bei seinen Bemühungen, die menschliche Persönlichkeit, ihre Entwicklung und ihre Schwierigkeiten zu verstehen, entwarf *Freud* ein Modell, das seine Vorstellung von der Struktur der menschlichen Psyche verdeutlicht. Er nannte dieses Strukturmodell den «psychischen Apparat.» Der psychische Apparat umfaßt drei Teilbereiche oder «Instanzen»: das Es, das Ich und das Über-Ich; ihre Grundstrukturen sowie die Qualität ihrer Beziehungen untereinander bilden sich in den ersten sechs Lebensjahren heraus. Die Entwicklung der folgenden Lebensjahre ermöglicht Ergänzungen, Differenzierungen und Korrekturen der bereits erworbenen Strukturen. Ein «Umbau des Hauses» ist also möglich, jedoch werden immer gewisse «tragende Grundmauern» erhalten bleiben. Das Strukturmodell wurde von Freuds Nachfolgern übernommen. Sie überprüften seine Ansichten und entwickelten seine Gedanken weiter, was in einzelnen Aspekten zu einer Änderung und Ergänzung des ursprünglichen Modells führte. Die größte Bedeutung kommt hierbei der Erweiterung des Modells um die Dimension des «Selbst» zu, wie *C. G. Jung, Hartmann und Kohut* sie entwarfen. Obgleich die einzelnen Autoren das Selbst unterschiedlich definierten, stimmten sie doch darin überein, daß es die umfassende seelische Einheit des Menschen bezeichnet, das Zentrum und zugleich die Ganzheit der Person, so daß ihm gegenüber die Instanzen Es, Ich und Über-Ich nur die untergeordneten Teilsysteme darstellen.

I.
Der psychische Apparat

1. Das Es

Geboren wird das Kind als psychisch erst wenig organisierte Einheit; es bringt aber sehr viele ererbte Anlagen und den Antrieb zur Selbsterhaltung, zum Wachstum und zur Strukturierung mit. Die Basis, das Energiereservoir oder Kräftepotential, das eng mit dem körperlich-biologischen Bereich zusammenhängt, nennt *Freud* das «Es». Das Es enthält alle Triebkräfte, die dem Menschen zur Selbsterhaltung und Durchsetzung seiner ursprünglichen Motive dienen. Das Es setzt seine Energien ein, um die sofortige Befriedigung aller Bedürfnisse zu erreichen. Gesteuert wird es vom Lustprinzip, Unlust vermeidet es. Es «denkt» nicht, kennt mithin keine Kausalität und keine Logik, weiß nichts von Raum- und Zeitstrukturen, es kann die Folgen von Wünschen und Handlungen nicht abschätzen, wertet nicht nach moralischen Grundsätzen und nimmt keine Rücksicht, weder auf die eigene noch auf andere Personen oder Dinge. Kurz: es hat keinerlei Realitätssinn. Es ist unbelehrbar und unausrottbar. Als solches stellt es die vitale Basis unserer Person dar.

Neben den angeborenen Dispositionen und Vitalkräften speichert das Es alle Erlebnisse der persönlichen Vergangenheit, die einmal emotional bedeutsam waren, sowie alle ehemals bewußten oder vorbewußten, nun aber verdrängten psychischen Inhalte, also abgewehrte Erinnerungen an Erlebnisse, Gedanken, Gefühle und besonders an verbotene Triebwünsche. Diese unterdrückten Inhalte haben die Tendenz, zum Bewußtsein zu drängen. Insgesamt aber sind die ursprünglichen Inhalte und Strebungen des Es weitgehend unbewußt. Bis sie ins Bewußtsein treten, haben sie in der Regel schon eine Verwandlung durch das Ich erfahren.

2. Das Ich

Entwicklung ereignet sich durch die Interaktion eines Organismus mit seiner Umgebung. So auch beim Säugling. Wahrnehmungsreize treffen auf seine «Oberfläche». Er nimmt sie mit seinen Sinnesorganen auf und beantwortet sie mit motorischen Reaktionen. Aus diesem Wechselspiel beginnt sich – bildlich gesprochen – seine «Rindenschicht» (*Freud*) auszudifferenzieren und so zu organisieren, daß sie zwischen dem Es mit seinen Bedürfnissen und Impulsen sowie der Außenwelt mit ihren Bedingungen vermitteln kann. Das Ich, dessen «Kerne» gleichsam in der «Rindenschicht» eingebettet waren, bildet sich, angeregt durch die Interaktion, langsam heraus. Von den Fähigkeiten, die das Kind in den ersten Lebensjahren erwirbt und die dem Ich zuzuordnen sind, seien erwähnt: die bewußte Wahrnehmung, die willkürliche Steuerung seiner Bewegungen, das Gedächtnis, das Vorstellungsvermögen, das folgerichtige Denken, das bewußte Entscheiden, Planen und Handeln, die Fähigkeiten zur Vorausschau, zur Steuerung der Triebe, zur Frustrationstoleranz und Anpassung sowie zur Realitätsprüfung. Aus der Liste dieser sogenannten «Ich-Funktionen» läßt sich ersehen, daß das Ich diejenige Instanz ist, die für den angemessenen Bezug zur Realität sorgt. Es gehorcht dem Realitätsprinzip.

Aufgrund seiner Fähigkeiten kann das Ich abschätzen, welche Folgen eine unmittelbare Triebbefriedigung nach sich zieht, es kann beurteilen, ob der Lustgewinn höher ist als der etwa dafür zu zahlende Preis, es kann entscheiden, ob es die Befriedigung unmittelbar, einige Zeit später oder gar nicht gewähren will, es erkennt drohende Gefahren, auf die es mit Angst reagiert, es entwickelt Vorstellungen und Handlungsalternativen, überprüft ihre Zweckhaftigkeit und paßt sich veränderten Bedingungen an. Mit anderen Worten: das Ich dient der Selbsterhaltung, indem es die Es-Impulse realitätsgerecht steuert. Doch das Ich vermittelt nicht nur zwischen dem Es und der Außenwelt, sondern es berücksichtigt bei seinen Entscheidungen und Handlungen auch noch die Forderungen des Über-Ichs, der dritten, im Folgenden zu beschreibenden Instanz.

3. Das Über-Ich

Das Ich sammelt seine Erfahrungen. Dabei erlebt es, daß seine Handlungen von der Umwelt, insbesondere von Mutter und Vater, als gut oder böse bewertet werden. Im Laufe der Zeit verinnerlicht es die immer wiederkehrenden Gebote und Verbote sowie die ihnen zugrundeliegenden Werthaltungen. Das Gewissen, von *Freud* als Über-Ich bezeichnet, entsteht. Den Prozeß der Verinnerlichung steuern zwei verschiedene Antriebe: Einerseits möchte das Kind Konflikte mit den Bezugspersonen vermeiden, andererseits den geliebten Vorbildern ähnlich werden. Der Teil des Über-Ichs, der aus den übernommenen Normen besteht, die der Konfliktvermeidung dienen, erfüllt eine überwiegend befehlende, verbietende, drohende, kontrollierende und strafende Funktion. Er bezeichnet das Über-Ich im engeren Sinn. Aus dem Streben nach Identifikation erwächst der zweite Aspekt des Über-Ichs: das Ich-Ideal. Es verkörpert das verinnerlichte, positiv getönte Leitbild, die Wertvorstellungen, denen das Ich aus Liebe und Bewunderung nacheifert. Das Ich-Ideal unterstützt das Ich bei seinem Ringen um Wertverwirklichung, indem es anspornt, ermutigt, bestärkt und lobt.

Den Inhalt des Über-Ichs bilden zunächst die elterlichen Normen und Werte. Insofern aber die Eltern selbst ihre Werte durch vielfältige äußere Einflüsse erwarben – sie gehören einer bestimmten sozialen Schicht, einer Volks- und Kulturgemeinschaft an, leben zu einer bestimmten Zeit usw. –, vermitteln sie dem Kind zugleich auch Wertvorstellungen des jeweils für sie geltenden sozio-kulturellen Zusammenhanges. Im Laufe der Zeit werden die elterlichen Einflüsse ergänzt durch die von Lehrern, Institutionen und selbstgewählten Autoritäten. Sie alle finden ihren Niederschlag in der lebenslangen Fortentwicklung des Über-Ichs. Die Aufgabe des Über-Ichs besteht darin, zur Normeinhaltung anzuregen (der Aspekt des Ich-Ideals), die Gebotsübertretungen zu verhindern und das Verhalten entweder zu loben oder zu kritisieren. Fehlverhalten wird mit Gewissensängsten bestraft, wohingegen die Normerfüllung das Selbstwertgefühl hebt. (S. Kap. 12, S. 177)

4. Das Zusammenwirken der Instanzen

Abschließend sei das Zusammenwirken der drei Instanzen des psychischen Apparats an einem Beispiel erläutert: Im Schulunterricht ist das Essen verboten (geltende Norm). Ein Schüler verspürt aber Hunger und möchte sofort etwas essen (Triebimpuls, dem Es zuzuordnen). Er weiß aber aufgrund eigener Erfahrung (Ich-Funktion), daß der Lehrer auf die Einhaltung der Norm Wert legt und ihre Verletzung mit einer Rüge bestraft (Realität). Sein Gewissen würde eine derartige Normverletzung eigentlich als unbedeutend einschätzen (ein mildes Über-Ich). Auch die Strafe schreckt den Schüler nicht (realistische Einschätzung durch das Ich). Da ihm aber ein guter Bezug zum Lehrer wichtig ist, möchte er ihn nicht kränken (übergeordnet wirksame Norm), verzichtet auf die sofortige Befriedigung seines Eßbedürfnisses und verschiebt sie auf die Pause, die zehn Minuten später beginnt (Entscheidung des Ichs). Je nach individueller Ausprägung des Triebdrucks, der Über-Ich-Forderungen, der realen Gegebenheiten und der Ich-Stärke werden die Entscheidungen des Ichs in vergleichbaren Situationen unterschiedlich ausfallen.

II.
Konsequenzen für die Praxis

Das *Freud*sche Modell erwies sich in der Psychologie als sehr fruchtbar, weil es dazu beitrug, die Struktur menschlichen Verhaltens und psychischer Störungen zu erfassen. Letztere wurden damit beschreibbar als Defizite in der Ich- oder Über-Ich-Entwicklung oder als Störungen des Gleichgewichts der drei Instanzen untereinander. Diesen Vorstellungen entsprechend ließen sich als therapeutische Ziele ableiten: eine Harmonisierung der Beziehungen von Ich, Es und Über-Ich, die Stützung einzelner Ich-Funktionen oder die Nachreifung des gesamten Ichs, aber auch eine Einflußnahme auf die Inhalte des Über-Ichs und auf seine Wirkungsweise. So wurde *Freuds* «Psychischer Apparat» zur Grundlage vielfältiger verstehender, erzieherischer und therapeutischer Prozesse.

1. Die psychische Struktur geistig behinderter Menschen

Die Persönlichkeitsstrukturen geistig behinderter Menschen lassen sich ebenfalls mit diesem Modell beschreiben. Bedenkt man die Charakteristika der einzelnen Instanzen, so fällt die Schwäche der Ich-Funktionen vielleicht als erste auf. Die geistige Behinderung scheint, oberflächlich betrachtet, geradezu in ihr zu bestehen. Deutlich ins Auge fallen die Einschränkungen im Bereich der Intelligenzentwicklung:

logisches Denken, differenziertes Planen und entsprechendes Handeln, die Vorausschau der Konsequenzen und die Überprüfung der Vorstellungen an den Gegebenheiten der Realität sind nur in begrenztem Umfang möglich.

Auch das Vermögen zur emotionalen Steuerung ist oftmals erheblich beeinträchtigt: die Befriedigung der Triebbedürfnisse wird nicht flexibel gelenkt: entweder muß sie sofort erfolgen oder es wird auf eine selbständige Befriedigung weitgehend verzichtet. Im ersten Fall ist die Frustrationstoleranz kaum ausgebildet, im zweiten Fall erscheint sie unangemessen groß. So ertragen viele geistig behinderte Menschen es nicht, warten zu müssen. Sie können Nahrungsmittel vor ihren Augen nicht liegen lassen oder einen Bewegungsimpuls nicht unterdrücken. Ihr Wunsch nach Aufmerksamkeit und Nähe muß sofort erfüllt werden, wenn aggressive Reaktionen vermieden werden sollen. Andererseits haben viele geistig behinderten Menschen den Versuch zur Selbstregulation aufgegeben, sie unterdrücken die Wahrnehmung ihrer Triebbedürfnisse weitgehend und überlassen die Befriedigung den Bezugspersonen. Diese entscheiden, wann ihr Schützling essen soll, sich in Bewegung setzen soll, Aufmerksamkeit erhält.

Aufgrund der beschriebenen Schwäche vermag das Ich geistig behinderter Menschen die Aufgabe der Vermittlung zwischen den Bedürfnissen des Es, den Forderungen des Über-Ichs und der äußeren Realität nur unvollständig zu erfüllen. Dem starken Druck des Es ist es entweder ausgeliefert oder es schützt sich gegen ihn durch die rigorose Abwehr von Triebimpulsen, zumal wenn die verinnerlichten Normen eines tyrannischen Über-Ichs, gegen das sich das Ich auch nicht wehren kann, es verlangen.

Das Es als das angeborene Energiereservoir und der Ort der Triebimpulse, die gemäß dem Lustprinzip auf Befriedigung drängen, diese naturhafte Basis steht dem geistig behinderten Menschen wie den «normal» begabten gleichermaßen zur Verfügung. Wie weit sich das Es «ausleben darf», das hängt, wie bereits dargestellt, von der Stärke des Ichs und von der Ausprägung des Über-Ichs ab.

Das Über-Ich entsteht durch die Verinnerlichung von Normen und Werten. Sein Entwicklungsstand läßt sich daran erkennen, inwieweit es diese selbständig erfüllt. Seine Qualität zeigt sich daran, ob es eher straft oder unterstützt, ob es starr regiert oder sich auch, z. B. durch Argumente, beeinflussen und beschwichtigen läßt. Ein reifes Über-Ich zeichnet sich dadurch aus, daß es die Werteinhaltung ohne äußere Kontrolle anmahnt, daß es aber auch genügend Spielraum läßt für die Aktivitäten des Ichs und gegebenenfalls dessen Einsichten anerkennt. Bei geistig behinderten Menschen ist in der Regel auch die Über-Ich-Bildung eingeschränkt. Oftmals werden Normen zwar verinnerlicht, aber da dies überwiegend aufgrund von Konflikterlebnissen geschieht und der Ausgleich durch ein bestärkendes Ich-Ideal weitgehend fehlt, entfalten sie anschließend eine tyrannische Herrschaft. Normdifferenzierung und eine situationsgerechte Anpassung gelingen nur selten. Folglich entstehen Schuldgefühle, Strafängste und häufig auch Selbstbestrafungstendenzen schon bei geringfügigen Verfehlungen. So liegen bei geistig behinderten Menschen das Es mit seinen Triebbedürfnissen und das Über-Ich (wenn es überhaupt ansatzweise existiert) mit seinen Verboten häufig im Streit. Manchmal bleibt der Kampf dauerhaft unentschieden, dann wechseln bestimmte Situationen oder Phasen der Triebdurchbrüche (z. B. orale Bedürfnisse, Aggressionen, Sexualität) mit Perioden der Überanpassung, in denen die Normen zeitweilig ihre Macht behaupten. Manchmal siegt aber auch das, allerdings unreif bleibende, Über-Ich. Die Triebregungen werden vom Ich weitgehend verbannt, dem aufgrund seiner Schwäche nichts anderes übrig bleibt, als der Gewalt des Über-Ichs zu gehorchen.

2. *Folgerungen für den Umgang mit geistig behinderten Menschen*

Aus den Einsichten in die psychische Struktur geistig behinderter Menschen lassen sich für den Umgang mit ihnen folgende Handlungsgrundsätze ableiten:

- Wichtigstes Ziel ist die Ich-Förderung. Da das Ich sich nur im Rahmen einer vertrauensvollen Beziehung entwickeln kann, setzt die Ich-Förderung ein angemessenes Beziehungsangebot voraus. Da die kognitiven Funktionen einen wesentlichen Teil des Ichs ausmachen, ist auch die kognitive Förderung in die Bemühungen einzubeziehen.
- Oftmals wird die Bezugsperson «Hilfs-Ich»-Funktionen übernehmen müssen. Sie muß den behinderten Menschen bei seinem Bemühen um die Kontrolle seiner Triebregungen unterstützen und im Umgang mit seinem Über-Ich helfen. Dabei gilt es aber, die Hilfe so sensibel einzusetzen, daß sie wirklich zu einer Unterstützung und nicht zu einer weiteren Entmündigung des Ichs beiträgt.
- Im Hinblick auf das Über-Ich muß die Bezugsperson abschätzen, wie weit es ausgebildet ist, wie weit daher die Normeinhaltung überhaupt erwartet werden kann. Sie kann einerseits bei der Normeinhaltung helfen, andererseits versuchen, ein vernichtendes Urteil des Über-Ichs abzumildern. Schießlich kann sie durch die deutliche Vermittlung von Akzeptanz dazu beitragen, daß allzu tyrannische Über-Ich-Strukturen etwas gelockert werden.
- Auf die Bedürfnisse des Es sollte die Bezugsperson, insofern der geistig behinderte Mensch sie nicht selbst befriedigen kann und sein Ich zum Triebaufschub noch zu schwach ist, möglichst schnell eingehen. Zu starke Frustrationen verstärken entweder die Aggres-

sivität oder führen zur Resignation und erschweren damit die Weiterentwicklung des Ichs.

– Phasengerechte, maßvolle Frustrationen stellen jedoch einen Entwicklungsanreiz für das Ich insofern dar, als es durch sie dazu angeregt wird, seine Kräfte zu mobilisieren und mit widrigen Umständen selbständig fertig zu werden. Denn erst ein Widerstand – eine neue Aufgabe, eine Grenzsetzung, eine verkraftbare Trennung – fordert das Ich dazu heraus, seine Frustrationen – etwa das Urteilsvermögen, die Phantasie oder die Frustrationstoleranz – zu schulen und auszudifferenzieren. So gehört es auch zu den Aufgaben der Bezugspersonen, angemessene, unbequeme Forderungen durchzusetzen. Denn letztlich bewirken sie eine Stärkung des Ichs.

Elftes Kapitel

Die Beziehungs- und Ich-Entwicklung

Einen wesentlichen Teil der Persönlichkeitsentwicklung stellt die Ich-Entwicklung dar, die sich im Zusammenspiel mit der Beziehungsentwicklung vollzieht. Der anthropologische Grundsatz: «der Mensch wird zum Menschen durch den Menschen» läßt sich entsprechend abwandeln: der Mensch wird zum Ich (und umfassender: erlangt seine Individualität und Identität) mittels der ihm angebotenen und gemeinsam verwirklichten zwischenmenschlichen Beziehungen. Die Anfänge dieser Beziehungs- und damit Ich-Entwicklung während der ersten drei Lebensjahre bilden das Thema des folgenden Kapitels. Ich folge dabei im wesentlichen *Margaret Mahler*.

I.
Das Entwicklungsmodell nach *Margaret Mahler*

Mit der Geburt ist das Kind körperlich als eigenständiger Organismus lebensfähig. Die physischen Funktionen sind hinreichend gereift, so daß das Kind selbständig atmen, die Körperwärme aufrechterhalten, Nahrung aufnehmen und verdauen sowie Reststoffe ausscheiden kann. In seiner psychischen Existenz ist es aber noch auf die emotionale Einheit mit einer Bezugsperson angewiesen. Erst langsam, im Laufe der ersten drei Lebensjahre, erwirbt es eine gewisse psychische Unabhängigkeit, bzw. entwickelt es sein eigenständiges Ich oder die Grundlage einer halbwegs stabilen Identität. Mit «Ich-Identität» bzw. «Selbstkonstanz», wie der von *Mahler* bevorzugte Begriff lautet, bezeichnet man das zeitlich überdauernde, auch bei äußeren Veränderungen gleichbleibende Empfinden und Bewußtsein der eigenen Person. Sie ermöglicht, besonders wenn sie alle wesentlichen Bereiche der Persönlichkeit umfaßt, daß die Verhaltensweisen (Gefühle und Handlungen) der Person von dieser selbst und von der Umwelt als mit ihrem Wesen übereinstimmend erlebt werden. Parallel zur Selbstkonstanz werden – im Rahmen der Beziehungsentwicklung – die Anfänge der «Objekt- und Beziehungskonstanz» gebildet. Darunter ist zu verstehen, daß sich nicht nur die Person selbst als stabil erlebt, sondern auch ihr Gegenüber («Objekt») differenziert wahrnimmt und Wandlungen in der Beziehungsgestaltung zulassen kann.

Die Ich- und Beziehungsentwicklung, deren Ziel die angedeutete vielschichtige «Konstanz» darstellt, vollzieht sich nach *Mahler* in mehreren Phasen. Im ersten halben Lebensjahr hat das Kind noch keine

Kenntnis von der «Struktur der Wirklichkeit», d. h. es kann noch nicht unterscheiden zwischen «ich» und «du», «innen» und «außen», «jetzt» und «vorher/später» oder «wenn/dann». Derartige Einteilungen wird es erst allmählich aufgrund von vielfältigen Wahrnehmungen und Erfahrungen begreifen. Als Voraussetzung für diesen Lernprozeß bringt es folgende Fähigkeiten mit: es kann Sinnesreize wahrnehmen, mit Empfindungen (Lust/Unlust, Wohlbehagen, Angst, Wut) und motorischen Reaktionen auf sie antworten und die Erlebnisse speichern. Auch pflegt es alle Stimmungen des Umfelds sofort in eigene umzuwandeln. Es sammelt also «seine Erfahrungen», die ihm im Laufe der Zeit ein Bild der Welt und seiner selbst vermitteln.

Das erste halbe Jahr, in dem die grundlegenden Unterscheidungen vollzogen werden, unterteilt *Mahler* nochmals in zwei Subphasen: die sogenannte «normale autistische Phase» und die «symbiotische Phase».

1. Normale autistische Phase (Geburt – 4 oder 6 Wochen)

Für die ersten Lebenswochen wählte *Mahler* den an Freuds Theoriebildung angelehnten, irreführenden Begriff der «autistischen» Phase, da beim Säugling zu diesem Zeitpunkt eine relativ hohe «Reizschranke» gegenüber Außenreizen besteht und er kaum in der Lage scheint, von sich aus Beziehungsbedürfnisse zu äußern. Was er zeigt, sind Lust- und Unlustempfindungen als Reaktionen auf innere Zustände. Allerdings kann auch in dieser frühen Zeit die Mutter als die primäre und vom Leben im Uterus her vertraute Bezugsperson besonders leicht ihrem Kind zur Überwindung seiner Mißempfindungen verhelfen. So wird es sich, wenn es schreit, eher von ihr beruhigen lassen als von einem anderen Menschen. Auch erkennt es schon wenige Tage nach der Geburt den Herzschlag, die Stimme und den Geruch der Mutter und zieht diese vertrauten Elemente deutlich den unbekannten anderer Personen vor. Aufgrund solcher Beobachtungen scheint die von *Stavros Mentzos* für diese Phase gewählte Bezeichnung «primärer Zustand» angemessener.

Die ersten noch größtenteils mit Schlafen, Dösen und Trinken verbrachten Lebenswochen dienen dazu, daß Mutter und Kind mit ihren gegenseitigen Reaktionen vertraut werden, daß insbesondere die Mutter sich auf das Kind einstellt, um allmählich die verlorene körperliche Einheit mit dem Kind durch eine psychische zu ersetzen. Hierfür muß sie lernen, die kindlichen Signale angemessen zu verstehen und zu beantworten. Ihre Fürsorgebereitschaft wird in der Regel schon durch den allen Säuglingen eigentümlichen «Appell der Hilflosigkeit», durch das «Kindchenschema» ausgelöst. Das Verständnis für die Befindlichkeit aber beruht auf der Interpretation der kindlichen Reaktionen, wie

z. B. das den gesamten Körper in Spannung versetzende Weinen bei Mißempfindungen und die völlige Entspannung, das gelöste sich Anschmiegen bei Wohlbehagen, das selige, zunächst scheinbar nach innen gewandte Lächeln, der für kurze Zeit wache, aufmerksame, kontaktbereite Blick sowie die beginnende mimische Imitation. Die unmittelbare Antwort auf derartige Signale schenkt dem Kind das Empfinden «in der Welt aufgenommen zu sein» und legt den Grund für die allmählich entstehende Koppelung eines positiven Lebensgefühls mit der mütterlichen Gegenwart.

Hier setzt nun die Bedeutung der Bezugsperson ein: Ihre Aufgabe ist es, dem Säugling «positive oder lustvolle Erlebnisse» zu vermitteln, damit er mit möglichst vielen «guten Gefühlen» antworten und so «positive Schlußfolgerungen» ziehen kann. Das heißt, die Mutter (oder die entsprechende Bezugsperson, im folgenden einfach als «Mutter» bezeichnet) sollte im ersten halben Lebensjahr alle körperlichen (Nahrung, Trockenheit, Wärme) und seelisch-geistigen Bedürfnisse des Kindes (nach kommunikativem Austausch auf seiner Ebene, nach Bestätigung, nach einem angemessenen Reizangebot) so schnell wie möglich befriedigen, da dem Kind ja die Möglichkeit fehlt, seine Erfahrungen rational einzuordnen. Es wird also seine Erlebnisse unbewußt als diffuse Grundeinstellungen speichern; gute Gefühle werden für es bedeuten: Das Leben ist gut, die «Welt» gibt mir, was ich brauche; ich bin gut, denn ich fühle mich gut. Umgekehrt werden schlechte Gefühle ihm vermitteln: Das Leben ist schwer, die Welt abweisend und lieblos; und ich bin wertlos, denn sonst ginge es mir nicht so schlecht. Ausbleibende Bedürfnisbefriedigungen können also psychisch nicht verarbeitet werden; vermutlich wirken sie als traumatische Überstimulierung und lösen als solche Vernichtungsängste aus. Mit anderen Worten: das Kind bedarf schon möglichst bald nach seinem Eintritt in dieses Leben einer einfühlsamen Kontaktaufnahme, die sich als möglichst unmittelbare Befriedigung aller Bedürfnisse darstellt.

2. Symbiotische Phase (2.–5./6. Monat)

Dem primären Zustand schließt sich die symbiotische Phase an. Ihr wesentliches Kennzeichen bildet das Erleben des «Einsseins», vorzustellen als ein Gefühl von Harmonie, von nahtlosem Ineinanderfließen von Bedürfnis und Bedürfnisbefriedigung; die Welt scheint keinen Widerstand zu bieten. Aus der Erfahrung, daß das Gefühl des Einsseins von der Gegenwart der Mutter abhängt, erwächst allmählich die Bindung an sie. Das Kind sehnt sie im Falle ihrer Abwesenheit herbei. Während die Mutter in den ersten Lebenswochen das Kind zwar am effektivsten beruhigen konnte, es sich aber auch mit der Zuwendung von anderen Menschen zufrieden gab, zeigt sein Gesichtsausdruck mit fünf Monaten deutliche Enttäuschung, wenn ein anderes als das erwartete Gesicht über seinem Bettchen erscheint. Voraussetzung für diesen Schritt der Beziehungsentwicklung aber ist die «haltende», d.h. emotional offene und zugewandte, verstehende, Bedürfnisse befriedigende, die Umwelt sicher und interessant gestaltende Gegenwart der Mutter. Die «haltende Gegenwart» beinhaltet eine funktionierende Kommunikation: Durch gemeinsames Spiegeln (mimisch, gestisch und sprachlich) sowie aufeinander Einstimmen und Abtasten mit den Blicken übernimmt der Säugling die mütterlichen Gefühlszustände, Haltungen, Erwartungen und Reaktionstendenzen. Er erlebt aber auch die Bestätigung, daß seine Impulse und Äußerungsweisen von der Mutter angenommen werden. So entstehen in der emotionalen Einheit mit der Mutter die Grundlagen für die Ich-Bildung.

Das Ich-Gefühl entwickelt sich erst auf der körperlichen Ebene, und zwar zunächst ohne kognitives Wissen um das Ich. Es entsteht über das Körpererleben: während das wohlige Anschmiegen, die völlige körperliche Entspannung den Verlust des Gefühls der Körpergrenze und damit eine beglückende Verschmelzung mit der Bezugsperson bewirken, erlebt das Kind, wenn es sich zum Zwecke der Spannungsabfuhr versteift, seine Körpergrenzen. Auch eine leichte Grundspannung, wie sie bei der aufmerksamen Zuwendung zur Welt (hören, sehen, greifen) auftritt, ermöglicht allmählich die Erfahrung der eigenen Körperlichkeit. Die zunehmenden Aktivitäten unterstützen diesen Vorgang. So hat das Kind am Ende der symbiotischen Phase ein rudimentäres Körper-Ich ausgebildet. (S. Kap. 2, S. 39ff.)

3. Differenzierungsphase (5.–12. Monat)

In der zweiten Hälfte des ersten Lebensjahres, in der die Loslösung mit der sogenannten Differenzierungsphase beginnt, lernt das Kind, zwischen «Ich» und «Du» bzw. «nicht-Ich» zu unterscheiden. Dazu verhelfen ihm die ständig sich wiederholenden Erfahrungen sowie seine sich entwickelnden körperlichen und geistigen Fähigkeiten. Seine Muskeln erstarken; es lernt aus eigener Kraft sich aufzusetzen, zu robben, zu krabbeln, sich aufzurichten, gezielt zu greifen und Bewegungen zu koordinieren. Es begreift den Zusammenhang «wenn/dann» und entwickelt erste Vorstellungen von Handlungsabläufen. Es lernt, sich selbständig etwas von der Mutter zu entfernen, erfährt sich als körperlich von ihr getrenntes Wesen.

Neben der Mutter gewinnt der Vater in diesen Monaten an Bedeutung. War er von Geburt an für das Kind in ausreichendem Maß gegenwärtig und erlebbar, so daß sich eine eigene Beziehung zu ihm entwickeln konnte, dann wird diese vertraute und dennoch im Vergleich zur Mutter «andersartige», das «Neue», die «Welt» repräsentierende und somit «interessante» Beziehung wichtig und hilft dem Kind, sich aus der symbiotischen Beziehung zur Mutter zu lösen. Durch die aktive Hinwendung zu zwei verschiedenen Menschen, die aufgrund der unterschiedlichen Beziehungsformen auch zwei Arten des Selbsterlebens bewirken, wird die Wahrnehmung der körperlichen Eigenständigkeit unterstützt.

Mit den Anfängen des Ich-Bewußtseins wächst zugleich die Verlassenheits- und Trennungsangst. Denn wenn – wie das Kind nun ahnt – die Einheit nicht selbstverständlich besteht, sondern sich aus «Ich» und «Du» zusammensetzt, dann kann sie auch auseinanderfallen, sich in ihre Elemente auflösen. Wenn die andere Hälfte fehlt, ist das Kind allein. Alleinsein aber macht Angst, ist verbunden mit nun schon häufig erlebten, unangenehmen und deshalb gefürchteten Gefühlszuständen. Nähern sich ihm weniger vertraute Menschen, so fürchtet es wohl eine Trennung von der Mutter und weint. Das Kind «fremdelt».

Wie verbunden durch ein unsichtbares Band bleiben Mutter und Kind weiterhin psychisch aufeinander bezogen. Das Kind zeigt seine Bezogenheit z. B. dadurch, daß es – gegen Ende dieser Phase – nach kurzen Krabbelausflügen in die Welt schnell zur Mutter wie zu einem «Heimatstützpunkt» oder einer «Sicherheitsbasis» zurückkehrt, sich ihrer Gegenwart und ihres Wohlwollens versichert (z. B. durch Blicke, Loben, Streicheln, Schmusen) und so Mut und Kraft «auftankt» für neue Eroberungsversuche. Denn das Kind braucht, um den Mut zu entwickeln ein selbständiges Ich zu werden, nach wie vor die Sicherheit einer stets verfügbaren, bestätigenden Mutter, obwohl nun auch die ersten kleinen Versagungen verkraftet werden müssen (nicht an den Haaren ziehen, nicht die Brille herunterreißen).

Durch die ersten Verbote stellt sich für das Kind gegen Ende der Differenzierungsphase zum ersten Mal das Problem, daß es gerne etwas selber tun will (z. B. selber essen), aber nicht darf, sondern etwas mit sich geschehen lassen muß (z. B. das Füttern). Je älter es wird, desto ungeduldiger strebt es danach, alles zu erforschen, z. B. Mund und Nasenlöcher der Mutter, (vgl. auch Entdeckung der Mittel-Zweck-Relation im Rahmen der sensomotorischen Entwicklung) und alle eigenen Möglichkeiten auszuprobieren (kratzen, kneifen, beißen, greifen, boxen). Solche «Experimente» vermitteln die Erfahrung, Herr über den eigenen Körper und Geist zu sein. Die nun einsetzende Aggressivität ermöglicht dem Kind aktives Entscheiden und Handeln. Die jetzt bei Verstimmungen manchmal auftretenden Wutausbrüche zeigen, daß die Welt nicht seinen Vorstellungen entspricht, mithin nicht mehr «ganz» ist. Das Kind, das in solchen Momenten sowohl die Kontrolle als auch das Einssein verloren hat, will sie mit Hilfe seiner verzweifelten Wut wieder zusammensetzen. Ruhige, haltende und nach dem Wutanfall tröstende Eltern verhelfen zum Vertrauen in eine stabile Welt und vermitteln ihm die Sicherheit, daß seine Wut nicht zerstörerisch wirkt und weder das Auseinanderbrechen seines schwachen Ichs noch der Welt verursacht. (S. Kap. 2, S. 40ff.)

Trennungsspiele

Die beginnende Loslösung spiegelt sich in den Spielen des Kindes. Beim «Guckuck-da»-Spiel, bei dem zunächst die Mutter ihr Gesicht hinter ihren Händen verbarg, während das Kind gespannt auf das Wiedererscheinen der Augen wartete, werden nun die Rollen vertauscht: der neun bis zehn Monate alte Säugling verschwindet unter der Bettdecke, und die Mutter muß ihn suchen. So erlebt das Kind ihre Reaktion auf sein Verschwinden und seine Wiederkehr. Eine ähnliche, ambivalente Ängste beruhigende und die Beziehung festigende Grunderfahrung sammelt es beim «Fang-mich»-Spiel, indem es davonkriecht und die Mutter ihm folgt. Wird sie es begleiten und bei Not beschützen? Aber auch: wird sie es einfangen und in seiner Entdeckerlust einschränken? Auch das beliebte Fortwerfen von Spielzeug vermittelt wichtige Erkenntnisse. Zunächst bedeutete die Bereitschaft der Eltern, aus dem Bett geworfene Gegenstände aufzuheben und zurückzugeben, Beziehungs-Sicherheit: Was immer verschwinden mag, es kommt zurück. Darüber hinaus erwarb der Säugling auf diese Weise Kenntnisse über die Beschaffenheit des Raumes. Mit zehn Monaten experimentiert er aktiv mit den elementaren Strukturen: festhalten – loslassen, sichtbar – unsichtbar, hier – fort.

Mit den «Trennungsspielen» lernt das Kind, grobe Unterscheidungen zu treffen. Sein Vorstellungsvermögen entwickelt sich, sein Erfahrungsschatz erweitert sich, es lernt, «Konsequenzen» zu ziehen und sein Verhalten veränderten Bedingungen anzupassen, sich zu entscheiden. Diese Fähigkeiten, die hier entstehen, gehören zu den grundlegenden Fähigkeiten des Ichs, den sogenannten «Ich-Funktionen».

Das «Übergangsobjekt»

Eine wichtige Errungenschaft hilft dem Kind, die nun häufiger auftretenden Gefühle von Disharmonie – die Mutter erfüllt nicht mehr augenblicklich alle Wünsche und begrenzt es manchmal in seinem Tatendrang – abzumildern: der «Trostspender». Der Tröster, fachsprachlich «Übergangsobjekt» genannt, ist der erste Gegenstand, der für das Kind emotionale Bedeutung gewinnt, so daß es sich durch diesen «Kontakt» geborgen fühlen kann. Solche Funktion kann die Schmusedecke oder das Kuscheltier erfüllen, aber auch der eigene Daumen. Die Vorteile eines derartigen Übergangsobjektes liegen auf der Hand: das Kuscheltier ist immer verfügbar, gleichbleibend weich und «lieb», kontrollierbar und vertraut. So repräsentiert es die Gefühle des Einsseins mit der Mutter. Aufgrund dieser Bedeutung versteht es sich von selbst, daß der «Tröster» weder verändert noch gar weggenommen werden darf. Indem es dem Kind gelingt, sich an ein Übergangsobjekt emotional anzuschließen (etwa in der schwierigen Einschlafsituation), entwickelt es zum ersten Mal die Fähigkeit zur kreativen Konfliktlösung; es schafft sich eine reale Alternative in einer empfundenen Mangelsituation.

4. Übungsphase (11.–18. Monat)

Die erste Hälfte des zweiten Lebensjahres bringt die beglückende Erfahrung wachsender körperlicher Kraft und Selbständigkeit. Das Kind nimmt seinen Körper mit Begeisterung in Besitz: Es läuft, klettert, bestimmt selber die Nähe und Distanz zur Mutter, holt sich erwünschte Dinge und erwirbt größere Handgeschicklichkeit. Eventuell beginnt die Sauberkeitserziehung. Zudem setzt der ihm auch «geistige Macht» verleihende Spracherwerb ein. Das Kind genießt die wachsende Selbständigkeit und spiegelt sich in der Bewunderung von Vater und Mutter. Wichtig ist, daß diese ihm möglichst viele Hindernisse aus dem Weg räumen und daß sie als «Heimatstützpunkt» verfügbar bleiben, zu dem das nun fortstrebende Kind jederzeit zurückkehren kann, um sich der emotionalen Übereinstimmung zu versichern.

Indem die Mutter bereitwillig die Rolle der «Assistentin der kindlichen Großartigkeit» spielt, sich dem Kind als «Verlängerung seines Selbst» zur Verfügung stellt, gewährt sie ihm eine neue Form des Einsseins. Mit dieser Rückendeckung entwickelt das Kind Selbstbewußtsein und Eroberungsmut. Aufmerksam und geschickt übt es seine Fähigkeiten und erobert die Welt, die – insofern sie sicher gestaltet ist und aufgrund der feinfühligen Einsatzbereitschaft der Mutter wenig Widerstände bietet – als «haltend» erlebt wird. Die begeisternde Erfahrung: «Ich kann, was ich will», («Omnipotenzgefühle») bildet nicht nur die Voraussetzung dafür, daß sich das Kind gern mit der «großen Welt» auseinandersetzt – Schwierigkeiten (z. B. Hinfallen) werden dabei oft klaglos hingenommen oder durch geduldiges Üben überwunden, sondern schenkt ihm auch den Mut, sich noch weiter von der Mutter zu lösen.

Der Vater, dem als dem «vertrauten Anderen» schon in der Differenzierungsphase wachsende Bedeutung zukam, bildet nun (evtl. zusammen mit anderen zur Kernfamilie gehörenden Personen wie Geschwistern oder Großeltern) den ersten «Landepunkt» in der sich vergrößernden Welt. Besonders liebt das Kind die «typisch väterlichen» Spiele, wie das «Hochwerfen und Wieder-Auffangen» oder das «Aufden-Schultern-Reiten», die vermutlich das Gefühl der Großartigkeit verstärken.

Notwendige kurzfristige Trennungen von der Mutter (auch vom Vater) beantwortet das Kind jetzt, nach vorübergehendem Protest, mit einer gedämpften Stimmung. Es unterbricht sein Spiel, wird nachdenklich und ringt darum, sein emotionales Gleichgewicht zu bewahren. Dabei vermittelt ihm sein Übergangsobjekt hilfreichen Trost. Kehrt die Mutter zurück, so sinkt es schluchzend in ihre Arme oder aber es wehrt sie wütend ab, die Selbstkontrolle ist erschöpft, die Spannungen lösen sich; nun braucht es den mütterlichen Schutz wieder. Derartige Phasen des Alleinseins stellen für das Kind einen wichtigen Entwicklungsanreiz dar, doch sollte sich die Dauer der Abwesenheit stets nach der individuellen Belastbarkeit des Kindes richten. (S. Kap. 3, S. 56f.)

5. *Wiederannäherungsphase (18.–24. Monat)*

Während der Freude an seinen neuen Fähigkeiten und der aufregenden Welteroberung hat das Kind die – selbstverständlich anwesende – Mutter scheinbar vergessen. Nun wird ihm mit dem fortschreitenden Erwerb der Sprache und des symbolischen Denkens allmählich die damit verbundene Getrenntheit von ihr bewußt. Auch erlebt es bei allem Stolz über die eigene Größe in der zweiten Hälfte des zweiten Lebensjahres zunehmend seine relative Ohnmacht gegenüber der Widerständigkeit der Welt und wird zugleich häufiger mit notwendigen elterlichen Einschränkungen konfrontiert, die Enttäuschung und Wut auslösen. Es ahnt seine psychische Selbständigkeit, die es in Form des eigenen Willens anstrebt, die es aber zugleich als Konflikt mit dem gegensätzlichen elterlichen Willen und als Verlassenheit fürchtet. Darum sehnt es sich zurück in die emotionale Einheit und wirbt verstärkt um elterliche Zuwendung. Doch bald ringt es wieder um seine Autonomie und lehnt die vertraute Nähe ab, weil sie die Autonomie zu gefährden scheint. Dieser Zwiespalt löst im Kind das typische «Trotzverhalten» aus, das häufig Ende des zweiten Lebensjahres beginnt und sich im dritten Lebensjahr fortsetzt.

Die Eltern, insbesondere die Mutter, befinden sich in einer schwierigen Situation. Sie können es dem Kind nicht recht machen: Beseitigen sie wortlos die auftretenden Schwierigkeiten (helfen z. B. beim Anziehen), so empfindet sich das Kind als vereinnahmt und wehrt sich. Unterlassen sie derartige Hilfestellungen, erlebt das Kind seine Ohnmacht, fühlt sich hilflos und verlassen. Beide Male reagiert es weinend, oft in verzweifelter Wut. Diesem Zwiespalt entsprechend «beschattet» es häufig die Mutter, läuft hinter ihr her, klammert sich an sie, bloß um sie, wenn sie sich ihrerseits ihm zuwendet, wütend zurückzustoßen. Es sehnt sich danach, daß die Mutter ihm folgt, wenn es davonläuft, doch wehe, sie entspricht diesem Wunsch.

Die hier für die Beziehung zur Mutter gezeigte Problematik gilt selbstverständlich auch für die zum Vater – allerdings in etwas abgeschwächtem Maße. Denn die Konflikte entzünden sich aufgrund der stärkeren mütterlichen Präsenz im allgemeinen häufiger an der Mutter; außerdem scheint sie für die kindliche Autonomie durch ihr verführerisches «Symbioseangebot» bzw. die Macht seiner Symbiosesehnsucht, die das Kind im Dienste der Selbstwerdung abwehren muß, bedrohlicher zu sein.

Mit dem sich entwickelnden Willen und Ich-Bewußtsein verändert sich die Bedeutung, die Grenzsetzungen, Verweigerung von Wunscherfüllungen und Trennungen für das Kind einnehmen. Führten derartige Frustrationen ursprünglich zur das eigene Existenzgefühl bedrohenden Unsicherheit, so beweisen sie nun die Ohnmacht des Kindes, demütigen es und beeinträchtigen sein Selbstwertgefühl. Das Kind kämpft um Selbstachtung und Selbstbehauptung. Sein häufiges und energisches «Nein» dient auch diesem Zweck.

Wichtig ist in dieser Zeit die verständnisvolle Toleranz der Eltern, die sowohl die Achtung vor der kindlichen Eigenständigkeit als auch das Setzen notwendiger Grenzen sowie die ruhige Verfügbarkeit einschließt. Denn nur auf dieser Basis kann das Kind gleichermaßen liebevolle und aggressive Gefühle bei sich selbst zulassen und als zu sich selbst gehörig anerkennen. Nur so kann es beide Gefühlsqualitäten auf die Mutter richten und erfahren, daß die Beziehung stabil genug ist, um beides – Zuneigung und Aggression – zu verkraften. Nur so kann es umgekehrt begreifen, daß die sonst liebevolle Mutter auch «böse» (ärgerlich, versagend) sein kann und daß ein mütterlicher Ärger nicht den Verlust ihrer Liebe bedeutet oder gar die Mutter in eine «böse Hexe» verwandelt. So wird es allmählich die Einseitigkeiten (Spaltungen) seiner Wahrnehmung überwinden, die darin bestehen, daß es einzig die jeweils gegenwärtige Erscheinungsweise (z. B. freundlich) als gültig erlebt, aber mit der entgegengesetzten (z. B. abweisend) – die es, wenn sie auftritt, ebenfalls absolut setzt – nicht in Verbindung bringen, d. h. als zum selben Menschen gehörig erfassen kann. Im Zusammenhang damit wird das Kind seine noch bestehenden Allmachtsgefühle abbauen zugunsten der Freude, reale Entwicklungsaufgaben aktiv zu bewältigen.

Wird die Entwicklung gestört, weil die Eltern das Kind nicht in seine Schranken weisen oder es in seinen Selbstbehauptungskämpfen nie gewinnen lassen und ihm zu starre Grenzen aufzwingen oder aber ihm ihren emotionalen Rückhalt verwehren, so besteht die Gefahr, daß das Kind entweder unrealistische Größenphantasien beibehält oder Ohnmachtsgefühle verfestigt und die Eltern weiterhin als allmächtig ansieht. Auf jeden Fall wird die nun anstehende Ausbildung seiner Fähigkeit zur Realitätsprüfung beeinträchtigt.

6. Befestigungsphase (24.–36. Monat)

Mit der Integration von Selbständigkeitsbestrebungen und Anlehnungsbedürfnissen im Laufe des dritten Lebensjahres überwindet das Kind das Trotzverhalten und erwirbt die Grundlagen der sogenannten Selbst- und Objektkonstanz, d. h. es erlangt ein einheitliches Selbstbild bzw. die Ich-Identität, die verschiedene Handlungsimpulse und Gefühlsqualitäten als zur eigenen Person (bzw. zum Gegenüber) gehörig anerkennt. Das Kind weiß nun: ich darf einen eigenen Willen ausdrükken und einen psychischen Eigenraum aufbauen; das hindert mich nicht, teilzuhaben am psychischen Raum der Eltern; ich werde von ihnen nicht verlassen, obwohl sie auch ihrerseits einen eigenen Willen und einen psychischen Eigenraum besitzen. Es hat nun die ideale Distanz gefunden; es wird nicht mehr von elementaren Verlassenheitsängsten gequält; das unsichtbare Band ist fest geknüpft, und das Kind wird den Wunsch entwickeln, den Eltern zu gefallen, um ihre Liebe zu bestätigen und zu erhalten.

Mit der Erfahrung der stabilen Beziehung verinnerlicht das Kind das «Bild der guten Mutter», das von nun an auch bei ihrer Abwesenheit wirksam bleibt. So fühlt es nun die innere Gewißheit, daß die Mutter, geht sie einmal fort, bestimmt zurückkehrt. Bei ihrer Abwesenheit kann es sich selbst den von der Mutter häufig gehörten Trost zusprechen: «Ich brauche keine Angst zu haben» oder diese Zuversicht im Rollenspiel wirkungsvoll der Puppe sowie anderen Kindern weitergeben: «Du brauchst keine Angst zu haben». Stellten frühere Versuche zur emotionalen Selbstberuhigung Prozesse der Verleugnung oder Autosuggestion dar, so beruhen sie nun auf der gewonnenen Beziehungs- und damit auch Selbstsicherheit. Weil es mit vielfach bewährten Bewältigungsmustern verknüpft ist, die in der entsprechenden Situation aktiviert werden, bietet das innere Mutterbild dem Kind gleichsam Schutz in kleineren «Gefahrensituationen», z. B. bei körperlichem Schmerz oder emotionalen Kränkungen. Auf diese Weise verhilft es dem Kind zu «Ich-Stärke» und zu einem weiteren Schritt der Loslösung von der Mutter.

Parallel mit der Bewältigung der Selbständigkeits-Anlehnungs-Konflikte beginnt die Entwicklung einer weiteren wesentlichen Fähigkeit: die Fähigkeit zur Realitätsprüfung. Beschränken sich die Frustrationen auf ein für das Kind verkraftbares Maß, so erlebt es: ich bin nicht allmächtig und nicht ohnmächtig, nicht engelgleich gut und nicht abgrundtief böse; dasselbe gilt für Mutter und Vater; die Welt fügt sich nicht meinen Vorstellungen, aber sie bedroht mich auch nicht; ich kann es also wagen, genau hinzuschauen, wie sie ist; ich kann meine Erfahrungen sammeln, meine Schlüsse ziehen, meine ursprüngliche Vorstellung berichtigen. Die gelassen verfügbare Mutter im Hintergrund ermöglicht diesen Vorgang. Das Aufgeben der bis dahin herrschenden Omnipotenzphantasien, zugunsten einer realitätsgerechteren Einschätzung fördert wiederum die Verselbständigung des Kindes. So wird es, wenn sich die errungene Konstanz über einen gewissen Zeitraum bewährt hat, reif für den nächsten Entwicklungsschritt, den Gang in den Kindergarten. (S. Kap. 3, S. 59f.)

II.
Förderung der Beziehungs- und Ich-Entwicklung bei Menschen mit geistiger Behinderung

Die geistige Behinderung, zu deren Merkmalen immer eine Störung der kognitiven Funktionen gehört, erschwert die Ich-Bildung; sie wird daher nicht zufällig als «Schwäche der Gesamtseelenstruktur» definiert. Das Kind kann seine Beziehungs- und Umwelterfahrungen nur beschränkt auswerten und zum Ich-Aufbau nutzen. Deshalb bedarf es bei dieser Entwicklungsaufgabe besonderer Unterstützung. Jedoch erweist sich diese Hilfestellung häufig als recht schwierig, da auch die Beziehungsentwicklung, die wesentliche Voraussetzung für eine gelungene Ich-Entwicklung, in der Regel beeinträchtigt ist. Die Gründe hierfür finden sich sowohl auf der Seite der Eltern wie auf der des Kindes.

1. Besondere Entwicklungsprobleme

Die Erkenntnis, ein geistig behindertes Kind zu haben, bedeutet für die Eltern eine schwere Bürde. Zukunftsvorstellungen und -pläne müssen jäh revidiert werden; häufig treten Schuldgefühle auf, gefolgt von quälenden, selbstbezogenen oder gegenseitigen Vorwürfen. Diese Gefühle können zu einer – vorübergehenden – Ablehnung des Kindes oder zu einem zwiespältigen Beziehungsangebot führen. Der Wunsch nach einem gesunden Kind kann darüber hinaus eine Verleugnung der Behinderung und infolgedessen ein überforderndes Beziehungsverhalten bewirken, während Schuldgefühle und falsches Mitleid häufig dazu führen, das Kind übermäßig zu verwöhnen und zu unterfordern.

Von seiten des Kindes erschwert die Behinderung als solche die Beziehungsentwicklung. Durch die Störung der Reizverarbeitung reagiert es nicht wie ein «normaler» Säugling. Die beeinträchtigte Wahrnehmungs- und Reaktionsfähigkeit (Über- oder Unterempfindlichkeit), ebenso wie die Erschlaffung oder erhöhte Grundspannung verhindern sowohl seine angemessene Kontaktaufnahme als auch eine befriedigende Antwort auf elterliche Zuwendung. Die verunsicherten Eltern wissen weder, wie sie das fehlende Lächeln, das häufige Schreien, die gespannte Abwehr oder die dumpfe Apathie deuten sollen, noch welche Wege und Mittel sie anwenden müßten, um einen aufmerksamen oder entspannten Kontakt herbeizuführen. So verringern sie ratlos und enttäuscht ihre Zuwendung. Die wegen der Behinderung oftmals notwendigen Krankenhausaufenthalte, und das heißt: die frühen Trennungen von den Eltern, insbesondere der Mutter, bedrohen ebenfalls die Beziehungsentwicklung.

Aufgrund der beschriebenen Schwierigkeiten verlaufen der primäre Zustand und die symbiotische Phase für das geistig behinderte Kind häufig unbefriedigend. Das nahtlose Ineinanderfließen von Bedürfnis und Bedürfnisbefriedigung gelingt nicht, das Kind fühlt sich von der Mutter und der Welt nicht «gehalten», sondern emotional verlassen. Folglich entwickelt es häufig Existenz- und Verlassenheitsängste, die sich zusätzlich hemmend auf die ohnehin eingeschränkte Fähigkeit, Umwelterfahrungen zu sammeln und an ihnen kognitiv und emotional zu reifen, auswirken. So werden Defizite des symbiotischen Erlebens auch Ich-Bildungsdefizite in der Differenzierungsphase, Übungsphase sowie den folgenden Phasen nach sich ziehen. Ebenfalls blokkiert wird die Ich-Bildung, wenn überängstliche Eltern die oft ungeschickten Verselbständigungsversuche des behinderten Kindes einschränken oder wenn sie sich vor der oftmals unbezähmbaren Vitalität in der Trotzphase fürchten und deshalb vor ihr kapitulieren oder ihre Kraft zu brechen suchen. Das Kind empfindet dann weder das Hochgefühl seiner Großartigkeit, das ihm den Mut verleiht, sich mit der realen Welt auseinanderzusetzen, noch erlebt es, daß es einen eigenen psychischen Raum beanspruchen darf, gleichzeitig aber an der Sicherheit spendenden Gemeinschaft der Eltern teilhat. Mit anderen Worten: es erwirbt keine Konstanz, die Tragfähigkeit des verinnerlichten Mutterbildes bleibt unzureichend, und die Fähigkeit zur Realitätsprüfung – ohnehin durch die kognitiven Defizite eingeschränkt – kann sich durch die andauernde emotionale Verunsicherung und Abhängigkeit nicht ausbilden.

Doch selbst bei gut verlaufendem, hilfreichem Beziehungserleben vollzieht sich die kognitive Entwicklung und dadurch auch die Ich-Entwicklung des geistig behinderten Kindes langsamer. Ihm fehlt die Fülle der berauschenden Erfolge der Übungsphase, die sein Selbstbewußtsein stärken und die Loslösung von der Mutter vorantreiben. Einzelne Leistungsinseln, Fähigkeiten, die möglicherweise sogar überdurchschnittlich gut ausgebildet wurden, dürfen nicht darüber hinwegtäuschen, daß insgesamt die Diskrepanz zwischen der körperlichen und der seelisch-geistigen Entwicklung wächst.

2. Grundsätze der Beziehungsgestaltung

Für die Beziehungsgestaltung mit geistig behinderten Menschen bedeuten diese Einsichten: Durch genaue Beobachtung sollten der Stand der Ich-Entwicklung sowie die Beziehungsbedürfnisse ermittelt werden. Wenn diese sich im wesentlichen auf einem Niveau unter dem eines dreijährigen normal entwickelten Kindes befinden – was häufig der Fall sein wird –, so ist es notwendig, daß eine Bezugsperson (Mutter, Betreuer) sich auch bei höherem Lebensalter als «primäre Bezugsperson», als «Ersatzmutter» zur Verfügung stellt. Denn nur mit Hilfe eines verläßlich verfügbaren, bindungsbereiten Gegenübers kann eine Nachentwicklung der Beziehungsfähigkeit und der Ich-Kräfte gelingen. Im Zentrum der Förderung muß die Befriedigung der phasenspezifischen Beziehungsbedürfnisse, verbunden mit einer Anregung des sensomotorischen Explorationsverhaltens bzw. der Vorstellungskraft stehen. Das elementare kommunikative Mittel bei der Beziehungsgestaltung bildet das Spiegeln der «kindlichen» Aktivitäten; auch die weiterführenden Methoden der basalen Kommunikation, der Gestalttherapie für geistig Behinderte, der sensomotorischen Förderung und in Einzelfällen bei besonderen Problemsituationen – z. B. bei autoaggressiven Verhaltensweisen – der Festhaltetherapie können gute Dienste leisten.

3. Phasenspezifische Verhaltens- und Beziehungsmerkmale

Abschließend seien noch einmal stichwortartig die in den einzelnen Phasen vorherrschenden Bedürfnisse sowie einige Verhaltensmerkmale, an denen sie zu erkennen sind, aufgeführt. Hierbei ist jedoch anzumerken, daß viele der Erkennungsmerkmale für mehrere Entwicklungsphasen gelten und daß manches Merkmal auch auf eine andere Störung hinweisen kann. Aus diesen Gründen erweist sich eine eindeutige Phasenzuordnung oftmals als problematisch. Die Zuordnung sollte grundsätzlich mehrere Merkmale berücksichtigen, um angemessene Rückschlüsse aus dem entstehenden Muster ziehen zu können. Die Anmutungsqualität (welche Gefühle löst das Verhalten im Betreuer aus?) wird bei der Beurteilung manchmal eine Rolle spielen müssen. Erschwerend kommt hinzu, daß der behinderte Mensch sich häufig nicht nur auf einer Entwicklungsstufe befindet, sondern Fähigkeiten verschiedener Phasen (z. B. symbiotische bis Befestigungsphase) ausgebildet hat, denen auch die Beziehungsbedürfnisse dieser Phasen entsprechen. Die augenblickliche Verfassung bestimmt dann das jeweils vorherrschende Bedürfnis. Generell gilt: Der behinderte Mensch zeigt mit seinem Verhalten, was er braucht, und der Betreuer versucht flexibel akzeptierend zu reagieren.

Primärer Zustand und symbiotische Phase

Verhaltensmerkmale:

- Arten der Beziehungsgestaltung: benutzt den Betreuer als «totales Objekt», an dem alle Gefühle und Bedürfnisse ausgelebt werden, oder «klebt» am Betreuer – läuft ihm ständig hinterher, sucht stets Körperkontakt, redet pausenlos mit ihm; oder Distanzlosigkeit – hängt sich an jeden; oder beziehungsloser Rückzug – sucht keine Nähe und reagiert kaum auf Näheangebote
- ein Gegenstand (z. B. Kuscheltier) ersetzt die Beziehung
- weiß nichts mit sich anzufangen – fällt allein in Stereotypien, Rituale, Gewohnheitshandlungen; es fehlt jede Kreativität; Anzeichen hierzu zeigen sich allenfalls im direkten Kontakt mit dem Betreuer, wenn dieser sich auf den Behinderten einstimmt, ihn spiegelt
- fehlende oder sprunghafte Interessen (bei Personen mit höherer kognitiver Entwicklung)
- keinerlei Frustrationstoleranz/Leistungsbereitschaft – kann z. B. nicht warten
- kein Bewußtsein für die eigenen Bedürfnisse
- Unfähigkeit, bewußt eigenständig zu entscheiden – reagiert entweder unmittelbar bedürfnisorientiert (triebhaft) oder schließt sich automatisch der Meinung anderer an oder äußert sich nicht
- kann sich gegenüber anderen Personen nicht abgrenzen – reagiert «automatisch» mit (selbst über eine gewisse räumliche Distanz), wenn jemand weint, lacht, schreit usw.

Hilfreiches Betreuerverhalten:

- möglichst ständige physische Präsenz der Bezugsperson
- sofortige Befriedigung aller Bedürfnisse
- viel Körperkontakt, der das entspannte Anschmiegen und damit Verschmelzungserlebnisse ermöglicht
- Kommunikation durch mimisches, stimmliches und gestisches Spiegeln
- Spiegelung des Spielverhaltens (versuchsweise auch der Stereotypien), ergänzt durch behutsames Anbieten/Einschleichen leicht differenzierter Spielmuster
- genußvolles gemeinsames Spiel mit dem Körper, um die Bildung des Körperbildes anzuregen, z. B. beim Baden

Differenzierungsphase

Verhaltensmerkmale:

- Wunsch nach Nähe und deutliche Zeichen von Trennungsangst, gleichgültig ob die Bezugsperson wirklich oder nur vermeintlich fortgeht

- aktives Austesten der Beständigkeit der Beziehung – Freude an Nähe-Distanz-Spielen («provozierendes Weglaufen»)
- Ansätze zu Explorationsverhalten (Gegenstände, Körper) bei Anwesenheit der Bezugsperson
- ergreift ansatzweise Eigeninitiative – will «selber tun», erste Meinungsäußerungen
- reagiert unter Umständen mit verzweifelter Wut (die «Existenz zerbricht») auf Grenzsetzungen und Mißerfolge
- Entstehung des Übergangsobjektes

Hilfreiches Betreuerverhalten:
- physische Präsenz, gegen Ende der Phase: Verfügbarkeit als «Heimatstützpunkt»
- schnelle Bedürfnisbefriedigung
- Anregung und Begleitung bei der Entdeckung der unmittelbaren Umgebung, zu der unter Umständen auch der Körper der Bezugsperson gehört
- Weiterführung und Intensivierung körperlicher Spiele
- Beginn der Spiele, die das Bewußtsein der eigenständigen Existenz (=Getrenntheit) vorbereiten
- Unterstützung der ersten Selbständigkeitsbestrebungen
- Setzen erster Grenzen
- Vermeidung größerer Frustrationen
- haltender Trost bei Wutanfällen
- Anbieten bzw. Respektieren eines Übergangsobjektes, versuchen es als Symbol der Beziehung in Trennungszeiten einzusetzen

Übungsphase

Verhaltensmerkmale:
- Experimentierlust, «Welteroberung», relativ ausdauerndes «Üben» bei Anwesenheit oder Erreichbarkeit der Bezugsperson
- Stolz auf Erfolge (strahlt) – teilt die Freude mit und will Bewunderung
- große Lust am eigenen Körper/körperlichen Fähigkeiten
- erste kurzzeitige Selbstkontrolle bei unlusterregenden Einschränkungen
- Verlust der Aktivität bei Verlassenheitsgefühl (Bezugsperson nicht erreichbar) – Stimmung gedämpft
- bei Rückkehr der Bezugsperson möglicherweise: Zusammenbruch der Selbstkontrolle (Weinen, Aggression, Beschatten)

Hilfreiches Betreuerverhalten:
- Schaffen eines sicheren Umfelds mit Entdeckungsmöglichkeiten und Handlungsfreiräumen

- unaufdringlich hilfreiche physische Präsenz; Verfügbarkeit als Heimatstützpunkt
- freudige Bewunderung jeder – insbesondere jeder neuen – Aktivität
- kurze Trennungsphasen (jetzt notwendig und nicht nur unvermeidbares Übel)
- Unterstützung der Funktion des Übergangsobjektes (indem es z. B. ein Geschenk der Bezugsperson ist)
- vorsichtige verbale Spiegelung emotionaler Zustände

Wiederannäherungs- und Befestigungsphase

Verhaltensmerkmale:
- Rückgang der Frustrationstoleranz – starke Stimmungsschwankungen, oft ohne erkennbaren Anlaß
- Ambivalenzen: Nähe suchen – fortstoßen, Hilfe beanspruchen – ablehnen
- verstärkter Wunsch nach Selbständigkeit, Wut bei Einschränkungen, Verlassenheit
- «Nein» als Zeichen der Abgrenzung und Autonomie sowie als Spiegel der Verneinungen der Bezugspersonen
- Verteidigung des eigenen Körpers als Besitz (wehrt sich gegen Anziehen, Waschen, Bevormundungen jeglicher Art)
- Entstehung des Gefühls für Eigentum
- Beginn des Symbolspiels (dient der Objektrepräsentanz bei Verlassenheit)
- Übergangsobjekt kann gezielt als Beziehungsrepräsentanz eingesetzt werden (mildert Verlassenheit)

In der Befestigungsphase:
- deutliches Interesse an Spielkameraden/anderen Erwachsenen
- Realitätsprüfung gelingt mit Hilfestellung ansatzweise

Hilfreiches Betreuerverhalten:
- Akzeptanz der unterschiedlichen Gefühle
- «verständnisvolle» Reaktionen, d. h. grundsätzliche Zugewandtheit, aber
- weder ständiges Nachgeben noch perfekte «harte Konsequenz», sondern
- Setzen von notwendigen Grenzen und Gewähren von vertretbaren Spielräumen als Voraussetzung für die Entwicklung sowohl des Anpassungs- als auch des Selbstbehauptungsvermögens
- Entscheidungsmöglichkeiten anbieten
- einerseits eine gelassene Grundhaltung, andererseits affektiv deutliche Reaktionen zeigen durch beispielsweise «kontrolliertes Zurücktrotzen», d. h. scheinbare Übernahme des Trotzverhaltens,

ohne daß jedoch die Bezugsperson ihrem «Gegentrotz» emotional unterliegt
- bei Trotzanfällen: Vermeidung von Selbst- und Fremdgefährdung
- nach überwundenem Trotzausbruch: Nähe und Trost anbieten, eventuell durch gemeinsame Aktivitäten, gegebenenfalls entstandene Schäden gemeinsam beseitigen
- Entschärfung der Konflikte, indem eine zweite, weniger emotional involvierte Bezugsperson eingreift (Rolle des «Vaters»)
- Respektieren des «Rechts auf den eigenen Körper» (z. B. bei Fragen der Sauberkeit, der Kleiderwahl)
- Intensivierung der verbalen Kommunikation (Eingehen auf «Warum-Fragen», Unterhalten über Erlebnisse, Gefühle, eventuell durch stellvertretende Verbalisierung)
- Unterstützung symbolischer Handlungen (Spiele), Verständnis für symbolische Interaktionsformen

Für alle Entwicklungsphasen sowie für den Beziehungsaufbau generell gilt es darüber hinaus, Enthaltsamkeit gegenüber jeder Art von Liebesentzug zu üben; denn die Verweigerung liebevoller Zuwendung reaktiviert die alten Verlassenheitsängste, die gerade abgebaut werden sollen, und verunsichert damit das noch schwache Ich.

4. Zielperspektive: Gruppenfähigkeit

Gegen eine Förderung, die ein derart intensives Engagement der Bezugsperson voraussetzt, wird oft der Einwand erhoben, daß nach dem Eingehen einer solchen Beziehung ein (erneuter) Bezugspersonenwechsel (z. B. bei Heimbewohnern durch einen Stellenwechsel des Betreuers bedingt) die Trennungsangst nur vergrößere und bereits verbuchte Erfolge vernichte. Wünschenswert wäre hingegen eine Stärkung der Beziehungen auf breiter Basis, z. B. der Gruppenmitglieder untereinander. Nun ist dies – bezogen auf Heimbewohner – zwar ein anzustrebendes Ziel, weil es den Gruppenbewohnern zeitlich stabile Beziehungen verspricht und das Gewissen der Betreuer entlastet, weil zudem jede Erziehung die psychische Unabhängigkeit von Elternrepräsentanten erreichen möchte, doch läßt sich ein solches Ziel erst dann anpeilen, wenn die Anfänge der emotionalen Objektkonstanz und ein unabhängig funktionierendes Ich entwickelt worden sind. Dazu bedarf es einer verfügbaren, vorbehaltlos emotionale Nähe anbietenden Bezugsperson.

Selbstverständlich verursacht die Trennung von einem nahestehenden Betreuer tiefen Schmerz und erneuert alte Verlassenheitsängste. Dauerte die Beziehung aber lange genug, um einige Entwicklungsschritte des Ichs zu ermöglichen, so wird der verlassene behinderte Mensch durch den Verlust zwar in eine Krise geraten, aber nicht dauerhaft auf die ursprüngliche Stufe zurückfallen. Dies kann insbesondere dann vermieden werden, wenn ein neuer Betreuer verständnisvoll den Trauerprozeß begleitet. Nach gelungener Bewältigung der Trennung werden die Fähigkeiten des Ichs wiederkehren und so ein erfüllteres Leben ermöglichen, als dies zuvor denkbar schien.

Es gibt zwar auch enge Beziehungen unter behinderten Menschen, die emotional noch weitgehend der symbiotischen Phase verhaftet sind. Solche Beziehungen beruhen auf gegenseitiger Abhängigkeit. Sie leisten wertvolle Dienste, indem sie die Verlassenheitsgefühle mildern und Sicherheit schenken, und sind deshalb zu schützen. Sie hemmen jedoch aufgrund der gegenseitigen Bedürftigkeit, die keinen Entfaltungsspielraum gewährt, das weitere Wachstum der Persönlichkeit und dürfen nicht mit Gruppenfähigkeit verwechselt werden. (S. Kap. 9, S. 136ff.)

Schreitet der Entwicklungsprozeß fort bis zur Bewältigung der ödipalen Problematik, dann ist die Gruppenfähigkeit errungen. Jetzt kann auch die Förderung stabiler Beziehungen der Gruppenmitglieder untereinander gelingen, und das erwünschte Ziel ist erreicht.

Zwölftes Kapitel

Sexualentwicklung

I.
Zum Begriff der Sexualität

Biologisch gesehen dient die Sexualität zur Fortpflanzung, zur Arterhaltung. Um abzusichern, daß der Mensch wie jedes andere Lebewesen diese Aufgabe erfüllt, wird das Bedürfnis nach geschlechtlicher Vereinigung hormonell gesteuert und ihre Ausübung mit intensiver Lust belohnt. Diese zwar richtigen, aber banal wirkenden Ausführungen sind geeignet, Widerstände hervorzurufen, denn sie erfassen nicht das Wesentliche menschlicher Sexualität. Diese beinhaltet viel mehr; die genitalen und erst recht die biologischen Aspekte stellen nur einen Teilbereich dar.

P. Sporken definiert Sexualität – ausgehend von der Tatsache, daß der Mensch nur als geschlechtliches Wesen existiert – auf drei Ebenen: Der umfassendsten Ebene ordnet er das allgemeine Faktum der Geschlechtlichkeit, das geschlechtsbezogene Alltagsverhalten zu, kurz: das Sich-als-Mann/Frau-Fühlen-und-Verhalten. Den mittleren Bereich der Sexualität beschreibt er als die Fähigkeit, zwischenmenschliche Beziehungen emotional auszugestalten. Alle Formen zwischenmenschlicher Nähe, das ganze Spektrum der Zärtlichkeiten sowie die Spielarten der Erotik finden hier ihren Platz. Auch die Fähigkeit, körperlich vermittelte Lust zu erleben, gehört hierher. Dabei kann der sinnliche Genuß sowohl durch Selbststimulation als auch durch ein Gegenüber angeregt werden. Den sexuellen Kernbereich schließlich stellt die zwischenmenschliche Intimität dar, die genitale Lust und den Geschlechtsakt sucht. Die grundlegende Kraft aber, die in allen drei Bereichen wirkt, ist nach *Freud* der «Eros», der nach Einheit strebende, das Leben erhaltende «Liebestrieb».

II.
Die psychosexuelle Entwicklung

Die sexuelle Entwicklung des Menschen erstreckt sich, dieser weiten Definition der Sexualität folgend, nicht nur auf die Reifung und Übung der Sexualfunktionen. Vielmehr umfaßt sie auch die Ausbildung der Geschlechtsidentität, die Integration der sexuellen Impulse und Einstellungen in die Gesamtpersönlichkeit sowie die Entwicklung einer ganzheitlichen Beziehungsfähigkeit. Dieser Prozeß beginnt mit der Geburt und setzt sich bis ins Erwachsenenalter fort. Es ist *Freuds* Verdienst, erstmals seine Bedeutung erkannt und den Verlauf erforscht zu haben. Nach seinen Einsichten läßt sich der Vorgang aufgrund der wechselnden Entwicklungsschwerpunkte in fünf Phasen unterteilen.

1. Orale Phase

In der ersten Hälfte des ersten Lebensjahres ist der völlig hilflose Säugling auf die unmittelbare Bedürfnisbefriedigung angewiesen (vgl. Symbiotische Phase). Körperliche Lust vermittelt ihm dabei alles, was sein Wohlbefinden erhöht: Körperkontakt beim Stillen, das Wiegen und Umhertragen auf dem Arm, das Spiel mit seinen Gliedmaßen, die zärtliche Berührung der Haut beim Wickeln und Baden, das Streicheln seines Köpfchens. Solche frühen Erfahrungen wecken die lebenslange Bereitschaft des Menschen, Zärtlichkeiten zu empfangen, und legen den Grund für eine gesunde Entwicklung der Beziehungsfähigkeit.

Die beschriebene Bedürftigkeit bleibt auch in der zweiten Hälfte des ersten Lebensjahres bestehen. Darüber hinaus entwickelt das Kind zunehmend eigene Aktivitäten, bedingt durch seine wachsenden körperlichen Fähigkeiten und die beginnende Vorstellungskraft. Erste Formen des sinnlich befriedigenden Spiels verringern ein wenig die ursprüngliche Abhängigkeit.

Ein wesentliches Organ der Erkenntnis und des Lustgewinns ist für den Säugling der Mund. Über den Mund nimmt er die Muttermilch auf und erlebt zugleich ihre beglückende Nähe, seine psychische Einheit mit ihr. Über den Mund spendet er sich am Daumen lutschend selber Trost, wenn er allein ist. Über den Mund erfährt er aber auch die Beschaffenheit der ihn umgebenden Dinge, denn jeder ergriffene Gegenstand wandert in den Mund, an allem Erreichbaren wird geleckt. Wegen dieser herausragenden Bedeutung des Mundes spricht *Freud* vom ersten Lebensjahr als von der «oralen Phase».

2. Anale Phase

Im zweiten und dritten Lebensjahr erwirbt das Kind zunehmend körperliche Unabhängigkeit und setzt sich mit seiner psychischen Eigenständigkeit auseinander. Lust bereiten ihm vor allen Dingen seine körperlichen Fähigkeiten (vgl. Übungsphase). Es übt sie genüßlich und sucht dafür Bestätigung. Bei der Inbesitznahme seines Körpers entdeckt es – im Vergleich mit Eltern und Geschwistern bzw. anderen Kindern – die geschlechtsspezifischen Unterschiede. Auch lernt es, daß es selbst ein Junge/Mädchen ist. Allerdings meint es noch, seine Geschlechtszugehörigkeit je nach Wunsch ändern zu können. Berührt es seine Genitalien, so empfindet es Lust. Diesen Genuß verschafft es sich immer wieder – häufig dient er der emotionalen Beruhigung, vergleichbar der Funktion des Daumenlutschens. Da sein Nervensystem für einen Orgasmus noch nicht reif genug ist, gilt diese «Babyonanie» nicht als Masturbation im eigentlichen Sinne.

Während dieser Phase erwirbt das Kind auch die Kontrolle über seinen Schließmuskel. Dabei erlebt es eine neue Form von Lust: die Erregung durch die willkürlich hervorgerufene Reizung der Darmschleimhäute und die befriedigende Entspannung das Darmes, wenn es sein «Geschäft» verrichtet hat. Wichtiger aber noch erscheint der Bereich der Sauberkeitserziehung als Feld der Selbstbehauptung für das Kind. Beim Ausscheidungsvorgang erlebt es seine Unabhängigkeit gegenüber Körpervorgängen (Kontrolle des Schließmuskels); es fühlt seine Macht, den Eltern eine Freude zu bereiten oder sie zu verweigern; und es empfindet die Lust an der eigenen Produktivität, denn schließlich ist der Stuhl ja sein eigenes «Werk». Aus diesen Gründen konzentriert sich das kindliche und elterliche Interesse eine Zeit lang um die Ausscheidungsregion. Bei ungeschicktem, einseitig forderndem Elternverhalten entstehen Machtkämpfe. Das Kind verweigert sich auf dem «Töpfchen», möglicherweise kotet es ein in dem verzweifelten Versuch, seinen Willen durchzusetzen. Unterliegt es, so paßt es sich zwar gezwungenermaßen an, empfindet es aber als schlimme Demütigung. Bei einer einfühlsamen Erziehung lassen sich dauerhafte Probleme jedoch leicht vermeiden, so daß die anale Thematik heutzutage eine geringere Rolle spielt, als *Freud* ihr aufgrund seiner gesellschaftlichen Erfahrungen zusprach. (S. Kap. 3, S. 60f.).

3. Ödipale Phase

Die Festigung der Geschlechtsidentität und die Auseinandersetzung mit der eigenen Geschlechtsrolle kennzeichnen die Entwicklung im vierten bis sechsten Lebensjahr. Bei der immer differenzierteren spielerischen Erforschung des eigenen Körpers (Doktorspiele, Wettpinkeln) stehen die nun deutlich erregbaren Geschlechtsorgane im Brennpunkt seines Interesses und werden allmählich zur Grundlage für das geschlechtliche Selbstbewußtsein. Die Beobachtung der Eigenart der elterlichen Beziehung und das erweiterte Vorstellungsvermögen tragen ebenfalls dazu bei, die Geschlechtsrolle zu finden. Wie im Spiel ahmt das Kind auch im täglichen Verhalten den gleichgeschlechtlichen Elternteil nach; so wirbt das Mädchen – alle Reize einsetzend – um die Gunst des Vaters, wie umgekehrt der Sohn um die der Mutter.

Ein Grund für solch Verhalten mag darin liegen, daß das Kind, das durch die wachsende Erfahrung seiner Selbständigkeit die grundsätzliche Getrenntheit von der Mutter erkannt hat und dadurch eine neue

Qualität von Einsamkeit erlebt, versucht, diese Einsamkeit durch die Nachahmung der elterlichen Beziehung zu überwinden. Auch begreift es allmählich, daß es seine Geschlechtszugehörigkeit nicht frei wählen kann und daß die Gegengeschlechtlichkeit die Basis der elterlichen Beziehung bildet.

Durch die intensive Zuwendung zum andersgeschlechtlichen «Partner» gerät das Kind allerdings in schwerwiegende Konflikte: wenn es den begehrten Elternteil, z. B. die Mutter, umwirbt und für sich allein gewinnen will, wenn es deshalb ärgerlich den «störenden Dritten», hier den Vater, «beseitigen» will, so stellen sich Verlustängste ein. Denn es liebt diesen Elternteil ebenfalls und will keineswegs auf dessen Liebe verzichten. Auch erlebt es seine Aggressionen oftmals als verboten und entwickelt deshalb Strafängste. Schließlich ahnt es, daß es in die spezifisch elterliche Beziehungsart nicht eindringen darf. Sein inzwischen entstandenes Gewissen antwortet auf derartige Wünsche deshalb mit Schuldgefühlen (vgl. Gewissensentwicklung). Allmählich überwindet es diese Konflikte, indem es den primären Anspruch auf den andersgeschlechtlichen Elternteil aufgibt und akzeptiert, daß Vater und Mutter unverbrüchlich zueinander gehören. Trost findet es dabei in der Vorstellung, daß es als Erwachsener einmal eine Frau wie die Mutter bzw. einen Mann wie den Vater heiraten wird. Um das Ziel zu erreichen, muß es Vater/Mutter ähnlich werden, denn Mutter/Vater liebt einen Mann/Frau wie Vater/Mutter. Diese weitgehend unbewußt gewonnene Einsicht des Kindes verwandelt die vorangegangene Rivalität wiederum in bewundernde Zuwendung und verstärkt die Identifikation mit dem eigenen Geschlecht.

Um den ödipalen Konflikt so positiv bewältigen zu können, bedarf das Kind der Unterstützung seiner Eltern. Wenn sie ihm großzügiges Verständnis entgegenbringen, d. h. wenn sie dem kindlichen Werben angemessene Beachtung schenken, dann wird das Kind das Selbstvertrauen gewinnen, daß es beim anderen Geschlecht «ankommt», daß es ohne Schuldgefühle um Zuneigung werben und sich sogar mit Rivalen messen darf, daß es dabei «typisch» weibliche oder männliche Verhaltensweisen zeigen, kurz: daß es sich zu seinem Mann- oder Frau-Sein bekennen darf. Wichtig ist jedoch, daß die Eltern die kindliche Zuneigung nicht eigennützig herausfordern und für das eigene Selbstwertgefühl mißbrauchen oder gar gegen den Ehepartner ausspielen, ebenso daß sie nicht eifersüchtig, strafend oder mißachtend reagieren. Dergleichen negative elterliche Reaktionen würden das Selbstwertgefühl beeinträchtigen, Schuldgefühle und «Kastrationsangst» (d. h. die Angst, daß der Anspruch und die Erfüllung der eigenen Geschlechtlichkeit brutal geahndet wird) auslösen oder schwer auflösbare, unangemessene Bindungen an einen Elternteil begünstigen. Hat das Kind aber mit Hilfe der Eltern seine Geschlechtssicherheit gefunden, dann kann es auch seinen Platz als Kind in der Familie akzeptieren und den Eltern ihre Rolle überlassen. (S. Kap. 3, S. 64ff.)

4. Latenzzeit

In den folgenden Jahren (vom 6. bis 11. Lebensjahr) ruhen nach *Freud* die sexuellen Impulse. Neuere Forschungen bestätigen diese Ansicht jedoch nicht. Die sexuelle Neugier des Kindes bleibt ebenso erhalten wie der Wunsch nach sinnlicher Befriedigung. Doch, bedingt durch seine fortschreitende Loslösung, erhält und braucht es diese nun weniger von den Eltern. Neben dem selbstbefriedigenden Körpererleben mögen hier auch Freundschaften einen gewissen Ausgleich schaffen. Dabei überwiegen für eine gewisse Zeit bei den meisten Kindern die gleichgeschlechtlichen Freunde. Es scheint, als ob diese die Einübung in die eigene Geschlechtsrolle unterstützen. Jedoch wird das andere Geschlecht genau beobachtet und, selbst wenn es abgewertet wird, immer wieder ein z.B. auf Neckerei beruhender Kontakt gesucht. Dennoch stellt die Sexualentwicklung während dieser Zeit nur einen Nebenschauplatz des Entwicklungsgeschehens dar. Der Schwerpunkt liegt auf der zunehmend realistischen Auseinandersetzung mit der Außenwelt und der Bewältigung der kognitiven und sozialen Aufgaben. Das kognitive Interesse des Kindes spiegelt sich auch in seiner Beziehung zur Sexualität: es interessiert sich für die sexuellen Funktionszusammenhänge. Detailliertere Fragen der Aufklärung gewinnen an Bedeutung. Obwohl der emotionale Gehalt des sexuellen Wissens noch nicht empfunden werden kann, erleichtert die sexuelle Information doch die innere Vorbereitung auf die nun folgende Pubertät. (S. Kap. 5, S. 82ff.)

5. Genitale Phase

Biologisch gesehen erlangt der Mensch in der Pubertät die Geschlechtsreife. Sie wird ausgelöst durch die stürmischen hormonellen Veränderungen im Körpergeschehen. Dabei erzeugt die nun einsetzende gewaltige Produktion der Sexualhormone starke Affektspannungen und einen zuvor in dem Ausmaß und der Intensität unbekannten Triebdruck. Deshalb rücken die Geschlechtsorgane wieder in den Brennpunkt des Interesses und des sexuellen Lustempfindens. Für das körperliche Selbsterleben und die Verminderung der Triebspannung gewinnt die Onanie wachsende Bedeutung. Zugleich wird der geschlechtliche Kontakt zu Freunden anderen Geschlechts angestrebt. Die genitale Phase, die die Erfüllung des sexuellen Begehrens im Geschlechtsakt sucht, beginnt. Doch die Bedeutung der Pubertät erstreckt sich nicht nur auf die Entfaltung des «sexuellen Kernbereiches», auch der sexuelle Außen- und Mittelbereich erfahren während dieser Periode eine deutliche Erweiterung.

Die mit dem Gestaltwandel einhergehende Veränderung des Körperbildes sowie die neuen Gefühlsdimensionen erfordern eine intensive Auseinandersetzung mit der Frage: wer bin ich als Mann/Frau? Wie erlebe ich mich? Wie wirke ich auf andere Menschen? Die Selbstsuche verstärkt die Loslösung von den Eltern. Ihr dient auch die Hinwendung zu gleichgeschlechtlichen Kameraden, Vorbildern und Idolen sowie die Erprobung in gegengeschlechtlichen Freundschaften. In diesen wird der «Mittelbereich» der sinnlichen Empfänglichkeit, Zärtlichkeit und Erotik vielfältig und auf neuartige Weise eingeübt. Schließlich tragen auch die vielen gedanklichen Auseinandersetzungen, die private Lektüre ebenso wie Diskussionen über emotionale, soziale, ethische und religiöse Themen wesentlich zur Selbstfindung und damit auch zur Bildung der geschlechtlichen Identität bei, z. B. durch die Akzeptanz bestimmter auf die Sexualität bezogener Werthaltungen. Diese Identitätssuche stellt die Hauptaufgabe der Pubertät dar.

Ist der pubertäre Prozeß abgeschlossen – in der Adoleszenz setzt er sich in abgemilderter Form fort –, so beginnt im jungen Erwachsenenalter die selbständige Lebensführung und die schrittweise konstruktive Integration in die Gesellschaft, die sich unter anderem durch die vielfältige Gestaltung selbstgewählter Beziehungen auszeichnet. Die Sexualität bildet dabei einen integrierten Bestandteil des Selbst- und Beziehungserlebens, der sich in der Regel auf allen drei Ebenen äußert. (S. Kap. 5, S. 84)

III.
Förderung der Sexualentwicklung bei Menschen mit geistiger Behinderung

1. Allgemeine Gesichtspunkte

Da die körperliche Entwicklung bei geistig behinderten Menschen in der Regel «normal», allenfalls etwas verlangsamt verläuft, vollziehen sich auch die biologischen Anteile der geschlechtlichen Reifung «normal». Sie stellen aber, gemäß *Sporkens* Definition der Sexualität, nur einen geringen Teil der psycho-sexuellen Entwicklung dar. Alle anderen Aspekte entfalten sich im engen Zusammenspiel mit der Ich- und Beziehungsentwicklung. Da sich diese bei geistig behinderten Menschen meist problematisch gestaltet, bedarf die sexuelle Entwicklung besonderer Unterstützung. Im folgenden seien einige sexualpädagogische Anregungen aufgeführt, deren Berücksichtigung den Entwicklungsprozeß begünstigen können. Die für die einzelnen Phasen beschriebenen Konsequenzen gelten mithin für geistig behinderte Menschen, die sich in ihrer emotionalen und kognitiven Entwicklung schwerpunktmäßig auf dieser Stufe befinden. Jedoch darf sich die sexualpädagogische Umgangsweise mit geistig behinderten Menschen nicht nur am psychosozialen Entwicklungsstand, sondern muß sich immer auch am tatsächlichen Alter und an der bisherigen Lebenserfahrung orientieren. Daraus folgt eine problematische Spannung, die sich bei jedem einzelnen behinderten Menschen anders darstellt. Deshalb können für den Umgang auch nur allgemeine Anhaltspunkte angegeben werden; die individuellen Maßnahmen müssen jeweils am Einzelfall entwickelt werden.

2. *Orale Phase*

Sexualität in dieser frühen Phase äußert sich – obgleich die Mundregion ein bevorzugtes Empfindungszentrum bildet – nicht organspezifisch, sondern wird ganzheitlich als körperlich vermitteltes psychisches Wohlbefinden erlebt. Es kann durch lustvolle Körperpflege (liebevolles Wickeln, Bäder, Eincremen des Körpers, Massage) sowie durch sinnliche Anregungen im Sinne der Basalen Stimulation und Kommunikation eventuell auch durch gestalttherapeutische Übungen Unterstützung erfahren.

– Bei schwerstbehinderten Menschen auf diesem Entwicklungsniveau können Vorlieben für bestimmte körperliche Zonen, die diesem Alter gemäß sind, bestehen bleiben, so Daumenlutschen, Speicheln, Schaukeln, erste Formen genitaler Stimulation. Das Ziel solch stereotyper Verhaltensweisen ist das lustvolle Spüren des eigenen Körpers und damit der Versuch, körperliche Identität über den sinnlichen Selbstbezug zu gewinnen. Gleichzeitig verhindern die Stereotypien durch ihren starren Ablauf jede mögliche Weiterentwicklung. Deshalb sollte sich die Bezugsperson wenn möglich in die stereotypen, Reize erzeugenden Bewegungsmuster einschleichen, d. h. sie selbst körperlich mitvollziehen, sie dann behutsam ausdifferenzieren, um so die Stereotypien allmählich abzubauen (vgl. die Methoden der Basalen Kommunikation).
– Neben die Vermittlung lustvoller Körpererlebnisse und sinnlicher Anregungen tritt in der Differenzierungsphase die gezielte Arbeit am Körperbild: Erspüren-lassen der Körpergrenzen, sprachliche Benennung der Körperteile, Wahrnehmungsförderung der Bewegungsfunktionen.
– Spätestens zu dieser Zeit sind Bezugspersonen beiderlei Geschlechts notwendig, da sich die gesunde sexuelle Identitäts- und Beziehungsentwicklung in der Identifikation mit dem gleichen und in der Abgrenzung gegenüber dem anderen Geschlecht vollzieht.

3. Anale Phase

Geistig behinderte Menschen, die beginnen, lustvoll ihre körperlichen Fähigkeiten und die damit verbundene Unabhängigkeit zu erproben, brauchen viel Bestätigung für ihre Bewegungsinitiativen, ihr gezieltes Neugierverhalten und letztlich auch für ihren «Trotz», so schwer er auch im Alltag zu verkraften sein mag. Zugleich benötigen sie die fortgesetzte Sicherheit spendende Gegenwart der Bezugspersonen.

- Die Herrschaft über den eigenen Körper zu gewinnen, ist ein zentrales Anliegen dieser Phase. Um den eigenen Willen erleben zu können, müssen Wahlmöglichkeiten angeboten werden: möchtest du lieber duschen oder baden, lieber den roten oder den grünen Pullover anziehen?
- Das körperliche Selbstbewußtsein wird gestärkt, indem der Umgang mit dem eigenen Körper unterstützt wird. Das selbständige Waschen und Benutzen der Toilette, An- und Auskleiden beispielsweise können zu wichtigen Erfahrungsfeldern werden.
- Das Feststellen körperlicher Unterschiede (männlich/weiblich) und das Begreifen der Körperfunktionen sollte gefördert werden. Zur Fortführung der Arbeit am Körperbild läßt sich z. B. in Formen einfacher Bewegungsspiele die Rhythmik gewinnbringend einsetzen.
- Da der Sprache wachsende Bedeutung zukommt, sollten Interaktionen sprachlich begleitet werden.

4. Ödipale Phase

Ein Mensch auf dem ödipalen Entwicklungsniveau hat die Symbiose mit seiner Bezugsperson verlassen. Das bedeutet, daß die Betreuer geistig behinderte Menschen nicht überbehüten dürfen, obgleich die fortbestehenden Nähewünsche selbstverständlich angemessen erfüllt werden sollten.

- Bei der Ausbildung ihrer geschlechtlichen Identität sollten geistig behinderte Menschen Ermutigung und Anerkennung erfahren, indem sie in geschlechtsspezifischen Verhaltensweisen – wie Kokettieren, «ritterliche» Hilfsbereitschaft, Stolz auf geschlechtsspezifische Kleidung und Körperpflege (Parfum, Rasieren) – bestätigt werden.
- Die Entdeckung des Körpers und geschlechtsspezifischer Unterschiede sollte weiterhin unterstützt werden.
- Die geschlechtliche Aufklärung sollte nun – behutsam abgestimmt auf das geistige Verarbeitungsvermögen – beginnen.
- Der Aufbau von Freundschaften zu beiden Geschlechtern muß gefördert und begleitet werden (Spielkontakte, Tanzgruppen). Geäußerte Kontaktwünsche sind ernstzunehmen; Hilfe sollte gewährt werden (interessiertes Nachfragen, Einladen des «Freundes»).

– Die Einübung in Höflichkeitsformen beginnt durch vorbildhafte Normvermittlung (Nachahmung des Betreuerverhaltens).

5. Latenzzeit

Der fortschreitenden Loslösung und der realistisch-kognitiven Ausrichtung während der Latenzzeit muß Rechnung getragen werden. Dies geschieht, indem nun eine Intimsphäre aufgebaut wird, die auch die vertrauten Personen der näheren Umgebung respektieren. Insbesondere andersgeschlechtliche Bezugspersonen sollten den behinderten Menschen diskret behandeln. Hierbei ist anzumerken, daß die Achtung vor dem tatsächlichen Lebensalter des behinderten Menschen in der Regel die Errichtung der Intimsphäre schon auf einem viel geringeren Entwicklungsniveau erfordert.

– Die Bestimmung von Nähe und Distanz soll dem behinderten Menschen zunehmend mehr überlassen werden.
– Forderungen, z. B. für Höflichkeitsregeln und sonstige Normen, müssen ausführlicher begründet werden, sofern ein hinreichendes Verständnis vorhanden ist.
– Die sexuelle Aufklärung wird fortgesetzt.

6. Genitale Phase

Die meisten geistig behinderten Menschen durchleben die körperliche Pubertät altersgemäß oder leicht verzögert, wohingegen ihre psychische Entwicklung viele Jahre zurückgeblieben ist. Dadurch vergrößert sich die ohnehin in diesem Alter bestehende körperlich-seelische Diskrepanz beträchtlich.

– Der pubertierende Jugendliche braucht Hilfestellung, um mit den körperlichen Veränderungen fertigwerden zu können (z. B. im Umgang mit der Monatsblutung und der Erektion). Ein positiver, dem jeweiligen Alter angemessener Umgang mit dem eigenen Körper sollte unterstützt werden (z. B. rasieren, frisieren, Umgang mit Kosmetik). Ein gelassener, akzeptierender und eventuell hilfreich steuernder Umgang mit Onanie und homoerotischen Episoden ist wichtig.
– Die Bezugsperson sollte Verständnis für die pubertäre, teilweise auch hormonell bedingte Affektlabilität aufbringen.
– Die Abgrenzungswünsche des behinderten Menschen und die Selbstbestimmung des körperlichen Aussehens, des Zimmers sowie seine Interessen sollten geachtet bzw. unterstützt werden.
– Die Intimsphäre muß gewahrt bleiben.
– Die Orientierung an einer Gruppe Gleichaltriger ist zu akzeptieren und eventuell zu begleiten.

- Zwischengeschlechtliche Kontakte sollten ermöglicht und behutsam begleitet werden.
- Welche sexuellen Ausdrucksformen im zwischengeschlechtlichen Miteinander beim heranwachsenden und erwachsenen geistig behinderten Menschen zuzulassen und zu unterstützen sind – d. h. ob sie sich auf den sexuellen Mittelbereich beschränken oder die genitale Sexualität einschließen – hängt vom jeweils geistig-emotionalen Entwicklungsstand, insbesondere der Art seiner Beziehungsfähigkeit ab.

Insgesamt sind die Entfaltungsspielräume für eine erwachsenengemäße Lebensführung für geistig behinderte Menschen meist sehr beschränkt. Die Einschränkung erfolgt zwangsläufig durch die geistige Behinderung, die oft eine lebenslange Betreuung im Sinne eines pädagogischen Verhältnisses notwendig macht, und wird zusätzlich häufig durch die äußeren Lebensbedingungen verstärkt. (S. Kap. 5, S. 96ff. und Kap. 6, S. 107ff.)

IV.
Aspekte sexueller Fehlentwicklung

Eine mangelhafte sexuelle Identitätsentwicklung kann zu gestörten sexuellen Äußerungsformen bei nicht behinderten und geistig behinderten Menschen führen. Zu nennen wären der Fetischismus sowie autoaggressive, masochistische und sadistische sexuelle Handlungen. Während der Fetischismus eine unreife aber harmlose Form des sexuellen Lustgewinns darstellt, die innerhalb eines sozial akzeptablen Rahmens gewährt werden sollte, sind autoaggressive, masochistische und sadistische Verhaltensweisen aufgrund ihrer Koppelung mit Gewalt bzw. Hörigkeit möglichst zu unterbinden. Eine wichtige Ursache für die aggressiv gefärbten Sexualhandlungen liegt darin, daß die Fähigkeit zur liebevollen Beziehungsaufnahme sowohl zur eigenen Person als auch fremden Menschen gegenüber nicht entwickelt wurde. Solche Menschen erfuhren sich als Kleinstkinder nicht hinreichend geliebt, in ihren Bedürfnissen nicht befriedigt und körperlich nicht bestätigt. Deshalb halten sie nun sowohl sich selbst (einschließlich ihres Körpers) als auch ihr Gegenüber nicht für liebenswert, sondern für schlecht. Wenn sie sich dennoch den sexuellen «Lustgewinn» gönnen, so müssen sie dafür immer zugleich sich selbst bzw. den Partner durch Schmerzzufügung bestrafen. Pädagogisch wäre es hier wichtig zu versuchen, das Selbstwertgefühl und die Beziehungsfähigkeit zu fördern.

V.
Kommunikative Aspekte der Sexualentwicklung

Die Einstellung gegenüber der Sexualität erwächst im kommunikativen Prozeß, d. h. die geistig behinderten Menschen werden in ihrer Einstellung weitgehend dadurch geprägt, wie sie im Interaktionsgeschehen die Gefühle, Werte und Normen der Hauptbezugspersonen erleben. Die wichtigste Rolle spielt dabei nicht die verbale Kommunikation – obgleich verbale Äußerungen selbstverständlich ehrlich, bejahend und hilfreich sein sollten –, viel elementarer wirkt die nonverbale Kommunikation: der Tonfall, in dem über Sexualität gesprochen wird, die Qualität des Blickkontaktes, der Ausdruck, den das Gesicht im Umgang mit sexuellen Themen bekommt, die Art, Körperkontakte zu gestalten, die innere Haltung gegenüber sexuellen Bedürfnissen, die sich in der Körperhaltung und Körperspannung niederschlägt. Solche nonverbalen Ausdrucksqualitäten vermitteln nachhaltig – und kaum kontrollierbar – sexuelle Maßstäbe und Werthaltungen. Deshalb ist es unerläßlich, daß Betreuer sich selbst umfassend mit ihren sexuellen Grundhaltungen auseinandersetzen. Die Auseinandersetzung wird dazu beitragen, daß innere Ambivalenzen im Umgang mit sexuellen Fragen bewußt und somit einer Klärung zugänglich werden. Damit aber wachsen die Chancen, daß die eigene Haltung eindeutig verkörpert und die Kommunikation kongruent wird, d. h. daß verbale und nonverbale Informationen dasselbe ausdrücken.

Aus diesen wenigen Bemerkungen wird ersichtlich: Die Abstimmung der (sexual-)pädagogischen Interventionen auf das erreichte psychosoziale Entwicklungsniveau ist von grundlegender Bedeutung, damit die erwünschte Botschaft überhaupt vom Gegenüber – hier: von dem geistig behinderten Kommunikationspartner – angenommen werden kann. Jedoch ausschlaggebend dafür, ob deren Gehalt positiv in die Persönlichkeit integriert wird, bleibt die innere Haltung, mit der eine Bezugsperson diese Botschaften übermittelt. Nur eine kongruente Kommunikation fördert die Integration und damit die Weiterentwicklung der Persönlichkeit.

VI.
Fallbeispiel

Abschließend möge die Unterstützung der psychosexuellen Entwicklung von der symbiotischen bis zur ödipalen Phase an einem Beispiel veranschaulicht werden. Der sechsundzwanzigjährige Martin fiel durch seine Distanzlosigkeit unliebsam auf. Stets suchte er mit allen Frauen Körperkontakt, indem er sie umarmte, bei der Hand faßte und auf

Schritt und Tritt «verfolgte». Sein schmuddeliges Äußeres – er besaß zwar die Grundfertigkeit der Körperpflege, nutzte sie aber nicht selbständig, wie von ihm erwartet wurde – trug dazu bei, daß er von allen abgelehnt wurde. Schließlich erkannte eine Betreuerin in seinen Verhaltensweisen die symbiotische Bedürftigkeit und ließ sich darauf ein, die Rolle der «Ersatzmutter» zu übernehmen. Sie gewährte ihm Körperkontakt, wann immer er wollte, streichelte und «wiegte ihn in ihren Armen». Als Martin gelernt hatte, sich auch mit seiner Puppe in emotionalen Spannungszuständen zu trösten – ein Zeichen der Differenzierungsphase –, verringerte sie behutsam ihre körperliche Verfügbarkeit.

Martin fand zunehmend Freude daran, sich mit seiner Umwelt auseinanderzusetzen. Eigentum bekam für ihn Bedeutung, er begann – bestätigt durch seine Betreuerin – sein Zimmer «in Besitz zu nehmen», es aufzuräumen, zu gestalten. Wenig später fing er an, sich freiwillig an seiner Körperpflege zu beteiligen, die ihn bislang emotional überfordert hatte und deshalb von seiner Betreuerin durchgeführt worden war. Zugleich begann er, auf sein Äußeres zu achten. Allerdings gefielen ihm weibliche Attribute – rot lackierte Fingernägel, lange Haare, Röcke – ein Zeichen, daß er sich emotional ausschließlich auf Frauen bezog, sich möglicherweise mit ihnen identifizierte. Tatsächlich bedeuteten ihm die männlichen Betreuer seiner Gruppe wenig. Seine weiblichen Vorlieben befriedigte er, indem er zusammen mit der Ersatzmutter die Fingernägel seiner Puppe «Corinna» lackierte, ihr die Haare kämmte und schöne Kleider anzog.

Inzwischen war das «Trotzalter» angebrochen, in dem er seiner Ersatzmutter sowohl heftigsten Widerstand leistete als auch sie zielstrebig «verfolgte» und ihre Zuneigungsbeweise einforderte. Seinen Willen zu behaupten, war ihm innerstes Bedürfnis; zugleich schritt seine Verselbständigung fort. Wenig später begann er, sich mit den Zeichen für die Geschlechtszugehörigkeit zu beschäftigen: «Du bist eine Frau, du hast keinen Bart; der Papa ist ein Mann, er hat einen Bart; Betreuer X hat auch einen Bart.» Gleichzeitig bekam er einen Puppenjungen «Paul» geschenkt, und Pauls «Männlichkeit» forderte ihn ebenfalls zur Auseinandersetzung heraus. «Paul ist ein Junge wie ich. Paul trägt Hosen und ich auch.» Im Rollenspiel mit beiden Puppen phantasierte er ödipale Rivalitässituationen: «Paul ist eifersüchtig, wenn ich mit Corinna spiele, und Corinna ist traurig, wenn ich mit Paul spiele.» Nach wie vor suchte Martin vorzugsweise die Nähe seiner «Ersatzmutter», doch wandte er sich jetzt auch vermehrt anderen Gruppenmitgliedern und vor allen Dingen dem «bärtigen» Betreuer zu. Er begann ihn genaustens nachzuahmen (Redewendungen, typische Haltungen und Handlungen tauchten im Rollenspiel auf) und wollte sich schließlich auch einen Bart wachsen lassen. Die Übernahme der männlichen Geschlechtsrolle war vollzogen, ermöglicht durch die «Ersatzmutter», die ihr Beziehungsangebot jeweils phasengerecht gestaltet hatte.

Dreizehntes Kapitel

Die Entwicklung des Norm- und Wertbewußtseins

Was wäre der Mensch ohne sein Gewissen, ohne die Fähigkeit, seine eigenen Handlungen und die anderer Menschen einer Prüfung unterziehen zu können, ob sie in moralischer Hinsicht gut oder verwerflich sind. In der Bibel wird ihm durch den Erwerb dieser Unterscheidungskraft Gottähnlichkeit zugesprochen – allerdings ergibt sich durch sie auch die Möglichkeit zur Fehlentscheidung, zur Schuld. Denn so lange sich die Frage nach dem Guten und Bösen nicht stellt, so lange gibt es auch keine Moral, keine Tugend und kein sittliches Versagen. Der Mensch wird nicht mit der moralischen Urteilsfähigkeit geboren, vielmehr bildet sich sein Norm- und Wertbewußtsein, sein Gewissen, erst langsam heran. Etwa sechs Jahre dauert die Entwicklung der elementaren Gewissensstruktur. Wie läßt sich nun deren Entstehung psychologisch erklären?

I.
Konzepte der Entwicklung

Verschiedene psychologische Richtungen gewichten die einzelnen bei der Gewissensbildung beteiligten Faktoren unterschiedlich.

1. Der lerntheoretische Ansatz

Die Lerntheorie erklärt die Gewissensbildung weitgehend durch das Lernen am Erfolg. Das Kind erlebt – sei es durch eigene Erfahrung oder durch Beobachtung (Modellernen) –, welches Verhalten erfolgreich und mithin gut ist, wenn z. B. sein augenblickliches Bedürfnis befriedigt oder auch wenn es sozial akzeptiert wird. Ebenso erkennt es, welches Verhalten erfolglos, also schlecht ist, weil es unangenehme Konsequenzen nach sich zieht bzw. abgelehnt wird. Die Grundgleichung für den inhaltlichen Aufbau des kindlichen Gewissens lautet demnach: alles, wofür ich belohnt (bestärkt) werde, ist gut, alles, wofür ich bestraft werde, ist böse. Das Kind verhält sich «anständig», um Strafe zu vermeiden und Lob (oder eine andere Belohnung) zu erhalten. Da Lob und Strafe in der Regel von wichtigen Bezugspersonen ausgehen, von deren Zuwendung es existentiell abhängt, bedeutet das Lob zugleich die Bestätigung der Liebe, während Strafe einen – zeitweiligen – Liebesverlust signalisiert. Anders ausgedrückt: das Kind gehorcht, damit es geliebt wird, und es fürchtet den Liebesentzug.

Im Laufe der Zeit verinnerlicht es seine Erfahrungen und leitet aus ihnen ein «Wertesystem» ab. Dieses gehorcht dem Grundsatz: je erfolgreicher oder sozial anerkannter ein Verhalten, desto besser ist es, und umgekehrt: je unangenehmer die selbst erfahrenen (bzw. beobachteten) Folgen, desto schlechter ist es. Nach diesem Maßstab beurteilt das Kind schließlich auch seine eigenen Handlungen: es lobt (verstärkt) sich, wenn es sich angemessen verhält, oder es kritisiert sich bei Verfehlungen. Schließlich kann das im stillen ausgesprochene «innere» Lob (die Selbstverstärkung) ein größeres Gewicht erhalten als die als äußere Resonanz erfahrene Ablehnung/Strafe. Mit dieser Tatsache wird ein moralisches Verhalten erklärt, das Unannehmlichkeiten in Kauf nimmt.

Spielt auch das Lernen am selbst erlebten oder am Vorbild wahrgenommenen Erfolg eine beachtliche Rolle bei der Verhaltenssteuerung, so erklärt es doch keineswegs den gesamten Prozeß der Normentwicklung. Denn diese Theorie setzt voraus, daß das Kind von sich aus keinen Impuls zu sozialem Verhalten zeigt, sondern daß ihm dieses über die Regulierung der Konsequenzen antrainiert werden muß.

2. *Psychoanalytische und sozial-interaktionelle Ansätze*

Die orthodoxe psychoanalytische Theorie, die sich einseitig triebtheoretisch orientiert, geht ebenfalls davon aus, daß das Kind ausschließlich nach dem Lustprinzip handelt und sich an soziale Normen nur aus Angst vor Strafe hält. Die strafenden Instanzen sind die Eltern, die über dem kindlichen Ich stehen und die Normeinhaltung kontrollieren. Das Kind unterwirft sich aufgrund seiner Abhängigkeit und verzichtet nach und nach auf die unmittelbare Befriedigung unerwünschter Triebimpulse, die das Kind als ursprünglich ganz vom Es gesteuertes Wesen spontan auslebte. Gleichzeitig eignet es sich mehr und mehr die elterlichen Normen und Werte an und kontrolliert deren Einhaltung schließlich selbst. Das Gewissen, im psychoanalytischen Sprachgebrauch das Über-Ich, ist entstanden.

Die modernen psychoanalytischen und die sozial-interaktionellen Theorien gehen hingegen davon aus, daß ein Grundbedürfnis des Kindes, ja des Menschen überhaupt, darin besteht, dazuzugehören und emotionale Einheit, Harmonie der Empfindungen und Denkweisen, zu erleben. Ein Mittel, diese Übereinstimmung zu erreichen, bildet die Identifikation: das Kind ahmt die Eltern nach, es übernimmt deren Einstellungen, Werthaltungen, Handlungsgewohnheiten und Ausdrucksgepflogenheiten, um ihnen innerlich nahe zu sein. Der «Erfolg» des Wohlverhaltens besteht in der emotionalen Teilhabe an der elterlichen Welt, in der liebevollen Annahme durch die Eltern sowie in der daraus erwachsenden Selbstliebe und Selbstachtung. Unsoziales Verhalten, Verbotsübertretungen hingegen führen zu elterlicher Ablehnung, zu emotionaler Distanz und damit zur Einbuße an Selbstwertgefühl.

Erfolg und Strafe spielen auch bei diesem Erklärungsmodell eine Rolle, das Kind strebt die Dazugehörigkeit als «Erfolg» seines Handelns an, aber gerade damit zeigt es seinen ursprünglichen Impuls zum sozialen Handeln. Es lernt aus diesem Grund seine ebenfalls bestehenden unsozialen Impulse, wie Haß, Gier, Eifersucht, Rivalität usw., zu kontrollieren und sie durch die Identifikation mit sozialen Werten, wie Mitgefühl, Bereitschaft zur Einordnung und zum Teilen, auszugleichen. Die soziale Anerkennung wird zum wichtigsten Regulativ des Gewissensaufbaus. Die Voraussetzung für das Gelingen bildet der Beziehungsaufbau.

Pathologisch dissoziales Verhalten, d. h. Verhalten, das sich an keinerlei Gewissensinhalte gebunden fühlt, entsteht nach dieser Theorie aufgrund eines mißlungenen Beziehungsaufbaus und nicht primär infolge inkonsequenter Belohnung/Bestrafung, wie die Lerntheorie behauptet. Das Bedürfnis nach Zugehörigkeit und Normübernahme wurde durch den Mangel an angemessenen, stabilen Beziehungsangeboten dauerhaft frustriert, so daß der Mensch nicht lernte, sich am Sozialverhalten geliebter «gewissenhafter» Menschen zu orientieren. Allerdings kann auch der Mangel an «gewissenhaften» Vorbildern zu einer unbefriedigenden Wertentwicklung führen. Verkörpern die Eltern, wie es in dissozialen Milieus häufig vorkommt, von der gesellschaftlichen Norm abweichende Werthaltungen, so identifizieren sich die Kinder mit diesen gesellschaftlich nicht akzeptierten elterlichen Normen.

3. Die kognitive Theorie

Die kognitive Theorie betont die Abhängigkeit der Entwicklung der Norm von der geistigen Entwicklung. Parallel zur Entstehung und der nachfolgenden Überwindung des egozentrischen Weltbildes wächst nach *Piaget* im Kind das moralische Bewußtsein. Im geistigen Anpassungsprozeß lernt es nämlich nicht nur, die Welt zu begreifen, sondern es reagiert immer auch mit wertenden Gefühlen (gut/schlecht) auf das, was ihm begegnet. In dem Ausmaß, wie es sein Begriffsvermögen schult, differenziert sich sein moralisches Urteilsvermögen. Es begreift, daß das, was gut ist, nur manchmal seinem unmittelbaren Gefühl entspricht (wenn es für das, was Spaß macht, auch gelobt wird – selbständig essen), manchmal aber nicht (wenn es für das, was Spaß macht, bestraft wird – mit dem Essen spielen). So lernt es Normen als übergeordnete Instanzen kennen, die zunächst von den Eltern kontrolliert werden. Allmählich erkennt es die Allgemeingültigkeit der Werte und ihre Unabhängigkeit vom persönlichen Interesse. Mit der wachsenden Fähigkeit, logische Gesetze korrekt anzuwenden, wird es zunehmend in die Lage versetzt, ein komplexes, hierarchisches Wertesystem aufzubauen und sich in seinen Handlungen angemessen an ihm auszurichten.

Auch *Kohlberg* untersucht den kognitiven Aspekt der Gewissensentwicklung. Dabei interessiert ihn besonders die Frage, wie Kinder ihre Werturteile begründen. Drei Ebenen der Urteilsbegründung lassen sich seiner Meinung nach erkennen. Auf dem ersten, dem «vormoralischen Niveau», orientieren sich Kinder entweder an der Gehorsamsforderung und der drohenden Strafe oder an dem eigenen Lustgewinn. Das zweite, das «konventionelle Niveau» zeichnet sich aus durch die Bindung an die Bezugspersonen bzw. an eine soziale Gemeinschaft, deren Werte klar akzeptiert werden. Auf dem dritten, dem «postkonventionellen Niveau» werden Grundsätze und Werte nicht mehr fraglos als unabänderlich hingenommen. Wichtig wird es, Werte unabhängig von Gruppeninteressen als förderlich oder als allgemeingültig zu begründen. Daß die erreichte Stufe der Wertbegründung vom Alter und dem Reflexionsniveau der befragten Personen abhängt, versteht sich von selbst.

Das dritte Niveau wird überhaupt nur von einer Minderheit erreicht. Auch muß einschränkend erwähnt werden, daß die Qualität einer Argumentation den Stand der kognitiven Entwicklung anzeigt, aber keine Vorhersage für das Niveau einer Handlung im Konfliktfall zuläßt. Aus der Tatsache, daß dem Denkvermögen und der Ausbildung des Gewissens der Erwerb derselben kognitiven Strukturen zugrunde liegt, folgt: ein reduzierter geistiger Entwicklungsstand zieht notwendigerweise ein entsprechend niedriges moralisches Niveau nach sich. Konkret: ein Mensch muß die Allgemeingültigkeit von Normen (nicht den Teller ablecken, nicht ohne Erlaubnis fremdes Spielzeug nehmen, nicht stehlen) erfaßt haben, um sie auch ohne äußere Kontrolle einzuhalten. Mit absolut konsequenter Bestrafung/Belohnung läßt sich die Erfahrung der Allgemeingültigkeit zwar auch vermitteln und damit eine Normübernahme bewirken, aber erstens entspricht eine derartig naturgesetzliche Konsequenz nicht der Realität, und zweitens verhindert sie eine weiterführende Integration, die gegebenenfalls eine Relativierung dieser Normen in einem übergreifenden, hierarchisch geordneten Wertesystem verlangt.

Die Möglichkeit der Entwicklung des moralischen Bewußtseins erweist sich also als an die kognitiven Fähigkeiten gebunden. Der Umkehrschluß aber, daß eine hohe kognitive Entwicklung regelmäßig eine ausdifferenzierte Gewissensstruktur nach sich ziehe, stimmt nicht, da – wie zuvor dargelegt – die Gewissensentwicklung auch von den erlebten Beziehungen, also von sozialen Faktoren, beeinflußt wird.

II.
Der Entwicklungsprozeß

Wie vollzieht sich die Gewissensbildung im Lauf der kindlichen Entwicklung? In welchen Entwicklungsschritten erwirbt der Mensch sein Bewußtsein von Gut und Böse und bildet sich sein Wertsystem heran? Die folgenden Ausführungen stützen sich für die ersten Lebensjahre hauptsächlich auf die moderne Version der psychoanalytischen Theorie. Für die Zeit vom Vorschulalter bis zum Erwachsenenalter orientieren sie sich insbesondere an den Einsichten *Piagets*.

1. Symbiotische und Differenzierungsphase

Während des ersten halben Lebensjahres (symbiotische Phase) unterscheidet das Kind noch nicht zwischen sich und der Umwelt bzw. anderen Menschen. Es unterscheidet mithin weder zwischen eigenen Handlungen und ihm zugefügten Ereignissen, noch ist es gar in der Lage, diese gedanklich zu bewerten. Es scheint jedoch eine diffuse Gefühlsgleichung zu bestehen: beim Empfinden von Wohlbehagen ist die Ich-Umwelt-Lebens-Einheit «gut», beim Empfinden von Unbehagen (Hunger, Schmerz, Verlassenheit) ist diese selbe undifferenzierte Einheit – und damit das allgemeine Lebensgefühl – insgesamt «schlecht».

In der zweiten Hälfte des ersten Lebensjahres (Differenzierungsphase) beginnt mit der Herausbildung des eigenen, abgegrenzten Körpergefühls und der Entwicklung der Vorstellungskraft eine grobe Unterscheidung. Da Handlungen und ihre Wirkungen nun ansatzweise mit Personen (der eigenen oder z. B. der Mutter) in Verbindung gebracht werden können, werden jetzt gute Gefühle und Frustrationen einem «Urheber», z. B. der gewährenden oder versagenden Mutter, zugeschrieben. «Gut» ist jeder, der Säugling selbst und jeder andere Mensch, wenn er ihm angenehme Erlebnisse vermittelt, «schlecht», wenn er ihm Unangenehmes zufügt. Dabei vermischt das Kind allerdings noch bis zum Alter von drei Jahren häufig die Ursachen seiner Frustration, z. B. ein Verbot, und den Urheber (die Mutter) mit seiner eigenen Gefühlsreaktion, z. B. Wut. Es weiß also nicht genau: «wer ist wütend, die verbietende Mutter oder ich?» Mit anderen Worten: es erlebt einmal die Mutter und sich selbst als gut, wenn die Mutter seine Bedürfnisse befriedigt, und es erlebt die Mutter und sich selbst als schlecht, wenn sie die Befriedigung versagt. So entstehen im Kind allmählich zwei Mutter- (auch Vater-) und zwei Selbstbilder, die mit Bedürfnisbefriedigung/Frustration bzw. mit Belohnung/Bestrafung gekoppelt werden. Wichtig ist, daß das jeweils positive Mutter-/Vater- bzw. Selbstbild überwiegt. Durch das wiederholte Erleben der

Interaktionsmuster und der damit verbundenen Befriedigungen/Versagungen übernimmt das Kind vorbewußt grundlegende Einstellungen und Werthaltungen der Mutter (bzw. der primären Bezugsperson). Sie werden gleichsam Teile der eigenen Person, die auch später in der Regel als nicht wandelbar angesehen werden.

2. Übungs- bis Befestigungsphase

Während des zweiten und dritten Lebensjahres (Übungs- bis Befestigungsphase, auch anale Phase genannt) wird das Kind häufiger mit Verboten konfrontiert. Indem es in jeder Hinsicht seine Fähigkeiten ausprobiert – es erprobt seine Körperbeherrschung, untersucht Spielsachen und Wirkungszusammenhänge, übt die Sprache –, stößt es an die Grenzen des Erlaubten. Das beliebte Spiel «Dinge hinunterwerfen und schauen oder hören, was passiert», das es seit Monaten mit Hingabe spielt, führt plötzlich zu Problemen, wenn es statt dem Teddy oder dem Bauklotz seine Tasse hinunterwirft. Das Drücken und Drehen von Knöpfen ist an ganz bestimmten Gegenständen (Fernsehapparat) verboten, an anderen aber nicht. Wie soll das Kind das verstehen? Es begreift die Bedeutung des Wortes «nein», des energischen Stimmklangs und des drohend erhobenen Zeigefingers. Unverständlich bleibt ihm jedoch der Sinnzusammenhang des Verbotes. Wenn es dennoch gehorcht – und das lernt es in der Regel schnell –, so nicht, weil es «genau weiß, was es darf und was nicht», sondern um die emotionale Einheit mit der geliebten Bezugsperson nicht zu gefährden. Aber oft erweist sich sein Forschungs- und Spieldrang auch stärker als ein Verbot. Denn noch gelingt die Selbstkontrolle nur sehr begrenzt. Deshalb gerät es immer wieder in Konflikte und sammelt dabei immer mehr Erfahrungen, was die Eltern erlauben und verbieten. Schließlich stellt es die erkannten Regeln auch systematisch auf die Probe, um sich ihrer Gültigkeit zu vergewissern. Damit erweitert sich sein Wissen, was gut – d. h. nun: von den Eltern erlaubt und belohnt – und was böse ist – d. h.: verboten und strafbar.

Um sich die elterliche Liebe und Anerkennung zu sichern und deren Ablehnung, die es als direkte oder indirekte Strafe erfährt, zu vermeiden, verinnerlicht es allmählich die Gebote (z. B. ins Töpfchen und nicht in die Hose zu machen) und die damit verbundenen Werte (z. B. Sauberkeit, Pünktlichkeit, Gewissenhaftigkeit). Es ringt darum, seine eigenen starken, von den Eltern unerwünschten Impulse zu kontrollieren und die Gebote zu befolgen. Gelingt ihm dies, empfindet es sich selbst als «gut», wenn nicht, dann ist es «böse». Dabei gelten die elterlichen Normen zunächst ausschließlich in deren Anwesenheit. Nur wenn Mutter es sieht, erlebt sich ein zweijähriges Kind als «böse», wenn es den verbotenen Fernseher bedient; nur während ihrer

Anwesenheit wird es sich folglich an ihre Gebote halten, die gleichsam an ihre Person gebunden sind und mit ihrem Fortgang ebenfalls verschwinden. Spielt es allein im Wohnzimmer, dann dreht oder drückt es unbekümmert an den interessanten Schaltern.

Der nächste Entwicklungsschritt zeigt sich darin, daß das Kind bei Abwesenheit der Eltern das Verbot selbst ausspricht: «nein, nein, du darfst nicht.» Zunächst aber bleibt der Aufforderungscharakter des anziehenden Gegenstandes/der Situation, z. B. des Fernsehschalters, weiterhin so stark, daß das Kind nicht widerstehen kann. Allmählich aber siegen die gleichsam als Beschwörungsformel geäußerten Verbote, ein Zeichen, daß die kindliche Selbstkontrolle wächst.

3. Ödipale Phase

Mit drei bis vier Jahren (ödipale Phase) hat das Kind schon viele Normen verinnerlicht, und es bemüht sich, sie selbständig einzuhalten. Mit Hilfe des Rollenspiels hat es zahlreiche Situationen seines täglichen Lebens durchgespielt und damit sowohl sein Einfühlungsvermögen geschult als auch – durch die Identifikation mit den elterlichen Rollen – die Übernahme ihrer Werte intensiviert. Manch unerwünschte und häufig bestrafte Verhaltensweise (z. B. das Beißen anderer Menschen aus Übermut oder Wut) gewöhnt es sich vollständig ab, so vollständig, daß es nicht einmal den Wunsch danach verspürt. Es hat diesen mächtigen Impuls erfolgreich besiegt, kämpft aber eventuell dafür eine Zeitlang mit dessen symbolischen Repräsentanten; es entwickelt z. B. Angst vor Hunden, die eventuell beißen könnten, oder träumt von gefährlich beißenden Ungeheuern. Vielleicht sucht es sich dann Hilfe beim furchtlosen Vater und identifiziert sich im Spiel mit einem Tierbändiger, um die Angst zu überwinden, die sein eigener verdrängter und nach außen projizierter Wunsch in ihm auslöste. Auch andere, noch bewußt erlebbare unerwünschte Impulse lernt es mehr und mehr zu kontrollieren.

Hier spielen insbesondere die mit dem ödipalen Konflikt verbundenen Gefühle eine wichtige Rolle. So notwendig für jedes Kind die Auseinandersetzung mit der eigenen Geschlechtsrolle auch ist, so «natürlich» die dabei entstehende Rivalität, Eifersucht, Selbstbehauptungsaggression, Sehnsucht, Besitzgier und Enttäuschung auch sein mögen: diese Gefühle stürzen das Kind in heftigste Konflikte. Denn alle negativen Gefühle richten sich auf einen zugleich auch geliebten Menschen! Außerdem fürchtet das Kind, daß ihm mit denselben «häßlichen», negativen Gefühlen geantwortet wird, daß es mithin von den Eltern bestraft und abgelehnt wird, ihre Liebe verliert.

Der «klassische» Ausdruck für die mit diesen Gefühlen verknüpfte Strafphantasie ist der der «Kastrationsangst». Der Junge fürchtet, daß er als Strafe für seine Rivalität von dem rächenden Vater «kastriert», d.h. im realen oder übertragenen Sinn seiner Männlichkeit (Penis/Recht auf männliche Verhaltensweisen) beraubt wird. Großzügige elterliche Solidarität wird dem Kind helfen, sein Gefühlsdilemma zu überwinden. Es wird allmählich die nicht zu verwirklichenden Wünsche aufgeben und seine negativen Gefühle dem gleichgeschlechtlichen Elternteil gegenüber bewältigen. Gleichzeitig wird es sich mit ihm noch stärker identifizieren; der Junge wird den Vater, das Mädchen die Mutter verstärkt nachahmen. Die intensivierte Verbindung schützt das Kind vor eventuell wieder aufflammenden allzu heftigen Aggressionen. Allerdings identifiziert sich das Kind nicht mehr restlos und bedingungslos mit allen elterlichen Eigenschaften. Es beginnt zu unterscheiden: so stark und klug wie Vater, oder so klug und geschickt wie Mutter, so lustig will es auch sein – aber so viel schimpfen niemals! Aufgrund solch selektiver Identifikation bildet sich sein Ich-Ideal heran. Dem liegen nun Werte zugrunde, z. B. «gerecht sein», die das Kind von den konkreten elterlichen Handlungsweisen abstrahiert und für sich übernimmt.

In dieser Zeit erwacht die «Stimme des Gewissens», die Gewissensangst, die das Kind vor der Durchführung einer verbotenen Handlung warnt und ihm die Konsequenzen (nicht nur Strafe und elterliche Mißbilligung, sondern auch die Einbuße an Selbstachtung) vor Augen führt. Nun entstehen Schuldgefühle, «Gewissensbisse», wenn das Kind dennoch die gesteckten Grenzen überschreitet. Das heißt, das Kind hat die vermittelten Werte verinnerlicht. Die Kontrollfunktion, die zunächst die Eltern ausübten und die es dann in einem bewußten Akt der Selbstinstruktion selbst durchführte, funktioniert nun «automatisch».

Das Gewissen ist unabhängig von äußerer Kontrolle geworden, es arbeitet «autonom». Allerdings arbeitet es noch keineswegs immer entsprechend den Maßstäben eines «vernünftigen» Erwachsenen. Manchmal «schläft» es oder «vergißt», rechtzeitig seine Warnung auszusprechen. Manchmal verbündet es sich im nachhinein mit dem Kind und schiebt die Schuld auf einen unschuldigen Anderen. Dies sollte nicht als Lüge gewertet werden. Vielmehr gilt es zu bedenken, daß sich bei einem Kind im Vorschulalter Realität und Phantasiewelt noch stark vermischen. Wünsche werden wahr, wenn es nur fest genug an sie glaubt. Was läge näher, als an die eigene Unschuld, z. B. an das Zerbrechen eines Spielzeugs zu glauben und zu wünschen, daß der Bruder der Übeltäter war! Andererseits kann das kindliche Gewissen auch unbarmherzig hart reagieren und für kleinste Vergehen, z. B. die aus Ungeschicklichkeit fallengelassene Tasse, härteste Strafen «aussprechen», wie sie die Eltern selbst niemals auch nur erwägen würden. So kann das Gewissen die Rolle eines Tyrannen einnehmen und das

Kind aus Angst zu einer übermäßigen Anpassung veranlassen. Dies ist in der Regel dann der Fall, wenn es sehr intensiv gegen sehr mächtige verbotene Impulse ankämpfen muß. Hier sollten die Eltern versuchen, auszugleichen und ihm die Strafängste zu nehmen.

Entsprechend seiner kognitiven Entwicklung beurteilt das Kind in diesem Alter eine Handlung gemäß der augenscheinlichen Wirkung und überschaut noch keine komplexeren Handlungszusammenhänge (vgl. das symbolisch-anschauliche Denken: Orientierung an einem Kriterium). So tritt die Absicht eines Verhaltens bei der Wertung des sichtbaren Ergebnisses in den Hintergrund. Aus Versehen bei einer hilfreichen Tat fünf Tassen fallen zu lassen, ist für Kinder dieses Alters ein schlimmeres Vergehen, als wenn eine Tasse beim Versuch, sich heimlich verbotene Süßigkeiten aus dem Schrank zu holen, zerbricht. Auch stehen in diesem Alter noch alle Werte unverbunden nebeneinander. Kein Wert ist an sich bedeutsamer als ein anderer und deshalb diesem übergeordnet. Deshalb richtet sich das Kind, wenn es zwischen zwei Werten wählen muß, nach der Intensität, mit der ihm ein Wert vermittelt wurde, und nicht nach einer sachgemäßen Beurteilung der Situation. Wurde ihm z. B. eingeschärft, unter keinen Umständen das Spielzeug der jüngeren Schwester fortzunehmen, muß es überdies auch hin und wieder auf sie aufpassen, so wird es wahrscheinlich, wenn die Schwester mit einem Messer spielt, ihr das gefährliche Spielzeug lassen.

4. *Grundschulalter*

Im Grundschulalter setzt sich das Kind intensiv mit der Realität und deren Anforderungen auseinander. Dabei orientiert es sich an den Einstellungen der Autoritätspersonen (Eltern, Lehrer) und wendet die inzwischen angeeigneten Werte bei der Gestaltung seines Lebens an. Häufig achtet es nun auf unbedingte Normeinhaltung; Ungleichheiten, die es als Ungerechtigkeit erlebt, verurteilt es scharf. Wunschdenken und Ausweichmanöver läßt es nicht mehr gelten. Es fordert verstärkt die Begründung der Normen. Durch sie wächst allmählich sein Verständnis für die Handlungsmotive, und es bezieht diese in seine Urteilsbildung mit ein, insbesondere dann, wenn seine Vorbilder ebenso zu denken geneigt sind. Wird nun beim Abtrocknen aus Versehen eine Tasse zerschlagen, so gilt die Hilfsbereitschaft als Entschuldigung, die entfällt, wenn die Tasse beim heimlichen Naschen zerbricht. Allerdings lassen Kinder bei der Bewertung moralischer Grundhaltungen keine mildernden Umstände gelten: Lügen und Stehlen z. B. sind immer schlecht.

5. Pubertät

Der moralische Rigorismus lockert sich erst in der Pubertät. In diesem Entwicklungsstadium müssen Jugendliche die längst wahrgenommene Diskrepanz zwischen dem geforderten Verhalten, also dem Ideal, und dem tatsächlich erlebten eigenen und fremden Verhalten, der Realität, verarbeiten. Der Verarbeitungsprozeß führt zur Ausdifferenzierung und Relativierung der bisher als absolut gesehenen Werte. Unter gewissen Umständen darf z. B. auch gelogen werden. Die Werturteile berücksichtigen nun weit mehr die realen Bedingungen. Zugleich löst sich der Jugendliche bei seiner Wertbegründung von seinen bisherigen Autoritäten, die bislang als Garant für die Richtigkeit der Werte galten. Er strebt danach, sie als Ergebnis einer eigenen gedanklichen Auseinandersetzung zu begreifen. Für diese sucht er sich Unterstützung bei gleichaltrigen Fremden und bei selbstgewählten Vorbildern, nicht mehr bei den Eltern. Die so erworbenen Grundsätze betrachtet er als seine ureigene moralische Gesinnung, die er zeitweise rigoros vertritt. Der Wert gilt für ihn nicht, weil ein Erwachsener ihn für richtig hält, sondern weil er von dessen Notwendigkeit gedanklich überzeugt ist. Die Einhaltung so begründeter Normen mag – je nach persönlicher Ich- und Gewissensstruktur – wieder starr gefordert sein oder – je nach konkreter Situation – flexibel gehandhabt werden. Im weiteren Leben werden sich die Werthaltungen einerseits stabilisieren und bewähren müssen, andererseits führen einschneidende Erlebnisse und insbesondere Krisensituationen auch immer wieder zu einer Überprüfung und gegebenenfalls zu einer Neuorientierung.

6. Das «reife» Gewissen

Ein Mensch mit einem gut ausgebildeten, «reifen» Gewissen zeichnet sich dadurch aus, daß er ein komplexes, hierarchisch angeordnetes Wertsystem entwickelt hat, an dem er seine eigenen Handlungen ausrichtet. Es dient ihm darüber hinaus zur moralischen Bewertung menschlichen Verhaltens, des eigenen ebenso wie desjenigen anderer Leute. Dabei erweist sich als wichtig, daß er bei sich und anderen Menschen denselben Maßstab anlegt, d. h. daß er «objektiv» und nicht subjektiv-interessengebunden urteilt. Dabei wird er auf die Einhaltung «hochstehender» Werte größeres Gewicht legen als auf die Befolgung untergeordneter, als «wenig bedeutsam» eingestufter. Zudem wird er sowohl bei der Planung und Durchführung als auch bei der Bewertung von Handlungen nicht nur den Wert als solchen berücksichtigen, vielmehr wird er auch die Bedeutung der Handlungsmotive, die Erfordernisse der augenblicklichen Situation, die momentane eigene persönliche Verfassung sowie diejenige anderer Beteiligter und eventuelle sonstige persönliche, soziale und historische Zusatzbedingungen beachten. Er wird folglich den Kontext, der die Handlungen bestimmt, so weit als möglich einbeziehen. Er wird sie nicht starr an einem vorgefaßten Werteplan ausrichten, sondern sich einen Entscheidungsspielraum bewahren, der ihm überhaupt erst die Berücksichtigung dieses Kontextes ermöglicht und ihm im gegebenen Rahmen Entscheidungsfreiheit eröffnet. So fordert ein «reifes» Gewissen zwar Werttreue (du sollst nicht lügen/stehlen, du sollst nicht bei «Rot» über die Straße gehen), erlaubt aber zugleich die Wertverletzung, wenn die Situation deren Einhaltung nicht erfordert (Straßenkreuzung nachts, kein Auto und kein Kind in Sicht), sie mithin zum bedeutungslosen Selbstzweck würde, oder aber wenn ein höherer Wert die Übertretung legitimiert (z. B. die wirkliche Notlüge, die Unheil abwendet). So kennt das reife Gewissen nicht nur einzuhaltende Normen und Regeln, sondern zugleich Gesichtspunkte zur Beschränkung ihrer Gültigkeit. Auf diese Weise ist dafür gesorgt, daß es ein Element der Gesamtpersönlichkeit bleibt und nicht zum «tyrannischen Über-Ich» entarten kann.

III.
Probleme bei Menschen mit geistiger Behinderung

Wie bei allen anderen Bereichen vollzieht sich auch die Über-Ich- oder Gewissensbildung bei geistig behinderten Menschen grundsätzlich dem «normalen» Ablauf entsprechend. Allerdings bestehen spezifische Abweichungen insofern, als die Beeinträchtigung der kognitiven Struktur auch der Entwicklungsmöglichkeit des Gewissens Grenzen setzt. Die nicht oder nur beschränkt erworbene Abstraktionsfähigkeit reduziert das Vermögen, Werte in ihrer Allgemeingültigkeit zu erfassen, untereinander zu verbinden, sie hierarchisch zu ordnen und ihnen realitätsgerecht zu entsprechen; auch fällt es schwer, zusätzliche Aspekte der Situation zu berücksichtigen und eigennützige Interessen hintanzustellen. Letztere Fähigkeit wird auch durch die – keineswegs nur bei geistig behinderten Menschen – häufig anzutreffende Ich-Schwäche beeinträchtigt.

Beim Umgang mit geistig behinderten Menschen, bei der Bewertung ihrer Handlungen, bei der Forderung nach Selbstkontrolle und Normeinhaltung, bei der Einschätzung ihres Urteilsvermögens, kurz bei allen Erwartungen im Hinblick auf «gutes», normgerechtes, sittliches Verhalten muß der emotionale und kognitive Entwicklungsstand des betreffenden Menschen als Maßstab dienen. Erwartet werden darf nur, was dem jeweiligen Entwicklungsniveau entspricht.

Konkret bedeutet dies: ein Mensch mit dem Beziehungsverhalten und -bedürfnis eines zweijährigen Kindes wird in Abwesenheit der

Bezugsperson allenfalls andressierte Verhaltensnormen einhalten. Oftmals wird er jedoch unter diesen Umständen Normverletzungen als sein «gutes Recht» erachten, wie jener geistig behinderte Jugendliche, der den kritischen Hinweis, er dürfe das Transistorradio nicht zerlegen, mit der Bemerkung beantwortete: «dann gehe ich eben hinaus, da siehst du es nicht». Derartige Aussagen wollen nicht provozieren, sondern verdeutlichen eine für einen bestimmten Entwicklungsstand typische Empfindungsweise. Normen werden zu diesem Zeitpunkt noch nicht als unabhängige und allgemeingültige Richtschnur, sondern als Teil der Bezugsperson erlebt. Wenn geistig behinderte Menschen etwas Verbotenes tun – z. B. naschen oder die eigenen Kleider zerreißen –, und sich zugleich dafür ausschelten, zeigen sie nicht, «daß sie ganz genau wissen, was sie dürfen, aber die Bezugsperson provozieren wollen». Vielmehr befinden sie sich im Stadium der Norminternalisierung; sie bemühen sich, gleichermaßen ihrem Triebbedürfnis (Lust auf Süßigkeiten, Ausleben der Aggression) und den inzwischen anerkannten, aber nur begrenzt wirksamen Normen zu entsprechen. Je stärker die Instanz, welche die Norm setzt (also die Eltern oder Bezugspersonen), im behinderten Menschen präsent ist, je mehr positive Erlebnisse sich mit dieser Person verknüpfen, je wichtiger ihre Liebe und Anerkennung für das seelische Gleichgewicht ist, kurz, je fester die Beziehung ist, desto stärker werden auch die Normen ihre Wirkung entfalten.

Nicht nur Defizite der Beziehungserfahrung, sondern auch der kognitiven Entwicklung wirken sich auf die Gewissensbildung und das Normverhalten aus. Solange noch in den für das symbolisch-anschauliche Denken typischen magischen Zusammenhängen gedacht wird, kann nicht nur die Ursache, sondern auch die Wirkung eines Verhaltens jeder beliebigen realen oder phantasierten Person angelastet werden. Es darf nicht automatisch als Lüge oder Ablenkungsmanöver gewertet werden, wenn «das Monster» für das zerschlagene Geschirr verantwortlich erklärt wird. Insbesondere wenn das Selbstwertgefühl nur schwach ausgebildet ist, wird die Zuflucht zur magischen Welt lange aufrechterhalten und damit die kognitive Weiterentwicklung zusätzlich erschwert.

Die zu diesem Denkniveau gehörige egozentrische Perspektive beeinflußt ebenfalls das Normverhalten, sei es, daß die behinderten Menschen – haben sie für sich schweren Herzens eine Norm akzeptiert – unerbittlich die Gleichbehandlung aller Personen fordern und für Ausnahmen kein Verständnis aufbringen, sei es, daß sie die Einhaltung von Normen nur als Dienst am eigenen Interesse sehen. Dann gilt alles als erlaubt, was die eigenen Wünsche befriedigt, und normgerechtes Verhalten wird auch in diesem Sinne eingeklagt. Es läßt sich z. B. aus dieser Sichtweise durchaus rechtfertigen, einen Kameraden wüst zu beschimpfen, wenn man sich über ihn ärgert. Wehe aber, dieser antwortet ebenfalls mit Schimpfworten, dann wird ihm vorgeworfen, daß derartige «Ausdrücke» verboten seien.

Geistig behinderte Menschen mit den begrenzten kognitiven Fähigkeiten des symbolisch-anschaulichen Denkens können bei der Beurteilung einer Situation nicht mehrere Merkmale gleichzeitig berücksichtigen und können noch nicht hinreichend mit logischen Beziehungen umgehen. Übertragen auf ihre Gewissensentwicklung bedeutet dies: sie können in einer Situation, in der zwei Werte miteinander konkurrieren, nicht über beide Werte gleichzeitig nachdenken und sich für den situationsbedingt wichtigeren entscheiden. Entweder wird dem geistig behinderten Menschen gar nicht bewußt, daß er sich in einer Zwickmühle befindet, nämlich in einer Situation, in der er nur einem Gebot folgen kann, damit zugleich aber ein anderes übertritt. In diesem Fall wird er seine Handlung an der ihm augenblicklich näher liegenden Norm ausrichten. Oder aber er bemerkt den immanenten Konflikt, besitzt aber keine Mittel, ihn angemessen zu lösen. Er will beide Normen erfüllen, weil er sie nicht gewichten kann. Da dies aber unmöglich ist, wird er handlungsunfähig, d. h. er verweigert die erwartete Reaktion oder reagiert mit Fehlverhalten.

Dem folgenden Beispiel liegt eine derartige Wertkonkurrenz zugrunde: Ein junger Mann, der stereotyp äußert, man müsse immer freundlich und hilfsbereit sein, dem außerdem mühsam beigebracht wurde, er solle nicht jeden Dreck anfassen und sich achtlos beschmutzen, wird im Frühjahr aufgefordert, beim Blumenpflanzen zu helfen. Dabei muß er aber mit bloßen Händen in die Erde fassen. Aufgrund der Sauberkeitsforderung gerät er in einen Konflikt, den er aber nicht ausspricht. Vielmehr stochert er lustlos mit einem Stöckchen in der Erde. Sein Betreuer fordert ihn nochmals zur Mitarbeit auf. Daraufhin gerät der behinderte Mann in Wut, schreit seinen Betreuer an und rennt schimpfend fort. Hier obliegt dem Betreuer die Aufgabe, den inneren Konflikt zu erkennen und hilfreich, nicht strafend einzugreifen.

Abschließend sei bemerkt: Als Medium der Gewissensförderung sollte, wie in der Kindererziehung, eine positiv gestaltete Beziehung erstrebt werden. Der jedem Menschen innewohnende Wunsch, angenommen, geliebt und geachtet zu sein, sowie die Bereitschaft, durch die Identifikation mit geliebten Menschen die Zugehörigkeit zu sichern, sollten den Ausgangspunkt der Werterziehung bilden. Die Angst vor Strafe stellt nur eine zweitrangige Motivation zur Aneignung von Normen dar und sollte möglichst wenig eingesetzt werden. Spielt auch die kognitive Förderung eine gewisse Rolle, so wird insgesamt das Hauptgewicht dennoch auf der Förderung der Beziehungsfähigkeit liegen müssen.

Vierzehntes Kapitel

Aggression

I.
Grundsätzliche Überlegungen

Der Begriff «Aggression» wird innerhalb der verschiedenen psychologischen Richtungen unterschiedlich definiert. Er leitet sich her vom lateinischen «aggredior – aggredi», das «herausgehen» (sich nähern) oder «angreifen» (berühren, um zu begreifen) bedeutet. Dieser «friedliche» Wortsinn engte sich im Laufe der Zeit ein, so daß «herangehen, angreifen, um ein Objekt zu schädigen» zum Bestimmungsmerkmal wurde. Der Grund für solch schädigendes Verhalten liegt dabei entweder in der Abwehr einer Bedrohung (Selbstverteidigung) oder der Bemächtigung von etwas Erwünschtem (Beuteaggression). Beide Arten der Aggression dienen durchaus der Selbst- und Arterhaltung und sind in diesem Sinne wertneutral.

Nun kann man wiederum unterschieden, ob die aggressive Schutzreaktion nach dem Motto: «Angriff ist die beste Verteidigung» und die gewählten Mittel, um seine Interessen durchzusetzen, in der Situation angebracht erscheinen oder nicht. Die «angemessene Aggression», die durchaus auch den schädigenden Aspekt enthält, wird sozial als «konstruktive Aggression» oder als «gesundes Selbstbehauptungsvermögen» akzeptiert. Sie ist wesentlich dadurch gekennzeichnet, daß sie gesellschaftlichen Spielregeln folgt und in gewissem Maß das Recht des Anderen achtet. Davon abzugrenzen ist die «destruktive», zerstörerische Aggression, die, ausgelöst durch oftmals kaum nachvollziehbare Anlässe, zu «ungerechtfertigten» Mitteln greift und zu teilweise recht zweifelhaften Erfolgen führt. Solch Verhalten, das als denkbare Varianten gezielte Hinterhältigkeit bis zur blinden Zerstörungswut umfaßt, meint die geläufigste Definition, die unter Aggression alle schädigenden Handlungen versteht, die gegen Dinge, andere Personen oder das eigene Selbst gerichtet sind. Die Absicht zu verletzen oder zu vernichten kann dabei in direkten (z. B. Schlagen) oder unterlassenen (Liebesentzug) Tätigkeiten, aber auch in verbalen Äußerungen (Schimpfwörter) oder in Gedanken (Todeswünsche) geäußert werden.

Nun erhebt sich die Frage nach dem Ursprung und den Auslösern für aggressives Verhalten und nach dem Zusammenhang zwischen dem harmlosen Aussichherausgehen, der konstruktiven und der zerstörerischen Aggression. Sich selbst zu erhalten, ist ein grundlegendes Ziel aller Lebewesen und Hauptmotiv vieler Handlungen. Tätigkeit,

Auseinandersetzung mit der Umwelt aber verbraucht Energie. Manche Forscher (z. B. *Freud*) sind der Ansicht, daß es zwei verschiedene Energiearten gibt, eine aufbauende und eine destruktive, die bei den meisten Handlungen sinnvoll zusammenwirken und dem Überleben dienen. Wenn sich die Triebenergien aber entmischen, so kommen die destruktiven Kräfte frei zum Durchbruch; sie verfehlen das Ziel sinnvoller Selbstbehauptung und entgleisen zu Brutalität und zügelloser Vernichtung. Die Mehrzahl der Forscher meint, daß es nur eine Grundenergie gibt, die, je nach auslösender Situation, unterschiedliche Reaktionen, u. a. auch zerstörerische, ermöglicht.

Welche Theorie stimmt, läßt sich wohl kaum entscheiden; sicher ist nur, daß alle Menschen Aggressionen entwickeln, daß biologische Faktoren am aggressiven Verhalten beteiligt sind und daß Lernprozesse entscheidend mitbestimmen, ob es konstruktiv oder destruktiv ausfällt.

Als biologische Faktoren, die die Höhe der Aggressionsbereitschaft beeinflussen, wären zu nennen: eine genetische Disposition, die hormonelle Zusammensetzung (die Höhe des Testosteronspiegels), eine Verletzung oder Erkrankung bestimmter Hirnteile (des Fronto – Limbischen Systems) und eine gesteigerte Erregbarkeit.

Psychische Faktoren, die daß Maß und die Gestaltung der Aggression ebenfalls mitverantworten, hängen zwar mit den biologischen Bedingungen zusammen, unterliegen darüber hinaus aber Lernprozessen, die ihrerseits von sozialen Gegebenheiten beeinflußt werden. Zu den psychischen Anteilen gehören Einflüsse aus der Lebensgeschichte, der Lern- und Wahrnehmungsstil, der Intelligenzgrad und, an ihn gebunden, die Fähigkeit zur verbalen Konfliktlösung sowie der Grad der emotionalen Reife, von dem die Möglichkeit zur Affekt- und Impulskontrolle abhängt. Hier spielt also die Ausdifferenzierung der intellektuellen und emotionalen Ausstattung eines Menschen die entscheidende Rolle.

Die sozialen Faktoren werden über die Erziehung wirksam. Zu ihnen zählen: das Vorbild der Eltern beim Umgang mit Konflikten, der Erziehungsstil – er läßt u. a. erkennen, wann und wie Eltern ihre Kinder für Aggressionsäußerungen belohnen oder bestrafen – und die Normen des sozialen Umfeldes. Alle erwähnten Elemente sind an der Steuerung des aggressiven Verhaltens beteiligt.

Ausgelöst wird Aggressivität in erster Linie – hierin stimmen die meisten Forscher überein – durch die Frustration emotionaler oder existentieller Bedürfnisse. Die Verweigerung einer Wunscherfüllung, das Unterbinden einer beabsichtigten Handlung, die Vereitelung eines Plans, die Drohung, Eigentum fortzunehmen oder eine genußspendende Situation zu zerstören, ein direkter Angriff – solche «frustrierenden» Geschehnisse erzeugen Unbehagen, Spannung, die Bereitschaft, sich zu wehren oder das Ersehnte zu beschaffen, kurz, sie wekken Aggressionen. Wie diese aber ausgelebt werden – ob konstruktiv oder destruktiv und wogegen sie sich richten – ob sie sich gegen die Ursache, ein Ersatzobjekt (Person oder Sache) als «Blitzableiter» oder gegen die eigene Person wenden –, das hängt ab von dem Wirkungszusammenhang der verschiedenen Faktoren. Deshalb muß Aggression, wie jedes andere menschliche Verhalten, als ein bio-psycho-soziales Phänomen begriffen werden.

II.
Entwicklungspsychologische Gesichtspunkte

Um eine genauere Vorstellung von den psychosozialen Anteilen der Aggression zu bekommen, soll im Folgenden betrachtet werden, wie Kinder mit ihren Frustrationen umzugehen lernen.

1. Symbiotische und Differenzierungsphase

Der neugeborene Säugling wird in seinen Reaktionen von Lust- und Unlustempfinden bestimmt. Wohlbefinden führt zu Entspannung und Zufriedenheit, Unbehagen löst Spannungen aus, die er in verzweiflungsvollem Wutgeschrei oder hilflosem Wimmern äußert. Unbehagen, das kann heißen: Hunger, Blähungen, Müdigkeit, ohne Schlaf zu finden, Verlassenheitsgefühle oder das Bedürfnis nach Anregungen. Doch versteht der Säugling solche Empfindungen noch nicht, weiß auch nicht, daß sie vorübergehen, und fühlt sich existentiell bedroht. Da er im ersten halben Lebensjahr nicht (oder nur sehr undeutlich) zwischen sich und seiner Umgebung unterscheidet, richtet sich das Klagegeschrei nicht gegen irgendeine Person oder Sache, sondern nur gegen den augenblicklichen Zustand. Überwiegen derartige Erlebnisse an Dauer und Intensität die «guten», dann gerinnen sie zu der vorbewußten Erfahrung: Mein seltenes Wohlbefinden ist ständig bedroht; ich muß immer auf der Hut sein, um es zu verteidigen, bzw.: ich muß mein Schicksal ertragen und kann nichts daran ändern. Die erste Schlußfolgerung kann zu einer latenten Aggressionsbereitschaft führen.

Sein Ich entwickelt der halbjährige Säugling im Kontakt mit den primären Bezugspersonen und in der Auseinandersetzung mit der Umwelt. Er lernt sich abzugrenzen: das gehört zu mir, das bin ich – das bin ich nicht, das gehört nicht zu mir. Die Grenzziehung erfolgt jedoch nicht nach «objektiven», «sachgemäßen» Gesichtspunkten. Vielmehr «vereinnahmt» der Säugling manchen fremden Anteil und verlagert eigene unliebsame Aspekte nach außen. So verinnerlicht er in der symbiotischen Einheit wesentliche Einstellungen und Reaktionstendenzen der Mutter (oder Hauptbezugspersonen). Erlebt er sie überwiegend zuversichtlich, zugewandt und entspannt, und sich selbst von ihr angenommen, so übernimmt er diese Qualitäten in sein eigenes Grundgefühl. Gegenteilige mütterliche Haltungen benutzt er gleichermaßen als «Bausteine» für sein Ich. Außerdem bemüht er sich, die für eine gesunde Ich-Bildung so notwendigen positiven Zustände möglichst aufrechtzuerhalten. In ihm auftauchende, die Ganzheit seines Ichs gefährdende Spannungen, projiziert er deshalb nach außen. Von dort kehren sie, sein Lustgefühl bedrohend, zurück und werden entsprechend mit einer aggressiven Reaktion, z. B. einem Wutgeheul und wildem Strampeln, bekämpft. Der Vorteil dieser psychischen Strategie liegt auf der Hand: der Säugling kann sich als «gut» erleben, allerdings um den Preis, daß die Umwelt «böse» wird. Gelingt es ihm nicht, sich als hinreichend «gut» zu empfinden – und das heißt auch angenehmer Zustände und der mütterlichen Liebe wert –, so richten sich seine Aggressionen gegen sich selbst. Sich schlagend und beißend bekämpft er sich als vermeintliche Ursache der Unglücks. Solch frühe Zuordnungen bleiben beibehalten, wenn sie nicht in den folgenden Lebensjahren – wie es unter durchschnittlich günstigen Umständen der Fall ist – überwunden und durch realitätsgerechtere ersetzt werden können. (S. Kap. 11, S. 157f.)

2. *Übungs- bis Befestigungsphase*

Mit zunehmender körperlicher Selbständigkeit und dem Beginn der Vorstellungskraft, strebt das Krabbelkind von der Mutter fort, um die Welt zu erforschen. Sein Eroberungsdrang und seine Neugierde – Aggression im ursprünglichen Wortsinn – sind grenzenlos, erfahren aber alsbald Grenzen des Erlaubten und der körperlichen Geschicklichkeit. Das eigene Unvermögen löst Enttäuschung und Wut aus, reizt aber auch zu vermehrter Übung. Verbote hingegen führen zu Konflikten: das Kind darf nicht, obwohl es kann oder zu können meint. Der strahlenden Kraft seines Wollens gehorchend, glücklich über jeden Erfolg, wird es Grenzsetzungen immer wieder mißachten. Die Eltern zu «ärgern», hat es dabei keineswegs im Sinn, selbst wenn es deren Reaktionen genaustens beobachtet, als ob es herausfinden wollte, ob das Verbot auch wirklich gilt.

Im Trotzalter spitzt sich der Konflikt zu. Das Kind erkennt jetzt, daß die Eltern wirklich einen eigenen Willen haben, mit dem sie vielen seiner Aktivitäten Einhalt gebieten. Es erlebt deutlicher als zuvor, daß sie sich seinen Wünschen widersetzen. Die emotionale Einheit ist gebrochen, und die eigene Autonomie auch beschränkt. Das löst nicht nur Ängste aus, verlassen oder vereinnahmt zu werden, sondern bedeutet auch eine unglaubliche Kränkung für das kindliche Ich. Diesen

Gefühlen, dem unversöhnlichen Zwiespalt, verleiht es in heftigen Trotzanfällen Ausdruck. Dabei fühlt es sich in seinem Wert völlig verunsichert: darf es sich selbst behaupten und nach Unabhängigkeit streben, oder wird es dafür bestraft und nicht mehr geliebt? Muß es sich selbst aufgeben und unterwerfen, weil es ohne Liebe noch weniger überleben kann als ohne eigenen Willen? Es fürchtet den elterlichen Zorn. Doch auch Eltern, die keinen Widerstand bieten, werden zum Problem. Jetzt kann das Kind zwar seine Autonomie entwickeln, durch die «Gefügigkeit» der Eltern auch die Illusion der emotionalen Einheit aufrechterhalten, doch es erfährt nicht die tragfähige Liebe, die sich in der Auseinandersetzung bewährt. Solche Kinder fühlen sich auch innerlich verlassen. Ihnen fehlt das Erlebnis, daß schmerzliche Grenzsetzungen keine Aufkündigung der Liebe bedeuten, daß man trotz gegenseitiger Einschränkungen liebenswert und liebesfähig bleibt. Sie können ihr phantastisches Bild von sich und ihren Bezugspersonen nicht der Realität entsprechend korrigieren und entwickeln Störungen der Beziehungsfähigkeit.

Sehr viel hängt also davon ab, wie Eltern mit diesem aufreibenden Konflikt umgehen, der für das Kind eine unerträgliche Frustration (zugleich Bedrohung und Einschränkung der Bemächtigungswünsche!) darstellt und unglaubliche Aggressionen freisetzt, die es gegen alles und jeden richtet. Gelingt es ihnen, dem Kind zu vermitteln, daß sie sich an seiner Selbständigkeit freuen, selbst wenn sie ihm Grenzen setzen, daß sie es lieben, obwohl sie sich manchen Wünschen entziehen und es auch mit eigenen Aggressionen (die nicht unbeherrscht ausagiert werden sollten) konfrontieren, daß sie ihm Raum für alle seine Gefühle und Bedürfnisse lassen, obgleich es nicht alles beherrschen darf, dann haben sie ihrem Kind einen wichtigen Reifungsschritt ermöglicht. Das Kind spürt, daß es seine Energien einsetzen darf, um an die Welt «heranzugehen» und sie «anzugreifen», daß es sich neugierig mit ihr auseinandersetzen und sich selbst in ihr behaupten darf. Es hat aber auch gelernt, daß sein Durchsetzungsdrang auf Grenzen stößt, und zwar nicht nur Grenzen des eigenen Vermögens, sondern auch solche, die von anderen, sich selbst behauptenden Menschen gesetzt werden. Es hat erfahren, daß es solche Einschränkungen mit Wut beantworten darf, ohne deshalb die elterliche Liebe zu verlieren. Es hat also gelernt, daß «negative» Aggressionen nicht destruktiv wirken müssen. Es muß sie folglich nicht fürchten und nicht wegen seiner Wehrlosigkeit seine Selbstachtung aufgeben. Das Kind hat die Standfestigkeit seiner Eltern erlebt, hat gesehen, daß diese durch seinen Zorn nicht zerstört werden, daß solche Kämpfe zu unterschiedlichen Ergebnissen führen: mal setzt es sich durch, häufig die anderen, und teilweise werden Kompromisse gefunden. Indem es diese Realität zu akzeptieren lernt, bilden sich in ihm die Grundlagen dafür, auch das

Recht der anderen zu achten und mit Konflikten kreativ umzugehen. Seine Frustrationstoleranz wächst, die Beschränkungen wandeln sich zum Anreiz, die gegebenen Möglichkeiten gründlich auszuloten, und die Fähigkeit zur Selbstkontrolle nimmt zu. Damit sind die Voraussetzungen geschaffen, einen «sozial angepaßten», «konstruktiven» Umgang mit aggressiven Impulsen zu erwerben.

Die Gefahr für die Entwicklung im Trotzalter besteht, wie angedeutet, einerseits in der zu strengen und andererseits in der versäumten Grenzsetzung. Ein «grenzenlos» aufgewachsenes Kind wird ein unrealistisches Größenselbst behalten. Seine Frustrationstoleranz bleibt unterentwickelt, und es wird die Notwendigkeit zur Impulskontrolle nicht verspüren. Es empfindet keinen Grund, das Recht des anderen zu achten. Konnte es darüber hinaus in den vorangegangenen Entwicklungsphasen kein zugewandtes, warmes, sicherheitsspendendes «Mutterbild» verinnerlichen, so fehlt ihm zusätzlich die liebevolle Bindung an die Bezugsperson, die Verzichte erleichtert und sinnvoll erscheinen läßt. Darüber hinaus entwickelten sich elementare Unwertgefühle, die durch das Größenselbst nur verdeckt werden. Emotionale Verwahrlosung, mangelnde Bereitschaft, sich in das Gegenüber hineinzuversetzen und die Unfähigkeit, in den nächsten Lebensjahren ein «Gewissen» bzw. ein funktionstüchtiges Über-Ich auszubilden, können die Folge sein. Solche Kinder werden dazu neigen, ihre Aggressionen auch späterhin ungezügelt und rücksichtslos auszuleben und sie werden kaum Formen konstruktiver Konfliktbewältigung entwickeln.

Anders liegen die Verhältnisse bei Kindern, die zu harte Einschränkungen erfahren und deren Willen durch direkte und indirekte Strafen (Liebesentzug) gebrochen wurde. Sie passen sich notgedrungen an; sie unterdrücken teilweise ihren Entfaltungsdrang, «beseitigen» so gut wie möglich ihre Wut, weil sie den unerträglichen Liebesentzug bewirkte bzw. die schwache Mutter scheinbar zerstörte, und werden «brav». Sie verzichten auf Selbstbehauptung, weil sie ihre aggressiven Kräfte nicht als legitim und hilfreich, sondern nur als beziehungsbedrohend erlebten. Gleichzeitig fürchten sie die Angriffe anderer, werden ängstlich, schüchtern und fühlen sich häufig unterlegen. Viele dieser Kinder weichen Konflikten aus bzw. versuchen, sie durch Gehorsam zu bannen. Indem sie ein überstrenges Normbewußtsein entwickeln und sich genau an Regeln halten, finden sie Sicherheit; doch verlangen sie – nun mit «gutem Recht» – die Normeinhaltung auch von anderen, deren Verhalten sie auf diese Weise kontrollieren. So gewinnen sie eine gewisse Macht und setzen sich indirekt durch, wenn auch als «Diener» ihres Über-Ichs und unter Aufgabe wichtiger vitaler Interessen. Die Frustrationen scheinen solche Menschen rational zu bewältigen; sie entwickeln eine starke Selbstkontrolle, häufig auch zwanghafte Verhaltensweisen und einen betont korrekten Umgangsstil. Aggressionen scheinen sie kaum zu spüren; zudem fehlt ihnen die Erfahrung in der sozial verträglichen Auseinandersetzung. Doch in ihrem Innern schlummern die unbewältigten Verletzungen und Demütigungen ihrer Kindheit. Hin und wieder werden sie durch ein gegenwärtiges, häufig unbedeutend wirkendes Ereignis wachgerufen. Dann kommt es vor, daß die Selbstkontrolle versagt, und die ungezügelten Aggressionen brechen (nach *Freud* aus dem Es) als Wutausbruch oder Gewalttat hervor. (S. Kap. 11, S. 157f.)

3. Ödipale Phase

In der ödipalen Phase verlagern sich die Konflikte. Das dreijährige Kind hat gewisse Grenzen akzeptiert, weiß sich in seiner Selbständigkeit und seiner Schwäche geachtet und geliebt und hat eine stabile Beziehung zu den Eltern. Es muß also nicht mehr grundsätzlich um Autonomie und Liebe kämpfen. Statt dessen sucht es in den folgenden Lebensjahren, sich einen Platz im sozialen Gefüge zu sichern und Anerkennung als geschlechtliches Wesen – insbesondere vom andersgeschlechtlichen Elternteil – zu bekommen. Es erprobt seine Geschlechtsrolle. Sein Geltungsstreben, die mit ihm verbundene Eifersucht und Rivalität, treibt es oft in aggressive Auseinandersetzungen: die Bewunderung, die das andere Kind erfährt, will es statt seiner haben; den Platz, den die Mutter beim Vater innehat, will die kleine Tochter besetzen. Das Kind möchte den Nebenbuhler «beseitigen», zumindest aber den bevorzugten Rangplatz einnehmen. Durch die früheren Grenzsetzungen hat es jedoch gelernt, daß nicht alles erlaubt ist. Mehr und mehr elterliche Ge- und Verbote setzen sich gleichsam in seinem Innern fest und beginnen nun selbst als wertende Instanz, als Gewissen oder Über-Ich die Einhaltung der Normen zu überwachen. (S. Kap. 13, S. 187ff.)

Die Normen betreffen auch den Umgang mit Aggressionen. Durch die Art, wie die Eltern auf seine Wut und Selbstbehauptungsbestrebungen reagieren, erfährt es nicht nur, ob es sich durchsetzen darf oder unterordnen muß; vielmehr lernt es auch konkrete Regeln, etwa: du darfst die Eltern nicht schlagen; Beißen ist verboten; Schimpfen ist erlaubt; Wehr dich, wenn sie dich ärgern; Laß dir nichts gefallen. Das Kind ist nun alt genug, um solche Regeln zu verstehen, auch wenn es sie nur ansatzweise beherzigen kann.

Viel stärker als die Worte, mit denen die Eltern das Konfliktverhalten des Kindes beurteilen, wirkt ihr eigenes Verhalten in Auseinandersetzungen. Eltern, die Konflikte autoritär «lösen», indem sie ein kurzes Machtwort sprechen, die Auseinandersetzungen verweigern, ihre Kinder schlagen, mögen zwar Gefügigkeit erzielen, doch dienen sie zugleich auch als Vorbild. Das Kind wird mit hoher Wahrscheinlichkeit ihr Modell der Konfliktentscheidung übernehmen und sich mit gleichrangigen oder unterlegen Gegnern lediglich körperlich auseinandersetzen. Wenn ein Elternteil jeden Konflikt scheut und sich bedingungslos unterwirft aus Angst vor dem überlegenen Partner, so kann dies ebenfalls für das Kind zum Modell werden, wenn es sich mit dessen Schwäche identifiziert. Das Kind wird folglich ängstlich Auseinandersetzungen vermeiden und den Platz einnehmen oder die Rolle spielen, die ihm zugewiesen wird. Eltern hingegen, bei denen das Wort zum wichtigsten Mittel wird, die Konflikte zu bewältigen, die sich um gegenseitiges Verständnis bemühen und Kompromisse suchen, dabei aber durchaus Standfestigkeit beweisen, werden solche Formen der Selbstbehauptung im Kind fördern.

Schließlich bestimmt auch der Erfolg den Weg, der gewählt wird, sich zu wehren oder die eigenen Interessen durchzusetzen. Erfolgreiches bzw. belohntes Verhalten wird beobachtet – etwa bei den Eltern, Altersgenossen oder im Fernsehen – und selbst erprobt. Wenn ungezügelte Aggressivität und brutale Selbstbehauptung mehr Befriedigung verschaffen als ein gemäßigter, sich an Regeln der Fairneß haltender Kampf, so wird die erste Strategie verstärkt und vermutlich häufiger angewandt. Das ist insbesondere bei solchen Kindern der Fall, die ihre Unsicherheit mit rüpelhaftem Verhalten überspielen und die kaum tragfähige Beziehungen kennen. Sie können sich nicht in andere Menschen einfühlen, haben keine Freunde und verlieren deshalb durch ihre Rücksichtslosigkeit auch keine ihnen wichtige Zuwendung. Zwar sehnen auch sie sich nach Anerkennung und Liebe, doch fehlt ihnen die Fähigkeit, ihre unbeherrschten Aggressionen in angemessene Bahnen zu lenken. Damit ist ihnen der Weg zum sozialen Erfolg versperrt. Von anderen Menschen erfahren sie überwiegend Ablehnung und Gegendruck, wodurch wiederum ihre Aggressionen und Abwehr wachgerufen werden, und so verfestigt sich der Teufelskreis.

Sozial anerkannte Kinder hingegen fühlen sich an ihre Freunde gebunden. Sie wollen sich durchsetzen, ohne Beziehungen zu gefährden. Das gelingt am ehesten mit sozial akzeptierten Formen der Auseinandersetzung.

4. Grundschulalter

Im Grundschulalter verfestigt und differenziert sich die Art, wie aggressive Auseinandersetzungen geführt werden, entsprechend den beschriebenen Grundmustern. Es ist das Alter, in dem Kinder, die unter ungünstigen emotional-sozialen Bedingungen aufwuchsen, verhaltensauffällig werden, weil sie die nun geforderte soziale Anpassung an eine größere Gruppe und die dort geforderten Spielregeln nicht bewältigen können. Die Leistungsanforderungen, die für solche Kinder zu Frustrationserlebnissen führen, verschlimmern das aggressive Verhalten. Auch die Forderung, über längere Zeit stillzusitzen, wirkt bei unruhigen Kindern aggressionssteigernd.

Kinder mit eingeschränkter Lernfähigkeit sind oft außerstande, hinreichende Kompetenzen in der verbalen Konfliktbewältigung zu erwerben. Sie bleiben aus diesem Grund häufig der Stufe der körperlichen Auseinandersetzung verhaftet.

5. *Pubertät*

In der Pubertät verändert sich der Hormonhaushalt. Die männlichen Organe produzieren nun große Mengen des Hormons Testosteron, das deutlich aggressionssteigernd wirkt. Daher werden Jungen, weitaus häufiger als Mädchen, während ihrer Pubertät außerordentlich aggressiv und müssen lernen, ihre Impulse zu beherrschen. Wenn sie nicht in den vorangehenden Jahren Formen der Konfliktbewältigung eingeübt haben, d. h. wenn sich nicht lernten, Spannungen und Ärger hauptsächlich verbal zu äußern oder über «ungefährliche Ersatzobjekte» abzuführen, dann drohen nun heftige, ungezügelte Aggressionsdurchbrüche, die aufgrund der männlichen Kraft und der Zielgerichtetheit der Handlungen gefährlich werden können. Andererseits unterstützen die Aggressionen die wichtige pubertäre Aufgabe der Lösung von den Eltern. Ohne den durch sie verstärkten Freiheitsdrang, Mut und Durchsetzungswillen wäre der Verzicht auf kindliche Versorgungswünsche wesentlich schwerer zu leisten. Gewöhnlich reichen das Normbewußtsein, die Selbstkontrolle und das Gefühl der sozialen Verantwortung, also die Über-Ich-Kräfte, so daß Jugendliche der Herausforderung ihrer Aggressionen gewachsen sind und die hinzugewonnenen Energien konstruktiv zur Lebensgestaltung nutzen können.

III.
Aggression als Problem bei geistig behinderten Menschen

Wieder ist davon auszugehen, daß sich die Entwicklung und Erscheinungsweisen der Aggression bei geistig behinderten Menschen nicht grundsätzlich anders darstellen als bei normal begabten. Vor allen Dingen gilt es, das weit verbreitete, unbegründete Vorurteil auszuräumen, daß geistig Behinderte aggressiver seien als sogenannte «Normale». Allerdings beeinträchtigt die intellektuelle Einschränkung das Vermögen zur verbalen Konfliktbearbeitung. Darüber hinaus hängt das Niveau der aggressiven Äußerungen von den zuvor beschriebenen, psychischen und sozialen Faktoren ab.

1. Physiologische und psychosoziale Beeinträchtigungen

Da geistige Behinderungen vergleichsweise oft mit Hirnschädigungen einhergehen, ist der Anteil physiologisch bedingter Aggressionsäußerungen erhöht. Eine gesteigerte Erregbarkeit findet sich bei hyperaktiven und erethischen Menschen, aber auch bei Epileptikern vor ihren Anfällen. Da biologisch begründete Reaktionstendenzen sich allenfalls medikamentös beeinflussen lassen, lautet die wichtigste pädagogische Konsequenz: Rücksichtnahme. Die äußeren Lebensbedingungen sind möglichst so zu gestalten, daß sie den Behinderten nicht überfordern. So braucht beispielsweise der Erethiker genügend «Auslauf» und der reizempfindliche Wahrnehmungsgestörte eine ruhige Umgebung. Zumindest darf man von ihm nicht erwarten, daß er konzentriert einer Tätigkeit nachgeht (den Tisch deckt, das Zimmer aufräumt), wenn im gleichen Raum Musik läuft und sich drei Leute unterhalten.

Was die psychischen Faktoren betrifft, sei vor allem daran erinnert, daß geistig behinderte Menschen schlechtere Voraussetzungen für die Ich-Entwicklung haben. Von der Reife und Stabilität des Ichs aber hängt ab, wie leicht ein Mensch sich bedroht fühlt und wie gut er Frustrationen ertragen sowie seine Gefühle und Handlungsimpulse kontrollieren kann. Je stärker ein Mensch emotional gestört oder je behinderter er also ist, desto leichter verliert er sein inneres Gleichgewicht und desto weniger kann er seine aggressiven Strebungen steuern.

Für den Umgang mit geistig behinderten Menschen, die als Folge ihrer emotionalen Störung häufig aggressiv reagieren, sind folgende Gesichtspunkte zu bedenken: Die Labilität ihres Ichs hängt in der Regel zusammen mit Defiziten in den grundlegenden Beziehungserfahrungen. Sie konnten kein hinreichend gutes «Mutterbild» verinnerlichen und deshalb kein positives Selbstbild aufbauen, oder ihre Autonomiebestrebungen wurden nicht richtig verstanden und angemessen unterstützt. Deshalb fühlen sie sich durch geringste Beeinträchtigungen ihres Wohlbefindens oder Beschneidungen ihrer Aktivität bedroht, können also noch weniger Frustrationen ertragen, als es bei günstigen Entwicklungsbedingungen der Fall wäre. Soll die Hilfe an den Ursprüngen der Aggressionsproblematik ansetzen, so muß sie eine Beziehung anbieten, die die elementaren Ich-Bedürfnisse berücksichtigt.

2. Fallbeispiele – Die Beziehung als therapeutischer Faktor

Einige Beispiele mögen veranschaulichen, wie eine solche Hilfe aussehen kann. Die achtundzwanzigjährige, mittelgradig bis schwer behinderte Sabine brachte die Mitarbeiter der Wohngruppe immer wieder durch ihre unberechenbaren Wutanfälle an den Rand der Verzweiflung. Bei solchen Gelegenheiten biß sie die Betreuer, warf sich auf die Erde, zerriß ihre Kleidung und schlug wild um sich. Verschiedene Bedingungen schienen solche Ausbrüche hervorzurufen: Streß und Spannungen unter den Mitbewohnern und Betreuern, die fehlende emotionale Verfügbarkeit der Betreuer, geringste Anforderungen (z. B. «zieh dir die Hose an»; «Warte mit dem Essen, bis die anderen ihren Teller gefüllt haben»), wenn Sabines Stimmung ohnehin schon getrübt war (insbesondere morgens!), Änderungen im Tageslauf und der Verlust eines vertrauten Betreuers bzw. ein Betreuerwechsel. In ihren Aggressionsdurchbrüchen ließ sie sich nicht durch Körperkontakt beruhigen. In «guten Phasen» war Sabine aufgeweckt, strahlend und an ihrer Umgebung interessiert.

Die Analyse ihrer Ich-Entwicklung ergibt ein Niveau, das zwischen dem eines knapp halbjährigen Säuglings in schlechten und eines einjährigen Kindes in guten Augenblicken schwankt. Daß sie ein sehr negatives Selbstbild hatte, belegen ihre Selbstgespräche, in denen sie sich häufig beschimpfte: «Böse Sabine; hau dich, Sabine; pfui, nicht kaputt machen; kriegst kein Essen!»

Dem Befund zufolge brauchte Sabine ein oder zwei stets verfügbare, zugewandte Bezugspersonen, durch deren Hilfe sie ein besseres «Mutter»- und infolgedessen auch Selbstbild entwickeln konnte, sowie möglichst gleichmäßige, spannungsarme Lebensbedingungen. Außerdem sollten Forderungen an sie, um Frustrationen zu vermeiden, zunächst nur in Augenblicken guter Stimmung gestellt werden.

Der Therapieplan erwies sich als sehr erfolgreich. Sabine erhielt eine Einzelbetreuung von drei sich halbtägig abwechselnden Mitarbeitern. Allein die regelmäßige Zuwendung bewirkte eine Verringerung der Ausbrüche. Darüber hinaus ließen sich diese oftmals auch durch lange, emotionale Spannung reduzierende Spaziergänge verhindern. Schließlich entwickelte Sabine die Fähigkeit, ihre Wutanfälle selbst zu beherrschen (d. h. das kurzfristige Zerbrechen ihres Ichs zu verhindern), indem sie sich ganz still auf einen Sessel zurückzog und den Kopf in ihren Armen verbarg. So rang sie um Selbstkontrolle, durfte dabei allerdings nicht angesprochen werden. Häufig «tauchte» sie erst nach etwa zwei Stunden wieder «auf». Nach einiger Zeit begannen die Betreuerinnen sich in solchen Situationen wortlos in einen Sessel neben sie zu setzen und sich einer ruhigen Tätigkeit zu widmen. Die nichts fordernde körperliche Nähe bewirkte, daß Sabine allmählich schneller aufschaute. Schließlich konnten die Betreuerinnen sie sogar erfolgreich hervorlocken. Parallel dazu nahmen die aggressiven Attakken mehr und mehr ab. Nach drei Jahren war Sabines Entwicklung soweit vorangeschritten, daß sie die durchschnittlichen Frustrationen eines normalen Alltags ertrug und keine Einzelbetreuung, sondern nur noch besondere Aufmerksamkeit innerhalb der Gesamtgruppe benötigte. Daß sich nicht nur ihre Beziehungen zu den Betreuern und Bewohnern, sondern auch das Selbstbild verbessert hatte, zeigte sich daran, daß die bestrafenden Selbstgespräche weitgehend verschwunden waren.

Der emotional schwer gestörte Günter war geistig etwas weiter entwickelt als Sabine. Er sprach in einfachen Mehrwortsätzen und konnte einfache lebenspraktische Aufgaben gut bewältigen. Doch in seinem Gefühlsleben war er noch unausgeglichener: Lachen und Weinen wechselten in schneller, oft kaum einfühlbarer Weise einander ab; häufig beschimpfte er sich selbst; oft war er von starker innerer Unruhe umhergetrieben. In solch angespannter Stimmung kam es leicht zu Wutausbrüchen, in denen er seine Kleidung zerriß, unter Umständen sich selbst schlug und die Betreuer angriff, wenn sie dann «etwas von ihm wollten». Eine nahe Beziehung zu einem Menschen, die ihm erlaubt hätte, in dessen Gegenwart zu entspannen, kannte er nicht. Beruhigend wirkten nur ausgedehnte Spaziergänge mit einem Betreuer.

Auch bei Günter fiel wieder das negative Selbstbild und die fehlende tragfähige Beziehung auf. Sie schienen hauptverantwortlich dafür zu sein, daß er mehrmals wöchentlich von seinen Aggressionen überwältigt wurde. Ziel mußte also auch bei ihm sein, seine Persönlichkeit durch ein positives Beziehungserleben zu stabilisieren. Erschwerend wirkte bei Günter, daß er von sich aus kaum Wünsche äußerte und keine Nähe suchte. So mußte der Betreuer den Kontakt behutsam «aufdrängen», indem er vermehrt auf Günters verbale Äußerungen einging, seine Gefühle spiegelte und gemeinsame Spaziergänge anbot.

Allmählich schien Günter die Zuwendung wahrzunehmen und wandte sich nun auch von sich aus an seinen «Bezugsbetreuer»; er erzählte ihm mehr von seiner Befindlichkeit und ließ sich bei angespannter Stimmungslage positiv von ihm beeinflussen. Die Wutausbrüche ließen an Häufigkeit und Intensität nach. Oft konnten sie abgemildert werden, indem Günter in kritischen Situationen vorgeschlagen wurde, ins Freie zu gehen und zu laufen, bis er sich beruhigt hatte. Hierbei kam es darauf an, daß er den räumlichen Abstand nicht als «Fortgeschickt-werden», als Strafe auffaßte, sondern als Hilfsangebot begriff.

Ein weiterer Teilerfolg bestand darin, daß Günter lernte, das ihm seit einiger Zeit abends angebotene Bad ausgiebig zu genießen und sich dabei zu entspannen. Hierbei ließ sich der Betreuer sehr viel Zeit, liebevoll mit Günter zu sprechen und ihm beim Waschen und Abtrocknen zu helfen (Tätigkeiten, die dieser durchaus beherrschte). Schließlich verlangte Günter sogar nach seinem Bad. Nun war endlich eine Situation geschaffen, in der er emotionale Einheit erleben und in sich aufnehmen konnte, in der er voller Wohlbehagen zur Ruhe kam, deutlich empfindend: «es ist gut». Mit dem verbesserten Beziehungs- und Selbsterleben sind die Voraussetzungen zur Korrektur des Selbstbildes geschaffen, so daß die inneren Spannungen nachlassen können und die Aggressionsdurchbrüche sich weiterhin abschwächen werden.

Komplexer stellte sich die aggressive Problematik beim dreizehnjährigen, leicht geistig behinderten Lars dar. Lars, ein strahlendschöner Junge, wollte immer als der Beste gefeiert sein. Er schmeichelte sich bei seinen Erzieherinnen ein, half ihnen, wenn er damit ihre volle Aufmerksamkeit und Bewunderung auf sich lenken konnte, vertrug aber nicht die geringste Kritik und «rastete» regelmäßig «aus», wenn er einer Aufgabe nicht gewachsen war oder keine Lust verspürte, einer Anweisung zu gehorchen. Dann gebärdete er sich wie wild, schlug um sich, warf mit allen erreichbaren Gegenständen und schreckte auch nicht davor zurück, seine Betreuerinnen anzugreifen. Diese lehnten ihn ab, da sie seine Wechselbäder von Freundlichkeit und aggressiven Tätlichkeiten weder verstanden noch verkrafteten.

Bei Lars schien man Selbstkontrolle erwarten und ihn mit Loben und Strafen steuern zu können, verstand er doch alles, was man von ihm wollte. Dennoch führte diese Methode nicht zum Erfolg. Auch bei ihm mußte der Weg über den Beziehungsaufbau beschritten werden. Zuerst galt es deshalb, den Erzieherinnen das hilflose, liebesbedürftige Kind hinter der Prahlerei und der aggressiven Selbstbehauptung erkennbar zu machen. Als sie es wahrnehmen konnten, vermochten sie auch seine Nähebedürfnisse zuzulassen und zu befriedigen und sich seiner Angriffe wirkungsvoller zu erwehren, ohne daß sie ihn deshalb innerlich ablehnen mußten. In der weiteren Beziehungsgestaltung wurde zweigleisig verfahren. Einerseits brauchte Lars viel Bestätigung für sein «Imponiergehabe», um sein Selbstwertgefühl hinreichend stabil zu halten. Andererseits mußte man ihm zeigen, daß man seine schwachen, ängstlichen, depressiven Anteile sah und ihn auch mit diesen Seiten gerne mochte. Indem er allmählich das Gespräch über sie zuließ, lernte er sie anzunehmen und in seine Vorstellung von sich selbst einzubeziehen. Hilfreich für die Differenzierung des Selbstbildes war auch die Erfahrung, daß von ihm bewunderte Erwachsene ebenfalls Angst haben, Wut kennen und manchmal Hilfe brauchen. Erst als Lars in seiner Entwicklung soweit vorangeschritten war, daß die Wutausbrüche viel seltener auftraten, wurde zur Steuerung seines Verhaltens ein verhaltenstherapeutisches Verstärkerprogramm begleitend eingesetzt (Belohnung für Aufgabenerfüllung, Ignorieren für «unwesentliche» Übertretungen, Verstärkerentzug für Übertretungen trotz dreimaliger Aufforderung zu gehorchen). Die genauen Regeln konnten nun befolgt werden und unterstützten neben der Identifikation mit den inzwischen geliebten Bezugserziehern den Aufbau bzw.

die Arbeitsfähigkeit des Über-Ichs. Lars lernte zunehmend, Frustrationen zu ertragen, seine aggressiven Regungen zu beherrschen und sich den angebotenen Aufgaben zu stellen. Seine «Angriffslust» sank auf das Niveau eines normalen Jugendlichen.

3. Fallbeispiele – Der Einsatz von Belohnung und Bestrafung

Die Methode, aggressive Handlungen über den Beziehungsaufbau zu verringern, stößt dann an ihre Grenzen, wenn die Beziehungsfähigkeit des Betroffenen so grundlegend gestört ist, daß er sich auf eine liebevolle Beziehung nicht einlassen kann. In diesem Fall ist der Weg versperrt, über eine Korrektur des «Mutterbildes» eine Verbesserung bzw. Differenzierung des Selbstbildes zu bewirken sowie Vertrauen auf- und emotionale Spannungen abzubauen. Dann wird die «Bezugsperson» auch nicht als Objekt der Identifikation angenommen, und es gibt keinen Grund, ihr zuliebe die aggressiven Impulse zu beherrschen. Das Gegenüber bleibt lediglich ein «bedürfnisbefriedigendes Objekt» und erregt Zorn und Ablehnung, wenn es sich dieser Aufgabe entzieht. Die Aggressivität solcher Menschen läßt sich tatsächlich so lange nur über Belohnung und Bestrafung bändigen, bis es gelingt, eine emotionale Bindung herzustellen. Zur Erläuterung der Problematik sei das Beispiel des dreiundvierzigjährigen Wolfgang dargestellt.

Der geistig leicht behinderte Mann konnte lesen und beherrschte die Grundrechenarten. Um sein Ich stabil zu halten und sein Leben zu strukturieren, hatte er verschiedene Zwänge entwickelt. Zu genau festgelegten Zeiten ging er zu Bett, stand er auf, trank Kaffee, hörte Radio, las oder zerriß Zeitungen, ging fort, um ganz bestimmte Dinge einzukaufen. Hinderte man ihn daran, diese Rituale auszuüben – etwa weil sie auch andere Gruppenmitglieder beeinträchtigten –, so wurde er wütend; spielte man ihm gegenüber dann seine Autorität aus, so unterwarf er sich schließlich. Zornausbrüche konnten durch alle Vorgänge ausgelöst werden, die er nicht einsah, z. B. daß er auf jemanden warten sollte oder daß zwei Schüsseln mit Essen auf dem Tisch standen, wenn er meinte, eine reiche. In seiner Wut zerschlug er z. B. das Geschirr, oder griff Betreuer tätlich an.

Die intensive Zuwendung zu Wolfgang bewirkte lediglich, daß er versuchte, mehr Privilegien zu erwirken, denen er sich aber, sofern er sie erhielt, nicht gewachsen zeigte. Sie verstärkten den inneren Leistungsdruck und die Entwicklung der Zwänge. Entlastung brachte hier die Einsicht des Bezugsbetreuers, daß er die Situation klar und Wolfgangs psychischen Kräften entsprechend gestalten mußte, damit dieser emotional möglichst wenig in Spannung geriet. Denn in entspannter Stimmung war er wegen der geringen Behinderung gut rational steuerbar.

Doch in Konfliktsituationen blieb – da dem behinderten Bewohner jede Einfühlung in seinen Betreuer fehlte und er sich auch nicht aus Angst vor Liebesverlust beherrschen konnte – nur ein autoritärer, streng an Strafen und Belohnung orientierter «Erziehungsstil» als wirksames Mittel. Wolfgang konnte sich kontrollieren und unterwarf sich, wenn ihm sonst ein Entzug seiner Lieblingsbeschäftigungen – Radio hören, Zeitung lesen, Einkaufen gehen – drohte. Es versteht sich von selbst, daß solche Methoden keinen Abbau der Aggressivität und keinen Aufbau echten Sozialverhaltens bewirken, sondern daß sie nur Steuerungsmechanismen sind. Dennoch erfüllen sie einen notwendigen Zweck, obwohl parallel auch weiterhin eine emotional warme Beziehung angeboten werden sollte.

Daß die sozialen Faktoren auch zu der Art und Weise, wie geistig behinderte Menschen mit ihren Aggressionen umzugehen lernen, wesentlich beitragen, soll nur kurz erwähnt werden. Bereits die dargestellte Bedeutung der Bezugsperson gehört hierher, und der Einsatz von Lob und Strafe kennzeichnet den Erziehungsstil. Die Betreuer dienen als Vorbilder und werden in ihrem Konfliktverhalten nachgeahmt, doch nicht nur sie, sondern auch die Gruppe der Gleichaltrigen oder die «üblichen Fernsehhelden». Der beobachtete Erfolg dient als Richtschnur, und zwar so unbedingt, daß sogar erfolgversprechendes selbstschädigendes Verhalten übernommen wird. So fing z. B. der elfjährige Thomas, der mit seinem Jähzorn den Erziehern große Schwierigkeiten bereitete, ein halbes Jahr, nachdem ein anderes, sehr autoaggressives Kind in die Gruppe aufgenommen worden war, ebenfalls an, sich in den Arm zu beißen und seinen Kopf gegen die Wand zu schlagen. Er hatte beobachtet, daß solch Verhalten immer die Aufmerksamkeit der Erzieher auf sich zog, die zu erregen ihm ständiges Anliegen war.

Die ausführlichen Beispiele über den Umgang mit aggressiven geistig behinderten Menschen sollten verdeutlichen, daß sich die Schwierigkeiten allenfalls graduell von der Aggressionsproblematik bei «normalen Neurotikern» unterscheiden und daß deshalb vergleichbare Behandlungskonzepte anzuwenden sind.

Fünfzehntes Kapitel

Angst

I.
Grundlegende Gesichtspunkte

«In der Welt habt ihr Angst.» Dieser biblische Satz drückt eine fundamentale Erfahrung aus, die keinem Menschen erspart bleibt. Der Begriff Angst, abgeleitet von dem lateinischen Wort «angustiae», d.h. die Enge, läßt sich definieren als (emotionale) Antwort auf eine als bedrohlich empfundene Situation. Die Bedrohung kann real begründet oder auch nur «eingebildet» sein; sie kann von Objekten, anderen Menschen oder auch von eigenen Impulsen und Vorstellungen ausgehen.

Normale Angstreaktionen sind die Vermeidung bzw. Flucht, Angriffsgebärden oder Lähmung der Handlungsfähigkeit. In jedem Fall bestimmen sie das äußere Verhalten und werden begleitet von physiologischen und emotionalen Vorgängen. Als physiologische Symptome können auftreten: Die Erhöhung der Herzschlagfrequenz und des Blutdrucks, das Absinken des Hautwiderstandes, eine verstärkte Durchblutung des Kopfes und der Extremitäten bei gleichzeitiger Verminderung der Durchblutung der inneren Organe, die Unterbrechung der Verdauungsprozesse, Harn- und Stuhldrang sowie eine erhöhte Schweißabsonderung. Angst führt je nach Intensität zu einer Einschränkung der Wahrnehmungsfähigkeit, ist verbunden mit Druck- und Engeempfindungen, wird begleitet von Gefühlen der Verwirrung, des Gelähmtseins, der Ohnmacht, des Entsetzens oder der Panik. Derartige Reaktionen verweisen auf die existentielle Qualität der Angst.

Die Fähigkeit, gefährliche Situationen als solche wahrzunehmen und angemessen zu beantworten, d.h. sie zu vermeiden oder in der aktiven Auseinandersetzung zu meistern, dient dem Überleben. Deshalb sind die Angstbereitschaft und grundlegende Reaktionsmuster angeboren. Könnte der Mensch nicht manche Gefahren «instinktiv» erfassen, lernte er nicht, sich ihre Anzeichen zu merken und bei erneutem Erscheinen angemessen zu befolgen, so hätte seine Gattung gewiß nicht überlebt.

Selbstverständlich verläuft der Lernprozeß, der sehr viele Faktoren berücksichtigen muß, nicht immer zufriedenstellend. Zum einen müssen angstauslösende Objekte und Situationen sowie die Signale, die deren Erscheinen ankündigen, ständig darauf hin überprüft werden, ob sie tatsächlich so gefährlich sind wie gefürchtet. Die Überprüfung aber erfordert Mut (den nicht jeder aufbringt), weil man sich dabei der vermutlichen oder realen Gefahr stellen muß.

Oftmals werden neutrale Merkmale einer bedrohlichen Situation als Signal der mit ihr verbundenen Gefahr im Gedächtnis gespeichert. Erscheint nun dieses Merkmal im harmlosen Zusammenhang, so scheint es dennoch eine Gefahr zu signalisieren und löst die Angstreaktion aus. Das so gelernte Signal vermag die Angst selbst dann noch auszulösen, wenn die ursprünglich mit ihm verbundene Gefahrensituation längst vergessen ist. Die Angst wird nun entweder als grundlos, aber dennoch unabweislich erlebt, oder es wird eine subjektiv einleuchtende (Schein-) Begründung gefunden. Sie «rechtfertigt» eine Vermeidungs- oder Angriffsreaktion und erschwert dadurch die sachliche Überprüfung des tatsächlichen Gefahrengehaltes der Situation, die die Überwindung der Angst ermöglicht hätte.

Ebenso ist es möglich, daß die fragliche Situation für das Individuum im Laufe seiner Entwicklung ursprünglich gefährlich war (z. B. aufgrund seiner relativen Hilflosigkeit oder Abhängigkeit). Inzwischen ist der Mensch aber erwachsen, er verfügt über vielfältige Fähigkeiten, die ihm zum Schutz und zur Verteidigung dienen könnten, so daß die Angst als übermäßig erscheint. In ihm haben sich aber das alte Selbstbild und die vorgeformten Reaktionstendenzen verfestigt und veranlassen ihn nach wie vor zu der alten Angstreaktion.

Eine unangemessene Angst, die sich aus der gegenwärtig gegebenen Situation nicht hinreichend erklären läßt, bezeichnet man als «neurotisch». Sie entsteht entweder nach dem oben beschriebenen Muster oder durch bedrohliche, weil z. B. verbotene und deswegen strafbare, oder in ihrer Intensität möglicherweise unkontrollierbare Impulse, die in der Regel «verdrängt», d. h. unterdrückt und somit nicht mehr wahrgenommen werden. Sie sind häufig aggressiver oder sexueller Natur. Daß die Angst weder der betroffenen Person noch ihrer Umgebung einleuchtet, liegt an der Verdrängung ihrer Ursache. Demgegenüber bildet die «Realangst» die in ihrem Ausmaß «angemessene» und nachvollziehbare Antwort auf konkrete bedrohliche Situationen. «Signalangst» wird die Angst genannt, die durch ein Merkmal, das die Gefahr ankündigt, hervorgerufen wird. Das Merkmal steht hier stellvertretend für die noch nicht akute, aber zu erwartende Bedrohung. Die Angstreaktion soll das Aufkommen und Anwachsen der Gefahr verhindern.

II.
Die Entstehung elementarer Ängste im Laufe der kindlichen Entwicklung

Zum Verständnis konkreter Angstreaktionen trägt das Wissen um die Bildung typischer Ängste während der kindlichen Entwicklung bei. Generell sei bemerkt: so wie der Mensch sich zeitlebens nach symbiotischen Erlebensformen und nach Individuation sehnt – d. h. er strebt sowohl nach einer durch Harmonie und emotionale Übereinstimmung ausgezeichneten Beziehung als auch nach Verwirklichung und Bestätigung seiner Autonomie und damit nach Abgrenzung –, so verläuft auch die Entwicklung seiner Ängste in zwei gegensätzlichen und doch aufeinander bezogenen Richtungen. Einerseits fürchtet er die Trübung und die Einbuße tragender Beziehungen, andererseits fürchtet er die Verletzung oder den Verlust des eigenen Selbst.

Die Beziehungs- und Ich-Ängste setzen, um bewußt wahrgenommen und erlebt zu werden, schon einen gewissen Grad der Ich-Entwicklung voraus. Ihnen vorgeordnet sind noch zwei Formen, die als instinktive Angstreaktionen bezeichnet werden können. Es sind dies die Angst vor Neuem und die Angst vor der traumatischen Überstimulierung, d. h. vor zu starken oder schmerzhaften und deshalb bedrohlichen Sinneseindrücken bzw. Reizkombinationen.

1. Angst vor Neuem

Allem Neuen begegnet der Mensch gleichermaßen mit ängstlicher und freudiger Spannung. Denn das noch unbestimmte Unbekannte kann sowohl zu einer Verschlechterung als auch zu einer Verbesserung der gegenwärtigen Lage führen. Es kann die Möglichkeiten zu weiterem Wachstum und größerer Freiheit ebenso eröffnen wie die Gefahr der Einengung und Verletzung ankündigen. Letztlich kann es Leben oder Tod bedeuten, ebenso wie das Verharren beim Alten Erstarrung oder die Bewahrung der bisherigen Lebensmöglichkeiten anzeigen kann. Welches Gefühl mit der Ungewißheit einer neuen Situation überwiegend verbunden wird, hängt weitgehend von den Erfahrungen ab, die ein Mensch in Übergangssituationen sammeln konnte.

Das Urbild eines derartigen Übergangs bildet die Geburt (vgl. Kap. 1, S. 30ff.). Nie zuvor und nie wieder im Laufe seines Lebens – sondern erst mit dem Tod – wird dem Menschen ein so radikaler Wechsel seiner gesamten Daseinsbedingungen zugemutet. So bedeutet die Geburt Bedrohung, Trennung und Verlust. Sie eröffnet aber auch die Chance der individuellen Selbstwerdung des Menschen. Dem Doppelcharakter der Geburt entsprechend wird sie vom Kind passiv erlitten und aktiv mitgestaltet.

Läßt sich ein Mensch in seinem Leben freiwillig oder notgedrungen auf neue Erfahrungen und damit auf eine – wenn auch manchmal kurzfristige – Veränderung seiner bisherigen Lebensgewohnheiten ein, so spürt er, stärker oder schwächer, Angst und Hoffnung. Der Schul- oder Ausbildungsbeginn, die Eheschließung, ein Wechsel des Wohnortes oder des Arbeitsplatzes und die Geburt eines Kindes seien als Beispiele genannt. Aber auch viel weniger einschneidende Ereignisse, so z. B. eine Urlaubsfahrt, können derartige Gefühle auslösen.

2. *Angst vor traumatischer Überstimulierung*

Eng verbunden mit der Angst vor Neuem ist die Angst vor traumatischer Überstimulierung. Sie ist die anfängliche Angst, die ein Säugling nach der Geburt erlebt. Daß eine Gefahr droht, wird dem Organismus über seine Sinnesempfindungen vermittelt. Die Sinnesorgane nehmen die ankommenden Reize auf, leiten sie weiter ins Gehirn, das sie verarbeitet und die Reaktion bestimmt. Das Gehirn entscheidet, ob ein Reiz als gefährlich und somit beängstigend oder als ungefährlich einzustufen ist. Die Entscheidung hängt davon ab, inwieweit der Reiz als bekannt oder unbekannt, die mit ihm verbundene Erregung als angenehm oder erträglich bzw. als unangenehm oder sogar unerträglich bewertet wird. Unerträgliche, d. h. zu intensive, oder aufgrund der bisherigen Erfahrungen nicht als sinnvoll erkennbare, also nicht integrierbare Reize werden als Gefahr erlebt und lösen Angst aus. (S. Kap. 17, S. 237f.)

In den ersten Lebensmonaten können grelles Licht und lauter Krach, der Verlust der körperlichen Unterstützung (das Gefühl, nicht sicher gehalten zu werden), aber auch Hunger, Schmerzen und Kontaktsehnsucht, überhaupt jede starke Bedürfnisspannung, die der Säugling ja nicht selber auflösen kann, zu einer angsterregenden Überstimulierung führen.

Im späteren Leben erlebt der Mensch die Angst vor Überstimulierung vorwiegend dann, wenn er sich einer bisher nicht erlebten Reizfülle oder neuen Reizen, die er mit seinem bisherigen Erfahrungswissen nicht angemessen einordnen kann, ausgeliefert fühlt. Dies ist insbesondere in neuen Lebenssituationen der Fall.

3. *Verlassenheits- und Trennungsangst*

Hat der Säugling gelernt, daß sein psychisches Wohlbefinden eng verknüpft ist mit der bedürfnisbefriedigenden Anwesenheit der Mutter, so entwickelt er etwa im fünften oder sechsten Lebensmonat – also mit dem Ende der symbiotischen und zu Beginn der Differenzierungsphase – die Angst vor dem Verlust der Bezugsperson. Sie äußert sich zunächst in einem erstaunten oder enttäuschten Gesichtsausdruck, wenn er ein anderes Gesicht als das der Mutter erblickt. Etwa mit acht Monaten steigert sich bei vielen Kindern die Angst beim Anblick von fremden Menschen. Das «Fremdeln» zeigt, daß das Kind nicht nur deutlich unterscheiden kann zwischen «vertraut» und «unbekannt», sondern daß es unterschiedliche Erwartungen daran knüpft. Dies ist möglich aufgrund seines beginnenden Vorstellungsvermögens (s. Kap. 18, S. 273f.). In Gegenwart der vertrauten Mutter fühlt es sich sicher und geborgen. Noch aber ist das Wissen um ihre fortbestehende Existenz und gar um ihre Wiederkehr keineswegs sein verfügbarer Besitz. Noch hat es kein ihm Sicherheit vermittelndes Bild seiner guten Mutter verinnerlicht. So löst der Anblick eines fremden Menschen Angst in ihm aus, erinnert er es doch an die Zeiten, da es die Anwesenheit der Mutter entbehrt und sich verlassen fühlt.

Die Fähigkeit vorauszusehen, daß mit dem Fortgang (das bedeutet für das Kind: Verlust) der Mutter die Verlassenheit einsetzt, bildet den Übergang von der Verlust- oder Verlassenheitsangst zur Trennungsangst. Von nun an fürchtet der Säugling die Trennungsereignisse. Er beginnt schon zu schreien, wenn er die Zeichen sieht, die eine baldige Trennung von der Mutter ankündigen.

In der Übungsphase beschäftigt sich das Kind ausgiebig mit der Erforschung seiner Umgebung. Es ist so erfüllt von seinen Erlebnissen, daß es zeitweise wenig auf die Mutter achtet und deshalb auch zufrieden alleine im Zimmer oder im Garten spielt. Wird sich das Kind jedoch ihrer Abwesenheit bewußt und ist die Mutter dann nicht sofort verfügbar, so zeigt es klare Zeichen der Verlassenheitsangst, die sich in einem deutlichen Stimmungsabfall äußern. Sucht es nun die Mutter, findet sie aber nicht, so wird seine Verlustangst wieder existentiell bedrohlich. Spielzeug und Ablenkungsversuche bleiben wirkungslos. Denn noch braucht das Kind die erreichbare Bezugsperson, zu der es jederzeit zurückkehren kann, um emotional aufzutanken, indem es sich seiner inneren Übereinstimmung mit ihr versichert.

In der Wiederannäherungsphase wird sich das Kind aufgrund seiner fortgeschrittenen kognitiven Entwicklung zunehmend seiner physischen und psychischen Unabhängigkeit bewußt. Die Selbständigkeit bedeutet aber zugleich Getrenntsein von der Mutter. Die Trennung erlebt es besonders schmerzlich, wenn sein eigener und der mütterliche Wille nicht übereinstimmen. Grenzsetzungen, Gebote und Verbote lassen die Diskrepanzen deutlich werden, auf die das Kind mit Enttäuschungsärger reagiert. Sein Zorn jedoch, bzw. sein «Trotzverhalten», mit dem es einerseits seine Selbständigkeit behauptet, verstärkt andererseits das Gefühl des Getrenntseins. Diese Erfahrung erhöht erneut seine Trennungs- und Verlustangst: Es könnte ja sein, daß die Mutter nicht nur einen eigenen Körper (eine eigene Bewegungsfähigkeit) und einen eigenen Willen besitzt, es könnte ja sein, daß sie tatsächlich endgültig fortgeht, so wie das Kind ja auch fortlaufen könnte. Aus diesem Grunde folgen manche Kinder ihrer Mutter zeitweise auf Schritt und Tritt.

4. Angst vor Strafe und Liebesverlust

Mit der zunehmenden Erfahrung der Begrenztheit seiner Fähigkeiten (wie vieles kann es nicht, was es gerne möchte!) wächst zudem im Kind das Gefühl seiner Hilflosigkeit und das Bewußtsein seiner Bedürftigkeit. Es braucht die Eltern ja nicht nur zum Schutz, sondern es braucht auch ihre bewundernde Bestätigung zum Aufbau seines Selbstwertgefühls. Aus diesem Grund lernt es langsam auch die elterlichen Reaktionen zu fürchten, wenn es ein Verbot übertritt. Denn die folgenden Strafen (Schimpfen, Abwenden, aus dem Zimmer schicken oder körperliche Züchtigung) zeigen dem Kind, daß ihm jetzt die erwünschte Bestätigung versagt bleibt, daß Liebe nicht mehr nur bedingungslos geschenkt wird, sondern daß sie aufgrund seines Verhaltens auch entzogen werden kann. Noch hat es nicht genügend Erfahrungen gesammelt, um zu wissen, daß derartige Trübungen der Beziehung vorübergehender und nicht prinzipieller Natur sind. Das völlig verunsicherte Kind beginnt, sich vor dem Liebesentzug zu ängstigen, der für es emotionale Trennung und Verlassenheit bedeutet. Ebenso lernt es, allmählich die Strafen, die den Liebesentzug anzeigen, zu fürchten.

Die Trennungsangst nimmt im Laufe der Befestigungsphase aufgrund der allmählichen Verinnerlichung des guten Mutterbildes (emotionale Objektkonstanz) langsam ab. Nun herrscht die Angst vor Liebesentzug vor. Diese Angst und das Streben nach emotionaler Einheit sind wichtige Motoren dafür, daß das Kind sich bemüht, den elterlichen Anforderungen zu genügen und ihre Normen zu übernehmen.

Verlassenheits- und Trennungsängste, getarnt als Angst vor Liebesverlust, herrschen bei vielen Erwachsen vor. Sie bewirken oftmals eine übergroße Anpassungsbereitschaft; um sie zu beschwichtigen werden eigene Autonomiewünsche aufgegeben und/oder unbewußt Verhaltensweisen entwickelt, die das Gegenüber binden sollen.

5. Angst vor dem Zerbrechen des Ichs

Parallel zur Entstehung der auf den Beziehungspartner bezogenen Ängste entwickelt das Kind auch Ängste, die unmittelbar sein eigenes Ich betreffen. Die Ich-Differenzierung beginnt mit der Differenzierungsphase. Zunächst ist das Gefühl für das eigene Selbst aber noch sehr instabil. Jede starke Erregung (Wut, Verzweiflung, z. B. aufgrund von Verlassenheitsgefühlen oder der Erfahrung von Grenzen, die das beginnende Selbstbewußtsein in Frage stellen) droht, das zerbrechliche Gefüge zu sprengen. Das Kind verliert sich selbst in solch starken Emotionen; die Gefühle überschwemmen und zerstören sein gerade entstehendes Selbstbild, so wie umgekehrt das Ich noch zu schwach ist, um die Entstehung derartig intensiver Gefühle zu bannen. Zunächst vermag sich das Kind selbst nicht gegen das Auseinanderbrechen des Ichs zu schützen. Dies gelingt allenfalls der vertrauten Bezugsperson, die das Kind sicher in den Armen hält, ihm seine Nähe schenkt, durch die es sich allmählich beruhigt. Durch ihre haltende Gegenwart findet es sich wieder.

Während der Übungs- und Wiederannäherungsphase versucht das Kind sich beim Auftauchen derartiger Desintegrationsgefühle, die ein Fremdwerden oder drohendes Auseinanderbrechen des eigenen Ichs anzeigen, zu schützen, indem es Sicherheit bei der Mutter sucht oder sich mit seinem vertrauten Lieblingsspielzeug (Übergangsobjekt) in einen Geborgenheit schenkenden Winkel zurückzieht. Über das vertraute, beruhigende Erleben versichert es sich wieder seiner selbst.

Auch im Erwachsenenalter können Desintegrationsängste bei ungewöhnlich starken emotionalen Belastungen auftreten. Kennzeichen für sie sind folgende Gefühle: an einer absoluten Grenze zu stehen, innerlich zu zerspringen oder wahnsinnig zu werden. Ebenso wie das Kind beruhigt sich der Erwachsene durch die nichts fordernde, vertraute Nähe eines geliebten Menschen oder durch den stillen Rückzug in sich selbst.

6. *Angst vor Autonomieverlust*

Das Kind erlebt sein Ich jedoch noch auf andere Weise als gefährdet. Während der Wiederannäherungsphase identifiziert es sich zunehmend mit seinem gerade entwickelten Willen. Über sein Wollen erlebt es seine Selbständigkeit, und es will selbständig sein! Durch die Konfrontation mit den von den Eltern gesetzten Grenzen erfährt es eine Beschneidung seiner Autonomie. Diese löst – insbesondere wenn sie mit Strafen und Liebesentzug einhergeht – in dem Kind die Angst aus, daß seine Eltern, zumal die Mutter, seine Selbständigkeit überhaupt ablehnen. Es fürchtet den Verlust seiner Autonomie und das symbiotische Wieder-Vereinnahmtwerden durch die Mutter. Die Angst vor dem Autonomieverlust verstärkt das Trotzverhalten des Kindes so lange, bis es hinreichend oft erlebt hat, daß die Eltern nicht nur grenzsetzend ihren eigenen Willen behaupten, sondern den seinen ebenfalls respektieren und es auch in seinen Selbständigkeitsbestrebungen unterstützen.

Die Angst vor Autonomieverlust und Abhängigkeit, die Angst, einer unberechenbaren Macht hilflos ausgeliefert zu sein, äußert sich in einem Bereich, der von zwischenmenschlichen Beziehungen unabhängig ist. Durch seine Auseinandersetzung mit der Natur und der Welt erfährt das Kind seine Grenzen und ihre Unverfügbarkeit. Es kann die Naturkräfte nicht seinem Willen unterwerfen. Insofern es ihre Macht als bedrohlich erlebt, bekommt es Angst, z. B. vor der Dunkelheit, vor Sturm und Gewitter, manchmal auch vor weiten Ebenen und Wasserflächen. Fremde, unvertraute Tiere können ebenfalls in ihm Angst hervorrufen. Die beruhigende Gegenwart der Eltern, die von den Naturkräften unbeeindruckt bleiben oder sich sogar an ihnen freuen, hilft dem Kind, diese Ängste zu überwinden.

Die Angst vor Autonomieverlust bleibt vornehmlich bei den Menschen bis ins Erwachsenenalter hinein bestehen, die sehr vereinnahmende Eltern – insbesondere Mütter – hatten, welche eine Abgrenzung kaum zuließen, oder die ihre unterschwelligen Desintegrationsängste mit Hilfe verstärkter Selbstbestimmung abwehren.

7. Geltungs- und Vergeltungsangst

In der ödipalen Phase festigt das Kind seine geschlechtliche Identität. Es sucht als Junge oder Mädchen Bestätigung. Dadurch treten nun diejenigen Ängste in den Vordergrund, die durch die Gefühle ausgelöst werden, die mit dem Geltungsstreben verbunden sind. Das ist einerseits die Angst, nicht beachtet zu werden, als Geschlechtswesen eine «Randfigur» zu bleiben und keine gute Position erringen zu können. Andererseits weckt aber auch sein Versuch, die Aufmerksamkeit des ersten gegengeschlechtlichen Wunschpartners (Vater oder Mutter) auf sich zu ziehen und im Familiengefüge die eigene Position zu verbessern, Ängste; wird es hierbei doch von Gefühlen der Eifersucht, Rivalität, Aggression geleitet. Das Kind weiß inzwischen, daß derartige Gefühle «schlecht» sind. So entstehen in ihm nicht nur Straf- und Liebesverlustängste, die es seinen eigenen Gefühlen entsprechend – vorwiegend als Angst vor Rache und Vergeltung – phantasiert, sondern es melden sich auch Schuldgefühle. (S. Kap. 13, S. 187ff.)

Bei Menschen, die die ödipalen Konfliktsituationen nicht befriedigend lösen konnten, bleiben oftmals Geltungs- bzw. Vergeltungsängste und damit verbundene Schuldgefühle in einem Übermaß erhalten.

8. Gewissensangst

Die Schuldgefühle zeigen an, daß das Kind inzwischen die anerzogene Norm als von den Eltern unabhängigen Wert verinnerlicht hat. Es fühlt sich schlecht, weil es «böse» ist, eifersüchtig zu sein, und nicht nur, weil die Eltern eifersüchtiges Verhalten bestrafen könnten. Sein

Gewissen fordert die Einhaltung der Normen; das Kind wird von Gewissensbissen geplagt, wenn es die Gebote verletzt. Da sie oft sehr heftig sind, beginnt es, die Schuldgefühle zu fürchten. Die Gewissensangst, die eine Bedrohung der gesunden Selbstliebe darstellt, setzt ein. In ihr enthalten ist auch die Angst des Kindes, seine starken, als negativ erachteten Gefühle wie Aggressionen, z. B. in Form von Rache- oder Todeswünschen, seine Triebwünsche und sein Geltungsstreben doch nicht hinreichend kontrollieren zu können. Die mögliche Gefahr ihres Durchbruches verstärkt die Gewissensangst.

Gewissensängste sind auch dem erwachsenen Menschen wohlbekannt, wenn sie auch, verglichen mit dem Kindesalter, seltener auftreten.

9. Kastrationsangst

Wird das Kind in der Entfaltung seines Geltungsdrangs zu sehr gebremst, erfährt es die meisten seiner diesbezüglichen Handlungen als unerwünscht oder strafwürdig, so wird es sie aus Angst vor Liebesverlust mehr oder weniger einstellen. Es zieht aber den schmerzlichen Schluß aus dieser Erfahrung, daß ihm der Ausdruck seiner Gesamtpersönlichkeit und insbesondere der geschlechtsspezifischen Anteile untersagt ist. Es fühlt sich beschnitten, «kastriert». Die «Kastrationsangst» entsteht und wird – auch im späteren Leben – immer dann akut, wenn das – «ehemalige» – Kind den gesteckten Rahmen zu sprengen versucht oder wenn es Menschen begegnet, die seine dennoch erworbene Freiheit erneut beschneiden könnten.

10. Angst vor Verletzung

In demselben Alter fürchtet sich das Kind nicht nur – mehr oder weniger unbewußt – vor der Beschneidung seiner Möglichkeiten, sondern auch vor realen körperlichen Beschädigungen. Denn die Auseinandersetzung mit dem eigenen Ich und die Ahnung seiner Verwundbarkeit führen dazu, daß das Kind verstärkt auf seinen Körper achtet. Selbst kleine Wunden können panische Ängste auslösen, bestätigen sie ihm doch, daß es aufgrund seiner Verletzlichkeit grundsätzlich gefährdet ist. Da sich das Kind in diesem Alter auch eingehend mit der Frage nach dem Tod beschäftigt, ist zu vermuten, daß es Verletzungen zudem als Zeichen der nicht zu begreifenden, unheimlichen Sterblichkeit wertet.

Von den in der ödipalen Phase besonders hervortretenden Ängsten gehören die Angst, nicht beachtet zu werden, sowie die Straf-, Rache- und Vergeltungsängste in erster Linie zu den Beziehungsängsten. Die Ängste, nichts zu gelten und «kastriert» zu werden, behaupten eine Mittelstellung zwischen Beziehungs- und Ich-Angst, während bei der

Angst vor Verletzung und bei der Gewissensangst hauptsächlich um die eigene Person gebangt wird.

11. Angst vor Leistungsversagen

Das Schulkind bemüht sich, die es umgebende Wirklichkeit realistisch zu erfassen und sich ihren Aufgaben gewachsen zu zeigen. Zugleich hängt die Wertschätzung, die es erfährt, verstärkt von seiner Leistungsbereitschaft und -fähigkeit ab. Aus dieser Konstellation folgt, daß sich die Ängste des Kindes zunehmend auf Leistungssituationen beziehen. Vermag es nicht, sie angemessen zu bewältigen, verliert es Anerkennung. Damit sinkt zugleich sein Selbstwertgefühl. Die Angst vor Leistungsversagen, die schon viel früher entstanden sein kann, tritt in den Vordergrund. Sie bleibt auch im Erwachsenenalter, für jeden bewußt erlebbar, erhalten.

12. Realangst

Da seine kognitiven Fähigkeiten beträchtlich gewachsen sind, kann das Schulkind die Folgen seines Tuns realistisch einschätzen. Es kann beurteilen, welche Situationen bedrohlich sind und zu welchen Konsequenzen vermutlich die eigenen Handlungen führen. Aus dem Realitätsbewußtsein folgt, daß auch die Ängste realistischer werden. Während in der Angst vor Leistungsversagen sowohl der Wert des eigenen Ichs (Verlust an Selbstachtung) als auch die Qualität der Beziehung bedroht erscheint, läßt sich die Realangst weder direkt als Beziehungs- noch als Ich-Angst bezeichnen. Sie hat sich von diesen beiden Wurzeln dem äußeren Anschein nach emanzipiert.

Die Pubertät stellt eine Phase des Umbruchs und der Neuorientierung dar. In ihr treten keine neuen, bis dahin wenig bedeutsamen Ängste in den Vordergrund, sondern oftmals brechen alle bekannten und zum Teil auch überwundenen Ängste in neuen Zusammenhängen wieder auf. Der körperliche Umwandlungsprozeß aktualisiert die Triebängste und die Ich-bezogenen Ängste, wohingegen der Ablösungsprozeß von den Eltern und die Suche nach neuen Bindungen alle Beziehungsängste mobilisieren. Der Abschied von der Kindheit und das Hineinwachsen in eine neue Lebensphase wecken zudem alle Befürchtungen und Hoffnungen, die mit einem Neubeginn verbunden sind. Die Pubertätsängste, die sich mithin umfassend als generelle «Lebensängste» bezeichnen lassen, mildern sich, wenn wieder Sicherheit in der neuen Lebensphase erworben wurde.

Angst begleitet den Menschen auch durch sein weiteres Leben. Doch hat er, wenn seine Entwicklung «normal» verläuft, genügend Gegenkräfte entwickelt, um ihr konstruktiv begegnen zu können.

Angstentwicklung

Alter	Symbiose	Grundsehnsucht nach: und Angst vor:	Autonomie
Geburt		Neuem	
Symbiotische Phase	↙ Verletzung wichtiger Beziehungen:	traumatischer Überstimulierung	↘ Verletzung des Ichs:
Differenzierungsphase	Verlassenheit und Trennung		Zerbrechen des Ichs
Übungsphase	↓		↓
Wiederannäherungsphase	↓		Autonomieverlust
Befestigungsphase	Strafe und Liebesverlust		↓ und Naturkräften
Ödipale Phase	mangelnder Geltung Rache und Vergeltung	«Kastration»	Triebdurchbrüchen Körperlicher Verletzung Schuldgefühlen
Latenzzeit		Leistungsversagen Realangst	
Pubertät		verstärktes Auftreten aller Ängste	

III.
Konsequenzen für den Umgang mit geistig behinderten Menschen

Das Wissen um die grundlegenden Ängste und die Phasen, in denen sie in der normalen menschlichen Entwicklung verstärkt auftreten, erhöht das Verständnis für viele, insbesondere für schwierige Verhaltensweisen geistig behinderter Menschen. Denn oftmals ist Angst die Wurzel für Problemverhalten, Angst, die auf diese Weise geäußert, in Grenzen gehalten oder überwunden werden soll. Beim Umgang mit geistig Behinderten ist zu bedenken, daß sie noch weniger als «normal» begabte Menschen in der Lage sind, die Motive für ihr Verhalten und die Quellen ihrer Ängste zu benennen. Sie bedürfen deshalb der einfühlsamen Verstehens- und Bewältigungshilfe durch ihre Bezugspersonen.

Bei geistig behinderten Menschen herrschen gewöhnlich die frühen Beziehungs- und Ich-Ängste vor. Denn aufgrund ihrer behinderungs- und beziehungsbedingten Ich-Schwäche und wegen der oftmals unbefriedigenden Beziehungserlebnisse können viele von ihnen weder die Grundlagen der emotionalen Objektkonstanz noch ein stabiles Gefühl für die eigene Identität und Autonomie entwickeln. So zeigen sie überwiegend Ausdrucksformen der Verlassenheits- und Trennungsangst sowie der Angst vor Desintegration und Autonomieverlust.

1. Angstmerkmale

Im Folgenden seien einige Merkmale aufgeführt, an denen sich die einzelnen Ängste erkennen lassen. Verlassenheits- und Trennungsangst äußert sich durch:
- den Verlust der Aktivität oder den Beginn stereotyper Manipulationen bei fehlender emotionaler Ansprache, schlimmstenfalls durch autoaggressive Handlungen
- die Suche nach ständiger Aufmerksamkeit, «Beschatten» der Bezugsperson oder auch «Störverhalten», das ihre Zuwendung erzwingt
- die Verweigerung emotionaler Nähe oder auch durch distanzlose Anhänglichkeit an jede beliebige verfügbare Person
- «Problemverhalten», das schöne, oftmals freudig herbeigesehnte, emotional dichte Situationen (ein gemeinsames Spiel, einen Ausflug) entweder schon vor ihrem Eintritt verhindert oder vor einem «glücklichen Ende» zerstört; der Sinn besteht darin, lieber die als unvermeidbar erwartete Trennung und Verlassenheit selber herbeizuführen, als sie hilflos über sich hereinbrechen zu lassen
- «Problemverhalten» bei einer bevorstehenden, wenn auch zeitlich begrenzten Trennungssituation, z. B. wenn die Bezugsperson fortgeht. Bei Heimbewohnern tritt es besonders häufig kurz vor dem Ende des Dienstschlusses der Betreuer auf: dann wird schnell noch ein Streit vom Zaun gebrochen oder ein Mißgeschick, das wieder behoben werden muß, passiert
- den ständigen Versuch, sich verbal der Nähe der Bezugsperson zu vergewissern. Dazu gehören die Fragen, ob die Bezugsperson da bleibt oder wann sie wiederkommt. Doch jedes andere Gesprächsthema kann gleichfalls diesem Zweck dienen
- die Fixierung auf Halt gebende Strukturen, Rituale und bestimmte, gleichbleibende Gegenstände.

Die Angst vor Liebesverlust als Weiterentwicklung der Verlassenheitsangst zeigt sich ebenfalls in vielen Formen, z. B.:
- in der Unfähigkeit, Konflikte zu ertragen. Wenn Auseinandersetzungen nicht gänzlich vermieden werden, so wird entweder

schnell eingelenkt oder ein Affektdurchbruch – im nachhinein geleugnet bzw. Besserung gelobt; gesucht wird außerdem fortwährend die Bestätigung, lieb zu sein und geliebt zu werden
- in der Tendenz, eigenes Fehlverhalten zu verheimlichen oder zu bagatellisieren, eventuell auch in der Sucht, als besonders großartig dazustehen. Dahinter verbirgt sich die zumeist unbewußte Erwartung, daß man einen so tollen Menschen einfach lieben muß
- eventuell auch in der (unbewußten oder bewußten) Bereitschaft, eigene Bedürfnisse nicht wahrzunehmen oder hintanzustellen. Dies ist besonders dann der Fall, wenn die (bewußte oder unbewußte) Befürchtung besteht, daß die Bezugsperson die Durchsetzung der Bedürfnisse nicht gutheißt
- insgesamt: in einer übergroßen Anpassungsbereitschaft.

Strafängste erscheinen im allgemeinen ähnlich wie die Angst vor Liebesverlust. Der Versuch, die eigenen Bedürfnisse unbemerkt zu befriedigen, anschließend aber das unerwünschte Verhalten zu verleugnen, zu vertuschen und zu bagatellisieren, um sich vor der gefürchteten Strafe zu schützen, nimmt bei geistig behinderten Menschen eventuell einen etwas breiteren Raum ein.

Zeichen für die Angst vor dem Zerbrechen des Ichs können sein:
- autoaggressive Tendenzen
- extreme Wut, der Rückzug auf sich selbst und stereotype Verhaltensmuster in emotionalen Belastungssituationen
- das Suchen der Nähe einer vertrauten Bezugsperson, die in solchen Augenblicken keinerlei Forderungen stellen darf.

Ängste, die den Autonomieverlust betreffen, lassen sich leichter erkennen:
- Wut und Trotzverhalten bei Beschränkung der Selbständigkeit (Ge- und Verbote)
- Verweigerung von Gehorsam
- Wut und Trotz, wenn die Grenzen der eigenen Fähigkeiten erlebt werden
- Ausschlagen von Hilfsangeboten
- Wut und Trotz, wenn die Bezugsperson nicht bedingungslos über sich verfügen läßt
- Ablehnung körperlicher und emotionaler Nähe, wenn sie nicht selbst gesucht wird.

Das Bedürfnis, auch als geschlechtliches Wesen Anerkennung zu finden, wird bei geistig beeinträchtigten Menschen aufgrund ihrer Behinderung oftmals kaum befriedigt. Tritt es, insbesondere in und nach der Pubertät, deutlich in Erscheinung, so reagieren die Bezugspersonen häufig mit Verlegenheit. Die Angst, «nichts zu gelten», die auch schon durch Mängel in den frühen Beziehungserlebnissen verursacht werden kann, äußert sich z. B. als:

- depressiver Rückzug
- ständiger Kampf um Beachtung, insbesondere durch «Imponiergehabe»
- waghalsiges, dabei eventuell auch selbstzerstörerisches Verhalten
- Distanzlosigkeit, die aus dem Bedürfnis nach Bestätigung auch sexuelle Nähe zuläßt oder aktiv anbietet.

Körperbezogene Ängste, wie die Angst vor Verletzung oder Krankheit, äußern sich häufig – manchmal «übersteigert» – schon bei einem geringfügigen Anlaß. Sie stehen teilweise auch in Verbindung mit der Angst vor Autonomieverlust. Bei Menschen mit einem gestörten Körperbild können diese Ängste fehlen oder noch heftiger auftreten.

Differenzierte Gewissensängste erscheinen bei geistig behinderten Menschen aufgrund der Unreife ihrer Ich- und Über-Ich-Struktur nicht allzu häufig. Denn nur relativ selten entwickeln sie ein «autonomes Über-Ich», das die Werteinhaltung, losgelöst von den sie vertretenden Bezugspersonen, kontrolliert. Vielmehr bleibt das Norm- und Wertbewußtsein zumeist eng an diese gebunden. So bleiben Schuldgefühle normalerweise vermischt mit der Strafangst und der Angst vor Liebesverlust. (S. Kap. 13, S. 191 ff.)

Die Angst vor Leistungsversagen ist oft tief in die Persönlichkeit des behinderten Menschen eingedrungen. Aufgrund seiner Behinderung stieß er viel früher als jedes «normale» Kind an die Grenzen seiner Fähigkeiten, die er nur langsam, zumeist mit Hilfe, erweitern konnte. So führte sein Autonomiestreben nicht zu dem erwarteten Erfolg, er konnte sich nur ungenügend verselbständigen, und die Versagenserlebnisse prägten sein erwachendes Selbstbewußtsein. Die Ursache für die Angst vor Leistungsversagen liegt bei ihm also oftmals schon im zweiten Lebensjahr.

Erkennen läßt sich diese Angst an der:

- Leistungsverweigerung, die als Passivität oder Ablenkungsmanöver erscheint
- fehlenden Anstrengungsbereitschaft und Frustrationstoleranz. Aufgaben machen, sobald sie schwierig werden, «keinen Spaß» mehr und werden fallen gelassen bzw. führen zu negativen Emotionen
- Fixierung auf immer dieselben, gut beherrschten Tätigkeiten
- Weigerung, etwas Neues zu lernen, um Mißerfolgserlebnissen vorzubeugen
- Leugnung eigener Schwächen und dem Anspruch, «alles zu können» sowie einer ständig Bestätigung heischenden Geschäftigkeit
- und schließlich an dem Störverhalten bei Überforderungsgefühlen.

2. Grundsätze der Hilfe

Geistig behinderte Menschen können ihre Ängste noch weniger aus eigener Kraft überwinden als «normal begabte». Aufgrund ihrer Adaptionsschwäche (s. Kap. 18, S. 286ff.) sind sie nur sehr begrenzt in der Lage, alleine neue Erfahrungen auszuwerten, zu integrieren und ihre Einstellungen entsprechend zu ändern. Das heißt, sie drohen «steckenzubleiben». Diese Gefahr wird verstärkt, weil sie wegen ihrer Ich-Schwäche auch kaum fähig sind, Angstinhalte einer Realitätsprüfung zu unterziehen, also nachzuprüfen, ob ihre Reaktionen denn wirklichkeitsgerecht und angemessen sind. Aus diesen Gründen brauchen sie zur Angstbewältigung noch mehr Hilfe als «normal begabte» Menschen.

Die Hilfe besteht vorwiegend in der Befriedigung der Beziehungsbedürfnisse und der Unterstützung bei den Verselbständigungsbestrebungen. Alles, was der Beziehungs- und Ichentwicklung dient, verringert die frühen Ängste. Darüber hinaus ist das Spiegeln der Gefühle als Zeichen des Verstehens und der Akzeptanz hilfreich. Dem Entwicklungsstand entsprechende Lösungen für die jeweiligen Probleme sollten möglichst gemeinsam gesucht und durchgeführt werden. Das ist besonders wichtig bei Versagensängsten. Oftmals nützt auch das Zugeben eigener Ängste und Schwächen. Damit wird die Bezugsperson zum «unvollkommenen Vorbild», die trotz ihrer Unvollkommenheit in der Welt zu bestehen vermag. Diese Einsicht vermittelt dem behinderten Menschen die Zuversicht, es ebenfalls zu schaffen. Ein vorsichtiges Besprechen der Ängste und eine verbale Begleitung bei der Realitätsprüfung kann, wenn die kognitive Entwicklung die Stufe des anschaulichen Denkens erreicht hat, ebenfalls weiterhelfen. Voraussetzung, damit solche Unterstützung wirksam werden kann, bleibt jedoch die wertschätzende und Geborgenheit vermittelnde Beziehung.

3. Fallbeispiele

An zwei Beispielen sollen abschließend einige Erscheinungsformen der frühen Ängste verdeutlicht werden.

Der fünfzehnjährige, leicht geistig behinderte Peter will überall der «Beste» sein. Jede Leistung, jeden Erfolg betont er strahlend und Lob heischend. Sehr gern bastelt er im Holzwerkraum. Wichtig ist ihm dabei der Einsatz von Maschinen (die Bohrmaschine, Schleifmaschine). Oft denkt er sich recht anspruchsvolle Vorhaben aus, die er alleine nicht bewältigen kann. Sowie sich die Probleme einstellen, schimpft er und lehnt jede Hilfe zunächst ungeduldig ab. Schließlich gibt er – je nach psychischer Verfassung – frustriert auf und verläßt den Raum, oder er wendet sich einer leichteren Aufgabe zu, oder er läßt sich resigniert helfen. Fehler gesteht er nicht ein. Auf sie hingewiesen, lenkt er, wenn irgend möglich, vom Thema ab oder schiebt die Schuld auf andere. Hat er damit keinen Erfolg, so wird er ärgerlich.

Wenn Peter in der Gruppenwohnung sein tägliches Amt erledigen muß (Abräumen und Abwischen des Eßtisches), entstehen ebenfalls oft Konflikte: Peter weigert sich, wehrt sich lautstark, beschimpft die Erzieher, trödelt rum, um dann nach einiger Zeit doch ganz schnell die Aufgaben zu erledigen. Häufig benimmt er sich eine zeitlang besonders gut, erfüllt alle Erwartungen. Auf den ersten Blick wirkt Peter großspurig und aggressiv, keineswegs aber ängstlich. Versucht man jedoch die Beweggründe für sein Verhalten zu verstehen, dann erkennt man solche, die im Trotzalter vorherrschen: Peter kämpft einerseits um seine Selbständigkeit und das Gefühl der Großartigkeit, d. h. er fürchtet den Selbstwert- und Autonomieverlust, andererseits bangt er, die Liebe seiner Erzieher zu verlieren. Darum unterwirft er sich bei Auseinandersetzungen mit ihnen schließlich doch.

Der sechsundzwanzigjährige Thomas zieht sich häufig in sein Zimmer zurück. Er weigert sich standhaft, an Gruppenunternehmungen, bei denen das Heimgelände verlassen wird, teilzunehmen. Lieber bleibt er alleine zu Hause. Doch selbst an «normalen Alltagen» kann es vorkommen, daß er sogar auf die gemeinsamen Mahlzeiten verzichtet – obgleich er gewöhnlich gerne ißt –, um sich in seinem Zimmer aufhalten zu können. An vielen Tagen regt er außerdem seine Betreuer auf, indem er dutzende Male dieselbe Frage stellt, ohne sich mit einer Antwort zufriedenzugeben, und indem er Betreuer oder Bewohner unablässig anstarrt. Auffällig sind darüber hinaus einige zwanghafte Verhaltensweisen, die er verstärkt zeigt, wenn er unter emotionaler Anspannung steht. Dann putzt er «krampfhaft» die Küchenmöbel oder Waschbecken, oder er räumt stundenlang seinen Schreibtisch auf und sortiert Stifte, die er sich überall «zusammengesammelt» hat. Hindert man ihn daran, so verliert er die Fassung und beginnt zu schreien und um sich zu schlagen.

Alle beschriebenen «Verhaltensstörungen» stehen in Verbindung mit der Verlassenheitsangst und sollen eventuell auch Desintegrationsängste bannen. «Die Welt» erscheint Thomas nicht vertrauenswürdig, da keine schutzgebende Bezugsperson verfügbar ist. So wirkt sie «überstimulierend». Sicherheit bietet dagegen das eigene Zimmer, das gleichsam «Mutterfunktion» erfüllt. Dem Verlassenheitsgefühl und der Sehnsucht nach symbiotischer Einheit verleiht Thomas mit seinen Fragen und dem Versuch, Blickkontakt zu erzwingen, Ausdruck, jedoch ohne nennenswerten Erfolg. Zwar bekommt er erzwungenermaßen immer wieder Antworten, doch widerwillig und gepaart mit Ermahnungen, so daß sich kein Gefühl einer emotionalen Harmonie einstellen kann. Mit seinen Zwängen schließlich versucht er, die «Welt zu ordnen», um in dem geordneten Zusammenhang Sicherheit zu finden. Vermutlich wehrt er zugleich auch Desintegrationsängste ab. Sein schreiendes Entsetzen, versucht man ihn an den Zwangshandlungen zu hindern, weist in diese Richtung.

Bestätigt wurde diese Interpretation durch den Erfolg, der sich einstellte, als der Betreuer die Funktionen einer primären Bezugsperson für ihn übernahm. Er wandte sich ihm vermehrt zu, beantwortete geduldig und ernsthaft alle Fragen und schützte ihn in «bedrohlichen» Situationen. Schon bald ließen Thomas Rückzugstendenzen nach, er nahm an Ausflügen teil, folgte dem Betreuer häufig auf Schritt und Tritt, ließ sich durch Antworten befriedigen und führte seine zwanghaften Rituale seltener durch.

Sechzehntes Kapitel

Die Entwicklung der Schutzfunktionen

Der Mensch versucht die Ängste einzudämmen, denen er sich schon früh in seinem Leben ausgeliefert fühlt, denn sie drohen, sein Ich zu überschwemmen und ihn handlungsunfähig zu machen oder zu Impulshandlungen (Flucht, Angriff) zu verleiten. Der Mensch fühlt sich nicht mehr als «Herr im eigenen Haus». Dies löst aber wiederum Angst aus. Um die Angst zu verringern, bildet das Ich Schutzmechanismen aus. Sie bewirken, daß es jene gar nicht oder nicht mehr in ihrer ursprünglichen Gestalt wahrnimmt. Dabei ist es gleichgültig, ob die Angst von inneren – seinen unerträglich schmerzhaften oder verbotenen Gefühlen – oder äußeren Bedrohungen – Versagung der Befriedigung wichtiger Bedürfnisse, zu hohe Anforderungen, biologische und andere existentielle Gefahren – ausgelöst wird. Die Schutz- oder auch Abwehrmechanismen halten das Ich also relativ angstfrei. In der Regel funktionieren sie unbewußt, so daß der Mensch den Vorgang der Angstabwehr nicht wahrnimmt, sondern nur das Ergebnis: er empfindet nicht soviel Angst.

Der Einsatz dieser, weiter unten noch näher zu beschreibenden Hilfsmittel ist für das Ich unerläßlich. Allerdings wird dadurch die Angst nicht wirklich überwunden, denn es findet keine Auseinandersetzung mit ihren Ursachen statt. Vielmehr wird die Angst «verdrängt», d. h. gleichsam beiseite geschoben und zugedeckt. Im Untergrund aber, d. h. im Unbewußten, arbeitet sie weiter und sucht Wege, um wieder durchzubrechen. Um das zu verhindern, muß das Ich sie mit stetem Kraftaufwand weiterhin abwehren. Im günstigen Verlauf setzen allmählich unterschwellige Verarbeitungsprozesse ein (z. B. im Traum). Die Angst mildert sich und wirkt nicht mehr so gefährlich, daß das Ich sie völlig verbannen muß. Es kann die Abwehr schrittweise lockern, sich den Angstursachen stellen und die Bedrohung für sich auflösen. Wenn einem Menschen jedoch zu viele der ihm begegnenden Ereignisse und zu viele seiner Gefühlsreaktionen als bedrohlich erscheinen, so wird er seine Schutzfunktionen zu häufig starr einsetzen und nicht in der Lage sein, sie schließlich selbst wieder zu lockern. Das führt auf die Dauer zu einer Einschränkung seiner Wahrnehmungs-, Beurteilungs- und Erlebnisfähigkeit. Seine Selbsteinschätzung und sein Realitätsbewußtsein erleiden eine Verzerrung. Auch werden Möglichkeiten zur Selbstentfaltung wegen der allein nicht zu bewältigenden Ängste drastisch eingeschränkt. Um sich aus dieser Einengung zu befreien, d. h. um seine «emotionale Störung» zu überwinden, bedarf er einfühlsamer Hilfe.

I.
Wichtige Schutzfunktionen

Im Folgenden seien einige der Schutzmechanismen erläutert, die der Mensch im Laufe seiner frühen Kindheit parallel mit dem Erwerb der kognitiven Funktionen entwickelt.

1. Verleugnung

Der Säugling ist allen inneren und äußeren Reizen schutzlos ausgeliefert. Er kann noch keinerlei Zusammenhänge wahrnehmen und Zuordnungen treffen. Um seiner Angst zu entrinnen, kann er – selbverständlich unbewußt – allenfalls seine Wahrnehmung ausschalten: ich sehe, höre, fühle nichts, dann ist die Gefahr auch nicht da, und ich brauche keine Angst zu haben. Die bedrohliche äußere Realität wird mithin aus dem Bewußtsein ausgesperrt. Landläufig wird diese Form des Selbstschutzes als «Vogel-Strauß-Politik» bezeichnet.

Beispiel: Ein geistig behinderter Gruppenbewohner wartet darauf, daß er, wie versprochen von seiner Mutter zu einem Besuch abgeholt wird. Diese Mutter ist sehr unzuverlässig, hat ihren Sohn schon häufig enttäuscht, indem sie Vereinbarungen nicht einhielt. So erscheint sie auch diesmal nicht zur vereinbarten Stunde. Ihr Sohn wartet. Eine Stunde später ruft sie an und teilt mit, daß sie nicht kommen könne, weil ihr etwas dazwischen gekommen sei. Der Sohn glaubt diese Botschaft nicht. Vielmehr stellt er nun den Koffer vor die Haustür und geht seiner Mutter ein Stück entgegen. Der Wunsch, daß sie kommen möge, die Enttäuschung über ihr Fortbleiben sind so stark, daß er die schmerzliche Realität nicht wahrnehmen kann.

2. Projektion

Wenn das Kind fähig ist, zwischen sich und anderen zu unterscheiden, so hilft es sich gegen seine bedrohlichen Gefühle, indem es sie nicht als zu sich gehörig betrachtet, sondern sie seinem Gegenüber unterstellt.

Beispiel: Ein geistig behinderter Junge hat Angst vor Bienen und Wespen. Bei einem gemeinsamen Gruppenpicknick sitzt er auf dem Rasen neben einem kleinen Mädchen. Eine Wespe umfliegt seinen Kopf und seine Hände. Er wird unruhig, fängt sich dann aber, indem er seiner kleinen Nachbarin eindringlich beruhigend zuspricht: «Du brauchst keine Angst zu haben. Die Wespe tut dir nichts, wenn du still hältst.» Hier vermischen sich Projektion und der Versuch, die eigene Angst realitätsgerecht zu überwinden. Häufig erfolgt eine Projektion aggressiver Gefühle nach dem Motto: nicht ich ärgere den anderen, sondern er provoziert mich (und ich verteidige mich nur).

Beispiel: Ein geistig behinderter Jugendlicher entwendet seinem Zimmerkollegen einen schön geschnitzten Stock, den dieser stolz bei einer Wanderung erwarb, mit der Begründung: der Zimmerkollege wolle ihn damit nur verhauen.

3. Introjektion, Identifikation

Wesentliche Anteile der Persönlichkeit werden durch die Introjektion (Einverleibung) bzw. Identifikation geformt. Das Kind übernimmt durch die intuitive Teilhabe und entwickelt durch die aktive Nachahmung (z. B. im Rollenspiel) viele Reaktionsmuster, Werthaltungen und Fähigkeiten. Dies ist ein wichtiger, normaler Vorgang. Zum Angst abwehrenden Schutzmechanismus wird er erst in dem Augenblick, in dem das Kind mit Hilfe der Identifikation eigene unerwünschte Gefühle und Bedürfnisse aus seinem Erleben ausschaltet. Damit wird seine Entfaltung beeinträchtigt.

Beispiel: Die Mutter einer geistig behinderten jungen Frau wurde immer dann krank (Kopfschmerzen, Übelkeit oder «Hexenschuß»), wenn sie mit ihrer Familie gemeinsam etwas Schönes unternehmen wollte. Die Unternehmung konnte nun nur unter besonderer Rücksichtnahme auf die Mutter durchgeführt werden. Die Tochter hing sehr an der Mutter. Als sie nun in ein Heim aufgenommen wurde, stellten sich bei der Tochter vor schönen Ereignissen (auf die sie sich immer sehr freute) die mütterlichen Krankheitssymptome ein. Diese dienten ihr dazu, eine innere Trennung von der Mutter, die ihr Angst machte, zu verhindern.

4. Verschiebung

Eines Tages ist das kindliche Ich stark genug, um das bedrohliche Gefühl als solches zu ertragen (z. B. Aggression). Es erlebt aber z. B. seine Wut auf die Eltern als Bedrohung für die Beziehung, zumal es inzwischen mit Ge- und Verboten konfrontiert wird (z. B. darf es seine Eltern nicht schlagen). Um sich zu helfen, «verschiebt» es unbewußt seine Wut auf ein ungefährliches – weil erlaubtes oder schwaches – Objekt und läßt sie an ihm aus. Beim Erwachsenen ist diese Schutzfunktion als «nach oben kuschen und nach unten treten» allgemein bekannt.

Beispiel: Auf eine Zurechtweisung durch seinen Betreuer reagiert ein geistig behinderter Mann still, einsichtig und kooperativ. Wenig später aber bevormundet er einen Gruppenkollegen und beschimpft ihn lautstark, als dieser nicht sofort wie gewünscht reagiert.

Eine Sonderform der Verschiebung stellt die Wendung gegen die eigne Person dar. Hier bleibt der Affekt (z. B. die Aggression) ebenfalls erhalten, wird aber nicht mehr auf ein äußeres Objekt gerichtet. Als Beispiel sei das autoaggressive Verhalten genannt. Die Gründe dafür können sein, daß jegliche nach außen gerichtete Aggression als verboten erlebt wird und deshalb unterbunden werden muß, oder daß die eigene Person als so wertlos empfunden wird, daß sie folgerichtig mißhandelt werden kann.

Beispiel: Eine geistig behinderte junge Frau, die sichtlich ärgerlich aus der Werkstatt heimkam, wird aufgefordert zu essen. Daraufhin wirft sie den mit einer Lieblingsspeise gefüllten Teller zu Boden und beißt sich anschließend in die Hand.

5. *Reaktionsbildung*

Wenn das Kind beginnt, seine Affekte zu kontrollieren, so schützt es sich unter Umständen vor bedrohlichen Gefühlen, indem es sie unbewußt unterdrückt und statt dessen die erwünschten gegenteiligen Gefühle besonders betont auslebt. So wird z. B. aus Grausamkeit zärtliche Fürsorge oder aus Ängstlichkeit besondere Waghalsigkeit. Erkennbar wird die Reaktionsbildung durch das «zuviel des Guten» und dadurch, daß sie auch in unangemessenen Situationen starr beibehalten wird, so daß sie manchmal «unecht» wirkt.

Beispiel: Eine geistig behinderte Frau, die als Kind als besonders eifersüchtig und in diesem Zusammenhang auch als aggressiv bekannt war, übernahm seit der Pubertät mit nicht nachlassendem Eifer die Fürsorge für schwächere Gruppenmitglieder. Sie ergänzte die Zuwendung, die diese durch die Betreuer erfuhren, durch die ständige Betonung ihrer (selbstauferlegten) Verantwortlichkeit.

6. *Verkehrung ins Gegenteil*

Hier wird der unerlaubte Impuls wie bei der Reaktionsbildung durch ein gegensätzliches Verhalten gleichsam «ungeschehen» gemacht.

Beispiel: Ein geistig behinderter Jugendlicher bekämpft die in ihm aufkeimende Trauer, die durch die Ankündigung einer beliebten Erzieherin, sie werde die Gruppe verlassen und eine andere Stelle antreten, mit dem entgegengesetzten Gefühl; er antwortet: «Da bin ich aber froh, daß du endlich gehst.» Im Unterschied zur Reaktionsbildung handelt es sich bei der Verkehrung ins Gegenteil nicht um eine charakterlich verfestigte Dauerhaltung, sondern um eine stets neu aktualisierte Verhaltenstendenz.

7. Affektisolierung

Diese Form des Selbstschutzes besteht darin, daß zwar das bedrohliche Ereignis als solches im Gedächtnis bewahrt bleibt, das dazugehörige Gefühl aber unterdrückt wird.

Beispiel: Eine geistig behinderte ältere Frau erzählt von schlimmen Erlebnissen aus der Zeit «als sie noch böse war» ohne jede emotionale Beteiligung. Ihre in Wortwahl und Tonfall immer gleichförmige Darstellung von nächtlichen Fixierungen an das Bett und körperliche Strafen erzählt sie jedem flüchtig bekannten Menschen.

8. Rationalisierung

Auch wenn das Kind ein Normenbewußtsein erworben hat, vermag es oftmals nicht, den Anforderungen an sein Fühlen und Verhalten zu entsprechen. Doch das Bewußtsein der ursächlichen Motive würde in ihm Schuldgefühle und Straf- oder Gewissensängste auslösen. Um diesen zu entgehen, «erfindet» es einleuchtende, es rechtfertigende Scheinbegründungen für sein Verhalten.

Beispiel: Ein geistig behindertes Mädchen ißt ohne Erlaubnis das Obst einer auf Diät gesetzten Gruppenbewohnerin. Zur Rede gestellt, erklärt sie, sie habe es nur gegessen, damit es nicht verderbe; denn der Besitzerin sei ja übel und so vertrage sie es nicht.

9. Regression

Helfen die anderen Schutzfunktionen nicht, so regrediert der Mensch angesichts einer Bedrohung. Er greift zurück auf die überwundenen Verhaltensweisen früherer Entwicklungsstufen, durch die er Schutz und eventuell auch Trost findet.

Beispiel: Der Betreuer, der für einen geistig behinderten Jugendlichen die Rolle der primären Bezugsperson einnahm, verläßt die Gruppe, um eine andere Stelle anzutreten. Daraufhin beginnt der Jugendliche wieder einzunässen, Kindersprache zu sprechen und am Daumen zu lutschen. Er wehrt so seine Wut über den Verlust ab, drückt seine Verlassenheitsangst aus, findet Schutz durch die zwangsläufig erhöhte Aufmerksamkeit der übrigen Betreuer und tröstet sich zudem am eigenen Daumen.

10. Verdrängung

Alle beschriebenen Schutzfunktionen dienen der Verdrängung im weiteren Sinne, d. h. der Unbewußtmachung beängstigender Inhalte. Im engeren Sinne bedeutet sie das vollständige Unbewußtmachen unerträglicher Gefühle, Vorstellungen und Impulse sowie eventuell der mit ihnen verbundenen Situationen, so daß «Erinnerungslücken» entstehen. Die verdrängten Inhalte haben aber die Tendenz «wiederzukehren». Sie finden ihren Ausdruck z. B. in Fehlhandlungen und Träumen oder treten auf, wenn das Ich durch Krankheit oder eine Krisensituation geschwächt ist.

Beispiel: Ein geistig behinderter Jugendlicher, dem die Harmonie mit seinen Erziehern sehr wichtig ist, der aber zugleich einen starken Geltungsdrang hat, dem er auch mit aggressiven Handlungen Nachdruck verleiht, gerät in eine Auseinandersetzung mit seinem Erzieher. Am nächsten Tag fragt eine ihm nahestehende Betreuerin nach dem Verlauf des vergangenen Tages: Er erwähnt den Streit nicht und erinnert sich erst, als die Betreuerin helfend nachfragt. Der Anlaß zum Streit fällt ihm aber selbst dann nicht ein. Es besteht kein Grund zur Annahme, daß er ihn absichtlich verschweigt.

11. Sublimierung

Eng verbunden mit den Schutzfunktionen, aber nicht zu ihnen gehörig, sondern einen Aspekt der gelungenen Anpassung darstellend, ist die Sublimierung. Als Sublimierung gilt die Fähigkeit des Ichs, einen ursprünglich verbotenen und deshalb angstauslösenden Impuls auf dem Umweg über eine konstruktive Ersatzbetätigung auszuleben. Die gewählte Tätigkeit wird sozial akzeptiert, so daß der Mensch nicht nur sein Bedürfnis befriedigt, sondern auch noch Anerkennung erfährt.

Beispiel: Ein geistig behinderter Mann kommt Abend für Abend verspannt und unausgeglichen aus der Werkstatt für Behinderte. Er tendiert dazu, seine nun hervorbrechende Aggressivität an anderen Gruppenbewohnern auszulassen, indem er sie anrempelt oder herumkommandiert. Doch eines Tages begann er – zusammen mit einem anderen Gruppenmitglied, das ihm willig folgte –, gleich nach seiner Heimkunft einige Runden zu laufen. Nach dem Lauf kehrte er stets zufrieden heim und erntete außerdem Lob und Bewunderung für seine Kondition.

II.
Zum Umgang mit den Schutzfunktionen

Wie bereits erwähnt, gehört die Ausbildung der Schutzfunktionen zur gesunden Persönlichkeitsentwicklung. Problematisch wird deren Anwendung erst dann, wenn sie im Übermaß und starr erfolgt, so daß die Entfaltung der Person eingeschränkt wird. Da ihr Einsatz aber immer als «innere Notbremse» erfolgt, darf nicht versucht werden, die «Abwehr zu knacken». Vielmehr muß sie stets respektiert werden.

Dennoch ist es notwendig, sie zu lockern und hierfür geeignete Hilfen anzubieten. Diese bestehen zuerst im einfühlsamen Verständnis der Handlungen und der ihnen zugrundeliegenden Angstmotive. Das erfordert, das fragliche Verhalten überhaupt als Angstabwehr zu begreifen. Sodann ist wichtig, es nicht moralisch zu verurteilen. Beschwerden, wie z. B. die folgenden, schaden nur: «Wie kann er nur seine Wut am Schwächeren auslassen!» Oder: «Sie tut ja nur so freundlich», oder: «Er unterstellt immer nur anderen Schlechtes, anstelle endlich mal bei sich selbst nachzuschauen.» Um die Abwehr zu lockern, muß darüber hinaus eine Atmosphäre von dauerhafter emotionaler Sicherheit angeboten werden, die die Abwehr weitgehend überflüssig werden läßt. Erst auf dem Boden einer tragfähigen Beziehung kann dann schließlich vorsichtig versucht werden, in einzelnen Situationen die konkrete Abwehr behutsam anzusprechen. Der betroffene Mensch wird mit seiner Reaktion zeigen, wieviel Konfrontation er ertragen kann. Häufig wird er sie als beängstigend oder gar als Infragestellen seiner Person erleben. Solche Reaktionen müssen durch emotionale Nähe aufgefangen werden, denn es gilt ja, die Angst zu mildern und nicht, sie zu erhöhen. So gibt der Betroffene immer selbst das Maß an, in dem an seine Schutzmechanismen gerührt werden darf.

Siebzehntes Kapitel

Wahrnehmung

Die Wahrnehmung ermöglicht einem lebendigen Organismus die Interaktion mit der Umwelt. Sie trägt grundlegend zur Ausbildung der kognitiven Funktionen bei. Durch das Zusammenspiel von Wahrnehmung und Motorik entwickeln sich die geistigen Strukturen, die man als Intelligenz bezeichnet und aus denen allmählich die Fähigkeit zur Symbolisierung erwächst, die sich in der Sprachentwicklung niederschlägt.

Die Wahrnehmung ist darüber hinaus die erste psychische Funktion, die sich im werdenden Menschen herausbildet. Bereits der zwölf Wochen alte Fötus empfindet Berührungen an den meisten Stellen der Körperoberfläche, und sein Gleichgewichtsorgan beginnt zu arbeiten. Das Argument, daß das seelische Leben des Menschen schon früh im Mutterleib beginne, knüpft sich an diese Tatsache.

Da die Wahrnehmung bei geistig behinderten Menschen aufgrund hirnorganischer oder funktioneller Störungen stark beeinträchtigt ist und sich nicht so schnell, so differenziert und zugleich umfassend entwickeln kann wie bei nicht behinderten Menschen, gehört es zu den zentralen Aufgaben der Psychologie und Heilpädagogik, mit der Förderung bei diesen Wahrnehmungsdefiziten anzusetzen. Dies wiederum setzt eine gute Kenntnis des Wahrnehmungsapparates und seiner Funktionen voraus. Deswegen ist es erforderlich, in diesem Kapitel eine breite Grundlage für das Verständnis von Wahrnehmungsprozessen zu legen, die allerdings um der allgemeinen Verständlichkeit willen auf psychologische Einzelheiten verzichtet.

I.
Grundlagen der Wahrnehmung

Um die Wahrnehmung angemessen erfassen zu können, muß der Begriff zunächst definiert und der Vorgang erläutert werden. Zur Wahrnehmung gehören folgende, aufeinander aufbauende Prozesse:

- die Reizaufnahme aus der Außenwelt oder dem Körperinnern
- die Weiterleitung der Reize
- ihre Verarbeitung, d. h. die Verwertung der in ihnen enthaltenen Informationen unter Beteiligung verschiedener kognitiver Fähigkeiten
- und die Beantwortung durch eine mimische, motorische, sprachliche oder auch unsichtbare Reaktion.

Kurz zusammengefaßt läßt sich Wahrnehmung definieren als «Prozeß und Ergebnis der Informationsgewinnung über die Außenwelt» oder als sinngebende Verarbeitung von Reizen.

Ein Beispiel mag das abstrakt Formulierte verdeutlichen: Ein Mensch – kaum bekleidet – sonnt sich. Er genießt die Sonnenwärme auf seiner Haut. Zugleich weht ein angenehm frischer Wind. Der Mensch döst lange Zeit vor sich hin. Nun schiebt sich plötzlich eine große Wolke vor die Sonne. Es wird deutlich kühler. Der Mensch bekommt eine Gänsehaut, fröstelt, erwacht aus seinem Halbschlaf, steht schließlich auf und zieht sich ein Hemd an. In der Haut gibt es Empfangszellen, die Wärmerezeptoren, die auf die Temperaturveränderung, die Abkühlung, reagieren und diese Information ans Gehirn weiterleiten. Das Gehirn wertet die in ihm entstehende Sinnesempfindung aus und «beschließt» daraufhin, was zu tun sei. Es veranlaßt die Schutzreaktionen «Gänsehaut» und «Frösteln» und «weckt», weil sich das Ergebnis als nicht befriedigend erweist, endlich den Frierenden, damit er sich noch wirksamer schützen kann. Er bekleidet sich, und die nächste Wahrnehmung meldet den Erfolg.

An diesem einfachen Beispiel läßt sich einiges Grundsätzliches über die Wahrnehmung zeigen. Die Wahrnehmung befähigt den Organismus zur Orientierung – hier über die Wärme – in einer sich ständig verändernden Umwelt. Damit dient sie der Lebenserhaltung. Um solch wichtige Aufgabe erfüllen zu können, muß sie funktionieren, gleichgültig, ob das fragliche Ereignis (hier: die Abkühlung) der Person bewußt wird oder nicht. Auch die motorischen Reaktionen als Konsequenz der Reizverarbeitung erfolgen notwendigerweise weitgehend unbewußt (hier: der beschriebene Mensch fröstelnd im Schlaf).

Der große Teil der Wahrnehmungsleistungen (einschließlich der Reaktionen), der prinzipiell unbewußt abläuft, wird unwillkürlich bzw. autonom gesteuert. Darunter fallen insbesondere die vegetativen und neuro-endokrinen Prozesse. Für den Organismus wäre hier eine Abhängigkeit vom Bewußtsein und eine freie Wahl der Reaktion eine lebensgefährliche Überforderung. Andere Wahrnehmungsvorgänge können zwar ins Bewußtsein dringen, doch werden viele Reizempfindungen bei der Verarbeitung als so unbedeutend oder vertraut eingestuft, daß sie frühzeitig unterdrückt werden, um einen reibungslosen – oftmals weitgehend automatisierten bzw. auf andere Aspekte bezogenen – Handlungsablauf zu garantieren. Erst wenn beispielsweise die unbewußte Steuerung nicht mehr ausreicht und willkürliche Reaktionen erforderlich werden, tritt die Wahrnehmung ins Bewußtsein (hier: der Mensch erwacht, merkt, daß er friert, und zieht sein Hemd an). So spielen bewußte und unbewußte Anteile ineinander, wobei die unbewußten stets die breite Grundlage bilden, während die bewußten nur gleichsam die «Spitze des Eisberges» sind.

1. Die Sinnesorgane

Die Reizaufnahme geschieht durch die Sinnesorgane. Der Mensch besitzt verschiedene Sinne, wobei jedes Sinnesorgan auf eine bestimmte Reizqualität spezialisiert ist. Sichtbare Reize (Lichtwellen) empfängt er mit den Augen, hörbare (Schallwellen) mit den Ohren, fühlbare Reize mit der Haut. Allerdings gilt diese Regel nicht absolut: Ein Schlag auf das Auge, also ein mechanischer Reiz, der jedoch sehr stark sein muß, führt ebenfalls zu einer Lichtempfindung. Die Zahl der menschlichen Sinnessysteme schwankt je nach Einteilungsgesichtspunkten, die die einzelnen Wissenschaftler bevorzugen. Hier seien acht Sinne aufgeführt. Sie werden in die sogenannten «Fernsinne» eingeteilt, die über die Außenwelt informieren, und die «Nah- oder Körpersinne», die Aufschluß geben über die jeweilige körperliche Befindlichkeit. Während die mit den ersteren verbundenen Fähigkeiten – Sehen, Hören, Riechen, Schmecken, Fühlen – jedermann bekannt sind und ihre Bedeutung nicht bezweifelt wird, führen die letzteren im allgemeinen Bewußtsein ein Schattendasein, obgleich sie im wesentlichen die Selbstwahrnehmung begründen. Im Folgenden seien die einzelnen Sinnesorgane mit den ihnen zugeordneten Wahrnehmungsweisen kurz beschrieben:

- Das Auge hat auf seiner Netzhaut Sinneszellen, die Lichtwellen empfangen (Photorezeptoren), und zwar Hell- bzw. Dunkel- und Farbqualitäten. Mit Hilfe der Augen erkennt der Mensch die Dreidimensionalität, Form, Lage und Bewegung der Objekte im Raum, er sieht Farben und Schattierungen, erfaßt Distanzen. Darüber hinaus hat der Gesichtssinn Einfluß auf die Figur-Grund-Wahrnehmung sowie die Wahrnehmungskonstanz.
- Das Ohr nimmt Schallwellen auf. Der Mensch unterscheidet hörend Laute, Geräusche, Klänge, Töne in verschiedenen Frequenzen und Lautstärken; ebenso orientiert er sich über die Raumlage, Entfernung und Bewegung von Schallwellen. Zudem bildet das Hören eine Voraussetzung für die Sprachentwicklung.
- Im Dach der Nasenhöhle befindet sich das Riechfeld. Es wird angesprochen durch Düfte bzw. Gerüche, d. h. gasförmige, wasserlösliche Stoffe. Sie vermitteln Informationen über die Objekte der näheren oder ferneren Umgebung, über die Genießbarkeit der Nahrung und manche «Zusatzstoffe» der Luft.
- Die Geschmacksorgane befinden sich in der Mundhöhle und zwar auf der Zunge, im Gaumen und Rachen. Die Geschmacksknospen unterscheiden die Qualitäten süß, sauer, bitter und salzig. Für die Wahrnehmung des Aromas der Speisen ist das Geruchsorgan zuständig.
- Die Haut gehört zu den Fernsinnen, insofern sie als Tastorgan zur Wahrnehmung der Größe, Form, Oberflächenbeschaffenheit,

Konsistenz und Temperatur von Objekten befähigt. Darüberhinaus empfindet sie Druck, Kitzel, Vibration und – durch die Erregung der Schmerz- bzw. Nocirezeptoren – Gewalteinwirkung. Als Nah- oder Körpersinn gibt die Haut Aufschluß über die eigene Befindlichkeit, beispielsweise über die Wärme der Füße, über juckende, entzündete oder verletzte Hautstellen.

- Das Gleichgewichtsorgan im Innenohr ermöglicht die Wahrnehmung der Senkrechten bzw. den Vergleich mit der Senkrechten (Wirkung der Erdanziehung) und das Empfinden der linearen bzw. Drehbeschleunigung (Fliehkraft). So reguliert dieser Sinn das Gleichgewicht und trägt zur Orientierung im Raum bei.
- In den Muskeln, Sehnen und Gelenken befindet sich das kinästhetische System. Seine Rezeptoren, die Muskelspindeln und Endorgane, informieren einerseits über die Muskelspannung (beispielsweise Erschlaffung, Verkrampfung oder Dehnung), andererseits über die Stellung der einzelnen Glieder zueinander und die Veränderung ihrer Position im Bewegungsablauf (Tiefensensibilität). Die Kinästhetik beeinflußt die Qualität der Bewegungsorganisation; und die Entwicklung des Körperschemas hängt schließlich weitgehend davon ab, wie kinästhetische Informationen verarbeitet werden.
- Die inneren Organe sind ebenfalls ein Sinnessystem (das viscerale System), das mit vielfältigen Rezeptoren ausgestattet ist. Sie ermöglichen die Wahrnehmung der organismischen Befindlichkeit. Hungergefühle, Harn- und Stuhldrang beispielsweise treten als Folge ihrer Aktivität auf.

Die verschiedenen Sinnessysteme befinden sich ständig in Aktion. Wie bereits erwähnt, bedeutet das nicht, daß man ihre Arbeit bewußt wahrnähme. Vielmehr findet sie normalerweise in weiten Bereichen keine Beachtung. Auch die bewußtseinsfähigen Reize sind oft zu vertraut, zu gleichförmig oder zu schwer zu differenzieren, um ins Bewußtsein zu dringen. Dies gilt nicht nur für die körpereigenen Reize, sondern auch für die Reaktionen auf Außenreize. Der Herzschlag, der Muskeltonus, der Winkel, den zwei Fingerglieder oder Oberarm und Unterarm miteinander bilden, werden in der Regel genauso wenig bewußt registriert wie der «neutrale» Geruch in einem Zimmer oder ein gewohntes, gleichbleibendes Hintergrundgeräusch. Dennoch werden derartige Informationen ständig wahrgenommen und zweckmäßig beantwortet, etwa mit einer unwillkürlichen Entspannungsreaktion, einer Armbewegung – bevor die Haltung zu unbequem wird – oder einer Veränderung der Atmung. Herzjagen, heftige Verkrampfungen und ein besonderer Duft (bzw. Gestank), plötzliche Stille oder auch nur eine Veränderung des Geräusches drängen sich jedoch hervor und wecken die Aufmerksamkeit, sei es wegen ihrer Intensität oder ihres unerwarteten Auftretens.

2. Physiologische Grundlagen der Reizverarbeitung

Alle Sinnessysteme verarbeiten die empfangenen Reize nach einem weitgehend einheitlichen physiologischen Muster. Der Reiz wird, wenn er eine gewisse minimale Stärke erreicht hat, also über der Reizschwelle liegt, von den Rezeptoren, d. h. den für den Empfang spezialisierten Nervenzellen eines Sinnesorgans, aufgenommen und in elektrische Nervenimpulse umgewandelt. Die einzelnen Rezeptoren sind für bestimmte Reizqualitäten spezialisiert; sie reagieren beispielsweise auf mechanische Energie wie Druck und Dehnung (Mechanorezeptoren), auf elektromagnetische Wellen (Photorezeptoren), auf chemische Substanzen (Chemorezeptoren), auf Temperaturunterschiede (Thermorezeptoren) und auf Schmerzen (Nocirezeptoren), immer aber transformieren sie die eintreffenden Reize in körpereigene Signale, Nervenimpulse oder Potentiale. Dabei hängt die Impulsfrequenz jeweils ab von der Reizstärke. Diesen Prozeß bezeichnet man als Codierung der Information. Die Impulse werden nun über Nervenfasern (Axone) von einem Neuron (Nervenzelle) zum nächsten bis zum Rükkenmark und Gehirn weitergeleitet. Die Schaltstellen zwischen den einzelnen Nervenzellen nennt man Synapsen. Da die Neuronen untereinander vielfältig verschaltet sind, lagern sich an eine Zelle in der Regel mehrere Synapsen an. So kann eine Nervenzelle die Reizinformation verschiedener Zellen aufnehmen und gebündelt dem Gehirn zutragen. Verlaufen mehrere Neuronen in dieselbe Richtung, so spricht man von Nervenbahnen. Senden sie Informationen von den Sinnen zum Gehirn, so bezeichnet man sie als sensorische oder afferente Nerven; leiten sie Impulse vom Gehirn zu den Muskeln, sind sie mithin für die Ausführung der Reaktion zuständig, so heißen sie motorische oder efferente Nerven. Die in einer Sinneszelle beginnende Erregung darf sich jedoch nicht unkontrolliert ausbreiten. Um das zu verhindern, gibt es neben den Erregungen auch hemmende Potentiale. Erst das Zusammenspiel beider bewirkt, daß im Gehirn ein klar umrissenes Informationsbild entsteht.

In den verschiedenen Zentren des Gehirns (Hirnstamm, Vestibuläre Kerne, Kleinhirn, Limbisches System und Großhirnrinde) werden die ankommenden Impulse schrittweise immer differenzierter verarbeitet. Die Informationen unterschiedlicher, etwa gleichzeitig auf verschiedenen Nervenbahnen eintreffender Sinnesempfindungen werden ausgewertet; sie werden entschlüsselt (decodiert), aufeinander bezogen, miteinander verglichen, eingeordnet und beurteilt. Sie werden mit Gefühlsqualitäten besetzt und bewertet. Schließlich werden nacheinander ankommende Reize in ihrer Reihenfolge registriert und ebenfalls ausgewertet. Das Ergebnis dieses Vorgangs, an dem verschiedene kognitive Fähigkeiten beteiligt sind, führt zum Erkennen und zu einer zweckmäßigen Reaktion des Organismus. Insofern die Reaktion eine Veränderung der Situation herbeiführt (und sei es, daß sie nur in einer Zunahme der Muskelspannung besteht), wird diese wiederum empfunden, d. h. sie löst gleichfalls in den Rezeptoren eine Erregung aus, die weitergeleitet und ausgewertet und mit dem zuvor gefällten Urteil verglichen wird. Auf diese Weise gestaltet sich die Wahrnehmung als ein «lebenslänglicher» Regelkreis.

II.
Einflußfaktoren und Gesetzmäßigkeiten der Wahrnehmung

Die Wahrnehmung führt zu Kenntnissen über die Gegebenheiten der Welt. Sie vermittelt aber keineswegs ein «objektives Bild der Wirklichkeit», in dem Sinne, daß sie eine Abbildung des Seins an sich hervorbrächte. Sie transportiert keine «absoluten Wahrheiten», wie es aufgrund der Unmittelbarkeit des sinnlichen Eindrucks dem «naiven» Bewußtsein erscheinen mag. Vielmehr erzeugt sie subjektive Vorstellungen, die der Orientierung im Leben dienen und zweckmäßiges Handeln ermöglichen.

Die Subjektivität der Wahrnehmung hat viele Gründe. Einige davon seien im Folgenden aufgeführt: Da unsere Wahrnehmungen mit Hilfe des Sinnesapparates entstehen, der, wie beschrieben, keineswegs ein «offenes Fenster zur Welt» oder ein «einfacher Spiegel» ist, hängen sie ab von seiner Organisation. Er reduziert die Wahrnehmungsinhalte auf die Art und das Ausmaß der Reize, die er empfangen kann; und die Verarbeitung der aufgenommenen Information erfolgt nach ihm innewohnenden Gesetzmäßigkeiten.

1. Wahrnehmungsumfang

Die Rezeptoren der Sinnesorgane sind auf bestimmte Reizqualitäten spezialisiert, um Informationen über die Welt aufzunehmen. Es gibt aber «in Wirklichkeit» viele Reizarten, für die der Mensch – im Gegensatz zu mancher Tierart – kein Sensorium besitzt. Die meisten Fische beispielsweise besitzen ein Organ, das Seitenlinienorgan, aus dem sie die Richtung und Entfernung eines Beutetieres aus den Wellen errechnen, die die verschiedenen Bereiche des Seitenlinienorgans zu unterschiedlichen Zeitpunkten aus verschiedenen Richtungen erreichen.

Für einige Reizarten, die nicht wahrnehmbar sind (etwa die Radioaktivität), hat sich der Mensch Apparate gebaut, mit deren Hilfe er sie dennoch erfassen kann. Doch bleibt offen, wieviele Reizqualitäten es «überhaupt» gibt, wieviel Information uns «prinzipiell vorenthalten» bleibt. Darüber hinaus können die Rezeptoren auch die ihnen zugänglichen Qualitäten nur in einem bestimmten Umfang empfangen. Unser Auge beispielsweise sieht keine ultravioletten und infraroten Lichtquellen, die die Bienen durchaus wahrnehmen. Das Ohr hört Schallwellen im Bereich von 16–20000 Herz. Fledermäuse hingegen orientieren sich an Tönen, die jenseits des genannten Frequenzbereiches liegen. Auch müssen die Reize eine bestimmte Stärke (Intensität) erreichen, damit sie die «Reizschwelle» der Rezeptoren überhaupt überschreiten, also diese in Erregung versetzen können. Neben solch artspezifischer Einschränkung hängt der Umfang der Wahrnehmungsinhalte auch ab von subjektiven Bedingungen. Zum einen gibt es große interindividuelle Unterschiede in der Funktionstüchtigkeit des reizleitenden Apparates und der hirnorganischen Strukturen, zum anderen ist der menschliche Organismus aufgrund der beschränkten Aufnahmekapazität nicht in der Lage, alle gleichzeitig im Wahrnehmungsbereich vorhandenen Reize zu verarbeiten und mit sinnvollen Reaktionen zu beantworten. Das Subjekt muß also noch eine selbst gesteuerte Auswahl (Selektion) treffen.

2. Selektive Wahrnehmung

Einige Selektionskriterien, nach denen sich der Mensch unbewußt richtet, seien nachfolgend erläutert, wobei nicht unterschieden wird, an welcher Stelle die Reizverarbeitung verhindert wird. Das kann bei der Reizaufnahme oder -weiterleitung geschehen, aber auch erst im Gehirn an der Schwelle zum Bewußtsein. Desgleichen wird sich herausstellen, daß die Kriterien nicht nur die Empfänglichkeit für bestimmte Reize, sondern auch im Laufe der weiteren Verarbeitung deren Deutung beeinflussen; denn, daran sei erinnert: Wahrnehmung ist sinngebende, also interpretierende Verarbeitung von Reizen.

Aktivierungsniveau

Zunächst hängt die Reizverarbeitung ab vom augenblicklichen Aktivierungsniveau, auf dem sich der Organismus befindet. Der Grad der Aktivierung kann sehr gering sein, etwa im Tiefschlaf; dann ist die Erregungsschwelle soweit erhöht, daß viele Reize sie nicht überschreiten. In starken Erregungszuständen ist der Aktivationsgrad so hoch, daß Impulse nicht mehr zweckmäßig verarbeitet werden können. Bei wacher Aufmerksamkeit erreicht die Aktivierung ihr günstigstes, nämlich ein mittleres Niveau, um Reize verarbeiten, neues Lernen und Leistungen erbringen zu können.

Orientierungsreaktion

Die Auswahl der «wichtigen», zur weiteren Verarbeitung zuzulassenden Impulse geschieht mit Hilfe der «Orientierungsreaktion», einer Fähigkeit des Gehirns, auf bestimmte – und zwar hinsichtlich der Intensität oder Qualität neuartige – Reize mit einer Erhöhung der Aktivierung und einer unwillkürlichen Hinwendung der Aufmerksamkeit zu antworten. Sie wird begleitet von einer Senkung der Reizschwelle, vegetativen Reaktionen, z. B. einer kurzfristigen Beschleunigung des Herzschlags, und motorischen Reaktionen, wie die Unterbrechung der augenblicklichen Tätigkeit und die Bewegung des Kopfes und der Augen in die Richtung der Reizquelle. Nach wenigen Sekunden klingt die Orientierungsreaktion ab.

Gewöhnung (Habituation)

An dauerhaft gleichbleibende oder regelmäßig gleichförmig wiederkehrende Reize gewöhnt sich der Organismus. Die Erregungsschwelle wird erhöht, die Pulsfrequenz sinkt. Solche Reize lösen keine Orientierungsreaktion mehr aus; sie entgleiten auch dem Bewußtsein, es sei denn, es richtet seine Aufmerksamkeit willentlich auf sie. Als Beispiel sei der Geruch eines Zimmers genannt, der beim Eintreten deutlich empfunden, aber nach einiger Zeit nicht mehr registriert wird. Das gilt auch für Hintergrundgeräusche.

3. Aufmerksamkeit

Für die weitere, bewußte Verarbeitung ist Aufmerksamkeit notwendig, die sich allerdings immer nur auf einen kleinen Anteil der gegenwärtig wirksamen Reize richten kann (aktive Reizreduktion). Man spricht deshalb von selektiver Aufmerksamkeit. Sie wird geweckt von Veränderungen in der Umwelt (die Orientierungsreaktionen auslösen), aber auch durch andere Faktoren:

Größe und Vorrangigkeit der Reize

Reize, die sich in den Vordergrund drängen, «fesseln» eher die Aufmerksamkeit als «zurückhaltende», z. B. grelle Farben, hohe Töne, große Bilder.

Wiederholungen

Das Erscheinen bekannter Reize, auch wenn sie nur schwach sind, löst «Wiedersehensfreude» aus, bis die Wiederholungen als «eintönig» und «langweilig» abgelehnt werden.

Organische Bedürfniszustände

Hunger oder Müdigkeit beispielsweise erhöhen die Bereitschaft, sich Reizen zuzuwenden, die Befriedigung des Bedürfnisses versprechen. Dasselbe gilt für psychische Bedürfnisse, etwa die Sehnsucht nach Liebe.

Interessen

Aufmerksamkeit finden die Reize, die eigenen Interessengebieten angehören. Ein Kind, das Panda-Bären liebt, wird in seiner Umgebung eine erstaunliche Menge Panda-Bären entdecken, die den Erwachsenen seiner Umgebung gar nicht auffallen.

Persönliche Bedeutsamkeit

Reize, die eine hohe persönliche Bedeutung besitzen, gewinnen leicht die Aufmerksamkeit. Aus dieser Tatsache erklärt sich auch das «Cocktail-Party-Phänomen»: In einem Raum, in dem mehrere Gespräche gleichzeitig geführt werden und man sich selbst auch in einem Gespräch befindet, hört man nicht, was am Nachbartisch gesagt wird, bis plötzlich der eigene Name fällt. Dieser ist für die Person so wichtig, daß er ins Bewußtsein dringt.

Um die Aufmerksamkeit aufrechtzuerhalten, muß man der Gewöhnung entgegenwirken. Das geschieht durch Anwendung derselben Prinzipien, die jene auch zu wecken vermögen. Deutlich wird ferner, daß die Faktoren, indem sie die Aufmerksamkeit anregen, auch die bewußte Wahrnehmung steuern. Sie sind also Kriterien der Reizselektion. Indem das Subjekt die Reize auswählt, denen es Beachtung schenkt, und damit einen Einfluß auf das Maß und die Art ihrer Verarbeitung ausübt, zeigt sich, daß Wahrnehmung nicht nur ein passiv empfangender Vorgang ist, sondern immer auch eine aktiv gestaltete Leistung. Indem sich dadurch Freiheitsspielräume eröffnen, also das Ergebnis einer Wahrnehmung – bei anderer Reizauswahl und Interpretation – immer auch anders ausfallen könnte, erhöht sich der subjektive Charakter des Geschehens.

4. Gesetze der Wahrnehmung

Die Wahrnehmung als Organisations-, Interpretations- und Gestaltungsprozeß folgt bestimmten Prinzipien oder Gesetzen, die folglich das Ergebnis mitbedingen.

Figur-Grund-Relation

Um ein Ding oder einen Teil von ihm als etwas Bestimmtes, Einzelnes erkennen zu können, muß es sich aus einer ungeordneten Reizfülle hervorheben. Entsprechend gliedert das Subjekt seine Wahrnehmungen in einen diffusen, umfassenden oder unbedeutenden «Hintergrund» und eine sich von ihm abgrenzende «Figur». So bilden Wolken vor dem Hintergrund des blauen Himmels die Figur. Auf diese richtet sich die Aufmerksamkeit, sie erscheint als das Wichtige, Bedeutsame, während der Himmel nur eine untergeordnete Rolle spielt. Was jedoch als Figur erscheint, ist das Ergebnis einer subjektiven Wahl und kann sich je nach Bedürfnis- oder Interessenlage verändern. Als Beispiel aus der wahrnehmungspsychologischen Forschung seien die bekannten Kipp-Bilder erwähnt, die je nach Gesichtspunkt etwa einen Pokal oder zwei Gesichter darstellen.

Im Alltag tritt die Bedeutung der Figur-Grund-Relation immer dann hervor, wenn es darum geht, sich auf das Wesentliche zu konzentrieren. So können Bäume den Hintergrund bilden für die Person, die aus dem Wald tritt und die es zu erkennen gilt. Geht es aber darum herauszufinden, welche Baumarten den Wald begrenzen, so wird der Waldrand plötzlich zur «Figur». Wendet sich das Interesse den Blumen auf der Wiese im Vordergrund zu, so werden diese zur Figur, und die Person und die Bäume erscheinen als Hintergrund. Entsprechendes gilt für akustische Phänomene. Beim Cocktail-Party-Effekt hebt sich das Gespräch, das aufgrund seines Inhaltes (z. B. der eigene Name) plötzlich die Aufmerksamkeit auf sich zieht, als Figur von dem Hintergrund des Stimmengewirrs ab. Im Bereich des Riechens, Schmeckens, Fühlens läßt sich dasselbe Wahrnehmungsprinzip nachweisen, etwa bei der Differenzierung von verschiedenen Geschmacksstoffen in einer Mahlzeit.

Das Bezugssystem der Reize

Eng verbunden mit der Figur-Grund-Relation ist die Tatsache, daß die Reize der Umgebung die Art beeinflussen, wie eine Figur wahrgenommen wird. Optische Täuschungen nutzen dieses Phänomen aus. So scheint beispielsweise ein mittelgroßer Kreis, der von vielen kleinen Kreisen umringt ist, größer zu sein als ein anderer, tatsächlich aber gleich großer, der von wenigen großen Kreisen umgeben ist. Das Bezugssystem der Reize setzt den Maßstab für die Einschätzung der Figur. Solche «Feldwirkung» läßt sich im Alltag vielfältig beobachten: Derselbe «mittelgroße» Mensch wirkt in einem Land mit durchschnittlich kleinerer Bevölkerung groß, erscheint umgekehrt aber als klein, wenn alle anderen Leute ihn überragen. Dasselbe Grün wirkt anders, je nachdem, ob es von Rot, Blau oder Gelb umgeben ist. Oder derselbe Ton klingt unterschiedlich, wenn er Bestandteil eines Dur- oder Mollakkordes ist. Bei der Beurteilung von Menschen spielt das Bezugssystem ebenfalls eine wichtige Rolle. Ein gesundes, lebhaftes Kind fällt in einer Gruppe fröhlicher Spielkameraden nicht auf, mag aber zwischen ruhigen, schüchternen Kindern geradezu als laut und aufdringlich erscheinen.

Wie aus den Beispielen erkennbar, kann das Bezugssystem eine Angleichung oder Kontrastwirkung hervorrufen, indem bei der Wahrnehmung bestehende Unterschiede entweder vernachlässigt werden – etwa die Unterschiede zwischen den ruhigen Kindern und den «kleinen» Menschen – oder aber überdeutlich hervorgehoben bzw. überhaupt erst geschaffen werden. Letzteres war bei den gleich großen Kreisen der Fall, bei denen die Kontrastwirkung erst durch die unterschiedlichen Größen der umgebenden Kreise entstand.

Die «gute Gestalt»

Ein wesentliches Prinzip der Wahrnehmung besteht darin, die Reize zu einer «guten Gestalt» zu ordnen. So tendiert sie dazu, Reize zu gruppieren und als zusammengehörig aufzufassen. Erst durch diesen Vorgang entsteht die Figur, die sich vom Hintergrund abhebt. Als «gute Gestalt» erscheinen dem Auge die Figuren, die dem einen oder anderen der folgenden Kriterien genügen: Geschlossenheit, Einfachheit, Symmetrie, Regelmäßigkeit, Ähnlichkeit, Dreieck, Viereck, Kreis. Wenn die «gute Gestalt» nur andeutungsweise oder unvollständig gegeben ist, so neigt der Wahrnehmungsapparat dazu, die fehlenden Aspekte zu ergänzen. Lücken in den Umrisslinien werden «automatisch» geschlossen. Abstrahierte Gestalten werden aufgrund gewisser Ähnlichkeiten konkret gedeutet. Elemente, die sich durch räumliche Nähe oder Ähnlichkeit in Form, Farbe bzw. Richtung auszeichnen, werden als zusammengehörig erlebt und deshalb als Gestalt angesehen. Als Beispiel seien die Sternbilder am Himmel erwähnt, für deren «Entstehung» sicherlich solche Gestaltprinzipien eine Rolle spielten.

Wahrnehmungskonstanz

Obgleich die physikalischen Reize, die den Sinnesapparat erreichen, ständig ihre Qualität ändern, gelingt es dem Gehirn doch, eine relativ gleichbleibende Wahrnehmung aufrechtzuerhalten. So verändert sich beispielsweise der Eindruck einer Streichholzschachtel in unserer Hand kaum, gleichgültig ob wir sie dicht vor unser Gesicht halten oder bei gestrecktem Arm betrachten (Größenkonstanz), ob wir sie im hellen Sonnenlicht oder Schatten anschauen (Helligkeitskonstanz), ob wir sie bewegen, drehen oder ruhig halten (Formkonstanz). Auch die Gegenstände um uns herum bleiben am selben Ort, unabhängig davon, ob wir die Augen oder den Kopf bewegen oder sogar umhergehen (Ortskonstanz). Wäre das Gehirn nicht zu solch ausgleichender Tätigkeit in der Lage, so könnten wir uns kaum in unserer Umgebung zurechtfinden.

5. *Der Einfluß kognitiver, emotionaler und sozialer Faktoren*

Die beschriebenen Organisationsprinzipien sind nicht einfach angeboren, sie sind zum großen Teil das Ergebnis von Lernprozessen. In ihnen spiegeln sich vielfältige Erfahrungen, die das Subjekt gesammelt hat. Das aber bedeutet: auch kognitive Faktoren beeinflussen die Wahrnehmung.

Erfahrung, Lernen, Gedächtnis, Erwartung

Das Ergebnis der Reizverarbeitung ist nicht losgelöst von früheren Wahrnehmungsprozessen zu sehen. Diese hinterlassen im Gedächtnis Spuren, gleichsam «Vorbilder», mit denen die neu ankommenden Reizinformationen verglichen werden. Das Ergebnis des Vergleichs bestimmt, ob die Reize gehemmt oder weitergeleitet und zur bewußten Wahrnehmung zugelassen werden. Häufig wiederkehrende oder ähnliche Reizmuster werden schneller wahrgenommen und den bekannten Vorbildern entsprechend gedeutet. Folgendes Beispiel belegt die Wirkung von Erfahrung und Lernen auf die Wahrnehmung: Urwaldbewohner, die in so dichtem Wald leben, daß sie nur wenige Meter weit sehen können, haben wenig Erfahrung mit der Perspektive. Eines Tages fuhr ein Anthropologe mit einem Pygmäen auf eine freie Ebene, an deren Horizont eine große Büffelherde graste. Da fragte der Eingeborene, was für Insekten das seien, und wollte nicht glauben, daß er Büffel sähe. Als sie sich der Herde mit dem Auto näherten, «wuchsen» die Tiere, und der Eingeborene überlegte, ob Hexerei oder irgendeine Art von Betrug im Spiel gewesen sei.

Wie stark die Erfahrung die Wahrnehmung beeinflußt, läßt sich täglich im Umgang mit der Sprache überprüfen: Texte der Muttersprache erfaßt man auch noch unter ungünstigsten akustischen Voraussetzungen, etwa wenn der Sprecher nuschelt oder Nebengeräusche stören. Eine schlecht beherrschte Fremdsprache versteht man unter denselben Bedingungen nicht. Die Bedeutungsstrukturen sind im ersten Fall wesentlich besser gespeichert und ermöglichen eine differenzierte Reizverarbeitung. Sie erhöhen die Wahrnehmungskonstanz, erleichtern die Figur-Grund-Entscheidung, verringern oder verschärfen die Kontrastwirkung und lenken die Deutung im Sinne der «guten Gestalt».

Das Vorwissen prägt nicht nur die Wahrnehmungsmuster, sondern auch die Erwartungen. Wenn ein Blumenliebhaber in einem bestimmten Waldstück in einem Jahr die Türkenbundlilie gefunden hat, so wird er sie dort im nächsten Jahr wieder erwarten und viel schneller entdecken als ein unbefangener, nicht «vorprogrammierter» Wanderer.

Bedürfnisse, Triebe, Gefühle, Stimmungen

Neben dem Wissen tragen emotionale Faktoren zur Art der Reizverarbeitung bei. Ein hungriger Mensch tendiert – wie bereits erwähnt – dazu, überall etwas Eßbares wahrzunehmen. Der Schwermütige erkennt überall Dinge, die ihn in seiner Trauer bestätigen, wohingegen der Frohe ständig Grund zur Freude findet. Dieselben Geräusche schließlich können, je nach Stimmung oder körperlicher Verfassung, einem Ruhebedürftigen als Lärm erscheinen, einen Gelangweilten anregen und einen Verschreckten ängstigen. Die Vorerfahrungen, die als Bezugsrahmen dienen, sind ebenfalls emotional getönt, so daß eine Sinnesempfindung nicht nur durch die gegenwärtige Situation beeinflußt wird, sondern vergangene, an ähnliche Wahrnehmungen gebunde Gefühle aktiviert. In vielen Menschen tauchen z. B. Urlaubsgefühle auf, wenn sie ihre Urlaubsphotos betrachten.

Wünsche, Interessen, persönliche Bedeutung

Emotionale und kognitive Faktoren sind beteiligt an der Herausbildung von Wünschen, Interessen und persönlich bedeutsamen Reizmustern. Daß diese die Aufmerksamkeit zu wecken vermögen, wurde bereits dargelegt. Sie wirken sich außerdem aber auch auf die Reizdeutung aus. So schätzen Kinder dieselben Abbildungen von Weihnachtsmännern vor dem Fest als deutlich größer ein als nach Weihnachten. Ebenso zeichneten sie selbst die Weihnachtsmänner desto größer und differenzierter, je näher das Fest rückte. Zu Silvester aber schrumpften ihre Zeichnungen und verloren drastisch an Genauigkeit.

Wertvorstellungen, Einstellungen, Anschauungen

Persönliche Haltungen beeinflussen ebenso das Wahrnehmungsergebnis. Ein Mensch, dem Sauberkeit und tadellose Kleidung wichtig sind, wird einen kleinen Fleck auf der Bluse eher bemerken als jemand, dem dies unwichtig ist. Oder jemand, der viel von Selbstdisziplin hält, wird bei seinem Gegenüber schnell den Grad dieser Eigenschaft herausfinden. In den Bereich der Vorurteile rückt dieser Aspekt, wenn er sich auf pauschale Aussagen bezieht, die die Wahrnehmung lenken, beispielsweise: Dicke Menschen sind gemütlich; geistig behinderte Menschen sind «triebstark» oder «dumm, aber lieb». Die Gefahr bei derlei Behauptungen liegt darin, daß man nur noch das wahrnimmt, was sie bestätigt, alle Gegeninformationen jedoch ausblendet. Erlaubte Reize, die mit den eigenen Wertvorstellungen übereinstimmen, werden schneller und deutlicher beantwortet; umgekehrt erfolgt die Wahrnehmung verbotener Reize verzögert. Das belegen Experimente, bei denen Versuchspersonen neutrale Begriffe und Tabuwörter erkennen mußten. Sie erfaßten die akzeptablen Wörter deutlich schneller als die belasteten.

Kulturelle Faktoren, Spracheinfluß

Insofern Werte und Sichtweisen kulturell vermittelt werden, stellen sie einen kulturellen Einfluß auf die Reizverarbeitung dar. Das Pygmäen-Beispiel wäre hier zu nennen. Ebenso lenkt die Sprache den Wahrnehmungsprozeß; denn sie stellt mit ihren Begriffen die Einteilungen und Deutungsmuster bereit, derer sich das Gehirn bei der Reizbeurteilung bedient. Die Farben des Regenbogens beispielsweise gehen kontinuierlich ineinander über. Wir aber ordnen sie abgrenzenden Farbnamen zu – lila, blau, grün, gelb, orange, rot, violett –, obgleich es keine Linie gibt, die anzeigt, wo gelb aufhört und orange beginnt. Die Eskimos, um ein anderes Beispiel zu nennen, haben eine Vielzahl verschiedener Wörter für Eis und Schnee – je nach ihrer Qualität. Mitteleuropäer besitzen weder die Klimaerfahrung und damit die Wahrnehmungsschulung der Eskimos noch ihre sprachlichen Differenzierungsmöglichkeiten. So fehlt ihnen die begriffliche Bahnung, die das Erkennen der Unterschiede erleichtert. Es wäre vermessen zu behaupten, nur das, wofür die Sprache über Begriffe verfügt, ließe sich wahrnehmen. Dennoch stellt sie ein wichtiges Mittel für den Kodierungsprozeß dar und macht darüber hinaus die Wahrnehmung erst mitteilbar.

Zusammenfassend läßt sich also feststellen: Die Reizaufnahme und -verarbeitung ist ein selektives, aktiven Lernprozessen unterworfenes Geschehen, dessen Ergebnis kein objektives, sondern ein subjektives Bild der Wirklichkeit ist. Sie wird begrenzt durch den Wahrnehmungsumfang und die Aufnahmekapazität der Sinne, gesteuert durch das Aktivierungsniveau, die Orientierungsreaktion und selektive Aufmerksamkeit, beeinflußt durch kognitive, emotionale und soziale Faktoren und verändert durch die umgebende, gleichzeitig wirksame Reizkonstellation. Die beteiligten Fähigkeiten tragen dazu bei, in der unendlichen Fülle der Reize Regelmäßigkeiten der Strukturen und Beziehungen zu erkennen, sich zu orientieren und Bedeutungen zu erfassen bzw. zu entwickeln. Um dieses Ergebnis zu erreichen, muß das Gehirn die eintreffenden Reizinformationen fortlaufend beurteilen. Das erste Urteil entscheidet darüber, ob eine Orientierungsreaktion ausgelöst wird; diese bestimmt ihrerseits, ob die Empfindung wichtig genug ist, um ihr die Aufmerksamkeit zu schenken; parallel dazu wird sie mit elementaren Gefühlen belegt, etwa: angenehm bzw. unangenehm oder gut bzw. schlecht. Nun werden die Impulse weiterverarbeitet und mit einer Reaktion beantwortet.

Abschließend mag ein Beispiel den Prozeß veranschaulichen: In einem Restaurant sitzt ein Mann, der mir irgendwie bekannt vorkommt. Ein visueller Eindruck wird mit bereits im Gedächtnis gespeicherten Informationsmustern verglichen: ‹Ist der Mann dort am Nebentisch Herr Mayer?› Unterschiede werden erfaßt und eingeordnet: ‹Aber er hatte doch kürzere Haare, keinen Bart und trug nie so legere Kleidung? Haare und Kleidung können sich ändern, aber die Augen- und Nasenform, auch die Körperhaltung stimmen.› Das optische Bild wird erkannt: ‹Es ist Herr Mayer!› Inzwischen beginnt der Mann zu sprechen. Die akustische Information wird nun parallel zur optischen verarbeitet, d. h. der Stimmklang mit der Erinnerung an früher gehörte Lautäußerungen verglichen. Dabei wird die Übereinstimmung beider festgestellt. Die visuelle und akustische Information wird nun zueinander in Beziehung gesetzt (integriert) und das Urteil auf diese Weise überprüft bzw. gefestigt: ‹Es ist tatsächlich Herr Mayer!› Erinnerungen steigen auf: ‹Wir hatten manch interessantes Gespräch›. Sie werden mit Gefühlen belegt: ‹Das gefiel mir immer›. Die Wahrnehmung wird bewertet: ‹Ich freue mich, ihn jetzt wiederzusehen›. Eine Handlungsmotivation entsteht: ‹Ich habe Lust, ihn zu begrüßen›. Die Entscheidung wird gefällt, sie in die Tat umzusetzen: ‹Ich spreche ihn an›. Mit dieser Reaktion hat der Wahrnehmungsprozeß sein Ziel erreicht. Im Anschluß an die Handlung, mit jeder sich verändernden Situation werden neue Reize aufgenommen, und auf vergleichbare Weise setzt sich der Verarbeitungsprozeß fort.

III.
Die Entwicklung der Wahrnehmung

Die Wahrnehmungsentwicklung beginnt im Mutterleib. Zu Beginn der fötalen Periode arbeiten bereits die ersten Nervenzellen, der Fötus reagiert auf Berührungsreize in der Mundregion. Während des dritten Schwangerschaftsmonats wird der größte Teil der Hautoberfläche reizempfänglich und das Gleichgewichtsorgan entsteht. Im vierten Monat kann der Fötus Gleichgewicht und Bewegungen wahrnehmen und regulieren. Gleichzeitig reift der Geschmackssinn aus, und es entwickelt sich das Gehör, dessen Strukturen im siebten Monat funktionstüchtig werden, so daß der Fötus von nun an verschiedene Töne (Herzschlag, Stimmen, Musik, Krach) hört. Im achten Monat reagiert er auf intensive Lichtreize. Durch die Wahrnehmungstätigkeit wird das Gehirn stimuliert, sich auszudifferenzieren, zudem fangen die Nervenzellen an, sich untereinander zu vernetzen. Mit der zweiten Schwangerschaftshälfte beginnen sich um die Nervenfasern Markscheiden (Myelin) zu bilden, die die Voraussetzung für stabile Reizverbindungen und das Entstehen von Gedächtnisspuren sind. So ausgestattet kann der Fötus im letzten Viertel seiner Entwicklung nicht nur einzelne Reize wahrnehmen und beantworten, sondern er kann sie

Schematische Darstellung der Faktoren, die an einem Wahrnehmungsprozeß beteiligt sind

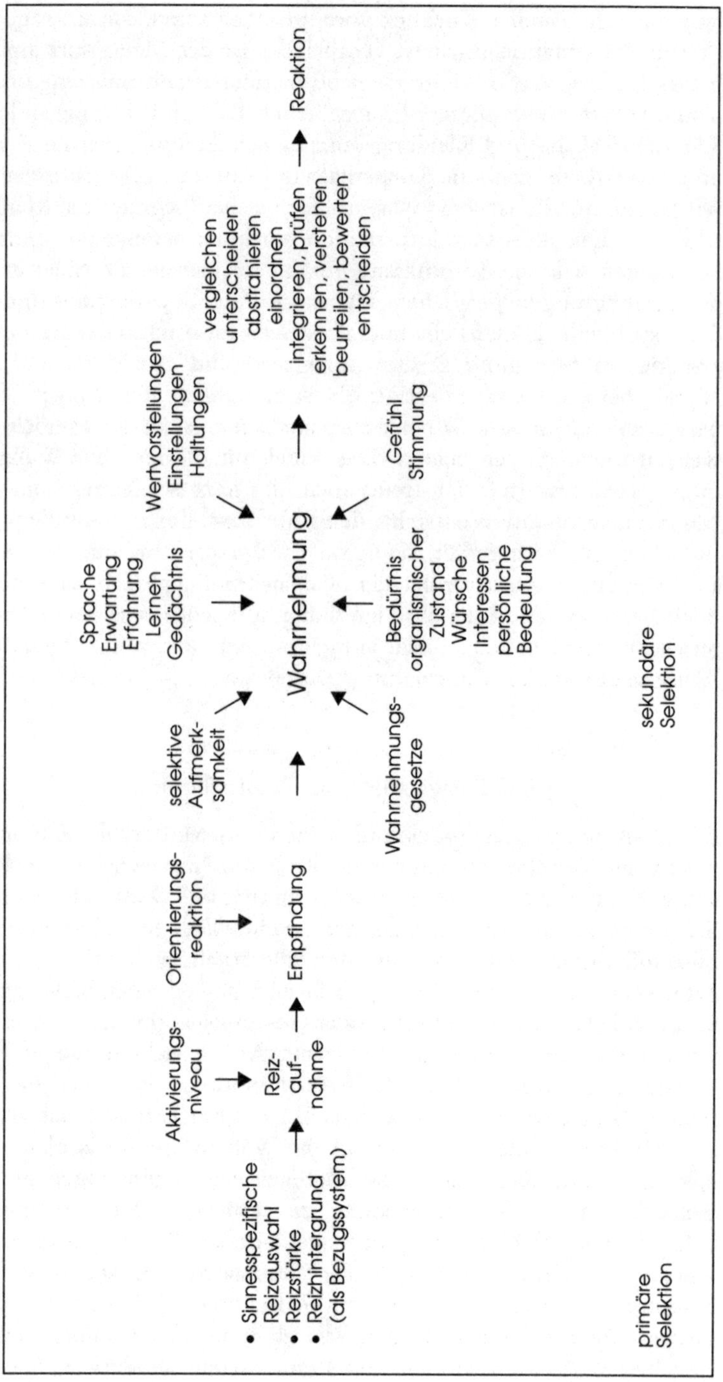

schon ansatzweise miteinander verknüpfen, Reizmuster speichern, Erfahrungen sammeln: d. h., er kann lernen. Desgleichen belegt er seine Empfindungen – deutlich sichtbar an der Mimik – mit Gefühlen der Lust oder des Unbehagens. (S. Kap. 1, S. 26ff.)

Mit der Geburt verändert sich der Wahrnehmungsraum des Säuglings grundlegend. Seine Sinne helfen ihm einerseits mit den vielen Reizqualitäten der neuen Daseinsform vertraut zu werden, andererseits müssen sie selbst noch geschult und ausdifferenziert werden. Das taktil-kinästhetische System braucht für seine weitere Entwicklung Druck- und Berührungsreize sowie Bewegungserfahrungen; die allmählich sich vervollständigende Wahrnehmung der körperlichen Grenzen und Bewegungsabläufe bildet – zusammen mit der Gleichgewichtswahrnehmung – das Fundament für die Integration der Informationen verschiedener Sinne. Der Geruchssinn ist mit der Geburt voll ausgebildet, so daß der Säugling schon sehr bald seine Mutter am Geruch erkennt. Auch mit der mütterlichen Stimme ist das Kind von Geburt an vertraut. Klänge, die im Frequenzbereich der menschlichen Stimme und etwas darüber liegen, hört es am besten. Mit zwei Monaten unterscheidet es deutlich zwischen den vielfältigen Geräuschen seiner Umgebung. Hell und Dunkel sowie Formen nimmt der Säugling bereits nach der Geburt wahr, allerdings sieht er nur auf eine Entfernung von etwa 20 cm relativ scharf, da die Augen noch nicht akkomodieren können. Zudem muß die Koordination der Augenmuskeln noch geübt werden.

Wie sich die Organisation der kindlichen Wahrnehmungen entwikkelt, hat besonders *F. Affolter* erforscht. Ihre Ergebnisse seien hier kurz zusammengefaßt. In den ersten drei Lebensmonaten benutzt der Säugling bei der Wahrnehmung vorrangig einen Sinn und verbindet seine Tätigkeit mit einer Bewegung (modale Reizverarbeitung). Er ergreift den Finger der Mutter, der seine Handfläche berührt, er lernt Gegenstände zu umfassen, zu halten und zu schütteln; er fixiert einen sich bewegenden Gegenstand, verfolgt ihn mit den Augen; wendet seinen Kopf in Richtung der Schallquelle. So schult er sein Tasten, sein Schauen und Hören. Vom vierten Lebensmonat an werden die Handlungen des Säuglings komplexer; er bezieht zwei und mehr Gegenstände in seine Tätigkeiten ein – er klopft beispielsweise mit dem Löffel auf den Tisch, spürt dabei dessen Widerstand, hört das Klopfgeräusch und sieht die Bewegung, weil die beginnende Auge-Hand-Koordination ihm nun erlaubt, eine Handlung mit den Augen zu verfolgen. Solche Betätigungen bewirken zweierlei: Sie lassen das Kind den Ursache-Wirkungszusammenhang erfahren und führen dazu, daß es auf einen Gegenstand bezogene Reizinformation (Empfinden der eigenen Bewegung, Fühlen, Hören, Sehen des Löffels) gleichzeitig aufnimmt, sie als zusammengehörig erkennt und schließlich auch in der Vorstellung miteinander verbindet. Erst solch «intermodale» Reizverarbeitung ermöglicht eine komplexe Objekterfahrung; sie ist damit die Voraussetzung für die Entwicklung des Objektbegriffs. Wichtige Anzeichen für die intermodale Reizverarbeitung, die nun dominiert – obgleich auch die Fähigkeiten der einzelnen Sinne, Reize zu bemerken, bei ihnen zu verweilen, sie zu unterscheiden und zu erkennen noch fortlaufend verbessert werden –, sind neben der Auge-Hand-Koordination die Entwicklung des anhaltenden sozialen Blickkontakts beim Spiel mit der Bezugsperson (Verbindung von Spüren und Sehen, eventuell auch Hören) und die Lokalisation, d. h. die visuelle bzw. akustische Orientierung über den Ort von Geräuschen und Berührungsreizen.

Etwa mit acht Monaten hat das Kind nicht nur gelernt, verschiedene Wahrnehmungen auf einen bestimmten Gegenstand zu beziehen und das Erscheinen bestimmter Gegenstände als «Funktionssignale», d. h. als Zeichen für nachfolgende Handlungen, zu bewerten – etwa die Flasche und den Löffel als Signale für Trinken und Essen –, sondern es beginnt allmählich eine größere Anzahl nacheinander folgender Reize zu einer Wahrnehmungskette zu verbinden. Entsprechend lernt es, das Ergebnis einer überschaubaren, aber mehrere Handlungsschritte erfordernden Tätigkeit vorherzusehen: Erst wird der Löffel in die Hand genommen, dann in den Brei getaucht, gefüllt, zum Mund geführt und geleert. Die Fähigkeit zur Vorausschau (Antizipation) aber bildet die Voraussetzung dafür, mehrgliedrige Handlungen («Ereignisse») ordnen und zielgerichtet durchführen zu können. Die «seriale» Reizverarbeitung kommt bei allen alltäglichen Handlungen zum Tragen. Das Kind übt sie

- bei der Durchführung von «problemlösenden Alltagsgeschehnissen» – etwa wenn es sich einen Hocker holt, vor das Regal stellt und hinaufklettert, um an die ersehnten Süßigkeiten zu gelangen
- bei seinen Konstruktionsspielen – wenn es einen Turm aus Klötzen unterschiedlicher Größe baut
- in Rollenspielen – wenn es die elterlichen Handlungen nachahmt
- und vor allen Dingen, wenn es der Mutter bei ihren Tätigkeiten hilft.

Dabei lernt das Kind, in immer größerem Umfang seine Handlungen zu planen. Zunächst übernimmt es nur einen Handlungsschritt (legt die Wurst aufs Brot); dann führt es eine mehrgliedrige Handlungskette selbständig durch (Butter von der anderen Tischseite erbitten, Brot streichen und mit Wurst belegen), wenn alle benötigten Gegenstände und Hilfsmittel in seinem Tätigkeitsfeld liegen. Später kann es sich in einer vertrauten Umgebung die notwendigen Dinge selbst holen (um beispielsweise den Tisch zu decken), und schließlich kann man ihm in einer weniger bekannten Örtlichkeit verbal mitteilen, wo sie zu finden sind (bei Bekannten z. B.). Bis zum Alter von sechs Jahren hat das Kind so viele Ereigniserfahrungen gesammelt und dabei grundlegende Kenntnisse erworben, daß es fähig ist, die schulischen Anforderungen zu bewältigen.

Gleichzeitig mit der Ausbildung der intermodalen und serialen Reizverarbeitung übt das Kind vielfältige Bewegungsabläufe. Es lernt, sie immer mehr zu differenzieren, besser aufeinander abzustimmen und zweckmäßiger einzusetzen. Dabei schult es neben dem Tastsinn, der durch Berührungen angesprochen wird, vor allen Dingen seine Tiefensensibilität und seinen Gleichgewichtssinn. Es entwickelt ein Gefühl für seine Körperlichkeit; es speichert die auf seinen Körper bezogenen Empfindungen, die die Grundlage für das unbewußte «Körperbild» darstellen, sowie die Bewegungserfahrungen und -gewohnheiten, die als ebenfalls unbewußtes «Körperschema» die Bewegungsplanung regulieren. Die Differenzierung und Präzision der Bewegungen hilft darüber hinaus dem Gehirn, die verschiedenartigen ankommenden Reizimpulse zu ordnen und aufeinander zu beziehen (zu integrieren).

Daß ein Kind, obwohl es sich bewegt, ein stabiles Wahrnehmungsbild seiner Umgebung entwirft, daß es Gegenstände im Raum orten und seine Fortbewegung den räumlichen Gegebenheiten anpassen kann, daß es rechts und links unterscheidet und lernt, beide Körperhälften an seinen Bewegungsabläufen zweckmäßig zu beteiligen, ist nach *J. Ayres* ein Ergebnis der gelungenen sensorischen Integration. Solche wohl organisierten Bewegungsabläufe, die durch eine gut geschulte Tiefensensibilität und Gleichgewichtswahrnehmung möglich werden, befähigen das Kind auch, Handlungen erfolgreich zu planen. So zeigt sich, daß für die seriale Reizverarbeitung ein hohes Maß an Tast-, Bewegungs- und Gleichgewichtserfahrungen erforderlich ist.

Wenn die seriale Reizverarbeitung ein gewisses Niveau erreicht hat, dann ist das etwa eineinhalbjährige Kind in der Lage, Sprache als ein System bedeutungstragender Zeichen zu erfassen, die nach einem Plan hintereinandergereiht werden. Der eigentliche Spracherwerb kann nun beginnen und verläuft parallel zur Entfaltung der Vorstellungskraft, der Schulung der Körperbeherrschung und der Fähigkeit zur komplexeren Ereignisplanung.

IV. Wahrnehmungsstörungen

Die Ursache von Wahrnehmungsstörungen kann entweder in der Reizaufnahme und -weiterleitung oder in der zentralnervösen Informationsverarbeitung, also im Gehirn, liegen. Im ersten Fall handelt es sich um eine Sinnesbehinderung, im zweiten um eine zentrale Wahrnehmungsstörung, um die es im folgenden Abschnitt gehen soll. Denn diese tritt häufig mit einer geistigen Behinderung gemeinsam auf, so daß für solche Behinderten eine gezielte Wahrnehmungsförderung zugleich eine angemessene Behandlungsweise ist. Selbstverständlich können auch Sinnesbehinderungen, also «modale» Reizverarbeitungsstörungen – insbesondere Hörschäden –, die kognitive Entwicklung beeinträchtigen, aber das Schwergewicht liegt doch auf der zentralen Verarbeitungsstörung. Denn bei der Schädigung einzelner Sinne können, wenn Hilfsmittel keine Entlastung schaffen, die anderen kompensatorisch besser ausgebildet werden und eine weitgehend angemessene Umweltanpassung ermöglichen. Zentrale Wahrnehmungsstörungen erlauben einen derartigen Ausgleich jedoch nicht. Sie führen entweder dazu, daß die Informationen der verschiedenen Sinne unzureichend miteinander verknüpft werden (intermodale Störung); oder es gelingt nicht hinlänglich, zeitlich aufeinanderfolgende Reize zu verbinden und als ein zusammengehörendes Ganzes aufzufassen, desgleichen Reihungsprinzipien zu erkennen und anzuwenden (seriale Störung). Beide Störungen vermindern die Fähigkeit, Handlungen zu planen und sprechen zu lernen.

1. Merkmale einer zentralen Wahrnehmungsstörung

Folgende Verhaltensweisen berechtigen nach *F. Affolter* und *J. Ayres* dazu, eine Beeinträchtigung der zentralen Reizverarbeitung anzunehmen:

- fehlende Aufmerksamkeit, durch die beispielsweise eine kreative Beschäftigung mit Spielmaterial über einen längeren Zeitraum unmöglich wird
- kein Blickkontakt bei der Begrüßung mit einem Händedruck (oder anderen körperlichen Berührungen)
- Initialstupor: es fehlt die Orientierungsreaktion – sichtbar an einem kurzem Auf- oder Umherschauen –, die es erlaubt, in einer neuen Situation Überblick zu gewinnen
- eingeschränktes Umstellungsverhalten: während sich normale Kinder, nachdem sie sich eine gewisse Zeit mit einem Gegenstand beschäftigt haben, einer neuen Tätigkeit und somit neuen Reizen zuwenden, bleibt die Umstellung bei vielen wahrnehmungsgestörten aus; statt dessen verfallen sie in stereotype Beschäftigungsweisen
- Defizite im Spracherwerb
- Schwierigkeiten, Leistungen zu erbringen, die im Zeitraum des Spracherwerbs gelernt werden. Hierzu gehören die Fähigkeiten, komplexe Bewegungen nachzuahmen, Bilder zu erkennen, graphisch-zeichnerische Darstellungen anzufertigen und Ereignisse zu planen

- eine schlechte motorische Koordination, motorische Unruhe, tollpatschige Bewegungsabläufe, schlaffe Haltung und rasche Ermüdung durch einen zu niedrigen Muskeltonus
- starke Ablenkbarkeit, übergroße Reizempfänglichkeit, Vergeßlichkeit und die Unfähigkeit, Handlungen zweckmäßig zu organisieren
- Leistungsversagen sowohl aufgrund der Konzentrationsschwäche als auch aufgrund der Unfähigkeit, Aufgaben zu strukturieren und schrittweise erledigen zu können
- sekundäre Verhaltensauffälligkeiten, die als Konsequenz der häufigen Mißerfolge und der durch die Wahrnehmungsschwierigkeiten belasteten Beziehungen entstehen.

Hat man den Verdacht, daß eine Wahrnehmungsstörung vorliegt, so ist es notwendig abzuklären, welches Niveau sie betrifft, um einen Anhaltspunkt für die Förderung zu gewinnen.

2. *Merkmale des Störungsniveaus*

Anzeichen für eine intermodale Reizverarbeitungsschwäche sind beispielsweise:

- Mängel der Auge-Hand-Koordination und/oder der audio-visuellen Koordination. Der Mensch schaut nicht auf das, was er mit seinen Händen tut, oder er schaut zwar auf einen Gegenstand, kann ihn aber nicht sicher greifen. Desgleichen hört er zwar eine Stimme, blickt sich aber nicht nach dem Sprechenden um, sucht keinen Blickkontakt, verfolgt nicht die Mimik
- fehlende Figur-Hintergrund-Unterscheidung, also die Unfähigkeit, Wichtiges von Unwichtigem zu trennen bzw. aus einem optischen oder akustischen Gesamteindruck einige Aspekte hervorzuheben, um sie besser zu erkennen (gespeicherte Gegenstanderfahrung wird nicht mit dem Eindruck verbunden)
- die Schwierigkeit, bekannte Gegenstände auf Bildern zu identifizieren; hier gelingt es nicht, das dreidimensionale Vorstellungsbild mit der Information des Abbildes zu koordinieren
- Fehlen der Nachahmungsfähigkeit, des Symbolspiels und der aktiven Sprachentwicklung bei schweren intermodalen Störungen
- die Schwierigkeit, Wahrnehmungsinhalte eines Sinnessystems mit einem anderen zu verbinden: etwa ein gesehenes Bild abzuzeichnen (taktil-kinästhetische Umsetzung), einen Text laut zu lesen, den Rhythmus einer Melodie mit den Händen zu klatschen. Diese Beeinträchtigung kann allerdings auch auf eine seriale Störung hinweisen.

Störungen der serialen Reizverarbeitung deuten sich durch folgende Merkmale an:

- die nur kurzen, planvollen und in ruhigen Situationen gelingenden

Handlungsketten; komplexe Abläufe und eine unruhige Umgebung führen hingegen zum Leistungsversagen, denn es bestehen deutliche Defizite bei der selbständigen Strukturierung einer Aufgabe und der Handlungsplanung
- die geringe Qualität der, ohnehin erst verspätet aufgetretenen Nachahmungsleistungen, wenn die Reproduktion einer längeren Bewegungsfolge oder Handlungskette verlangt wird; dadurch ergeben sich beispielsweise Schwierigkeiten beim Lesen- und Schreibenlernen
- Mängel im Sprachverständnis: wenn die verbalen Mitteilungen komplex strukturiert sind (z. B. lange Schachtelsätze), wird nur ein Teil der Information aufgenommen; teilweise ist auch das aktive Sprachvermögen beeinträchtigt
- das «nervös» wirkende Gesamtverhalten: Konzentrationsschwäche, Alles-auf-einmal-Wollen, Nicht-warten-Können, Unfähigkeit, mit Schwierigkeiten umzugehen, schlecht koordinierte, «fahrige» Motorik (unzureichendes Körperschema).

Wahrnehmungsstörungen, entweder auf dem intermodalen oder auf dem serialen Niveau, gehören zum Erscheinungsbild der geistigen Behinderung, wie die beschriebenen, geradezu «typischen» Verhaltensweisen erkennen lassen. Deshalb verdienen die Möglichkeiten, die sensorische Integration zu fördern, besonderes Interesse.

Drei alltägliche Beispiele mögen diese Behauptung illustrieren. Eine schwerstbehinderte Frau, die sich überwiegend auf dem geistigen Niveau eines halbjährigen Kindes befindet, interessiert sich kaum für ihre Umgebung. Sie hat deutliche Mängel in der intermodalen Reizverarbeitung – unzureichende Auge-Hand-Koordination, nur Ansätze zur Nachahmungsfähigkeit, kein Symbolspiel, keine aktive Sprachentwicklung. Sie beschäftigt sich mit einfachsten Funktionsspielen, in die sie allenfalls dic Gegenstände einbezieht, die sich in Reichweite ihrer Arme befinden. Sie liebt aber Plastiktüten und diese Vorliebe führt dazu, daß sie, flinker als ihre Betreuer, alle Plastiktüten in ihrer Umgebung entdeckt, ergreift, in kleine Stücke reißt und diese strahlend um sich zerstreut. Ihr Interesse an den Tüten, die persönliche Bedeutung, die Vertrautheit und Erfahrung mit dem Material, der Wunsch, es zu zerreißen, ermöglichten ihr solche «Spitzenleistung» der visuellen Wahrnehmung.

Der zwölfjährige Martin «organisiert» seine Handlungen sehr schlecht. Wenn er aus Lego ein Auto bauen will, so fängt er an, indem er drei Bausteine zusammensteckt, dabei meistens nur eine Hand benutzt, was den Vorgang erschwert. Mit dem noch nicht einmal halbfertigen Auto «fährt» er mit Gebrumm über den Tisch, läßt es dann plötzlich stehen, um sich beispielsweise einem Bilderbuch, das auf dem Tisch liegt, zuzuwenden und die Bilder zu begucken. Dabei erzählt er in einfachen Mehr-Wort-Sätzen, was er sieht. Wenn man Martin darauf hinweist, daß sein Auto noch nicht fertig ist, lenkt er ab. Besteht man darauf, daß er fortfährt zu bauen, so wird er ärgerlich und schmeißt die Legosteine durch den Raum. Ermuntert man ihn weiterzubauen, indem man geeignete Klötze hinlegt, ihn fragt, wo er sie anfügen muß und ihm eventuell dabei hilft, so beruhigt er sich, baut bereitwillig mit und ist am Ende stolz auf das Ergebnis.

Martins übergroße Ablenkbarkeit, seine mangelnde Konzentrationsfähigkeit und vor allen Dingen die schlechte Kooperation seiner beiden Hände sind Symptome einer serialen Reizverarbeitungsstörung: Martin kann komplexe Handlungen nicht sinnvoll planen und zielgerichtet durchführen. Dieses Unvermögen verletzt sein Selbstwertgefühl, macht ihn wütend – er ist überfordert.

Peter, ein leicht geistig behinderter Jugendlicher, kommt mittags zusammen mit den anderen Gruppenmitgliedern nach Hause. Während seine Kameraden von der Schule erzählen, sagt die Erzieherin: «Zieht euch die Schuhe aus, und wascht euch die Hände.» Alle, außer Peter, der in einer Ecke mit einem Auto spielt, kommen dieser Anweisung nach. Auch auf die direkte Aufforderung der Erzieherin: «Peter, zieh dir die Schuhe aus», reagiert er nicht, sondern spielt weiter, obgleich er keineswegs unter einer Hörschwäche leidet. Erst wenn die Erzieherin zu ihm geht, ihn leicht am Kopf berührt, ihm in die Augen schaut und sagt: «Peter, zieh dir die Schuhe aus und wasch deine Hände», folgt Peter, der eine gute Beziehung zur Erzieherin hat, sofort. Nach kurzer Zeit stellt die Erzieherin die Speisen auf den Tisch und ruft zum Essen. Alle kommen – bis auf Peter, der noch am Waschbecken steht und mit dem Wasser spielt. Auch diesmal nützt ein nochmaliges Rufen nicht, die Erzieherin geht wieder zu Peter, faßt ihn an, schaut ihm in die Augen, wiederholt die Aufforderung, und wieder reagiert der Junge ohne Zögern.

Peters Schwierigkeit liegt darin, daß er Figur und Hintergrund nicht zu unterscheiden vermag. Gebunden durch einen Reiz – einmal das Auto, zum andern das Wasser –, bleiben alle anderen Reize für ihn nur «Hintergrundgeräusche». Die erhobene Stimme seiner Erzieherin und selbst sein Name gewinnen für ihn nicht die Qualität der «Figur», der er seine Aufmerksamkeit schenken könnte. Erst die direkte, mehrsinnliche Kontaktaufnahme (Fühlen, Sehen, Hören) hilft ihm, die Aufforderung wahrzunehmen und zu befolgen. Daran, daß er sich im nächsten Augenblick durch einen neuen Reiz wieder ablenken läßt, er also keine, viele Handlungsschritte umfassende Tätigkeit selbständig durchführen kann, erkennt man, daß seine Figur-Grund-Problematik Bestandteil einer serialen Reizverarbeitungsstörung ist.

V.
Aspekte der Wahrnehmungsförderung

Zu bahnbrechenden Erkenntnissen in Hinblick auf die Wahrnehmungsförderung führten die Arbeiten von *F. Affolter* und *J. Ayres*. Beide Forscherinnen gehen davon aus, daß die am frühesten entwikkelten Sinne den Bezugsrahmen bilden für die Integration der Informationen, die über die «später» ausgebildeten Sinne aufgenommen werden. Nur unter der Voraussetzung, daß die elementaren Sinne sicher und differenziert arbeiten, ist eine gute Verknüpfung aller Sinnesleistungen zu erwarten. Konkret bedeutet das: Bei wahrnehmungsgestörten Menschen bestehen nach *F. Affolter* Mängel in der Aufnahme und/oder Verarbeitung von Berührungs- und Bewegungsreizen. *J. Ayres* weist zudem auf die unzureichende Integration der Gleichgewichtswahrnehmung hin. Solche Schwächen führen zu Defiziten bei der Ausbildung des Körperschemas und verhindern eine befriedigende intermodale und seriale Reizverarbeitung. In der Therapie müssen deshalb in erster Linie «Spürinformationen» und Bewegungsreize angeboten werden, um den taktilen, kinästhetischen und vestibulären Systemen eine Nachreifung zu ermöglichen. Erst dann kann auch die intermodale Verknüpfung mit visuellen und akustischen Informationen gelingen (dem Geruchs- und Geschmackssinn schenken beide Autorinnen keine Beachtung), und die Planung von Handlungsketten kann erlernt werden.

1. Förderung nach F. Affolter

F. Affolter hat die Verhaltensweisen gesunder und wahrnehmungsgestörter Kinder beobachtet und ist zu folgenden Überlegungen gekommen, von denen sie ihr therapeutisches Konzept ableitet: Wahrnehmung als sinngebende Verarbeitung von Reizen aus der Umwelt und dem Körperinnern kann nur gelingen, wenn der Organismus auf vielfältige Weise mit der Umwelt in Berührung kommt und sich mit ihr auseinandersetzt.

Gelungene Umweltbegegnung

Beobachtungen bestätigen diese These: Der Säugling berührt gezielt und ausgiebig mit allen Körperteilen die ihn umgebenden Dinge. Er erlebt sich und erkennt die Welt durch den Widerstand, den der berührte Gegenstand bietet. So erfährt er die räumlichen Grundqualitäten und verinnerlicht ein «Wissen» um die Struktur der dinglichen Welt; zugleich werden die in seinem Gehirn eintreffenden taktilen Informationen geordnet: ich liege auf einer Unterlage (z. B. der Matratze), werde durch eine stabile Seite begrenzt (z. B. die Seite des Bettes), ich befinde mich in einer Nische, werde räumlich umschlossen (z. B. von den einhüllenden Decken), oder ich umfasse einen Gegenstand, der von mir räumlich umschlossen wird. Auf diese Weise erlebt das Kind die räumlichen Verhältnisse «auf», «neben», «innen» und «außen». Es experimentiert mit ihnen, indem es die Dinge handhabt: es nimmt einen Bauklotz in jede Hand und bringt sie zusammen, es legt sie nebeneinander und trennt sie wieder, es holt sie aus dem Kasten und legt sie wieder hinein, türmt sie auf und wirft den Turm um; es steckt sie durch die Ritze, läßt sie verschwinden, sucht und findet sie wieder. Damit festigt das Kind nicht nur seine räumlichen Vorstellungen, sondern es erlebt sich selbst als Urheber von Wirkungen. Es erfährt, was es tun muß, um einen bestimmten Effekt zu erzielen. Doch seine Neugierde veranlaßt es, neue Tätigkeiten und andere Wege auszuprobieren, um ans Ziel zu gelangen. So erweitert sich sein Handlungsspielraum. Immer setzt es dabei seinen ganze Körper ein: es befühlt alles, steckt die Dinge in den Mund, kriecht überall hin, klettert auf alles hinauf, hebt, schiebt, dreht sich. Es paßt dabei seine Bewegungen der Umwelt und ihren Erfordernissen an; sein propriozeptives und vestibulares System antworten auf die Bedingungen des gegenständlichen Widerstands und der Schwerkraft, die Integration von Berührungs-, Bewegungs- und Gleichgewichtsreizen erfolgt, die akustischen und visuellen Reize werden mehr und mehr in das Geschehen einbezogen.

Damit die Integration gelingt, bedarf es der ruhigen Aufmerksamkeit; diese ist am ehesten gegeben, wenn die Tätigkeit eine Motivation des Kindes befriedigt und es sich emotional geborgen fühlt (vgl. Aktivierungsniveau und die Bedingungen für die Aufmerksamkeitszuwendung). Das Interesse des Kindes wird vor allen Dingen von solchen Handlungen geweckt, die ihm die Zusammenhänge seiner Umwelt erhellen, bei denen es sich als wirksam erfährt und alltägliche Probleme erfolgreich lösen kann («problemlösende Alltagsgeschehnisse»), oder von «Ereignissen», wie selbständiges Essen, Mithilfe im Haushalt, Tischdecken, Abwaschen, Wäsche aufhängen, Aus- und Ankleiden, das Öffnen einer Dose, Schälen eines Apfels und dergleichen mehr.

Beim Lösen derartiger Probleme, die ihm weiterhin eine Fülle von Spürinformationen vermitteln und zur zweckmäßigen Koordination seiner Bewegungen verhelfen, verinnerlicht das Kind den Ablauf mehrgliedriger Handlungen. Es lernt, daß es viele Handlungsschritte aneinanderreihen muß, um ein Ergebnis zu erzielen. Es lernt, Hilfsmittel («Werkzeuge») zweckmäßig einzusetzen und den Gegenstand über das Zwischenglied des Werkzeugs wahrzunehmen, z. B. wenn es die Kartoffel mit der Gabel ißt. Es probiert vielfältige Möglichkeiten aus und wählt schließlich die einfachste. Dabei merkt es auch, daß es manchmal Umwege in Kauf nehmen muß, um das Ziel zu erreichen. Es lernt, seine Handlungen zu planen. Es überträgt die Erfahrungen, die es gesammelt hat, auf vergleichbare, neuartige Situationen, die es zunehmend besser meistert. Im Symbolspiel wiederholt und variiert es die Geschehnisse, es vertieft und erweitert seine Erkenntnisse, festigt die intermodale und seriale Reizverarbeitung.

Beeinträchtigte Umweltbegegnung

Bei wahrnehmungsgeschädigten Kindern verläuft der geschilderte Entwicklungszusammenhang nicht befriedigend. Sie setzen sich nicht angemessen mit der Umwelt auseinander, entwickeln nur wenig erfolgreiche Handlungsstrategien. Sie «wissen» zwar um die Regeln des Berührens, insbesondere um die Regel der stabilen Unterlage, der seitlichen Begrenzung und der Geborgenheit in der Nische, die sie suchen. Denn sie brauchen die Erfahrung des Widerstands, der ihnen Sicherheit gibt, stärker als Gesunde. Ihre Hände benutzen sie anders als wahrnehmungsgesunde Menschen. Werden sie berührt oder berühren sie etwas Weiches, Feuchtes, Glibberiges, Rauhes, Kratziges, so weichen oder schrecken sie zurück und verspannen sich dabei, weil die Fülle der damit verbundenen neuen Reize ihnen unangenehm ist. Sie wehren den Kontakt ab, schauen weg, schließen die Augen. Häufig gebrauchen sie bei Tätigkeiten, die eigentlich zwei Hände erfordern, nur eine – ein Hinweis auf das mangelnde Zusammenspiel der beiden Hirnhälften. Auch ergreifen sie Dinge oft nur mit zwei Fingern und umfassen sie nicht richtig. So fehlen ihnen bei ihren Handlungen viele Spürinformationen, und sie werden mit den Gegebenheiten nicht richtig vertraut.

Die mangelnde Vertrautheit schränkt die Wirksamkeit der Handlungen ein, weil die Bewegungen nur unzureichend koordiniert und räumliche Relationen nicht angemessen berücksichtigt werden können. Manche Kinder ersetzen das Ergreifen durch Klopfen oder Schlagen (besonders hypotone Kinder führen derartige Bewegungen stereotyp aus). Andere entfernen Gegenstände (z. B. einen Flaschenverschluß) nicht mit den Händen, sondern mit dem Mund. Wieder andere drücken, bis das Material zerbricht, oder werfen es ziellos um sich. Räumliche Beziehungen (Nebeneinanderlegen, Ineinanderstecken) gelingen meist, sofern es sich um nur zwei Gegenstände und einfache Relationen handelt. Werden die Aufgaben komplexer, dann mißlingen sie, da die seriale Handlungsstruktur nicht beherrscht wird.

Wahrnehmungsgestörten gelingt es kaum, Distanzen richtig einzuschätzen oder zeitliche Verhältnisse zu überblicken; deshalb zielen ihre Handlungen oft nur auf den Augenblick, und sie beziehen nachfolgende Erfordernisse nicht mit ein. Beispielsweise schließen sie nach jedem Stück Geschirr, das sie beim Tischdecken aus dem Schrank holen, die

Tür, obgleich sie diese sofort für das nächste wieder öffnen müssen. Die schlechte Orientierung in der Zeit beeinträchtigt ihre Fähigkeit, vorausschauend zu denken, und trägt dazu bei, daß sie nicht warten können.

Beim Lösen von «Alltagsproblemen» bleibt der Erfolg oft aus, weil entweder prinzipiell richtige Handlungen nicht zweckmäßig auf die Gegebenheiten abgestimmt werden (das Loch zum Öffnen der Milchtüte wird nicht oben angebracht, sondern in die Tütenmitte gestochen) oder weil falsche Maßnahmen ergriffen werden (wildes Rühren in der kochenden Milch, um das Überkochen zu vermeiden, anstatt die Herdplatte auszuschalten und den Topf von der Platte zu nehmen). Wenn Alltagsprobleme aber nicht befriedigend gelöst werden können, dann entstehen emotionale Spannungen, Unsicherheit und Angst. Hektische Kompensationsversuche oder zwanghafte Rituale sollen Sicherheit vermitteln und den durch die eingeschränkte Wahrnehmung beeinträchtigten Bezug zur Wirklichkeit überspielen.

Die Durchführung der Behandlung

Die zentrale Ursache für solche Verhaltensauffälligkeiten ist – wie dargestellt – nach *F. Affolter* der Mangel an Spürinformation, der die sensorische Integration verhindert. Die therapeutische Behandlung muß daher Wege finden, bei der Lösung alltäglicher Problemsituationen Spürinformationen zu vermitteln, damit elementare Zusammenhänge erhellt werden können und die Umwelt vertraut wird.

F. Affolters Methode besteht darin, mit dem Patienten gemeinsam Alltagsereignisse zu bewältigen, indem man seine Hände führt. Die Handführung muß dabei so genau erfolgen, daß eine optimale taktile Reizzufuhr – der sich der geschädigte Mensch ja durch Einhändigkeit und Fingerspitzenkontakt entzieht – gewährleistet ist und motorisch angepaßte Bewegungsabläufe eingeübt werden. Konkret bedeutet das, daß der Therapeut im Regelfall hinter dem Patienten steht oder sitzt, seine Hände über dessen Hände legt, und zwar so, daß die sich jeweils entsprechenden Finger übereinander zu liegen kommen und so beide gemeinsam die Handlung vollziehen. Deren Vielfalt ist schier unbegrenzt; wichtig ist nur, daß die Berührungsreize jeweils einen klaren Widerstand bieten; denn nur so vermitteln sie eindeutige Informationen und ermöglichen über Widerstandsveränderungen eine klare Orientierung. Solche Tätigkeiten sind beispielsweise das Streichen eines Butterbrotes, Auspressen einer Zitrone, Schälen und Zerkleinern eines Apfels, Bedienen eines Staubsaugers, Holen eines Gegenstandes aus dem oberen, nicht unmittelbar erreichbaren Fach eines Schrankes.

Bei der Durchführung spürt der Therapeut die Muskelspannung (den Tonus) des Geführten. Befremdende Reize bewirken eine Steigerung des Tonus, der Geführte blickt weg, verschließt sich zunächst der

Information. Wird der Reiz allmählich vertraut, so sinkt die Spannung, die Augen blicken zunehmend mehr auf das Geschehen, die neue Information wird aufgenommen und intermodal verarbeitet. Bei Menschen, deren Tonus zunächst zu niedrig war, wird er in dieser Phase auf ein angemessenes Maß ansteigen. Bei wachsender Vertrautheit entsteht dann ein enges, anhaltendes Zusammenspiel von Hand und Auge. Konzentriert wird der gesamte Ablauf verfolgt; die seriale Organisation beginnt. Sie ermöglicht den nächsten Entwicklungsschritt: das selbständige Fortsetzen einer unter Führung begonnenen Bewegung. Der Therapeut erkennt die Bereitschaft zu diesem Schritt an einer leichten Erhöhung des Tonus und einem eigenen Bewegungsimpuls in Richtung auf das Geschehen. Daraufhin läßt er mit der Führung nach, behält aber seine Hand in der Nähe, um am Ende der Bewegung oder bei Mißlingen sofort wieder unterstützend eingreifen zu können. Selbstverständlich empfindet nicht nur der Therapeut den Tonus des Geführten, sondern dieser auch die Verfassung seines Helfers. Deshalb ist es notwendig, daß der Therapeut selbst entspannt ist und seine volle Aufmerksamkeit auf seinen Schützling und das Geschehen richtet. Zudem bedarf es regelmäßiger kurzer Atempausen im Ablauf; sie fördern die Auswertung und Integration der eintreffenden Informationen, verhindern Überforderung und Verkrampfung und schenken die Bereitschaft zu erneuter Konzentration.

Während der Handlung wird nicht gesprochen, da Sprechen vom Spüren ablenken würde. Als Einstimmung auf die Tätigkeit werden jedoch kurz vorher einige Informationen gegeben und im nachhinein wird das Erlebte in Worte gefaßt, damit es als symbolisierter Inhalt bewußter verstanden wird. Bei allen Handlungen ist zu beachten, daß sie als Bezugsrahmen eine stabile Unterlage brauchen und daß es, um genügend Informationen zu erhalten, notwendig ist, den ganzen Körper einzubeziehen. Hilfsmittel sollen erst eingesetzt werden, wenn der unmittelbare Körpereinsatz alleine nicht zum Erfolg führt. Der Bewegungsablauf wird gesteuert durch das Erleben und die Interpretation der Widerstandsveränderungen (z. B. beim Schneiden des Apfels, Auspressen der Zitrone); diese gelingen aber nur auf der Basis einer festen Unterlage. Die Frucht solcher Betätigungen sind Ursache-Wirkungs-Erfahrungen, die zugleich gespürte Erfahrungen hinsichtlich der Materialien und Reihenfolgen einschließen.

2. *Förderung nach J. Ayres*

J. Ayres wählt für die sensorische Integration einen anderen Weg als *F. Affolter.* Sie führt ihre Schützlinge nicht bei der Bewältigung von Alltagsproblemen; statt dessen bietet sie ihnen vielfältige Anreize, sich zu bewegen, da während der Bewegung mit dem ganzen Körper taktile Reize aufgenommen und zugleich die Tiefensensibilität, das Gleichgewichtsorgan und die Koordination der Glieder geschult werden. *J. Ayres* sieht ihre Hauptaufgabe darin, dem wahrnehmungsgestörten Kind eine Bewegungsumwelt bereitzustellen, die auf seine Defizite abgestimmt ist und seine Bewegungsfreude weckt. Dann soll das Kind wählen, was es tun möchte, da sein Erfahrungsmangel es von selbst dahin lenkt, das für sich Richtige auszusuchen. Berührungsreize allerdings werden ihm, wenn es einen Mangel daran leidet, häufig aktiv zugeführt, etwa über Bürsten, Massagen, Vibrationen. Weitere Angebote für das taktile System sind beispielsweise baden, sich in Laub oder Sand wälzen und eingraben, den Körper bemalen und dergleichen mehr. Der Gleichgewichtssinn wird angeregt durch alle Aktivitäten, die Geschwindigkeits-, Dreh- und Richtungsreize vermitteln: etwa auf einem Rollbrett oder einem Roller fahren, auf Schaukeln, an Ringen und Reckstangen schwingen, in Tonnen rollen, sich auf Drehstühlen drehen oder um die eigene Achse kreisen, auf Matratzen oder Trampolins springen und Rutschbahnen hinunterrutschen. Um die Tiefensensibilität zu schulen, braucht das wahrnehmungsgestörte Kind Zug-, Druck- und Spannungsreize: Diese ergeben sich beim Klettern, beim Umgang mit widerständigen Materialen, beim Ringen und liebevollen Balgereien.

Vielen wahrnehmungsgestörten Kindern mangelt es an Selbstvertrauen. Ihre Mißerfolge verleiten sie dazu, möglichst gar nichts zu tun, um auf diese Weise Versagenserlebnissen zu entgehen. Vor Beziehungen fürchten sie sich oft, weil sie Kritik erwarten. Ein vorrangiges Ziel der Behandlung besteht deshalb darin, das Vertrauen des Kindes zu wecken und seinen inneren Antrieb, selbst aktiv zu werden, hervorzulocken. Das gelingt am ehesten durch Aufgabenstellungen, die das Kind leicht bewältigen kann und die zugleich seine Bedürfnisse befriedigen. Auf solche Weise wird vermieden, daß sich die Angst des Kindes steigert; zugleich wird sein Interesse geweckt. Die anschließenden Angebote sollten so ausgewählt werden, daß sie sich zur Vermittlung derjenigen vestibulären und taktil-kinästhetischen Erfahrungen eignen, die das Kind braucht, um die Anpassungsreaktionen der nächst höheren sensorischen Integrationsstufe zu erwerben. Wenn die Anregungen, die das Kind erfährt, «passen», dann wird es die Behandlung als «Spaß» erleben. Es wird zunehmend Eigeninitiative entwickeln und sich selbst zweckmäßig steuern können – ein Zeichen der fortschreitenden Organisation seines Gehirns.

Wichtig ist, bei der Behandlung das Gleichgewicht zu finden, zwischen strukturierten Angeboten und freier Entscheidung des Kindes. Das lediglich chaotische Spiel hilft ihm nicht, seine Wahrnehmungsstörung zu bessern, denn es sammelt keine neue Erfahrungen. Zu enge Anweisungen aber unterdrücken die Signale des Kindes, mit denen es seine Reizbedürfnisse anzeigt, welche erfüllt werden müssen, um die Leistungsfähigkeit seines Nervensystems zu verbessern. Bei erfolgreicher Behandlung kann die sensorische Integration gelingen, so daß ein ursprünglich wahrnehmungsgestörtes Kind sich nun geschickt bewegt, ruhig und gezielt Handlungen plant und durchführt, die Leistungen seiner Altersstufe erbringt und aufgrund der Erfolge Selbstvertrauen gewinnt.

Werden geistig behinderte wahrnehmungsgestörte Menschen auf diese Weisen gefördert, so lassen sich ebenfalls deutliche Fortschritte erzielen, beispielsweise in der Aufmerksamkeit, Bewegungskoordination, Vielfalt der Tätigkeiten, Handlungsplanung und Sprachentwicklung. Allerdings muß immer bedacht werden, daß die geistige Behinderung auch Grenzen setzt, die sich nicht überwinden lassen. Wo diese jedoch verlaufen, läßt sich nicht theoretisch bestimmen, sondern muß während der individuellen Behandlung erlebt werden.

Achtzehntes Kapitel

Intelligenz und Denken

I.
Grundprobleme der Intelligenzforschung

Die Erforschung der Intelligenz gehört zu den Themen, die die wissenschaftliche Psychologie seit ihren Anfängen beschäftigt. Dennoch herrscht keineswegs Einmütigkeit darüber, wie der Begriff der Intelligenz im einzelnen zu bestimmen sei. Einigkeit besteht lediglich im Hinblick auf die Tatsache, daß die Intelligenz nicht unmittelbar beobachtbar ist, sondern aus dem sogenannten «intelligenten Verhalten» erschlossen werden muß. Das Abstraktum «Intelligenz» gilt hierbei als Grundlage für das konkrete «intelligente Verhalten». Doch was ist das eigentlich für eine Fähigkeit, die dem Menschen intelligentes Verhalten ermöglicht? Anders als bei den motorischen Fähigkeiten oder bei der Sinneswahrnehmung lassen sich für Intelligenzleistungen keine ihnen zugeordneten Bereiche des Gehirns feststellen. Dennoch bildet eine gesunde biologische Ausstattung (Chromosomen, Zentralnervensystem, Hormone, Stoffwechsel...) die Voraussetzung für eine gesunde Intelligenzentwicklung, die bei geistig behinderten Menschen oft nicht erfüllt ist.

Das Fehlen eines nachweisbaren, biologischen Ortes, eines «Intelligenzzentrums» im Gehirn, läßt die Vermutung zu, daß die Intelligenz kein einheitliches, sondern ein aus verschiedenen Fähigkeiten zusammengesetztes Vermögen ist. Diese Ansicht wird auch durch die Beobachtung unterstützt, daß ein intelligenter Mensch in der Regel seine Intelligenzschwerpunkte, also Spezialbegabungen, entwickelt und keineswegs auf allen denkbaren Gebieten gleich gute Leistungen hervorbringt. Ein Mensch besitzt z. B. besondere Fähigkeiten in der Konstruktion technischer Geräte, desgleichen erweist er sich als hervorragender Organisator, aber er versagt im künstlerischen Bereich. Ein anderer Mensch beherrscht bewundernswert die Ausdrucksmöglichkeiten der Sprache und erfaßt zwischenmenschliche Probleme schnell und differenziert, aber seine technisch-physikalischen Arbeitsergebnisse beeindrucken niemanden. Ein dritter mag sehr gute mathematische und musikalische Leistungen erbringen, aber er bewegt sich nur auf durchschnittlichem Niveau bei der Lösung lebenspraktischer Probleme. Insofern man diese Unterschiede nicht dem Zufall – den zufälligen Interessen, den Bildungschancen oder sonstigen Umwelteinflüssen – zuschreiben will, muß man annehmen, daß sich die Intelligenz aus verschiedenen Faktoren, d.h. elementaren Fähigkeiten zusammensetzt. Die unterschiedliche Ausprägung der einzelnen Basisfähigkeiten bewirkt die jeweilige Intelligenz- oder Begabungsstruktur.

Die Auffassung, daß der als «Intelligenz» bezeichnete Wirkungszusammenhang verschiedener Einzelfähigkeiten die Voraussetzung für «intelligentes Verhalten» bildet, teilen die Psychologen unterschiedlicher Forschungsansätze. Keine Übereinstimmung herrscht hingegen über die Frage, wie viele und welche Einzelfähigkeiten zusammenspielen. Die Ansichten reichen hier von zwei bis weit über hundert Faktoren. Häufig werden etwa zehn Faktoren angeführt, z.B.: Sprachverständnis, Wortflüssigkeit, Gedächtnisleistung, induktives (Ableitung einer Regel aus den Beziehungen zwischen verschiedenen Einzelelementen) und deduktives (Schlußfolgerungen aus allgemeinen Grundsätzen) Denken, Raumvorstellungsvermögen, Rechenfertigkeit, Auffassungsgeschwindigkeit und die erfahrungsgeleitete Bewertung. Derartige Fähigkeiten werden im Intelligenztest abgeprüft, so daß die Intelligenz als überprüfbares Produkt der Kombination dieser Fähigkeiten oder als «das, was der Intelligenztest mißt», definiert werden kann.

Allgemein – und darin stimmen Forscher verschiedenster Richtungen überein – bezeichnet der Begriff der Intelligenz «die Leistungsmöglichkeiten (von Lebewesen bestimmter Art) in bezug auf den Umfang des Lernens durch Erfahrung und die dadurch möglichen Anpassungsreaktionen bzw. Verhaltensweisen in neuen Situationen» (*Drever/Fröhlich*, S. 143). Diese Definition ist so allgemein gehalten, daß sie nicht nur menschliche, sondern auch tierische Verhaltensänderungen umfaßt, insofern diese nicht instinktgesteuert sind, sondern auf Lernprozessen beruhen. *Wechsler* spezifiziert die Definition und berücksichtigt dabei die Frage nach den beteiligten Faktoren: Intelligenz ist «die zusammengesetzte oder globale Fähigkeit des Individuums, zweckvoll zu handeln, vernünftig zu denken und sich mit seiner Umgebung wirkungsvoll auseinanderzusetzen.» (*Wechsler*, 1964, S. 13) Wie immer Intelligenz definiert wird, stets spielt der Gesichtspunkt der Anpassungsfähigkeit an veränderte Gegebenheiten und der Bewältigung der sich dadurch ergebenden Probleme eine Rolle. So kann Intelligenz auch bestimmt werden als die Fähigkeit zur Problemlösung in unbekannten Situationen. Je «besser» die Lösung, desto «höher» die Intelligenz.

Die Lösungsfindung kann als Prozeß der Informationsverarbeitung, bei der verschiedene Basisfähigkeiten beteiligt sind, beschrieben werden. Viele Psychologen verfolgen in den letzten Jahren diesen Ansatz. Sie definieren Intelligenz als Ordnungsvorgang, als Fähigkeit, neue kognitive Strategien und Lösungsformen zu entwickeln, mit deren Hilfe unklare Gegebenheiten in einen bekannten Zusammenhang integriert werden, wodurch sich neue Einsichten bzw. Handlungsmöglichkeiten ergeben. Als Faktoren der Intelligenz erscheinen hier die Geschwindigkeit der Informationsverarbeitung, aber auch die Informationsspeicherung (vgl. Gedächtnis), die Informationsreduktion (Überführung in Bekanntes) und die Informationskreation (Neuordnung der Elemente, so daß sich die Sichtweise umgestaltet).

Die Versuche zur Bestimmung der «Intelligenz» weisen darauf hin, daß sich der Begriff der Intelligenz von anderen Begriffen, die kognitive Fähigkeiten bezeichnen, nur unscharf abgrenzen läßt. Das Gedächtnis z. B. stellt eine eigene Fähigkeit dar, wird aber ebenso als Faktor der Intelligenz angesehen. Dasselbe gilt für die «Lernfähigkeit» und das «Sprachvermögen». Stets überschneiden sich die Inhalte dieser Begriffe, ohne daß sie sich als vollkommen deckungsgleich gegenseitig aufheben würden. Vielmehr ergänzen und erhellen sie sich gegenseitig, wie die erwähnten Intelligenz-Definitionen zeigen, in denen die Begriffe «Lernfähigkeit» und «vernünftiges Denken» als Bestimmungsmerkmale aufgeführt sind.

Die Frage, ob die Intelligenz eine angeborene oder erworbene Fähigkeit sei, ist ein weiteres strittiges Problem. Im Laufe der letzten einhundert Jahre wechselte die diesbezüglich vorherrschende Meinung mehrfach. Während zunächst die Annahme überwog, daß die Intelligenz in ihrer Struktur und ihrem Ausprägungsgrad angeboren sei und sich im Laufe des Lebens lediglich entfalte (wobei den Umweltbedingungen keine allzu große Rolle zugebilligt wurde), wandelte sich – insbesondere bei den Behavioristen – die Auffassung grundlegend: Gesunde Menschen kommen alle mit einer vergleichbaren geistigen Grundausstattung zur Welt. Welche Anlagen in welchem Ausmaß entwickelt werden, d. h. welchen Intelligenzgrad und welche Intelligenzstruktur ein Mensch tatsächlich erwirbt, das hängt von seinem Umfeld ab. Der Mensch wird geprägt durch seine Lernerfahrungen, die Anregungen und Handlungsmöglichkeiten sowie die erlebten Vorbilder, die er imitiert. Träfe dieser Ansatz zu, so müßte sich jeder Mensch zu einem Dummkopf oder einem Genie entwickeln können. Solche Schlußfolgerungen werden jedoch durch Forschungsergebnisse widerlegt, die neben den Wirkungen der Umweltbedingungen auch erbliche Faktoren nachweisen.

Heute versuchen breite Strömungen der Psychologie beide Ansätze miteinander zu verbinden: Der Mensch erbt gewisse Anlagen, die sowohl Schwerpunkte als auch Schwachpunkte und das Höchstmaß seiner späteren Intelligenz festlegen. Wie viel und was von diesem Potential im Laufe des Lebens tatsächlich verwirklicht wird, das hängt von den Umweltgegebenheiten ab. Generell gilt, daß auch unter günstigsten Voraussetzungen der Mensch niemals sein gesamtes Potential voll ausschöpfen kann, sondern daß bei jedem Menschen «offene Möglichkeiten» bestehen bleiben. Eine bedeutsame Erkenntnis ist, daß wesentliche Grundlagen der Intelligenzstruktur im Laufe der Kindheit erworben und im späteren Leben lediglich ausdifferenziert werden. Günstige Entwicklungsbedingungen, Anregungen und Förderungen sind demnach vor allen Dingen im Laufe der Kindheit notwendig. Später ist es nur noch begrenzt möglich, Defizite aufzuholen. Diese Tatsache lenkt den Blick auf die Frage nach der Entwicklung der menschlichen Intelligenz im Laufe des Lebens.

II.
Die Entwicklung der Intelligenz nach *J. Piaget*

1. Grundkonzepte

Wie sich der Prozeß der Intelligenzentwicklung vollzieht, das hat der Genfer Psychologe *J. Piaget* umfassend erforscht. Als Versuchspersonen dienten ihm zunächst seine eigenen Kinder. Er beobachtete ihr Verhalten, entwickelte Experimente und Befragungsstrategien, um seine Hypothesen zu überprüfen. Dabei gewann er wichtige Einsichten, die die Grundlage seiner Theorie der Intelligenzentwicklung darstellen.

Von elementarer Bedeutung ist *Piagets* Vorstellung von der Natur eines Erkenntnisprozesses:

Der Mensch nimmt seine Umwelt wahr, er reagiert handelnd auf sie, er sammelt Erfahrungen und zieht seine Schlüsse aus ihnen. Die Ergebnisse der Folgerungen – gleichgültig, ob sie bewußt oder unbewußt geschehen – sind seine Erkenntnisse. Eines Tages erweist sich ein Erkenntnisinhalt als fraglich. Der Mensch merkt es daran, daß sich bestimmte Beobachtungen oder Erfahrungsinhalte widersprechen. Nun sucht er nach einer Handlungsstrategie oder einer Modellvorstellung, die seine neuen Erfahrungen berücksichtigt und den Widerspruch auflöst. Hat er sie gefunden, so hat er zugleich – handelnd oder denkend – eine neue Erkenntnis gewonnen.

Nehmen wir etwa die Vorstellung, die Menschen sich von der Form der Erde und ihrer Stellung im Kosmos machten. Ursprünglich dachten sie, ausgehend von ihrer naiven Wahrnehmung, die Erde sei eine Fläche, über die sich der Himmel als Kuppel wölbe. Auch andere, mythologisch begründete Modellvorstellungen existierten. Exakte Beobachtungen führten jedoch zu Widersprüchen mit diesen Annahmen. Sie zwangen schon die Griechen zu dem Schluß, daß die Erde rund sei.

Aus dem Wissen um die Kugelgestalt der Erde zog zu Beginn der Neuzeit ein Mann eine wichtige Konsequenz: Christoph Kolumbus beschloß, das östlich liegende Indien zu erreichen, indem er nach Westen um die Welt herumsegelte, und so entdeckte er Amerika. Mit anderen Worten: er handelte der neuen Vorstellung entsprechend und sammelte – ihre Gültigkeit voraussetzend – Erfahrungen, die ihn in seinem Vorgehen bestätigten.

Die hier an einem allgemeinen Menschheitsthema aufgezeigte Struktur des Erkenntnis-«Fortschritts» gilt auch für den individuellen Erkenntniszuwachs. Immer stellt er ein Wechselspiel dar zwischen der Anwendung eines als gültig erachteten Handlungs- oder Erklärungskonzeptes, das die Handlungsweise und die Interpretation der Beobachtungen bestimmt, und dem «Umsturz» oder der Einschränkung dieses Konzeptes, weil es den Anforderungen der Wirklichkeitsbewältigung nicht mehr genügt.

Bei einem Kleinkind läuft solch ein Prozeß der Erkenntniswandlung z. B. folgendermaßen ab: Es erlebt sich selbst als lebendig und überträgt diese Erfahrung auf die es umgebende Welt. Alles lebt, auch der Tisch, an dem es sich stößt. Entsprechend schimpft es: «böser Tisch, geh mir doch aus dem Weg». Doch allmählich wird ihm bewußt, daß der Tisch sich nicht fortbewegen kann. Es verändert seine Vorstellung: Nur alles, was sich bewegen kann, lebt. Diesem Modell entsprechend ordnet es nun die Wirklichkeit: Mama lebt, der Hund, das Wasser im Fluß, die Wolken, das Auto, der Ball, sie alle leben, weil sie beweglich sind. Doch dann erkennt es den Unterschied: Mama und die Wolken bewegen sich von allein, den Ball und das Auto muß man in Bewegung versetzen. Es lebt aber nur, was sich ohne äußeren Anstoß bewegen kann. Schließlich begreift es noch, daß sich Wolken und Wasser zwar unabhängig bewegen, daß sie aber durch andere, unsichtbare Naturkräfte gelenkt werden. Zudem erweist sich inzwischen ein anderes Merkmal als wichtig und will berücksichtigt werden: die Sterblichkeit. Lebendige Organismen können sterben. Wolken und Wasser jedoch sterben nicht. Den soeben beschriebenen Erkenntnisprozeß durchläuft das Kind im Laufe von etwa fünf Jahren. Es hat sich inzwischen vom Krabbel-Kind zum schulreifen Sechsjährigen entwikkelt.

Auch schon so frühe und «einfache» Lernvorgänge wie die Differenzierung der Saugreaktion folgen dem beschriebenen Prinzip. Das Kind wird mit dem Reflex geboren, an den Dingen zu saugen, die ihm zwischen die Lippen kommen. So wird von der Natur garantiert, daß es an der mütterlichen Brustwarze saugt, wenn es sie berührt. Es berührt aber auch andere Dinge und saugt an ihnen: den Daumen, den Schnuller, den Deckenzipfel. Dabei lernt es, seine Saugtätigkeit dem jeweiligen Gegenstand anzupassen. Es lernt wahrzunehmen, daß es aus der Brust und der Milchflasche Nahrung heraussaugen kann, aus dem Deckenzipfel und anderen Gegenständen aber nicht. Und bald wird es aufhören, am Deckenzipfel zu saugen, wenn es die Brust sieht. Auch lernt es, daß manche Gegenstände, wie etwa der Ball, zu groß sind, um daran zu saugen. Folglich wird es seine Mundbewegungen dieser Gegebenheit anpassen und am Ball lecken. Auch das Lecken übt es nun an vielen Gegenständen. Es teilt die Welt seinen Fähigkeiten entsprechend ein: saugen, was saugbar ist, lecken, was leckbar ist, greifen, was greifbar ist. Es übt diese Fähigkeiten und wird zugleich seinen Erfahrungs- und Erkenntnisschatz erweitern.

Von den beschriebenen Beispielen leitet *Piaget* folgende Behauptungen ab:

a) Der Prozeß der Intelligenzentwicklung vollzieht sich als ein fortschreitender Anpassungsprozeß des Individuums an die Umwelt (Adaptation oder Adaption).

b) Die Anpassung geschieht durch zwei gegenläufige, sich gegenseitig ergänzende Teilprozesse: die Assimilation und die Akkomodation. Bei der Assimilation wendet der Mensch bereits vorhandene Handlungs- und Denkmuster an, um sich die Welt verfügbar zu machen. Er macht sich die Umwelt passend. Er reagiert auf die Umwelt, er strukturiert oder «unterwirft» sie sich denkend und handelnd entsprechend seiner bereits erworbenen Fähigkeiten.

   An den zuvor geschilderten Beispielen lassen sich einige Assimilationsvorgänge erkennen: So wendet der Säugling sein Handlungsmuster «Saugen» auf alle Gegenstände an, die in seinen Mund kommen. Oder das Kleinkind spricht die Eigenschaft «lebendig» allen bewegten Gegenständen zu: dem Ball und dem Auto ebenso wie dem Schmetterling. Kolumbus wandte die Erkenntnis der runden Gestalt der Erde an, als er sich entschied, einen westwärts orientierten Seeweg nach Indien zu suchen.

   Bei der Akkomodation verändert der Mensch seine Handlungs- und Denkmuster mit dem Ziel, die Umwelt angemessener zu begreifen und wirkungsvoller zu bewältigen. Er entwickelt neue Strategien. So akkomodiert der Säugling in dem Augenblick, in dem er zu lecken beginnt, weil der interessante Gegenstand die Lutschgröße übersteigt. Das Kleinkind bemerkt, daß es seinen Ball anstoßen oder werfen muß, damit er sich bewegt, ebenso wie die Eltern das Auto anlassen müssen. Der Schmetterling aber fliegt von selbst. Es erkennt, daß dieser Unterschied wichtig ist, für die Entscheidung, ob ein Ding lebt, und ändert damit sein Denken. Die Gelehrten des Altertums, mußten sich die zeitlichen Verschiebungen ihrer Beobachtungen erklären und schlossen daraus, daß die Erde eine Kugel sei. Sie änderten ihr bisheriges Denkmuster. Jede derartige zweckmäßige Veränderung der Handlungs- oder Denkgewohnheiten bedeutet eine bessere Anpassung an die Umwelt.

c) Auslöser für Akkomodationsprozesse sind immer «Probleme», d. h. die Erfahrung oder Einsicht, daß bisherige Handlungs- und

Denkgewohnheiten nicht ausreichen, die gegenwärtige Aufgabe befriedigend zu lösen. Durch die Probleme befindet sich der Mensch in einer Spannung, er erlebt eine Diskrepanz zwischen Wollen, Wissen und Können, die er wieder auflösen möchte. *Piaget* bezeichnet diesen Zustand als «kognitives Ungleichgewicht». Durch eine neue Erfahrung oder Einsicht, die eine neue, der Problemsituation angemessene Handlungsstrategie ermöglicht, d. h. durch einen Akkomodationsprozeß, wird das kognitive Gleichgewicht wieder hergestellt. Folglich bewirkt die Akkomodation die Ausdifferenzierung und zunehmende Komplexität der Handlungs- und Denkstrukturen und zeigt den Fortschritt der Intelligenzentwicklung an.

Das Kind etwa, das erlebt, daß seine Eltern den Ball nicht als lebendig ansehen, oder das von älteren Kindern wegen seiner Meinung ausgelacht wird, erfährt die Grenze seines Zuordnungsverfahrens. Es wird verunsichert. Durch das neue Argument der Eigenbeweglichkeit löst es den entstandenen Widerspruch zwischen seinem bisherigen Denkmuster und der Forderung der Realität. Es akkomodiert und erreicht ein neues kognitives Gleichgewicht, das sich jedoch einige Zeit später wieder in ein Ungleichgewicht verkehrt, wenn es erlebt, daß sein Zuordnungskriterium «Eigenbeweglichkeit» nicht hinreicht. Diese Erkenntnis fällt aber in ein Alter, in dem es die Bedeutung der Bezeichnung «sterblich» begriffen hat. Damit hat es ein neues Unterscheidungsmerkmal erworben. Das kognitive Gleichgewicht ist wieder erreicht.

Aus den bisherigen Ausführungen folgt:

a) Der menschliche Geist ist wie jeder lebendige Organismus darauf ausgerichtet, seine Lebensfunktionen, seine Reizverarbeitung und Reaktionen zu organisieren, d. h. zu einem zusammenhängenden System zu ordnen. Wird das System gestört, erweist es sich als unbefriedigend, so ist es ihm aufgrund der Intelligenz möglich, bisherige Strategien zu verwerfen und neue zu entwickeln. Der Mensch kann also einmal erworbene Denkformen relativieren. Er muß nicht starr an zuvor erarbeiteten Lösungen festhalten, sondern kann sie wieder aufgeben, «rückgängig machen», um nach effektiveren zu suchen. Diese Beweglichkeit des Geistes oder, mit *Piaget* gesprochen, die «fortschreitende Reversibilität» (Umkehrbarkeit) der von ihm gebildeten beweglichen Strukturen ist das wesentliche Merkmal der menschlichen Intelligenz.

Bezogen auf die bekannten Beispiele heißt das: der Säugling resigniert nicht, wenn er an einem Gegenstand nicht saugen kann, sondern er verändert seine Reaktion und leckt daran. Das Kind muß nicht an der einmal gefaßten Meinung festhalten, daß alles, was sich bewegt, auch lebendig sei. Vielmehr kann es neue Beobachtungen oder Widersprüche kreativ nützen, indem es seinen Begriff vom Lebendigen verändert.

b) Jedes Handlungsmuster bzw. jede Handlungsstrategie entspringt nach *Piaget* einem «Plan» oder einer geistigen Struktur, die zur vorbewußten Organisation von Wahrnehmung, Denken und Handeln führt. So liegt auch den einfachen Handlungen eines Säuglings, wie dem Ergreifen und Wieder-Fallenlassen einer Rassel, ein inneres «Erfahrungswissen» darum zugrunde, was in welcher Reihenfolge getan werden muß, wenn man irgendetwas ergreifen bzw. fallenlassen will. Dieses «Wissen» wird dann in den verschiedenen Greif-Situationen jeweils zweckmäßig angewandt. *Piaget* nennt die oftmals vorbewußten inneren Konstruktionspläne «Handlungs- oder Denkschemata». Ein Schema (z. B. «Greifen» oder «Zählen») ist also die abstrakte Struktur, nach der eine konkrete Handlung organisiert wird, z. B. das Greifen der Rassel oder Milchflasche, das Zählen der Bäume.

c) Die Schemata dienen zur Strukturierung der Wirklichkeit. Im Assimilationsprozeß wird auf neue Gegenstände mit vorhandenen Schemata reagiert (d. h., man ordnet sie in die bereits vertraute Struktur ein und tut das Gewohnte). Im Akkomodationsprozeß werden die bestehenden Schemata den Erfordernissen einer neuen Situation angepaßt und verändert. Man erweitert die Struktur, d. h. das Bild der Wirklichkeit und seine Handlungsmöglichkeit. Je differenzierter und komplexer die Schemata sind, mit denen ein Mensch Handlungen und Denkprozesse organisiert, desto höher ist sein Intelligenzniveau. Den Beurteilungsmaßstab bildet hierbei die Gruppe der Gleichaltrigen. Einfache Handlungsschemata sind z. B. Sehen, Greifen, Ziehen, Schieben, die ein Säugling zunächst mehr oder weniger einzeln übt und allmählich zu Handlungsfolgen verbindet. Die Fähigkeit, aus gedanklichen Annahmen formal-logisch korrekte Schlüsse zu ziehen, setzt hingegen den Besitz komplexer Schemata voraus.

d) Die Intelligenzentwicklung vollzieht sich nicht kontinuierlich, vielmehr lassen sich nach *Piaget* typische Phasen der Entwicklung, in der jeweils charakteristische Schemata ausgebildet werden, unterscheiden. Jedes Kind durchläuft diese Phasen in der gleichen Reihenfolge: es kann keine überspringen. Der Prozeß verläuft in vier Stufen von
   - der einfachen motorischen Reaktion auf sinnliche Reize (sensomotorische Phase) über
   - das wahrnehmungsgebundene prälogische Denken und Handeln (präoperative Phase) sowie
   - das erfahrungsgebundene logische Denken und das dem entsprechende Handeln (konkret-operative Phase) zum

– abstrakten, von jeder Bindung an die Sinnlichkeit befreiten, formal-logischen Denken und den daraus ableitbaren Handlungsstrategien (formal-operative Phase).

Die letzte Stufe erreicht der Mensch im Alter von zwölf bis fünfzehn Jahren. In jeder der vier Phasen wandelt sich die Struktur der kindlichen Wahrnehmungsverarbeitung und Denkweise grundlegend, vergleichbar mit den Entwicklungsstadien eines Schmetterlings (Ei, Raupe, Puppe, Falter). Ist die formal-logische Stufe des Denkens erreicht, so findet nach *Piaget* keine grundlegende Umwandlung mehr statt, die vorhandenen Denkmöglichkeiten werden durch Übung lediglich weiter ausdifferenziert. Im Folgenden sollen die einzelnen Phasen detailliert beschrieben werden.

2. Die Phase der sensomotorischen Intelligenz (0–18 bzw. 24 Monate)

Unter sensomotorischer Intelligenz versteht *Piaget* den Aufbau grundlegender kognitiver Strukturen, die der Säugling bzw. das Kleinkind in den ersten beiden Lebensjahren erwirbt. Die sein späteres Denken leitenden Prinzipien (wie z. B. die Unterscheidung zwischen Ich – Nicht-Ich, wenn – dann, Ursache – Wirkung oder die Erkenntnis der sogenannten Objektpermanenz, d. h. der von der Wahrnehmung unabhängigen Existenz eines Gegenstandes) gewinnt das Kind «handelnd», indem es auf wahrgenommene Reize mit einer Bewegung antwortet und allmählich seine Wahrnehmungen (Tasten, Sehen, Hören) und Bewegungsreaktionen zu immer komplexeren Handlungsabläufen verbindet. Die vielfältigen Erfahrungen, die es auf diese Weise sammelt, finden ihren Niederschlag in den schon erwähnten Grundeinsichten über die Struktur der es umgebenden Wirklichkeit. Dieses «innere Wissen», das nicht denkend, sondern handelnd erworben wurde, bildet die Voraussetzung für die eigentliche Denkentwicklung. *Piaget* unterteilt die sensomotorische Phase nochmals in sechs Stufen.

1. Lebensmonat

Reflexe. Der Säugling übt seine angeborenen Reflexmechanismen: z. B. das Saugen. Dabei erweitert er bald sein Saugschema (s. oben), indem er an allem saugt, was in seinen Mund kommt: Brustwarze, Schnuller, Daumen, Deckenzipfel. Zugleich lernt er dabei, verschiedene Reize zu unterscheiden, und wird z. B. aufhören, am Daumen zu lutschen, wenn ihm die Brust gereicht wird. So kann schon diese Differenzierung der Reflexreaktion als Anpassungsvorgang und damit als Anzeichen einer Intelligenz bzw. «geistigen» Tätigkeit gedeutet werden.

2.–4. Monat

Einfache Gewohnheiten (Primäre Kreisreaktionen). Wie im ersten Lebensmonat wird eine reflexhafte Handlung durch einen Reiz ausgelöst. Wenn der Säugling z. B. mit seiner Zunge die Unterlippe berührt oder wenn er zufällig mit dem Daumen seine Lippen berührt und den Saugreflex auslöst, so scheint er Gefallen an diesem Vorgang zu finden. Er versucht nun, den angenehmen Effekt immer wieder hervorzurufen – d. h. er übt regelrecht, die Zunge «herauszustrecken» oder mit dem Daumen die Lippen zu berühren. Oder: befindet sich ein interessanter Gegenstand in seinem Blickfeld, so schaut er immer wieder hin. Auf diese Weise bildet er einfache Gewohnheiten aus, die die erste Vorstufe für die später auftretenden zielgerichteten Handlungen darstellen. Zugleich lernt er durch derartige Handlungsabfolgen, daß er mit einer bestimmten Bewegung ein bestimmtes Ereignis zuverlässig auslösen kann; er erlebt die «Wenn-dann-Folge» und erfährt damit sowohl die Grundlagen für die spätere Ausbildung des Zeitbegriffs (vorher-nachher) als auch für die Erkenntnis des Ursache-Wirkungs-Prinzips.

4.–8. Monat

Aktive Wiederholungen (Sekundäre Kreisreaktionen). Während die einfachen Gewohnheiten in sich geschlossene Handlungen sind, bei denen der Reiz (Berührungsempfindung) nur eine einfache Reaktion (Bewegung) auslöst, die zugleich den erwünschten Effekt hervorruft (Berührungsempfindung), sind die sekundären Kreisreaktionen zweigliedrige Handlungen, bei denen erst der zweite Handlungsschritt zum Ziel führt. Z. B. sieht das Kind die Rassel über dem Bettchen, ergreift sie und schüttelt sie. Das Geräusch ist das beabsichtigte Handlungsergebnis. Um dieses Ergebnis zu erreichen, muß das Kind Seh- und Greifschema miteinander verbinden (Beginn der Auge-Hand-Koordination) und muß etwas tun, das erst die Vorstufe zu dem erwünschten Ereignis darstellt, z. B. sich nach der Rassel strecken. Außerdem bezieht sich diese Tätigkeit nicht nur auf den eigenen Körper, sondern in der Regel auf einen anderen Gegenstand. Dieser eingeschobene Handlungsschritt, der notwendig ist, um den Effekt zu bewirken, sowie die Objektzentriertheit sind für *Piaget* die Kriterien, diese Reaktion nicht mehr als in sich geschlossen und um ihrer selbst willen durchgeführt, sondern als auf ein Ergebnis hin gerichtet und somit als beabsichtigt zu bezeichnen. Als solche stellt sie eine weitere Vorstufe für die intentionale Handlung dar.

Während dieser Zeit sammelt das Kind vielfältige Erfahrungen: Es erlebt, was zum eigenen Körper gehört (=das, was immer vorhanden ist) und was zur Außenwelt gehört (=das, was verschwinden kann). Es erfährt, wie sich verschiedene sinnliche Qualitäten zu einem Gegenstand zusammensetzen: die Plastikrassel ist glatt, kühl, hart, fest geformt, bunt und gibt beim Schütteln Geräusche von sich. Die Windel ist weich und meist wärmer, aber auch rauher, verändert beim Bewegen ihre Form, gibt keine Töne von sich. Es erlebt intensiver als zuvor den es umgebenden Raum durch die Wirkungen der Schwerkraft: läßt es die Rassel los, so fällt sie nieder. Zugleich vertiefen sich seine Erfahrungen mit der zeitlichen Abfolge und mit dem Ursache-Wirkungs-Prinzip. Es lernt, daß es selbst Wirkungen in seiner Umwelt hervorrufen kann: es kann die Rassel zum Klappern bringen, und auf sein Schreien eilt die Mutter herbei.

8.–12. Monat

Koordination der erworbenen Handlungsschemata und ihre Anwendung in neuen Situationen. (Mittel-Zweck-Differenzierung). Inzwischen hat das Kind die einzelnen Handlungsschemata (z. B. Greifen, Ziehen, Schieben, Schütteln, Saugen) an so vielen Gegenständen erprobt, daß es sicher über sie verfügt. Bislang hat es sie aber nur ansatzweise zu einer absichtsvollen, auf ein Ergebnis hin ausgerichteten Handlungsfolge miteinander verbunden. Das geschieht nun ausgeprägt, wenn das Kind etwa ein dreiviertel Jahr alt ist, indem es das eine Schema als Mittel einsetzt und durch die Anwendung des zweiten Schemas das Ziel erreicht. Z. B. hinderte *Piaget* seinen Sohn Laurent daran, ein Döschen zu ergreifen, indem er seine Hand davor hielt. Laurent schob die Hand weg (=Mittel) und nahm das Döschen (= Zweck). Oder: die Puppe liegt auf der Bettdecke des Kindes zu weit entfernt, um sie unmittelbar ergreifen zu können. Nun zieht es an der Decke, sieht, daß die Puppe näher rückt, und ergreift sie. Das Heranziehen geschah zunächst zufällig. Nachdem das Kind aber den Effekt (= Näherrücken) bemerkt hat, wiederholt es diese Handlungsfolge, ohne zu zögern. Die Beispiele verdeutlichen, daß in dem Kind aufgrund seiner Erfahrungen nicht nur ein vorbewußtes Wissen um den Wenn-dann-Zusammenhang, die zeitliche Abfolge und die räumliche Organisation von Handlungen herangereift ist, sondern daß es auch selbständig und zweckmäßig diesen Prinzipien entsprechend handeln kann. Allerdings beschränkt sich der Umgang mit ihnen auf die bereits erworbenen Handlungsschemata. Neue Handlungsmöglichkeiten werden noch zufällig entdeckt und nicht systematisch «erarbeitet». D.h. die Akkomodation geschieht noch nicht planmäßig. Erst wenn das Kind auch diese Fähigkeit erworben hat, bezeichnet *Piaget* seine Handlungen im vollen Sinne als zielgerichtet oder intentional.

Bezüglich des Gegenstandskonzeptes hat das Kind ebenfalls viel gelernt. Wußte der halbjährige Säugling noch nicht, daß ein Objekt (selbst die Mutter!) auch dann noch weiterexistiert, wenn er es nicht sieht, so beginnt er nun zu begreifen, daß dessen Fortbestand von der eigenen Wahrnehmung unabhängig ist: er erwirbt die Anfänge der Objektpermanenz. Sein Gedächtnis kann nun die hierfür notwendigen Leistungen erbringen. Es entwickelte sich schrittweise. Kurz nach der Geburt erkannte der Säugling nur einzelne vertraute Merkmale wieder, z. B. die Stimme der Mutter. Mit einem halben Jahr konnte er verschiedene, einem Ding/Menschen zugehörige Merkmale richtig zuordnen: diese Stimme, dieser Geruch, dieses Gesicht, diese Art, sich zu bewegen und mich zu halten gehören zu dieser Person: Mutter. Er unterschied folglich zwischen bekannten und unbekannten Menschen, Gegenständen und Situationen. Nun, mit einem dreiviertel Jahr, behält er auch eine gewisse Vorstellung von ihnen bei ihrer Abwesenheit im Gedächtnis. Die sich mit der Vorstellungskraft bildende Objektpermanenz zeigt sich zum einen darin, daß ein Kind jetzt anfängt zu suchen, wenn ein Gegenstand vor seinen Augen versteckt wird (wenn z. B. die Mutter seine Rassel vollständig unter seiner Bettdecke verschwinden läßt), zum anderen darin, daß der Prozeß des Verschwindens und Wieder-Auftauchens selbst zum Spiel wird, wie es bei dem «Guckuck-da-Spiel» der Fall ist. Des weiteren äußern sich die Anfänge der Vorstellungskraft durch die beginnende sogenannte Acht-Monats-Angst (Fremdeln), die anzeigt, daß das Kind mit Trennung verbundene Unlusterlebnisse vorwegnehmen kann und deshalb beim Erscheinen fremder Menschen mit Angst (Weinen) reagiert.

Zwar besitzt das Kind mit acht Monaten einen vagen Begriff vom Objekt überhaupt (= nicht zum eigenen Körper gehörig und unabhängig von der eigenen Wahrnehmung fortbestehend), aber es weiß noch nicht sicher, was alles zu einem bestimmten Objekt gehört. Das muß erst noch untersucht werden. Der Ball und der Bauklotz sind einfach geformt, da stellt sich kein Problem. Aber die Puppe hat Arme und Beine. Um deren Zugehörigkeit zum Ganzen zu überprüfen, zieht das Kind kräftig an ihnen. Bleiben sie am Rumpf, scheinen sie dazuzugehören. Entsprechend zerrt und reißt es an allem, was sich von der Grundform räumlich oder farblich abhebt. Gehören die Haare oder die Brille zum Kopf, der Knopf an die Bluse? Das wird mit vielfältigen Wiederholungen erforscht. Auf diese Weise differenziert das Kind sein Gegenstandsschema aus. Des weiteren beginnt das Kind die räumlichen Beziehungen der Gegenstände zueinander zu entdecken. Parallel zum Erwerb der Objektpermanenz begreift es, daß ein Gegenstand den anderen verdecken kann, daß einer im anderen verschwinden und daß man ihn wieder herausnehmen kann. Folglich beginnt es zu üben: es untersucht Mutters Mund und Nase, steckt den Löffel in den Mund, holt den Bauklotz aus der Schachtel. Sobald es krabbeln kann, wird es alle erreichbaren Schubladen öffnen und ausräumen. Diese Erfahrungen leiten zur nächsten Stufe über.

12.–18. Monat

Entdeckung neuer Handlungsschemata durch aktives Experimentieren (tertiäre Kreisreaktion). Auf dieser Stufe festigt das Kind nicht nur seine zufällig entdeckten Handlungsmöglichkeiten (Akkomodation), indem es sie ständig wiederholt und bei neuen Gegenständen anwendet (Assimilation), vielmehr beginnt es, sie gezielt zu verändern und auf diese Weise die Eigenschaften der Objekte systematisch zu erforschen. Zugleich erfährt es dadurch, wie durch die Variation einer Grundhandlung unterschiedliche Effekte hervorgerufen werden können. Als Konsequenz lernt es, seine Handlungsweise feiner auf das gewünschte Ergebnis auszurichten. Es akkomodiert sein Handlungsschema aktiv. Seine Handlungen sind nun sowohl objektzentriert (sekundäre Kreisreaktion) und mehrgliedrig (Zweck-Mittel-Differenzierung) als auch planvoll (über den Weg des Experimentes) an eine neue Situation angepaßt. Derartige Handlungen bezeichnet *Piaget* als im vollen Sinne beabsichtigt oder «intentional».

Ein Beispiel möge das abstrakt Formulierte veranschaulichen: Beim Händewaschen interessiert sich das Kind für den fließenden Wasserstrahl. Es beobachtet, wie er dünner oder stärker läuft, je nachdem, wie weit der Hahn geöffnet wurde. Es hält die Hände unter den Strahl, das Wasser spritzt zur Seite. Es verändert die Höhe, wo die Hände dem Wasser begegnen: dicht unter der Leitungsöffnung spritzt es stärker, als wenn die Hände unten im Becken liegen. Mal läßt es das Wasser in die aneinandergelegten Handteller laufen, die Finger sind geschlossen wie bei einer kleinen Schale, und das Wasser fließt über den Schalenrand. Dann öffnet es die Finger, das Wasser rinnt zwischen ihnen hindurch. Und schließlich wendet es die Hände und läßt das Wasser über die Handrücken fließen. Den neu erworbenen Handlungsmöglichkeiten und Erkenntnissen, dem Resultat seines Akkomodationsprozesses entsprechend setzt sich das Kind nun mit anderen Substanzen auseinander. Wie es das Wasser fließen oder spritzen sah, so läßt es jetzt die Suppe beim Mittagessen aus unterschiedlicher Höhe vom Löffel rinnen, so streut es sich den Sand über den Handrücken oder in die schalenförmige Hand, so öffnet es seine Finger und läßt den Sand durch die Zwischenräume hinunterrieseln... es assimiliert Sand und Suppe. Es ordnet sie aktiv experimentierend in die erworbene Handlungs- und Wissensstruktur ein.

Das Kind untersucht aber nicht nur genau die Beschaffenheit der Gegenstände, sondern intensiviert auch die Erforschung der Beziehungen der Gegenstände zueinander. Es räumt Schubladen und Schachteln nicht nur aus, sondern auch wieder ein. Es steckt Gegenstände ineinander, lernt, den Deckel vom Glas zu schrauben, erforscht dabei alle sich ergebenden Widerstände und übt konzentriert die Zusammenarbeit beider Hände sowie den genau dosierten, gezielten Einsatz seiner Kräfte. Zugleich scheint es ein Bild von der Wirklichkeit zu erwerben und versucht mit seinen Handlungen diesem Bild zu entsprechen, wenn es etwa eine zuvor ausgeräumte Kiste wieder einräumt oder wenn es die Schuhe an einen bestimmten, dafür vorgesehenen Platz trägt.

Bei seinen Experimenten entdeckt das Kind auch die hilfreiche Funktion von Werkzeugen. Nicht nur, daß es mit dem Löffel ißt, sondern es merkt auch, daß es ein Spielzeug an der Schnur hinter sich herziehen und daß es mit dem Stock einen entfernten Gegenstand in sein Laufgitter holen kann, den es mit seinen bloßen Händen nicht erreicht. Oder es holt sich die Fußbank und steigt hinauf, um an den Wasserhahn heranzureichen. Es erkennt, daß es Werkzeuge als Verlängerungen der eigenen Glieder einsetzen kann und integriert ihren Gebrauch in die eigenen Bewegungsabläufe. So übend, erwirbt es die wichtige Fähigkeit der taktilen Kontrolle, der Werkzeuggebrauch wird über die wahrgenommene Berührung Werkzeug-Gegenstand gesteuert: Löffel-Teller, Hammer-Nagel.

Durch die vielfältigen Handlungsweisen vervollständigt das Kind sein Wissen um die unabhängige Existenz des Gegenstandes: ein Ding, das man ein- und auswickeln kann, dessen Handhabung beide Hände beansprucht, das man als Werkzeug benutzen oder mit Hilfe eines Werkzeuges verändern kann, existiert auch losgelöst von der eigenen Vorstellung bzw. Handlung. Entsprechend sucht es nun einen Gegenstand, der vor seinen Augen nacheinander an mehreren Orten versteckt wurde, am Ende dieser Phase auch gleich an dem Ort, an dem es das Objekt zuletzt verschwinden sah.

18.– ca. 24. Monat

Erfinden neuer Mittel durch geistige Kombination. Mit dem Höhepunkt der sensomotorischen Intelligenzentwicklung vollzieht sich der Übergang zum vorstellungsgeleiteten Denken und damit zum Denken im engeren Sinne. Das Kind wird fähig, eine neue Anforderung ohne vorheriges Ausprobieren zu bewältigen. Das aktive Experimentieren der tertiären Kreisreaktion scheint verinnerlicht als «inneres Probehandeln» aufzutreten und zur Lösung zu führen. Ist sie gefunden, wird sie stolz durchgeführt. So versuchte eines von *Piagets* Kindern eine nur spaltbreit geöffnete Streichholzschachtel weiter zu öffnen. Nach wenigen erfolglosen Versuchen gab es auf, hielt inne und stieß – nachdem es den Mund einige Male geöffnet und wieder geschlossen hatte – die Schachtel auf. Sein «Nachdenken», das allem Anschein nach von einer inneren Nachahmung begleitet war, hat ihm das Finden der Lösung ermöglicht (vgl. *Piaget,* 1992, S. 120). Das «innere Probehandeln» oder, um mit *Piaget* zu sprechen, die «innere Koordinierung der Schemata» verweist auf die Entwicklung des vorstellenden Denkens.

Zwei andere neu erworbene Fähigkeiten belegen ebenfalls diese Entwicklung: die aufgeschobene Nachahmung und der Beginn des einfachen Symbolspiels. Konnte das Kind bislang nur Tätigkeiten seines augenblicklichen Erlebens nachahmen, so kann es nun ein vergangenes Ereignis nachahmend vergegenwärtigen. Zugleich beginnt es mit Hilfe seines Körpers etwas darzustellen, das der äußeren Situation widerspricht. Es legt sich z. B. hin und «spielt schlafen».

Auch die Tatsache, daß das Kind im zweiten Lebensjahr sprechen lernt (ca. ab dem 12. Monat mit Ein-Wort-Sätzen), also den Zusammenhang von Sache und stellvertretendem Zeichen erkennt und mit ihm gedanklich umgeht, indem es aktiv und eigenständig seine bereits erworbenen Sprachmittel verknüpft (ab ca. 18 Monaten auf der Stufe der Zwei-Wort-Sätze; s. Kap. 20, S. 312), belegt die Beteiligung der Vorstellungskraft.

Zu diesem Zeitpunkt hat sich die Vorstellung von der Existenz eines Gegenstandes vollständig vom erlebten Raum- und Handlungszusammenhang gelöst. Bisher mußte das Kind jeweils den Gegenstand sehen, wenn er nacheinander an verschiedenen Orten versteckt wurde, um ihn wiederzufinden. Nun kann es einen unsichtbaren Weg des Gegenstandes gedanklich mitvollziehen. Wird eine Puppe vor seinen Augen in eine Schachtel gepackt, verschwindet diese dann zuerst unter einem Kissen, danach unter einem Tuch und erscheint endlich leer wieder, so wird das Kind zu Beginn dieser Phase erst unter dem Kissen und dann unter dem Tuch nach der Puppe suchen, schließlich aber direkt bei der letzten Station mit der Suche beginnen und den Weg rückwärts verfolgen, wenn der Gegenstand dort nicht liegt.

Mit dem Erwerb der Vorstellungskraft ist die Phase der sensomotorischen Intelligenzentwicklung abgeschlossen. Denn die weitere geistige Entwicklung wird nicht mehr primär durch das Zusammenspiel von Wahrnehmung und Bewegung gesteuert, sondern durch die Fähigkeit zur zeichenhaften, d. h. auch sprachlichen Repräsentation.

3. Die präoperative Phase (1,5/2–6/7 Jahre)

Mit der Vorstellungskraft erwirbt das Kind die Fähigkeit zur symbolischen Repräsentation von Gegenständen, Personen oder Ereignissen. Es benutzt hierzu das Wort, die aufgeschobene Nachahmung, das Symbol- oder Rollenspiel. Das Kind vermag sich also handelnd auf etwas Nicht-Gegenwärtiges zu beziehen. Die gewachsenen «inneren Bilder» und die Fähigkeit, diese Bilder auszudrücken bzw. in Handlung umzusetzen, ermöglichen ihm die raumzeitliche Trennung von Ereignis und eigener Aktivität. Damit löst es sich geistig aus der Gebundenheit an die jeweilige Situation. Die gewonnene Unabhängigkeit trägt dazu bei, daß das Kind seine Handlungen schneller zweckmäßig organisieren kann und sich ihrer Wirkungen zunehmend bewußt wird. Dennoch muß es noch einen weiten Entwicklungsweg zurücklegen, bis sein Denken sich flexibel in den gültigen Strukturen der Logik bewegt. Die nun folgende präoperative Periode, die dadurch gekennzeichnet ist, daß das Denken des Kindes die Struktur von «inneren Handlungen» aufweist, unterteilt *Piaget* nochmals in zwei Phasen.

Das symbolische Denken (1,5/2–4 Jahre)

Zunächst ist das kindliche Denken geprägt vom Erwerb der Symbolfunktion. Das Kind merkt, daß etwas aufgrund einer Konvention der vorausgesetzten oder erlebten Ähnlichkeit als «Symbol» für ein anderes «Objekt» stehen kann. Auf diese Weise lassen sich Beziehungen stiften, Zuordnungen treffen. Die Erkenntnis schlägt sich nieder und wird gefördert im Spracherwerb: eine Lautfolge («Tisch») verweist auf einen Gegenstand – oder umgekehrt: ein Gegenstand kann durch ein Wort repräsentiert werden.

Allerdings verwendet das Kind die sprachlichen Zeichen zunächst sehr ungenau. Es grenzt sie noch nicht angemessen gegeneinander ab, sondern benutzt sie mit einem ausgeweiteten Bedeutungsspektrum. So bezeichnet ein Kind zu Beginn dieser Phase jede Sitzgelegenheit als «Stuhl» und unterscheidet noch nicht zwischen Stuhl, Hocker, Sessel. Ein bis zwei Jahre später, wenn es mit Hilfe des gewachsenen Wortschatzes viele grobe Zuordnungen korrekt durchführen kann, werden ihm doch noch die logischen Aspekte seiner Äußerungen Schwierigkeiten bereiten. Es unterscheidet zwar den Apfel von der Birne und der Banane, aber es begreift noch nicht, daß alle durch enge Beziehungen untereinander verbunden sind, daß sie zur Klasse «Obst» zusammengefaßt werden können. Genausowenig ist ihm bei der Benutzung eines Wortes klar, ob es sich auf ein, viele oder alle Exemplare derselben Gattung bezieht. Vielmehr behauptet das Wort eine Mittelstellung zwischen individuellem Namen und allgemeinem Begriff. Wenn ein zwei- bis dreijähriges Kind auf einem Spaziergang nacheinander mehrmals eine Schnecke sieht und jedesmal ausruft: «die Schnecke» oder «die Schnecken», so ist nicht klar, ob es damit jeweils ein und dasselbe oder verschiedene Tiere meint, genauso wie es den zu unterschiedlichen Zeiten erblickten Mond sowohl jeweils als «den Mond» oder auch als «die Monde» bezeichnet (*Piaget,* 1992, S. 144). Die unscharfe Verwendung der Wörter zeigt, daß das Kind zwar die Darstellungsfunktion der Sprache erfaßt hat, ihre begriffliche Funktion aber noch nicht beherrscht. *Piaget* nennt deshalb die kindlichen Bezeichnungen auf dieser Stufe: «Vorbegriffe».

«Transduktives» oder «analoges» Schlußfolgern

Wie der Wortgebrauch so unterwerfen sich auch die gedanklichen Schlußfolgerungen, die ein Kind mittels seiner Vorbegriffe zieht, noch nicht den logischen Gesetzen. Vielmehr verbindet das Kind nach dem Ähnlichkeitsprinzip häufig zwei Gegebenheiten, die ursächlich nichts miteinander zu tun haben. So beschreibt *Piaget* (vgl. *Piaget,* 1992, S. 145), ein vierjähriges Kind, das den durch einen Schirm in einem geschlossenen Zimmer erzeugten Schatten als durch den Schatten unter den Bäumen verursacht ansah. Und ein anderes Kind, das sich zum ersten Mal an der Nordsee aufhielt und nach der ersten Nacht plötzlich das Watt an der Stelle sah, wo am Abend zuvor das Wasser flutete, rief: «Schau Mami, da hat jemand das Meer abgelassen!» Es hatte seine Erfahrung vom Ablassen der Badewanne übertragen. Derartige, auf Analogien beruhende Schlußfolgerungen bezeichnet *Piaget* als «Transduktionen» («Überführungen»).

«Magisches Weltbild»

In Analogieschlüssen werden Sachverhalten Ursachen zugeschrieben, die nicht den naturwissenschaftlichen Erkenntnissen entsprechen. Das Kind kennt zwar das Prinzip des Ursache-Wirkungs-Zusammenhangs, ihm fehlt aber noch das notwendige Sachwissen, um es jeweils korrekt anzuwenden. Dennoch hat es ein Bedürfnis, die Struktur der Welt für sich zu klären. So greift es auf Zusammenhänge als Erklärungsmodelle zurück, die es aus seinem täglichen Leben kennt, und benutzt die dort gewonnenen Einsichten als Lösungsmodell für das neue Problem. So wie sich die Mutter freut und lacht, wenn das Kind die Suppe aufißt, so freut sich auch die Sonne und scheint zur Belohnung, wenn es den Teller leer ißt. Umgekehrt scheint die Sonne nicht, wenn es ungehorsam ist. Oder: wie es selbst, wenn es sich ärgert und «böse» ist, ein anderes Kind haut, so ist auch der Tisch «böse» und «tut ihm absichtlich weh», wenn es sich an ihm stößt. Als Strafe schlägt es den Tisch mit dem Vorwurf: «böser Tisch». Oder: ein «Unheil» geschieht, wenn das Kind eine aufgestellte Regel verletzt, z. B. die Kleidungsstücke in der «verkehrten» Reihenfolge anzieht. Auch kann ein Kind in diesem Alter untröstlich weinen, wenn die Mutter eine Scheibe Brot in kleine Stücke schneidet. Nicht nur die Brotscheibe scheint zerstört, sondern die gesamte Weltordnung.

In einem derartigen, magisch genannten Weltbild kann das Kind als mächtige Ursache eine großartige Wirkung (z. B. den Sonnenschein) auslösen, so wie es sich umgekehrt als hilfloses Opfer einer geheimnisvollen Übermacht ausgeliefert fühlt. In solchem Denken spiegeln sich die zentralen Erfahrungen, die das Kind im Laufe seines kurzen Lebens bereits gesammelt hat. Sie gründen im Zusammenleben mit seinen

Bezugspersonen. Die Erlebniswelt ist also menschlich geprägt. Konsequenterweise überträgt das Kind als Ursache oder Wirkung menschliche Merkmale (z. B. Emotionen wie Freude und Trauer) auch auf seine nicht menschliche, natürliche oder dingliche Umwelt. Sie wird personifiziert: der Tisch lebt und reagiert wie ein Mensch (anthropomorphes oder animistisches Denken).

Selbstverständlich wird die Bildung des magischen Weltbildes durch die Begründungsgewohnheiten der Bezugspersonen unterstützt. Aber Eltern verantworten seine Entstehung nicht, sondern entsprechen mit ihren Antworten der kindlichen Denkweise. Wenn Eltern ihrem dreijährigen Kind auf seine Frage, warum abends die Sonne untergeht, erklärten: «Weil sich die Erde ein Stück weitergedreht hat, entschwindet die Sonne unserem Blickfeld», so würde diese Aussage dem Kind nichts bedeuten, da sie seine noch erfahrungsgebundene Vorstellungsfähigkeit übersteigt. Die eigene abendliche Müdigkeit und den Zusammenhang von Müdigkeit, Dunkelheit und Schlafengehen hat es aber schon hinreichend oft erfahren, um die Aussage – «Die Sonne ist müde» – als Erklärungsmodell annehmen zu können.

Symbolspiel

Die Fähigkeit zum Umgang mit Symbolen zeigt das Kind nicht nur in seinem Gebrauch der Sprache, sondern auch in seinem sich verändernden Spielverhalten. Standen bislang Funktionsspiele im Vordergrund, bei denen das Kind die Funktionen des eigenen Körpers oder von Dingen untersuchte, so werden diese nun durch das Symbol- oder Fiktionsspiel abgelöst: das Kind «tut so, als ob...» So tut es, als ob sein Teddybär sein Kind sei, es legt ihn schlafen, tröstet ihn, wenn er weint ... kurz: es verhält sich ihm gegenüber als Mutter. Der Teddybär übernimmt die Rolle des Kindes, «symbolisiert» das Kind, so wie es selbst symbolisch einen Elternteil verkörpert. Entsprechend kann ein Bauklotz je nach Bedarf als Auto, Hammer oder Bonbon dienen. Wenn das Kind bei seinen Fiktionsspielen auch weiß, daß es «nur spielt», daß es «nicht wirklich ein gefährlicher Löwe» ist, daß es «keinen Hund besitzt», so ist es ihm doch oft unmöglich, Phantasie und Realität sauber zu trennen. Zu sehr vermischt sich noch die Wahrnehmung seiner eigenen Wünsche mit der der Wirklichkeit. So phantasiert das Kind «das Blaue vom Himmel herunter», ohne dabei zu lügen. Denn die Lüge setzt eine bewußte Leugnung der Realität voraus.

Das anschauliche Denken (4–6/7 Jahre)

Die in der Symbolstufe erworbenen Denkformen setzen sich in differenzierterer Form auch in der anschließenden Entwicklungsperiode fort. Zwar verwendet das Kind die Wörter nun überwiegend dem allgemeinen Sprachgebrauch entsprechend, doch zieht es in der Regel noch transduktiv gefärbte Schlüsse. Sein Weltbild bleibt im wesentlichen magisch strukturiert, es denkt weiterhin ausgehend von seiner eigenen Sichtweise und vermischt die Realität mit seiner emotional geprägten Phantasie. Dennoch lassen sich bedeutsame Entwicklungsschritte seines Denkens erkennen, die im folgenden näher ausgeführt werden.

«Irreversibilität des Denkens»

Das kindliche Denken gleicht einem verinnerlichten Handlungsablauf. Eine Handlung aber, das hat das Kind inzwischen begriffen, führt zu einer Wirkung, einer Veränderung in der Außenwelt, zu einer neuen Tatsache, die es anerkennen muß. Wenn es den Kuchen verspeist hat, ist er weg, und er kann am nächsten Tag nicht noch einmal gegessen werden. Wenn es seine Tasse hat hinunterfallen lassen, ist sie kaputt, und es kann aus ihr nicht mehr trinken. Dieses Gesetz hat das Kind verinnerlicht. Es gilt selbstverständlich auch für sein Denken, das ja eine in der Vorstellung vollzogene Handlung ist. Das heißt aber, daß es das Ergebnis seines Denkens wie eine Tatsache anerkennt und noch nicht fähig ist, dieses Ereignis gedanklich wieder rückgängig zu machen. Es kann gedanklich nicht experimentieren, sich nicht nacheinander zwei oder drei Möglichkeiten ausdenken. Wenn es sich z. B. zuerst vorstellt, daß es aus der einen Hälfte der Knetmasse eine Schüssel modelliert, so kann es sich anschließend nicht vorstellen, daß es aus der gesamten Knetmasse ein Haus formt, denn die erste Hälfte ist in seinen Gedanken schon für die Schüssel verbraucht. Ihm steht für weitere Pläne nur noch die zweite Hälfte des Materials zur Verfügung. Das präoperative Denken verläuft also nur in eine Richtung und ist unumkehrbar, «irreversibel», wie *Piaget* es nennt.

«Anschauungsgebundenheit und Zentrierung des Denkens»

Kontrolliert, gesteuert wird das Denkergebnis durch die Anschauung. Das Kind sieht einen Handlungseffekt und beurteilt das Geschehen nach seinem optischen Eindruck. Dabei «zentriert» es sein Denken allerdings nur auf das Merkmal, das ihm am deutlichsten in die Augen fällt. Die übrigen, ebenfalls sichtbaren Merkmale vernachlässigt es bei seiner Urteilsbildung. Wie das Denken des Kindes nur in einer Richtung verläuft, so kann es auch nur einen Aspekt eines mehrschichtigen Problems berücksichtigen. Die Beachtung von zwei oder gar mehr Aspekten würde nämlich schon wieder die Loslösung der Vorstellungen von der Anschauung voraussetzen.

Hierzu ein berühmtes Beispiel: Kinder von vier bis fünf Jahren füllen in zwei gleich geformte (Höhe und Breite) Gläser jeweils gleich viele Perlen. Sie bestätigen die Gleichheit der Mengen. Dann schüttet man vor ihren Augen die Perlen des einen Glases in ein leeres, das schmaler und höher ist. Nun leugnen die Kinder die Gleichheit der Perlenmenge in den beiden Gläsern, obwohl sie sahen, daß keine Perle verlorenging. Sie behaupten entweder, in dem neuen Glas seien mehr Perlen, weil es höher, oder weniger Perlen, weil es schmaler ist. Bittet man sie, die Mengenveränderung zu begründen, so geben sie eine «magische» Antwort: durch einen Zauber sei der Unterschied entstanden (vgl. *Piaget,* 1992, S. 147). Füllt man statt der Perlen Flüssigkeit in die Gläser und schüttet diese um, so antworten die Kinder wiederum entsprechend. Für ihr Urteil orientieren sie sich jeweils an dem für sie auffälligsten Merkmal des optischen Eindrucks. Einmal stützen sie sich auf die Höhe der Füllmenge, das andere Mal auf die Breite des Glases. Die Verbindung zwischen der Höhe und der Breite zu erfassen, gelingt dem Kind erst, wenn es in zwei Richtungen gleichzeitig denken und beide Ergebnisse zueinander in Beziehung setzen kann.

Der fehlende «Invarianzbegriff»

Der geschilderte Versuch zeigt nicht nur, wie sehr sich das präoperative Denken an der vordergründigen Anschauung ausrichtet, sondern daß ihm auch noch das Gesetz der Mengenerhaltung als Orientierungshilfe fehlt. Das vierjährige Kind weiß zwar, daß ein Gegenstand unabhängig von ihm und seiner Handlung im Raum fortbesteht, es hat aber noch nicht erkannt, daß eine Menge – auch bei veränderter Form – so lange gleich bleibt, wie man nichts davon fortnimmt. Es besitzt also noch nicht den Begriff von der Invarianz (Unveränderbarkeit) der Menge. Zu der Zeit, da es diesen logischen Zusammenhang durchschaut, mit ca. sieben Jahren, auf der Stufe der konkreten Operationen, wird das Kind auch fähig sein, gedankliche Abläufe in der Vorstellung rückgängig zu machen. Dann wird es die Gleichheit der beiden Mengen z. B. damit begründen, daß beide Gläser wieder gleich voll wären, wenn es den Inhalt in das ursprüngliche Glas zurückkippte. Zunächst aber erkennt das Kind die Mengengleichheit nicht, sondern läßt sich von der Anschauung in seinem Urteil irreleiten.

Andere Versuche bestätigen diese Tatsache ebenfalls. So werden gleich viele Perlen jeweils paarweise einander zugeordnet in zwei Reihen gelegt. Dann wird der Abstand zwischen den Perlen der einen Reihe vor den Augen des Kindes vergrößert, so daß die Reihe insgesamt verlängert wird (vgl. *Piaget,* 1992, S. 149). Befragt, wo mehr Perlen liegen, antworten vierjährige Kinder: «in der längeren Reihe». Oder: von zwei gleichgroßen Klumpen Knetmasse wird einer in vier Teile geteilt. Nun meinen die Kinder, die vier kleinen Klumpen enthalten mehr Masse als der eine große.

Defizite der Serien- und Klassenbildung

Die Unfähigkeit, mehr als ein Merkmal zur selben Zeit zu beachten, d. h. die Zentriertheit des Denkens, zeigt sich auch im Umgang mit Aufgaben der Reihenbildung (Sereation) und der Klassenzuordnung (Klassifikation). Gibt man einem Vorschulkind zehn Holzstäbe unterschiedlicher Länge und bittet es, sie der Größe nach in einer Reihe zu ordnen, so legt das vier bis fünfjährige Kind fünfmal zwei willkürlich gewählte Stäbchen als Paar zusammen, ohne eine vollständige Reihe zu präsentieren. Etwas später bildet es kurze Reihen und fügt dann die übrigen Stäbchen nach dem Versuch-und-Irrtum-Prinzip in die begonnene Reihe ein (vgl. *Piaget,* 1992, S. 151f). Ebenso versagt das Kind bei Aufgaben der Klasseninklusion, z. B. wenn es die logische Beziehung der Gegenstände einer Menge, die aus zwei verschiedenen Teilmengen besteht, erfassen soll. Beispiel: In einer Schachtel liegen zwanzig Holzperlen. Davon sind siebzehn braun und drei weiß. Befragt, ob sich mehr Holzperlen oder mehr braune Perlen in dem Gefäß befinden, antwortet das Kind: «mehr braune Perlen», obwohl es zuvor festgestellt hat, daß alle Perlen aus Holz sind. Bei seinem Urteil vernachlässigt es aber dieses Wissen zugunsten des optischen Eindrucks (vgl. *Piaget,* 1992, S. 150).

«Egozentrismus»

Der anschauungsgebundenen Eingleisigkeit des präoperativen Denkens, die sich in der Irreversibilität und der Zentriertheit äußert, entspricht die Unfähigkeit des Kindes, im Denken seinen eigenen Standpunkt zu verlassen und sich in die Sichtweise eines anderen Menschen hineinzuversetzen. Es setzt seine Weltsicht absolut, glaubt alle Menschen müßten die Dinge so sehen (auch empfinden und beurteilen) wie es selbst. Auch hierzu wieder ein klassisches Experiment: Auf einem quadratischen Tisch stehen drei unterschiedlich hohe Pappberge. Davor sitzt das Kind und neben ihm eine Puppe. Nun werden dem Kind vier verschiedene Bilder gezeigt; jedes stellt den Blick auf die Berge von einer anderen Tischseite aus gesehen dar. Das Kind soll beurteilen, welches Bild die Sicht der Puppe auf die Berge abbildet. Solange die Puppe an derselben Tischseite sitzt wie das Kind, solange sich also die Blickrichtungen decken, stimmt das kindliche Urteil. Wird die Puppe jedoch an eine andere Seite des Tisches plaziert, so wählt das Kind dennoch das Bild aus, das seine eigene Perspektive wiedergibt. Erst im Schulalter lernen die Kinder, dieses Problem richtig zu lösen (vgl. *Piaget,* 1992, S. 152).

Zusammenfassend ist festzuhalten: Infolge des Erwerbs der Symbolfunktion wird das Denken des Kindes zunehmend sprachlich gesteuert, wobei sich der Sprachgebrauch allmählich der vergesellschafteten

Sprache angleicht. Die Bedeutungen der Wörter und ihrer Relationen untereinander differenzieren sich allmählich aus, so daß sie den Charakter von «Vorbegriffen» überwinden. Das kindliche Denken nähert sich dem begrifflichen Denken an. Es beginnt logische Relationen zu erfassen (ein breites Glas faßt mehr Flüssigkeit als ein schmales, ein hohes mehr als ein niedriges) und kann sie auch anwenden, konzentriert sich dabei aber immer nur auf einen Aspekt. Noch fehlt ihm die Beweglichkeit des Geistes, sich gleichzeitig auf mehrere Gedankengleise begeben und die Ergebnisse kombinieren zu können. Als Steuerungs- und Kontrollfunktion für sein Denken dient ihm die Anschauung.

4. Das konkret-operative Denken (7–11 Jahre)

Auf der Stufe der konkreten Operationen überwindet das Kind die meisten der oben dargestellten Einschränkungen seines Denkens: das Denken löst sich von der unmittelbaren Anschauung, überwindet die egozentrische Perspektive, wird reversibel, vermag mehrere logische Aspekte eines Sachverhaltes gleichzeitig gegeneinander abzuwägen und erwirbt den Invarianzbegriff. Damit besitzt es nicht mehr den Wirklichkeitscharakter einer inneren Handlung, sondern erhält die Qualität einer angenommenen Vorstellung. Nun können gedankliche Ereignisse wieder rückgängig gemacht werden, ebenso wie mehrere Aspekte einer Sache nacheinander erfaßt und zueinander in Beziehung gesetzt werden können. Mit der Dezentrierung überwindet das Kind auch seine egozentrische Perspektive. Es lernt ein und dieselbe Sache aus zwei und mehr Blickwinkeln zu betrachten.

Bezogen auf die bereits dargestellten Experimente bedeuten die Entwicklungsschritte: das Kind vermag sich vorzustellen, wie die Puppe an der anderen Tischseite die Berge sieht. Ebenso weiß es nun, daß die beiden unterschiedlich geformten Gläser gleich viele Perlen bzw. Flüssigkeit enthalten. Es begründet sein Urteil entweder mit der Identität der Mengen (es wurde keine Perle/Flüssigkeit verschüttet) oder mittels der Kombination von Durchmesser und Höhe (die beiden Aspekte der Formänderung gleichen sich gegenseitig aus) oder mit Hilfe der gewonnenen Reversibilität seines Denkens (beim Zurückschütten ergibt sich wieder die ursprüngliche Mengengestalt). Entsprechend argumentiert es bei den Versuchen mit den Perlenreihen und dem Klumpen Knetmasse. Auch die Aufgaben der Serienbildung löst es jetzt systematisch: es sucht sich zunächst das größte (oder kleinste) Holzstäbchen, dann das größenbenachbarte und so fort, bis es die Reihe vollendet hat. Ebenso ermöglicht ihm seine Fähigkeit, mehrere Aspekte zu berücksichtigen, Fragen der Klasseninklusion zu bewältigen: die Teilmenge der braunen Holzperlen ist kleiner als die Gesamtmenge aller Holzperlen. Mit dem Vermögen, Reihen und Klassen korrekt zu ordnen, beendet das Kind den mit der Symbolstufe begonnenen Erwerb zweier zentraler Schemata für die Einteilung der Phänomene der Wirklichkeit. Die Dinge bestehen nicht einzeln nebeneinander, sondern lassen sich systematisch ordnen, z. B. nach ihrer Größe oder Klassenzugehörigkeit (z. B. Eiche, Laubbaum, Baum, Pflanze, Lebewesen).

Der wesentliche Lernfortschritt, der das Kind zur Lösung dieser Probleme befähigt, besteht folglich in der Kombination mehrerer geistiger Handlungen zu einem systematischen Zusammenhang, aus dem das Denkergebnis hervorgeht. Einen derartigen Denkvorgang bezeichnet *Piaget* als «Operation». Obgleich die Operationen des Grundschulkindes einen ungeheuren Denkfortschritt bedeuten, unterliegen sie doch noch einer Einschränkung: sie bleiben erfahrungs- und damit auch realitätsgebunden. Das Denken des Kindes bezieht sich immer auf reale Gegenstände und Situationen, auf erlebte (und deshalb auch vorstellbare) Handlungen. Es umfaßt zwar abwägend verschiedene Aspekte, aber diese müssen in der Wirklichkeit wurzeln. Das Denkergebnis, gewonnen durch die Anwendung mehrerer logischer Gesetze, wird zwar nicht mehr durch die Anschauung kontrolliert, wohl aber durch die erlebte Realität. So kann das Grundschulkind noch nicht mit abstrakten Zeichen und Relationen gedanklich umgehen, wohl aber vermag es, wenn man eine abstrakte Aufgabe in eine konkrete umwandelt, diese zu lösen. Die abstrakte Relation $A < B < C$ sagt ihm nichts. Wenn man ihm aber mitteilt, daß Anna kleiner als Berta und diese kleiner als Charlotte ist, so kann es über den Weg der bildhaften Vorstellung das richtige Ergebnis, daß Anna die Kleinste und Charlotte die Größte ist, herausfinden.

5. *Das formal-operative Denken (11–15 Jahre)*

Die letzte Bindung des Denkens (die an die erlebte oder erlebbare Realität) fällt auf der Stufe des formal-operativen Denkens. Nun wird das Denken nur noch durch die abstrakten Gesetze der formalen Logik kontrolliert. Werden sie richtig angewandt, so stimmt auch das Denkergebnis. Sprachliche Inhalte werden jetzt im Hinblick auf ihre logischen Beziehungen untereinander überprüft, die Denkergebnisse von diesen Beziehungen abgeleitet: der formal-logische Schluß ist möglich geworden. Auf dieser Stufe wird die Denkfigur

$$\text{Alle } A = B$$
$$A' = A$$
$$\text{also: } A' = B$$

ihrem Gehalt nach erfaßt und gleichermaßen bei «wahren», d. h. in der Realtität existierenden, als auch bei «unwahren», d. h. lediglich phantasierten Voraussetzungen angewandt. Es wird erkannt, daß beide nun folgenden Schlüsse gedanklich korrekt sind, weil sie dem Gesetz entsprechen, obwohl der zweite inhaltlich keinen Sinn ergibt. a) Alle Menschen sind sterblich, Sokrates ist ein Mensch, also ist Sokrates sterblich. b) Alle Quacks sind pots, Dux ist ein Quacks, also ist Dux pots. Auch andere abstrakte Relationen werden erfaßt, z. B. die der verschiedenen Größenbeziehungen einzelner Elemente einer Klasse zueinander: $A < B < C$, oder die der Proportionalität: $a/b = a'/b'$.

Mit der Unterordnung des Denkens unter die formal-logischen Regeln ist hypothetisches Denken möglich geworden, also ein Denken, das sich von Annahmen herleitet, gleichgültig welchen Realtitätsgehalt diese aufweisen. Alle gedanklichen Möglichkeiten werden systematisch durchgespielt und im Hinblick auf ihre Ergebnisse überprüft. Dabei wird erkannt, daß bei der Untersuchung einer multifaktoriellen Aufgabe pro Gedankengang oder pro Experiment nur jeweils ein Element verändert werden darf, will man wirklich alle möglichen Kombinationen erfassen. Diese Systematik des Denkens eröffnet einen sicheren Lösungsweg zu bisher allenfalls zufällig bewältigten Aufgaben. Sie entspricht dem mathematisch-wissenschaftlichen Denken. Auf diese Weise haben z. B. Physiker die physikalischen Gesetze entdeckt.

Mit dem Erreichen dieser Denkstufe ist es möglich geworden, über die Systematik des gedanklichen Vorgehens selbst nachzudenken. Es erfolgt also ein «Operieren mit Operationen», gleichsam ein Denken höherer Ordnung. Damit ist die höchste Stufe des Denkens und der Intelligenzentwicklung erreicht. Weitere Entwicklungen beziehen sich auf die Ausdifferenzierung der Denkformen. Eine prinzipielle Umstrukturierung des Denkens ereignet sich nach *Piaget* im Verlauf des weiteren Lebens nicht mehr.

6. Die Bedeutung von J. Piagets Konzept für die Arbeit mit geistig behinderten Menschen

Der von *Piaget* angenommene und hier dargestellte Verlauf der geistigen Entwicklung stieß nicht bei allen Forschern auf Zustimmung. So kritisierten einige, daß bestimmte sensomotorische Leistungen früher aufträten als *Piaget* annähme. Ebenso hingen intellektuelle Leistungen stärker von den Lernerfahrungen ab, die wiederum durch eine günstige Umweltgestaltung und durch Bezugspersonen, die gezielte Anregungen zur Sammlung und Auswertung von Erfahrungen gäben, deutlich gefördert werden könnten. Auch der Sprache wiesen manche Kritiker eine bedeutsamere Funktion zu. Insbesondere aber warfen sie ihm vor, daß er die Notwendigkeit eines ungestörten Beziehungsaufbaus als Basis für die geistige Entwicklung unterschätze. Die Hospitalismus-Forschung z. B. habe gezeigt, daß Kinder nur dann ein Interesse für ihre dingliche Umwelt entwickeln, nur dann aufmerksam und explorationsbereit sind, wenn sie sich geborgen und sicher eingebettet in tragfähige Beziehungen fühlen, wenn sie Ermutigung und Bestätigung von den Bezugspersonen für ihre Tätigkeiten erhalten, kurz: wenn ihr Bedürfnis nach Zuwendung angemessen gestillt wird. Andernfalls verringerten sie auch bei gutem Reizangebot ihre Aktivitäten und blieben in ihrer Entwicklung hinter der Norm der Gleichaltrigen zurück. Trotz dieser Einwände wird *Piaget*s Vorstellung des unumkehrbaren, stufenartigen Aufbaus der kognitiven Entwicklung heute weitgehend angenommen.

Die Entwicklung der kognitiven Fähigkeiten bei Menschen mit geistiger Behinderung läßt sich mit *Piaget*s Konzept gut beschreiben. Doch zeigt sich, daß sie diesen Prozeß wesentlich langsamer durchlaufen und sich nie umfassend die Möglichkeiten des formal-abstrakten Denkens aneignen können. Vielmehr stagnieren sie «irgendwo» auf einem niedrigeren Denkniveau.

Allerdings scheint das soeben skizzierte Modell der einfachen Entwicklungsverzögerung und -verkürzung überwiegend für Menschen mit leichteren geistigen Behinderungen zu gelten. Denn bei schwerst, schwer und mittelgradig geistig Behinderten zeigen sich Komplikationen. Oftmals schwanken die Entwicklungsverläufe: einzelne kognitive Fähigkeiten werden in abweichender Reihenfolge erworben, andere unerwartet wieder verloren; oder es treten Plateaubildungen auf (Entwicklungsstillstände), die oft erst nach Jahren überwunden werden. Darüber hinaus bilden diese Behinderten häufig nicht alle zu einer Phase gehörigen geistigen Kompetenzen gleichmäßig aus, sondern entwickeln einzelne Teilfunktionen besser als andere. Gewisse Diskrepanzen erscheinen auch in der Entwicklung normal Begabter, allerdings liegen Leistungsextreme niemals so weit auseinander wie bei geistig behinderten Menschen.

Manfred beispielsweise, ein geistig behinderter Jugendlicher, befindet sich in Bezug auf sein spontanes Spielverhalten auf der Stufe der Zweck-Mittel-Relation der sensomotorischen Phase. Er nimmt sein Spielzeugauto, schiebt es ausdauernd hin und her, etwa über die ganze Länge der Fensterbank oder quer durch den Raum. Hindernisse umfährt er. Aktives Akkomodieren durch systematisches Experimentieren, wie es der tertiären Kreisreaktion entspräche, erfolgt jedoch nicht. Er beschränkt sich auf wenige Möglichkeiten, das Auto zu verwenden (schieben, an den Rädern drehen), probiert aber nicht aus, was er darüber hinaus mit ihm anfangen könnte (etwa: ihm einen Stoß versetzen und es alleine ausrollen lassen; untersuchen, wie es sich beim Aufwärts- und Abwärtsfahren verhält). Er weist also deutliche Defizite im sensomotorischen Fundament auf.

Andererseits ist sein Vorstellungsvermögen so weit ausgebildet, daß er die Symbolfunktionen im Prinzip erfaßt hat. Er hat erkannt, daß Sprachlaute «etwas» bedeuten: Er äußert sich in wenigen Ein-Wort-Sätzen wie das ein- bis eineinhalbjährige Kind während der tertiären Kreisreaktion: «Auto», «Papa», «weg», «put». Sein Sprachverständnis aber entspricht dem eines etwa zweijährigen Kindes. Er versteht viele einfache Sätze der Alltagssprache und befolgt einfache Aufforderungen, etwa: «Komm her. Hol das Auto und gib es mir. Nimm das große Auto» (nicht das kleine). Er kann sogar einzelne, ihm schriftlich vorgelegte Wörter den richtigen Abbildungen zuordnen. Er erkennt z. B. die Schriftbilder der Wörter AUTO, APFEL, FRAU, MANN und HAUS. Diese Fähigkeiten erwirbt ein Kind, wenn man gezielt mit ihm übt, mit drei bis vier Jahren. Doch das schon viel früher, nämlich gegen Ende des zweiten Lebensjahres beginnende Symbolspiel beherrscht Manfred nicht. Seine Beschäftigung mit dem Auto ist ein stereotypes Funktionsspiel. Er kommt nicht auf die Idee, die Türen zu öffnen, es zu beladen, eine Puppe hineinzusetzen oder ein vorgestelltes Ziel (z. B. «nach Stuttgart», «in den Urlaub») anzusteuern.

Derartige Entwicklungsdiskrepanzen erweisen sich als in dreifacher Hinsicht problematisch: Erstens stellen sie eine starke Belastung für die Persönlichkeitsentwicklung dar. Ein geistig behinderter Mensch ist mit stärkeren Gegensätzen zwischen Vermögen und Versagen konfrontiert als ein normal begabter. Denn er muß nicht nur die Spannungen innerhalb des kognitiven Bereiches ertragen, sondern auch die oftmals noch ausgeprägteren zwischen den einzelnen Entwicklungsebenen (emotionaler, lebenspraktischer, grob- und feinmotorischer sowie körperlich-sexueller Bereich). Er hat aber aufgrund seiner Defizite weniger Möglichkeiten, die Diskrepanzen zu verarbeiten.

So hat Manfred die lebenspraktischen Fähigkeiten eines knapp vierjährigen Kindes: Unter Anleitung zieht er sich vollständig an. Er kann sich selbst waschen und den Tisch decken, benötigt dazu aber immer die Begleitung eines Erwachsenen. Denn im emotionalen Bereich befindet er sich noch in der Differenzierungsphase, wenn nicht gar in der symbiotischen Phase. Er braucht die Gegenwart und volle Aufmerksamkeit seiner Bezugsperson, um nicht in Passivität oder stereotype Bewegungsmuster zu verfallen. Von sich aus kann er keine Beziehung aufrechterhalten. Fühlt er sich verlassen, so ruft er nicht, sucht auch keinen Kontakt, sondern wird passiv oder läuft davon. Seine Grobmotorik ist annähernd altersgemäß entwickelt, er läuft und bewegt sich wie ein unsportlicher Jugendlicher. Feinmotorisch befindet er sich auf dem Stand eines Schulanfängers: er führt den Stift oder schneidet eine Papierfigur aus wie ein sechs bis siebenjähriges Kind. Die körperliche Entwicklung aber verlief normal: er befindet sich mitten in der Pubertät.

Der uneinheitliche Entwicklungsstand belastet aber auch die Beziehung, da er häufig zu Irritationen bei den Bezugspersonen führt, die nicht genau wissen, was sie konkret von ihrem Schützling erwarten können. So tendieren sie entweder dazu, ihn generell zu über- oder zu unterfordern, je nachdem, ob sie sich mehr an seinen Leistungsspitzen oder seinen -mängeln orientieren.

Bei einer unbewußten Überforderung besteht die Gefahr, das Nicht-Erfüllen einer Erwartung als Faulheit, Provokation oder Trotzverhalten zu interpretieren, was zu Spannungen in der Beziehung führt. Die Unterforderung verleitet dazu, den behinderten Menschen mehr als notwendig in seinem Aktivitätsradius zu beschneiden, und wirkt sich deshalb entwicklungshemmend aus. Die Stagnation und damit einhergehende Unzufriedenheit droht ebenfalls die Beziehung zu belasten.

So legte man es Manfred lange Zeit als Eigensinnigkeit und Provokation aus, daß er sich nicht selbständig wusch und ankleidete, sondern herumtrödelte und nicht pünktlich zum Frühstück erschien. Er beherrschte doch alle notwendigen Handlungsabläufe! Oder man schalt ihn, weil er – sich selbst überlassen – häufig fortlief. Auch reagierte man sehr enttäuscht darüber, daß er sich alleine nur stereotyp beschäftigte und keinerlei Leistungsmotivation zeigte, obgleich er doch «beinahe» fähig war, Lesen zu lernen. Man übersah, daß er diese Fertigkeiten nur in emotional warmen Einzelsituationen bei vertrauten Menschen zeigte. Man versuchte ihn zu fördern, indem man ihn forderte – etwa in der Schule – und beklagte die Mißerfolge; denn die Förderung richtete sich nach den lebenspraktischen und kognitiven Leistungsspitzen, nicht aber nach den emotionalen und kognitiven Defiziten. Erst als diese berücksichtigt und zum Ausgangspunkt genommen wurden, stellten sich Erfolge ein.

Dennoch muß berücksichtigt werden: Geistig behinderte Menschen brauchen mehr als alle anderen Entwicklungsanreize. Nur durch immer neue, vorsichtige und konsequente Angebote läßt sich die Gefahr bannen, daß ein behinderter Mensch in eingefahrenen Handlungs- und Denkmustern verharrt.

Schließlich erschweren die Entwicklungsdiskrepanzen auch die Förderung, denn es erhebt sich die Frage: wo soll sie ansetzen, beim Ausbau der Leistungsspitzen oder beim Auffüllen der Defizite? Damit ist die zentrale Frage nach den pädagogischen und therapeutischen Konsequenzen gestellt.

Therapeutische Konsequenzen

An welchem Entwicklungsniveau eine Förderung sich orientieren muß, zeigen *Piaget*s Erkenntnisse eindeutig. Eine Förderung muß, wenn sie nicht nur die Entwicklung einzelner Teilfunktionen, sondern die der kognitiven Fähigkeiten insgesamt bezweckt, immer bei dem

Ausbau bzw. der Festigung der Funktionen ansetzen, die der Phase unmittelbar vor den ersten Defiziten angehören. Denn diese Funktionen bilden die unverzichtbare Grundlage für den Erwerb und die umfassende Entfaltung der nächst höheren. Anders formuliert: die Aneignung der Denkstruktur der folgenden Phase setzt den souveränen Umgang mit den Denkproblemen der vorausgehenden Intelligenzstufe voraus. Eine hier nur lückenhaft vollzogene Entwicklung wird auf dem folgenden Niveau die Lernfähigkeit drastisch einschränken. Je früher diese Defizite entstanden sind, um so umfassender blockieren sie die weiteren Entwicklungschancen.

Für den entwicklungsfördernden Umgang mit geistig behinderten Menschen bedeutet diese Erkenntnis: Zunächst muß der Stand der geistigen Entwicklung überprüft werden. Dafür aber bildet das genaue Wissen, in welchen Schritten die einzelnen kognitiven Fähigkeiten sich jeweils aufbauen (z. B. Objektbegriff, Wenn-dann-Relation, Kausalität, Raum- und Zeitbegriff, Zahlbegriff, Größenrelationen, Klassifikation, Perspektivität, Reversibilität, Invarianz) die Voraussetzung. Für die Diagnostik müssen Spezialisten zu Rate gezogen werden, denen die bedeutsamen Beobachtungskriterien vertraut sind und die über das entsprechende Testmaterial verfügen. Ausgehend von der Diagnose müssen auf der Schwelle zu den ersten Defiziten die entsprechenden Entwicklungsanreize angemessen dargeboten werden. Wie dies zu geschehen hat, darüber geben eine Fülle heilpädagogischer Fördermethoden Auskunft. Eine Auseinandersetzung mit den heilpädagogischen Grundsätzen sprengt den Rahmen dieser Darstellung. Deshalb sei hier nur auf einige Förderregeln verwiesen, die unmittelbar im Zusammenhang mit *Piaget*s kognitivem Konzept stehen.

Der Impuls für die kognitive Entwicklung entsteht durch die Begegnung des Kindes mit der Welt. Für normal begabte Kinder ist es reizvoll, die Umwelt mit ihren vielen Möglichkeiten zu erforschen. Die Erfahrungen, die das Kind sammelt, die Erfolgserlebnisse, die es beim Umgang mit den Dingen verbucht, die neuen Fähigkeiten, die es sich erarbeitet, die spannenden Ergebnisse seiner Experimente, die Zusammenhänge, die es erkennt, alle diese Vorgänge unterhalten seine Neugierde, bestärken es in seiner Bereitschaft, mit der Umwelt handelnd und denkend umzugehen. So entwickelt das Kind seine Intelligenz in der spontanen Auseinandersetzung mit seiner Lebenswirklichkeit, in der Lösung von Alltagsproblemen. Die emotionale Geborgenheit, das Erleben von liebevoller Nähe, Ermutigung und Bestätigung schenken ihm dabei die notwendige innere Sicherheit, so daß es sein Interesse auf die äußere Wirklichkeit richten kann.

Bei Menschen mit geistiger Behinderung ist der natürliche Ablauf gestört. Deshalb muß fördernd eingegriffen werden. Sehr häufig reicht die Qualität der Beziehungserlebnisse nicht, um ihnen genügend

Urvertrauen zu vermitteln. So ist schon aufgrund dieses Mangels häufig ihr Umweltinteresse eingeschränkt. Um es zu wecken, brauchen sie eine intensive, die emotionalen Defizite befriedigende Beziehung, in der die Bezugsperson über einen eventuell langen Zeitraum Reize anbietet, die auf ein wahrnehmbares Bedürfnis des behinderten Menschen eingehen. Unerläßlich für den Lernerfolg ist, daß sich der behinderte Mensch immer wieder auf seinem Niveau «angesprochen» erfährt. Hierbei ist unter «ansprechen» ein ganzheitlicher Vorgang zu verstehen. Er umfaßt sowohl die Auswahl der Materialien und Tätigkeiten als auch die nonverbale oder verbale Art der Aufgabenstellung sowie die Reaktionen und die Art der Bestätigung durch die Bezugsperson. Bei der Kommunikation stellt das nonverbale und verbale Spiegeln das wesentlichste Mittel dar.

Das Reizangebot und das erwartete Aktivitätsniveau muß sich nach dem Entwicklungsstand des geistig behinderten Menschen richten. Da aber die Wahrnehmungs- und Reizverarbeitungsstörungen dazu führen, daß diese Menschen in ihrem Explorationsverhalten, d.h. der Neugier und der Fähigkeit zu übertragenden Assimilation und Akkomodation eingeschränkt sind – das ist ein wesentliches Merkmal ihrer Behinderung –, reicht es nicht, das Material zur Beschäftigung bereitzustellen. Vielmehr muß so gut wie möglich dafür Sorge getragen werden, daß die Reize auch aufgenommen und verarbeitet werden. Das geschieht, indem die erwünschten Reaktionen zunächst von der Bezugsperson durchgeführt oder durch Handführung mitvollzogen werden. Hierbei umfaßt die Bezugsperson während einer Tätigkeit die Hand des Behinderten – z. B. beim Essen mit dem Löffel – und steuert sowohl den Berührungskontakt als auch den Bewegungsablauf. Die Handführung bricht stereotype Wahrnehmungs- und Handlungsmuster auf und ermöglicht gewissermaßen die Kontrolle, daß die erwünschten Sinneseindrücke wirklich erfolgen; damit dient sie der Anbahnung einer besseren Wahrnehmungsverarbeitung. Die gemeinsamen Handlungen sollen dem alltäglichen Lebensvollzug angehören und ein Bedürfnis befriedigen, also Genuß schenken. Als solche vermitteln sie die Erfahrung eines positiven Wirkungszusammenhanges und wecken allmählich den Wunsch nach eigener Wirksamkeit. (S. Kap. 17, S. 233ff.)

Wenn der behinderte Mensch selbständig mit der Erforschung der Umwelt beginnt, ist es wichtig, ihm dafür vertraute Dinge aus seiner Lebenswelt so zu präsentieren, daß er im Umgang mit ihnen den jeweils nächsten Erfahrungsschritt vollziehen kann. Ständige Begleitung und zunächst nonverbale, auf höheren Entwicklungsstufen aber auch verbale, strukturierende Hilfestellung bleibt weiterhin notwendig. Wenn der behinderte Mensch «steckenbleibt», festgefügte Handlungsformen entwickelt, mögliche Alternativen nicht ausprobiert, sondern sich mit einer gefundenen «Lösung» begnügt, so sollte wiederum durch Handführung, Umstrukturierung des Handlungsfeldes oder durch behutsam gezieltes Fragen seine Akkomodationsfähigkeit angeregt werden. Für eine umfassende Verankerung der Erfahrungen im Bewußtsein ist es zudem notwendig, daß viele leicht modifizierte Parallelerfahrungen gesammelt werden, daß möglichst viele Lösungen für ein Problem gesucht oder angeboten werden. «Umwege», Handlungsalternativen, die aufgrund ihrer Umständlichkeit später verworfen werden, erfüllen hierbei einen wichtigen Zweck. Das bedeutet: eine breite Assimilation der Handlungsschemata sollte unterstützt werden, auch wenn sie vom zweckrationalen Gesichtspunkt des «normalen Erwachsenen» aus betrachtet «sinnlos» erscheint.

Das hier theoretisch Formulierte sei abschließend noch an einem Beispiel verdeutlicht: Die schwerstbehinderte, zwanzigjährige Gabi hat in der sensomotorischen Entwicklung die Phase der sekundären Kreisreaktionen erreicht. Eine Erzieherin widmet sich ihr seit einiger Zeit in verstärkten Ausmaß. Sie achtet sorgfältig darauf, Gabis Bedürfnisse – in körperlicher, emotionaler und sozialer Hinsicht – möglichst schnell zu befriedigen. Sie nutzt die täglichen Pflegesituationen zum Aufbau eines liebevollen Kontaktes sowie zur Wahrnehmungs- und Handlungsförderung: Nach dem Waschen cremt sie Gabis Körper ein. Zunächst setzt sie Cremetupfen auf Gabis Hände und Arme und verreibt sie, Gabi genießt die «Behandlung» sichtbar. Nach einiger Zeit lernt Gabi durch Handführung, die Cremetupfen selbst zu verreiben. Schließlich kann die Handführung ausgeblendet werden. Gabi übernimmt das neue Handlungsmuster selbständig. Jetzt bezieht die Erzieherin weitere Körperteile in den Vorgang ein und setzt die Cremetupfen auch auf die Beine, Gabi verreibt sie strahlend, beginnt beim Setzen der Cremetupfen zu helfen. Schließlich dehnt sie selbst das Eincremen noch auf den Bauch aus. Die Erzieherin cremt nun auch ihre eigenen Hände und Arme ein, Gabi überträgt ihre Tätigkeit ebenfalls freudig auf das neue «Objekt». Schließlich probieren sie beim Baden das Einreiben des Körpers mit Duschschaum und zuletzt bei der Freizeitgestaltung das Malen mit Fingerfarben. Dabei lernt Gabi die Unterschiedlichkeit der Materialien kennen und entsprechend zu reagieren.

Der Förderung behinderter Menschen auf der sensomotorischen Stufe unter Bezugsnahme auf *Piaget*s Erkenntnisse widmeten besonders *Affolter* und *Fröhlich* ihre Forschungen (S. Kap. 17, S. 256f.).

Für die Förderung der kindlichen Intelligenz auf der symbolisch-anschaulichen Stufe wurden eine Vielzahl von Programmen erarbeitet, die insbesondere bei der Vorschulerziehung Anwendung fanden.

Pädagogische Konsequenzen

Piagets Konzept der kognitiven Entwicklung gewinnt seine Bedeutung für den Umgang mit geistig behinderten Menschen jedoch nicht nur hinsichtlich der Förderung. Auch im alltäglichen Zusammenleben erweist sich seine Nützlichkeit insofern, als es hilft, manch problematische Verhaltensweise besser zu verstehen. Dem normal begabten erwachsenen Menschen geht naturgemäß das Empfinden für die kindlichen Denkperspektiven verloren. Er staunt und freut sich vielleicht über «typisch kindliche» Bemerkungen, begreift aber nicht deren in einer bestimmten Denkstruktur liegenden Entstehungsgrund. Jugendliche oder erwachsene geistig behinderte Menschen verfügen in der Regel nicht mehr über den kindlichen Charme und zeigen auch in vieler Hinsicht reifere Reaktionen. Wenn sie nun mit ihrer oftmals anzutreffenden Beharrlichkeit «falsche Behauptungen» in ungünstigen Augenblicken wiederholen, so liegt die Gefahr nahe, diese Äußerung aus der Erwachsenenperspektive zu bewerten. Entsprechend hart fällt das Urteil aus: Provokation, Egoismus, grundloses Störverhalten. Mit genauer Kenntnis der Denkentwicklung lassen sich derartige Fehlurteile vermeiden. Da die meisten geistig behinderten Menschen das anschauliche Denken nicht überwinden, sind auch ihre Äußerungen in diesem Zusammenhang zu verstehen. Scheinbar «egoistisches» oder «stures» Verhalten erweist sich als dem egozentrischen Denken gemäß, das dieser Stufe angehört. Die folgenden drei kurzen Beispiele mögen das erläutern:

Ein Betreuer, der keine Süßigkeiten mag, bekommt von einem Gruppenbewohner zum Geburtstag einen Mohrenkopf, den er selbst sehr gerne ißt, und ein Heftle: «Quacks, der Bruchpilot», seine derzeitige Lieblingslektüre. Der Geber ist sehr enttäuscht, als er merkt, daß er damit keine Freude auslöst.

Ein Behinderter telefoniert mit seinem Betreuer und erzählt von seinem in der Kreativen Werkstatt gemalten Bild so, als ob der Erzieher es sehen könnte. Auf dessen Ermahnungen, er solle das Bild richtig beschreiben, reagiert er zunächst irritiert, schließlich ärgerlich, weil er gar nicht begreift, was jener von ihm will.

Ein behinderter Bewohner nimmt seinem Nebensitzer beim Mittagessen den Nachtisch weg, weil er so gut schmeckt. Als dieser sich wehrt und ihn deshalb haut, beklagt er sich über die Schläge. Er versteht nicht, daß er sich das, was er gerne ißt, nicht nehmen darf.

Manche «Lüge» oder «Schwäche, zu den eigenen Fehlern zu stehen», gründet in der noch mangelnden Fähigkeit, Realität und Wunsch- oder Phantasiewelt sauber zu trennen. Auch die Annahme von magischen Wirkungszusammenhängen ist kein «Ausweichmanöver», sondern ein ernst gemeinter Erklärungsversuch. Dies berücksichtigend ist folgendes Verhalten durchaus akzeptabel: Eine zwanzigjährige, geistig behinderte Frau zerriß eines Tages die Kette ihrer Zimmernachbarin Sylvia. Auf die Frage einer zum betreffenden Zeitpunkt nicht anwesenden Betreuerin, wie der Schaden entstanden sei, antwortete sie: «Sylvia macht». Und auf diejenige, was nun geschehen solle: «Einmal schlafe, morgen heile».

Die Eingleisigkeit und die fehlende Reversibilität des Denkens können ebenfalls zunächst schwer verständliche Reaktionsweisen erzeugen. Die Beharrlichkeit, mit der eine bestimmte Handlungsfolge gefordert wird, der Protest oder die Verwirrung, die entstehen, wenn die Reihenfolge verletzt wird, können sowohl die mangelnde Umkehrbarkeit des Denkens als auch magische Denkstrukturen signalisieren. Eine scheinbar unlogische Entscheidung und die fehlende «Einsichtsbereitschaft für objektive Argumente», die «sture Behauptung des Gegenteils» gründen häufig in dem auf ein anschauliches Merkmal bezogenen Sachurteil.

Ein weiteres Beispiel sei zur Verdeutlichung des Gemeinten beschrieben: Die geistig behinderten Frauen einer Wohngruppe bekommen zu Ostern Schokoladenhasen. Frau B., die nicht selbständig abbeißen kann, bekommt fünf kleine Hasen, die aber zusammengenommen weniger wiegen als ein großer Hase. Frau S., die einen großen Hasen bekommt, schimpft und will lieber die fünf kleinen. Frau M. beißt ihrem Hasen zunächst den Kopf ab und beginnt zu jammern, als eine vierte Frau F. dem Hasen zuerst die Füße abbeißt. Berücksichtigt man das Denkniveau, so sind die Reaktionen leicht begreiflich: Frau S. fühlt sich offensichtlich benachteiligt, da sie ihr Urteil nur auf die Anzahl der Hasen, nicht aber auf deren Gesamtgewicht bezieht. Frau M. ist entweder auf eine bestimmte Reihenfolge fixiert, wie der Hase zu essen sei, oder sie meint, der Hase erleide mehr Schmerzen, wenn ihm zunächst die Füße abgebissen werden, wohingegen er sofort tot ist und nichts mehr spürt, wenn sie ihm den Kopf abbeißt.

Solche, für einen «normalen» Erwachsenen schwer nachvollziehbare Denkweisen, gilt es im Umgang mit geistig behinderten Menschen zu verstehen, denn nur so können manche Konflikte vermieden und der gemeinsame Alltag befriedigender gestaltet werden.

Neunzehntes Kapitel

Die Entwicklung des Spielens

Als menschliches Phänomen ist das Spiel so bedeutend, daß schon die Philosophen des Altertums darüber nachdachten. Denn Menschen aller Zeitalter und Kulturen spielen. Was veranlaßt sie zu dieser Art des Tätigseins? Längst hat sich im Bewußtsein der Allgemeinheit die Erkenntnis durchgesetzt, daß das Spielen kein sinnloser Zeitvertreib ist, nicht nur eine Tätigkeit, die Menschen ausüben, weil sie nichts Besseres zu tun wissen oder tun können. Vielmehr wird das Spielen inzwischen ernst genommen als eine nützliche Beschäftigung für Jung und Alt. Es fördert Lernprozesse, trägt bei zu Entspannung und Unterhaltung, dient der Geselligkeit. Doch ist damit die Bedeutung des Spielens für den Menschen noch keineswegs erfaßt.

Was macht eigentlich das Besondere des Spielens aus? In wenigen Sätzen sei andeutungsweise eine Antwort versucht. Charakteristisch erscheint zunächst eine spezifische Freiheit: Wenn der Mensch spielt, ist er frei von Notwendigkeiten, z. B. von der Notwendigkeit, gerade jetzt seinen Lebensunterhalt verdienen zu müssen, und frei von existentiellen Bedrohungen. Er kann sich ohne Angst einer frei gewählten Tätigkeit hingeben. Diese freiwillige Tätigkeit, das Spiel, ist seinerseits zweckfrei in dem Sinne, als es nicht der Lebenssicherung oder einem Lernziel dienen muß. Mag der spielende Mensch mit seinem Spiel auch ein bestimmtes Ziel verfolgen, mag sich dieses Spiel auch als sehr nützlich erweisen, indem es z. B. der Förderung seiner Person dient, indem sich ein spielerisch entstandenes Produkt später durchaus «sinnvoll» verwenden läßt oder indem spielend wichtige Lebenserfahrungen gesammelt werden, dennoch läßt sich der Sinn des Spielens nicht von diesen Ergebnissen her bestimmen. Das Spiel ordnet sich diesen Zwecken nicht unter. Es bleibt wesentlich frei und wird zerstört, wenn man versucht, es zu funktionalisieren.

Im Spiel finden vitale und schöpferische Kräfte des Menschen ihren lustvollen Ausdruck. Gerade das zweckfreie Tätigsein erfüllt den Menschen mit Spannung und Freude. Zweckfreiheit bedeutet dabei auch, daß der Mensch offen ist für die Gestaltungsmöglichkeiten, die das Material und die Situation (die eigene und die vorgefundene) gerade eröffnen. Er zwingt ihnen keinen äußeren Zweck auf, sondern überläßt sich dem augenblicklichen Prozeß, der durchaus formulierten Regeln gehorchen kann. Diesem Geschehen dient während des Spiels sein ganzes Fühlen, Denken, Wollen und Handeln, die gesamte Aufmerksamkeit und sein Ernst. Das Spiel erfüllt den ganzen Menschen, da er dabei alle Kräfte einsetzt, die körperlichen wie die geistigen, die selbstbezogenen wie die gemeinschaftsbezogenen, das Realitätsdenken wie die Phantasie.

Im Folgenden seien einige Grundformen des Spiels sowie die charakteristischen Stufen ihrer Entwicklung dargestellt.

I.
Das Funktionsspiel

Die erste Art, in der das Kind spielt, ist eng mit der senso-motorischen Entwicklung verbunden: das Funktionsspiel. Als Funktionsspiel wird das lustvolle Erproben der eigenen körperlichen Fähigkeiten, die um ihrer selbst willen durchgeführte Bewegung bezeichnet. Darüber hinaus schließt es auch das Erforschen von Gegenständen hinsichtlich ihrer Eigenschaften und ihrer Verwendungsmöglichkeiten ein. Den gemeinsamen Nenner dieser Spielvorgänge bilden die Freude zu erleben, wie etwas «funktioniert», und die zweckfrei-spielerische Aneignung dieser «Funktion».

Schon im dritten Lebensmonat kann man beim Säugling lustbetonte Bewegungen beobachten, die er langsam und aufmerksam mehrfach wiederholt. Zunächst beschränken sie sich auf Finger und Hände, beziehen jedoch bald den ganzen Körper ein. Mit der Entwicklung des Greifens werden Gegenstände zum Anreiz für die Bewegungslust: Der Säugling ergreift die Rassel, schüttelt sie, schlägt sie auf die Unterlage, reibt sie gegen einen Widerstand, führt sie zum Mund und leckt an ihr. Bald entdeckt er auch das Stoßen, Ziehen, Werfen und Aneinanderschlagen. Im zweiten Lebensjahr erweitert das Kind seine Fähigkeiten: es hält die Gegenstände aneinander, räumt sie aus und ein, stellt sie aufeinander und steckt sie ineinander. So übt es seine Bewegungsfunktionen, sammelt zugleich aber auch Gegenstandserfahrungen und lernt Wirkungszusammenhänge kennen (vgl. Sensomotorische Entwicklung).

Im ersten Lebensjahr werden, unabhängig von der Art des Spielzeuges, die Bewegungsmöglichkeiten erprobt und die Eigenschaften der Materialien erfahren. Ab der zweiten Hälfte des zweiten Lebensjahres benutzt das Kind die Materialien spezifisch: mit den Klötzen baut es, im Sand schaufelt es, den Ball rollt oder wirft es, mit dem Stift kritzelt es. So vertieft es seine Kenntnis von der Beschaffenheit der es umgebenden Dinge und lernt, sie funktionsgerecht zu benutzen. Aber auch seine motorischen Fähigkeiten übt es weiterhin im Funktionsspiel. Laufen, Drehen um die eigene Achse, Springen und Klettern, Dreirad- und Fahrradfahren, Rollschuhlaufen, Schwimmen – der Antrieb für diese Bewegungsarten ist die Funktionslust, nicht etwa nur ein ungesteuerter Bewegungsdrang oder die Notwendigkeit der Übung. Dasselbe gilt für viele gesellige Bewegungsspiele, wie etwa für das Fangenspiel, Wettrennen, Völkerball- oder Fußballspiel.

Im Schulalter nimmt das Funktionsspiel mehr und mehr ab, ganz aufgegeben wird es jedoch nie. Bei Erwachsenen verbirgt es sich in sportlichen Aktivitäten, erscheint aber auch noch in Reinform, und zwar insbesondere, wenn sie sich neue motorische Fähigkeiten aneignen oder plötzlich völlig unbekannte Gegenstände handhaben sollen.

II.
Das Konstruktionsspiel

Gegen Ende des zweiten Lebensjahres gewinnt allmählich das kindliche Spiel eine neue Dimension. Hantierte das Kind mit den Gegenständen zunächst aus reiner Bewegungs- und Funktionslust, so beginnt es nun, befähigt durch sein wachsendes Vorstellungsvermögen und Symbolverständnis, planvoll zu handeln. Es möchte nicht nur funktionale Wirkungen erzielen (Sand aufhäufen, Klötze aufeinanderlegen), sondern will handelnd etwas Bestimmtes herstellen: einen Turm, eine Sandburg. Das Ergebnis soll einem vorgestellten Modell ähneln. Die Freude an der Betätigung erweitert sich um die Freude am Produkt. Die Stufe des Konstruktionsspiels ist erreicht. Zum Konstruktionsspiel gehört, daß das Kind vor dem Spiel äußern kann, was es herstellen möchte, sein Vorgehen plant, entsprechend durchführt und ein Produkt anfertigt, das dem vorgestellten Modell ähnelt, indem es einige der wesentlichen Merkmale aufweist. Je einfacher das Spielmaterial, desto eher erfüllen die Produkte alle Bedingungen des Konstruktionsspiels.

Im dritten Lebensjahr backt das Kind Sandkuchen und baut schlichte Türme aus wenigen Elementen. Dabei stellen diese anfänglichen «Erzeugnisse» eine Übergangsstufe zwischen dem Funktions- und dem Konstruktionsspiel dar. Aus reiner Funktionslust übt das Kind den Umgang mit den Materialien. So gelingt es ihm, dem Sand eine bestimmte Form zu verleihen und mehrere Bauklötze aufeinanderzulegen. Im nachhinein – etwa auf die Frage der Eltern hin oder in Nachahmung ihrer Deutung – bezeichnet es dann sein Produkt als

«Kuchen» oder

«Turm». Oder die Eltern fordern es auf:

«Bau doch einen Turm», und das Kind schichtet einige Steine übereinander. Auf diese Weise lernt es allmählich, seine Handlungen auf Vorstellungen zu beziehen und zu planen.

Im vierten Lebensjahr baut das Kind umfangreichere Gebilde und beginnt mit Knetmasse einfache, geplante Objekte zu formen. Im fünften Lebensjahr entstehen die ersten erkennbaren Zeichnungen (meist Menschen oder Häuser), die Plastilinprodukte nehmen an Vielfalt zu, die Schere tritt in Aktion, die Bauvorhaben werden komplizierter. Das Kind nimmt sich Projekte vor, die es über mehrere Tage weiterführt. Es beginnt auch, mit Gleichaltrigen gemeinsam an einem Vorhaben zu bauen. Im sechsten und siebten Lebensjahr differenziert das Kind alle Konstruktionsspielformen weiter aus. Im Freien baut es mit Vorliebe Hütten, es verwendet Konstruktionsspielsachen, die mehr technisches Verständnis erfordern, und oftmals kombiniert es Bauvorhaben mit Rollenspielen.

Verliert das Konstruktionsspiel zu Beginn der Pubertät an Bedeutung, so wird es doch zeitlebens nicht aufgegeben. Viele Freizeitbeschäftigungen der Erwachsenen, z. B. technische Basteleien oder das Entwerfen und Ausführen von Handarbeiten, haben den Charakter von Konstruktionsspielen.

Der Wert des Konstruktionsspiels für die kindliche Entwicklung liegt zum einen im Zuwachs an Handgeschicklichkeit und Materialerfahrung. Das Kind erwirbt ein physikalisches Erfahrungswissen, z. B. auf den Gebieten der Mechanik und Statik. Zum andern lernt es, planvoll und produktorientiert zu handeln, seine Konzentrationsfähigkeit und Ausdauer nehmen zu. Wenn das Kind bereit ist, eine selbstgestellte Aufgabe über längere Zeit hinweg durchzuführen, dann hat es die notwendige Arbeitshaltung erworben, die zur Schulreife gehört.

III.
Das Symbol- oder Rollenspiel

Ebenfalls gegen Ende des zweiten Lebensjahres entwickelt das Kind noch eine dritte Weise zu spielen: das Symbolspiel. Hierbei symbolisiert ein Gegenstand einen anderen: das Bauklötzchen die «Speise», die Puppe das «Kind». Spielend ahmt das Kind die mütterliche Tätigkeit nach und füttert die Puppe, so wie es selbst noch oft gefüttert wird. Es schlüpft also in eine andere Rolle und weist anderen Gegenständen oder Personen ebenfalls Rollen zu. Zum Rollenspiel gehört somit ein «So-tun-als-ob», wobei Gegenstände willkürlich umgedeutet werden, Unlebendiges als lebendig behandelt wird, Personen in neue Rollen schlüpfen und Situationen spielerisch nachgeahmt werden: Zeitunglesen, Kochen, Hämmern, Graben. Das Kind identifiziert sich mit Vater und Mutter, aber auch mit dem Busfahrer, dem Tischler, dem Postboten und mit Tieren, z. B. mit dem Hund und der Katze.

Die wachsende Vorstellungskraft, wie sie sich in der Fähigkeit zur aufgeschobenen Nachahmung und dem Symbolverständnis niederschlagen, ermöglicht dem knapp zweijährigen Kind, die Haltung des «So-tun-als-ob» einzunehmen. Es legt sich auf das Sofa und «tut, als ob es schliefe», oder es sitzt am Tisch und «spielt Essen». Im Sandkasten rührt es den Sand im Eimer mit einem Stöckchen um wie die

Mutter das Essen im Kochtopf. In dieser Übergangsform zum Symbolspiel schlüpft es noch nicht in eine fremde Rolle, es «ist» beim «Kochen» noch nicht die Mutter. Doch schon wenig später nimmt es seinen Teddy und «füttert» ihn, wobei ihm kleine Bausteine als «Nahrung» dienen. Dabei fühlt es sich als Mutter, der Teddy ist sein Kind. Es spricht mit ihm, während es die einfachen, ihm bekannten Handlungen des täglichen Lebens nachahmt.

Mit drei bis vier Jahren erreicht das kindliche Rollenspiel einen Höhepunkt. Das Kind setzt nun alles, was ihm in den Sinn kommt, in Rollenspiele um. Dabei löst es sich mehr und mehr aus der direkten Nachahmung der Alltagssituationen. Diese benutzt es, um die phantastischsten Geschichten zu entwickeln. Obwohl das Kind ganz in den Rollen aufzugehen scheint, weiß es zumindest im nachhinein zwischen Vorstellungswelt und Realität zu unterscheiden. Bei fünf-, sechs- und siebenjährigen Kindern stehen gemeinschaftliche Rollenspiele mit traditionellen sozialen Inhalten – wie Familie, Schule, Kaufladen und Friseur – sowie die Nachahmung aufregender, abenteuerlicher Ereignisse im Vordergrund. Die Vorlage für letztere bilden gehörte und z. B. im Fernsehen gesehene Geschichten, die in der Phantasie beliebig weiterentwickelt werden.

Den krönenden Abschluß des Rollenspiels im Grundschulalter bildet die Theatervorführung. Der äußere Rahmen (Eintrittskarten, Verkleidung, Zuschauer) spielt für die Darbietungen der Märchen oder Zirkuskünste eine bedeutsame Rolle. Für den Erwachsenen hat das Rollenspiel seine Bedeutung verloren, es sei denn, er machte es aufgrund einer besonderen Vorliebe zum Inhalt seines Berufes oder einer Freizeitbeschäftigung.

Bereits im einfachen, deutlicher aber im komplexen Rollenspiel drückt das Kind seine Erlebnisse und Erwartungen, Wünsche und Ängste aus. Es hilft ihm bei der Verarbeitung seiner Erfahrungen. Geschehenes wird wiederholt und sich dabei angeeignet. Emotionale Spannungen können sich lösen, Ängste durch die Übernahme der überlegenen Position mildern. Indem das Kind in fremde Rollen schlüpft, erlebt es auf dem Wege der Identifikation die mit ihnen verbundenen Gefühle. Es lernt, sich in sie hineinzuversetzen, und überwindet so allmählich seine egozentrische Perspektive. Mit der Übernahme verschiedener Rollen übt es zugleich sein Sozialverhalten, im Probehandeln erfährt es sich z. B. als Schulkind und Lehrer, als Verkäufer, Busfahrer, Mutter oder Vater. Damit leistet das Rollenspiel auch einen wichtigen Beitrag zur Gemeinschaftsfähigkeit des Kindes.

IV.
Das Regelspiel

Mit der Entwicklung des anschaulichen Denkens und der beginnenden Gruppenfähigkeit erwirbt das Kind die Voraussetzungen für die vierte Grundform des Spiels, das sogenannte Regelspiel. Hierbei ist die Struktur bestimmt durch selbst erdachte oder vorgegebene Regeln, denen sich das Kind um des Spielens willen freiwillig unterordnet. Die Regeln begrenzen den Handlungsspielraum; sie legen fest, welches Verhalten in welcher Reihenfolge unter welcher Bedingung erfolgen soll. Sie definieren ein von den Spielteilnehmern zu erreichendes Ziel und ernennen den erfolgreichsten Spieler zum Sieger. Das Regelspiel wird zumeist als Gemeinschaftsspiel durchgeführt und enthält normalerweise Wettbewerbselemente. Werden die Spielregeln gebrochen, so ist der Spielverlauf gestört. Die Aufgabe der Spielregeln besteht nicht in erster Linie darin, das Spielverhalten zu strukturieren. Denn auch schon das Funktionsspiel, erst recht aber das Rollen- und das Konstruktionsspiel weisen eine charakteristische Struktur auf, sie folgen inneren «Regeln», die eingehalten und gegebenenfalls auch eingefordert werden. Im Hinblick auf die Rollenerfüllung (z. B. beim «Schulespielen») oder das Konstruktionsspiel (z. B. ein Haus bauen) gibt es ein «richtiges», den Spielerfordernissen entsprechendes und ein «verkehrtes», dem Spiel nicht dienliches Verhalten. Im Gegensatz zu dieser immanenten Spielordnung werden die Regeln des Regelspiels klar formuliert. Sie untersagen geradezu die für die anderen Spielarten so typische Spontaneität und schränken das Verhalten auf wenige Handlungselemente ein. Damit ermöglichen sie ein Erleben von Gemeinsamkeit und Gleichheit, das jedoch durch den Wettbewerbscharakter zugleich wieder aufgehoben wird, denn nun gibt es auch Sieger und Verlierer.

Im dritten Lebensjahr erfindet das Kind für sich beim Spielen eigene Regeln, die es für eine gewisse Zeit befolgt. So vermeidet es z. B. beim Gehen auf einem gepflasterten Weg, die Fugen zwischen zwei Platten zu betreten, oder es muß auf eine bestimmte Weise hüpfen. Dabei spielen weder der Gemeinschaftsaspekt noch der Leistungsaspekt eine Rolle. Mit ungefähr dreieinhalb Jahren erwacht seine Leistungsmotivation. Das Kind erkennt etwa beim Bilderlotto oder Memory-Spiel den Wettbewerbscharakter und möchte gewinnen. Mißerfolge verkraftet es nicht. Um sie zu vermeiden, bricht es gegebenenfalls das Spiel ab, leugnet sein Versagen oder schiebt die Schuld dafür auf äußere Umstände. Eventuell weist es auf andere, «ausgleichende» Fähigkeiten hin. Im fünften Lebensjahr spielt es gern in kleinen Gruppen und beginnt, sich vorgegebenen Spielregeln unterzuordnen. Nun rechnet es beim Spiel zwar mit der Möglichkeit zu verlieren, aber nach wie vor bedeutet dies eine große emotionale Belastung. Im sechsten Lebensjahr gewinnt das Regelspiel eine größere Bedeutung, und im Schulalter schließlich übertrifft dessen Beliebtheit alle anderen Spielarten. Wenden sich Erwachsene in ihrer Freizeit einem Spiel zu, so wählen sie zumeist Regelspiele.

Zu den einfachsten Regelspielen gehören die organisierten Bewegungsspiele (z. B. Verstecken, einfache Kreisspiele) und leichte Gesellschaftsspiele, wie Memory, das Dominospiel, der «Schwarze Peter», Quartett-Spiele und erste Brettspiele. Sie werden schon von Vorschulkindern beherrscht. In den ersten Grundschuljahren lernt das Kind die anspruchsvolleren Varianten dieser Spiele. Mit etwa acht bis zehn Jahren erobert es sich auch die komplexen Formen der Regelspiele: die Mannschaftsspiele (z. B. Völkerball und Fußball) und die komplizierten Karten-, Brett- und Kombinationsspiele (Canasta, Mühle, Schach und Scrabble).

Die einfachen Regelspiele lassen, z. B. aufgrund der Tatsache, daß oftmals ihr Ausgang weitgehend vom Glück abhängt, der individuellen Initiative wenig Spielraum. Die komplexen Formen hingegen ermöglichen dem Kind, innerhalb des gegebenen Rahmens seine körperlichen und geistigen Fähigkeiten vielfältig zu schulen und gegebenenfalls in den Dienst einer Mannschaft zu stellen. Insgesamt übt das Kind im Regelspiel seine soziale Anpassungsfähigkeit. Es stellt eigene Impulse zurück zugunsten des gemeinsamen Spiels, es erreicht mit Hilfe der erwünschten Fähigkeiten einen guten Rangplatz, etwa durch seine Konzentrations-, Kombinations- und Entscheidungsfähigkeit. Dabei entwickelt es Sachbezogenheit und Methodenbewußtsein. Es übt Rücksicht und Loyalität und lernt, schließlich auch zu verlieren.

Selbstverständlich vermischen sich im realen Spielvollzug häufig die dargestellten Spielformen. So werden im Konstruktionsspiel oftmals noch die Funktionen des Materials spielerisch erprobt (z. B. beim Bauen im Sand) oder mit dem Konstruktionsergebnis (dem Sandkuchen, der Sandburg, dem Lego-Auto) wird anschließend ein Rollenspiel gespielt. Das Funktionsspiel ebenso wie das Konstruktionsspiel können auch die Basis eines Regelspiels bilden, ebenso wie letztlich sogar das Rollenspiel nach strengen Regeln ablaufen kann.

V.
Das Spiel bei Menschen mit geistiger Behinderung

Grundsätzlich hat das Spiel für Menschen mit geistigen Behinderungen dieselbe Bedeutung wie für die nicht behinderten Menschen. Allerdings wirken sich die behinderungsbedingten Einschränkungen deutlich aus.

1. Das Funktionsspiel

Beim Funktionsspiel zeigen sich – je nach Behinderungsgrad in unterschiedlichem Ausmaß – die Beeinträchtigungen darin, daß der Säugling die Bewegungsmöglichkeiten seines Körpers wenig erprobt und mit angebotenem Spielzeug kaum etwas anzufangen weiß. So tendiert er dazu, sich entweder deutlich weniger oder unruhig ziellos zu bewegen. Hat er eine bestimmte Umgangsweise mit einem Spielzeug entdeckt, so führt er sie unverändert immer wieder durch. Er bleibt dabei, z. B. mit der Rassel gegen eine Unterlage zu klopfen oder sie fortzuwerfen. Neue Handlungsmöglichkeiten findet er nur schwer. Seine Assimilations- und Akkomodationsschwäche führt zu wiederholendem, stereotypen Spielverhalten. Auch im späteren Alter verharrt der geistig behinderte Mensch oft bei einmal erworbenen Handlungsmustern und probiert von sich aus vergleichsweise selten neue Funktionen aus, um sie ohne äußere Unterstützung in sein Fähigkeitenrepertoire zu integrieren. Eine Spielförderung auf dem Niveau des Funktionsspiels gleicht weitgehend der sensomotorischen Förderung.

Die bei schwer geistig behinderten Menschen so häufig anzutreffenden Bewegungsstereotypien sind – betrachtet man sie als eine Art des Spiels – einfache Funktionsspiele, die zumeist dem Niveau der primären oder sekundären Kreisreaktion (s. Kap. 18, S. 286ff.) angehören. Sie zeigen, daß der Betreffende in seinen Möglichkeiten zur spontanen Selbstbeschäftigung entweder auf dieser Entwicklungsstufe stehenblieb oder in Situationen emotionalen Mißbehagens (Langeweile, Verlassenheitsgefühle) auf sie zurückfällt. Letztere Einschätzung setzt voraus, daß der behinderte Mensch unter günstigen Bedingungen von sich aus auf eine differenziertere Weise spielt.

Das stereotype, erstarrte Spiel – auch wenn es auf einem höheren Niveau durchgeführt wird – dient nicht mehr der emotionalen und geistigen Entwicklung. Es werden weder neue Sachen entdeckt, noch Erkenntnisse gesammelt, Erfahrungen verarbeitet oder Handlungsweisen ausprobiert. Alles bleibt beim alten, und insofern der Geist sich fortwährend mit der Wiederholung desselben beschäftigt, wird auch die Aufnahme neuer Reize gehemmt. Trotz dieser negativen Begleiterscheinungen erfüllt das gleichförmige Spiel die wichtige Funktion der Betätigung, in der sich der behinderte Mensch seiner selbst versichert: er bewegt sich, führt sich Reize zu, so daß er sich selbst spüren kann, verleiht der leeren Zeit einen Inhalt und gibt sich selbst Sicherheit durch die vertraute Handlung. In diesem Sinne ist das stereotype Spiel als Fähigkeit anzusehen und nicht nur als Ausdruck eines Unvermögens. Es sollte deshalb nicht einfach unterbunden werden – was übrigens auch kaum möglich ist, ohne unerwünschte (z. B. aggressive) Verhaltensweisen auszulösen. Vielmehr sind die Stereotypien entweder zu respektieren, oder es ist ein Weg zu suchen, der eine Überwindung der Fixierung und damit eine Weiterentwicklung ermöglicht.

Solch einen Weg könnte das Spiegeln der immer gleichen Handlungen eröffnen: die Bezugsperson läßt sich auf die festgefügten Muster ein, vollzieht die Bewegungen gemeinsam mit dem behinderten Gegenüber und benutzt sie auf diese Weise als Mittel, um mit ihm in Kontakt zu treten. Das freudig erlebte gemeinsame Tun verändert allein schon den Charakter der Stereotypie. Allmählich kann die Bezugsperson dazu übergehen, das Handlungsmuster leicht zu verändern. Folgt der geistig behinderte Mensch nun seinerseits der Veränderung, so ist der erste Schritt zur Lösung aus der Fixierung geschafft. Wiederholungen der Variante helfen zur Integration in das bestehende Handlungsschema, weitere Abwandlungen können folgen: zunehmend verlebendigt sich das gemeinsame Spiel.

Ein ausführliches Beispiel möge das Gemeinte verdeutlichen: Eine schwerst geistig behinderte Frau mittleren Alters pflegt in der Ecke eines Zimmers zu stehen, zu schaukeln, indem sie das Gewicht von einem Bein auf das andere verlagert und dabei in rhythmischem Wechsel ihre Hände gestreckt vor der Brust ineinanderführt und wieder auseinanderzieht. Diese rhythmische Bewegung befriedigt sie offensichtlich, und sie führt sie über eine lange Zeit hinweg gleichbleibend durch, achtet dabei auf nichts, was sich sonst im Raum abspielt. Nun stellt sich ihr ihre Betreuerin täglich mehrmals für einige Minuten gegenüber und vollzieht spiegelbildlich denselben Bewegungsrhythmus. Über mehrere Tage hinweg scheint die behinderte Frau sie gar nicht wahrzunehmen. Dann aber hält sie einmal für einen Moment inne und schaut auf, als die Betreuerin sich zu ihr gesellt. Wieder schaukeln beide im selben Rhythmus. Das kurze Signal der Wahrnehmung wiederholt sich bei den nächsten Malen, schließlich wird es auch gesendet, wenn die Betreuerin mit dem Schaukeln aufhört. Daraufhin benutzt letztere die entstehende Pause für eine kurze Begrüßung: «Hallo Dagmar» und einen Abschiedsgruß: «Ade». Wenig später huscht bei der Begrüßung das erste Lächeln über Dagmars Gesicht. Nun beginnt die Betreuerin, behutsam den Ablauf zu ändern, indem sie kurze Bewegungspausen einführt. Dagmar schaut jedesmal kurz auf, schaukelt aber weiter. Wenn die Betreuerin die Bewegung wieder aufnimmt, achtet sie darauf, daß sie sich wieder harmonisch in den Rhythmus einfügt. Eines Tages aber wählt sie nach solch einer Pause nicht die spiegelbildliche Form, in der sie und Dagmar sich gleichzeitig aufeinander zu und voneinander weg bewegten, sondern die entgegengesetzte: sie kommt nun gleichsam auf Dagmar zu, wenn diese zurückweicht und umgekehrt. Dagmar bemerkt den Richtungswechsel, hält kurz inne und verkehrt nun ihrerseits die Richtung, um die «alte Ordnung» wieder herzustellen. Aus diesem Wechsel entwickelt sich in der Folgezeit ein regelrechtes Spiel: Die Betreuerin wechselt in kürzer werdenden Abständen die Richtung und Dagmar folgt. Bald darauf bietet die Betreuerin eine weitere Veränderung an: sie variiert vorsichtig die Bewegungsgeschwindigkeit, schaukelt mal langsamer, mal schneller. Schließlich bietet sie auch noch als «Begleitmusik» rhythmische Brummtöne an. Dagmar greift die Anregungen auf, stellt sich auf die unterschiedlichen Tempi ein und brummt mit. Dabei freut sie sich sichtlich.

Obgleich der Zuwachs an Handlungsfreiheit in dem geschilderten Spiel minimal blieb, zeigte er doch einen beachtlichen Erfolg im täglichen Leben: Dagmar begann, die Betreuerin während täglicher Verrichtungen, z. B. beim Aufräumen, zu beobachten, sie freute sich und lächelte, wenn sich ihre Blicke trafen, und ließ sich schließlich auch bei anderen gemeinsamen Tätigkeiten, etwa beim An- oder Auskleiden, auf einen gemeinsamen «Brummdialog» ein. Insgesamt wirkte sie wacher und zufriedener.

2. Das Konstruktionsspiel

Das für das Funktionsspiel Gesagte gilt entsprechend für das Konstruktions- und das Symbolspiel: Es besteht die Tendenz, bei einmal erworbenen Spielformen übermäßig lange zu verharren und sie nicht hinreichend auszudifferenzieren. So werden immer wieder gleiche Häuser gebaut, immer wieder dieselben Rollenspiele durchgeführt. Häufig überfordert sich das behinderte Kind auch: es erkennt die Grenzen seiner Fähigkeiten noch weniger als ein gesundes und nimmt sich Unerreichbares vor. Der sich einstellende Mißerfolg wirkt sich dann ungünstig aus auf die Leistungsmotivation, die Ausdauer und die Frustrationstoleranz. Deshalb braucht das geistig behinderte Kind einfühlsame Unterstützung bei seinem Konstruktionsspiel. Der Betreuer muß mit ihm gemeinsam das Ziel bestimmen und dabei zu hoch gesteckte Erwartungen vorsichtig einem realisierbaren Maß annähern, ohne daß das Selbstbewußtsein des behinderten Menschen zusätzlich leidet.

Hier zeigt sich ein grundsätzliches Problem: geistig behinderte Menschen können viel schlechter als normal begabte ihr Selbstwertgefühl über ihre Leistung aufbauen. Sind sie überhaupt in der Lage, Vorstellungen zu entwickeln, planvoll zu handeln und das Ergebnis ihrer Tätigkeit mit dem Vorbild zu vergleichen, so fällt ihnen auf, daß sie immer schlecht abschneiden. Darüber hinaus erleben sie auch bei der Handlung selbst ständig ihre Grenzen: sie erreichen ihr Ziel nicht, sei es, weil sie einen falschen Weg einschlagen, sei es, weil ihnen die notwendigen Fertigkeiten fehlen. Als Konsequenz stellen sich ein: Minderwertigkeitsgefühle, Versagensängste, eine allgemeine Mißerfolgsorientierung («das kann ich ja doch nicht») und der Wunsch, diesen unangenehmen Gefühlen zu entrinnen, etwa durch Leistungsverweigerung und/oder Größenphantasien. Der Betreuer muß deshalb versuchen, im gemeinsamen Spiel dem behinderten Schützling zu Erfolgserlebnissen zu verhelfen, und zwar nicht nur durch die Suche nach einem leistbaren Ziel, sondern auch durch die gemeinsame, schrittweise Planung und durch Hilfestellung (eventuell mit Handführung) bei der Durchführung. Der Weg, den ein gesundes Kind sich beim Konstruktionsspiel selbst sucht, die Erfahrungen, die es sammelt, müssen beim geistig behinderten Menschen oft von außen angeregt, begleitet und formuliert werden.

Manchmal haben geistig behinderte Menschen eine ausgesprochene Leistungsspitze im Konstruktionsspiel: sie bauen wunderbare Häuser oder gar ganze Burgen und Städte oder ersinnen die erstaunlichsten mechanischen Apparate. Sehr oft geht mit dieser Stärke eine Schwäche im sozialen Bereich einher, die sich bezüglich des Spiels etwa in der Unfähigkeit zum Rollenspiel ausdrückt.

3. Das Rollenspiel

Ebenso wie zum Konstruktionsspiel braucht der behinderte Mensch häufig eine Hinführung zum Rollenspiel. Da er oft Schwierigkeiten hat, Vorstellungen zu entwickeln, Zusammenhänge zu erkennen, Erfahrungen zu übertragen und einzuordnen, fällt ihm auch der kreative Ausdruck im Rollenspiel schwer. Eventuell muß die Voraussetzung des Rollenspiels, die Nachahmung, erst angeregt werden. Der Betreuer kann dies versuchen, indem er seinerseits seinen behinderten Schutzbefohlenen spiegelt und einfachste Rollenspiele mit dessen Lieblingsspielzeug durchführt. So wird die Puppe abends ausgekleidet, oder der verschmutzte Kuschelbär wird gemeinsam gebadet und trokkengefönt.

Immer – auch bei einem höheren Grad der Spielfähigkeit – ist es wichtig, daß sich eine Bezugsperson als Spielpartner zur Verfügung stellt. Günstig ist es, Alltagsgeschehnisse – unbefangen wie ein kleines Kind – in Rollenspiele umzuwandeln. Das Tischdecken besorgen
«die Kellner», oder man wohnt in einem
«Schloß», verkörpert die
«Schloßherrin» und läßt sich von einem
«Pagen bedienen». Auch die Verwandlung in Tiere ist sehr beliebt: als Hund darf man bellen, immer hinter seinem Herrchen herlaufen und sich streicheln lassen, man muß aber auch gehorchen und wird bestraft, wenn man beißt. In einer fremden Rolle werden manchmal Aufgaben übernommen und Anordnungen befolgt, die unter normalen Bedingungen abgelehnt werden. Auch manche Fertigkeit läßt sich,

geschützt durch eine fremde Rolle, leichter erwerben, nicht zu sprechen von der Vielzahl der Gefühle, die in einer anderen Gestalt ihren angemessenen Ausdruck finden können.

Wie es den geistig behinderten Meister des Konstruktionsspiels gibt, so auch Künstler des Rollenspiels. Sie sind meist feinfühlig, phantasiebegabt und haben ihre Stärken im Erfassen sozialer Situationen, während ihr konstruktives Vorstellungsvermögen oft schwach ausgebildet ist.

4. *Das Regelspiel*

Das Regelspiel stellt hohe Anforderungen hinsichtlich des Regelbewußtseins, der Selbstkontrolle und der sozialen Einordnung. Der behinderte Mensch muß warten können, bis er an der Reihe ist, er muß sein Handeln in den engen, vorgegebenen Rahmen einfügen, er muß sich innerhalb dieses Rahmens auf ein Ziel konzentrieren, Entscheidungen treffen, seine geistigen Fähigkeiten einsetzen, und er muß die Wettbewerbssituation erkennen und ertragen, Solidarität üben und Niederlagen einstecken können. Auch hierfür bedarf er der liebevollen Unterstützung. Die Spielangebote müssen dem kognitiven, emotionalen und sozialen Entwicklungsstand entsprechen, die Spielsituation und gegebenenfalls auch die Spielregeln müssen den individuellen Bedingungen angepaßt werden, damit die Regelspiele zum befriedigenden Gemeinschaftserlebnis führen können.

Leichte Regelspiele, z. B. Würfel- und Kartenspiele wie «Schwarzer Peter» und «Mensch ärgere dich nicht», deren Ergebnis mehr vom Glück als von der Fähigkeit, eine Strategie zu entwickeln, abhängt, kommen vielen leicht bis mittelgradig geistig behinderten Erwachsenen entgegen. Die wenigen Regeln beherrschen sie, gleichförmige Tätigkeiten, die einem Ritus ähnlich vollzogen werden, sind sie gewohnt, ebenso die soziale Einordnung, besonders wenn sie in einer Gruppe im Heim leben. Nur das Verlieren bereitet oftmals Schwierigkeiten, wird von vielen aber auch als «zum Ritus gehörig» akzeptiert. Anders ist es mit Spielen wie «Mühle» oder «Schach», die ein gutes gedankliches Kombinationsvermögen und die Fähigkeit, eine Strategie zu entwerfen und sie den jeweiligen Gegebenheiten anzupassen, voraussetzen. Nur sehr wenige geistig behinderte Menschen können sich auf diese Weise ihrer Leistungsfähigkeit versichern und Erfolgserlebnisse verbuchen.

5. *Der pädagogisch-therapeutische Einsatz des Spiels*

Erfährt der geistig behinderte Mensch eine angemessene Hilfe, so erlebt auch er spielend die lustvollen Seiten seiner Körperfunktionen, übt spielerisch lebensnotwendige Tätigkeiten, bewältigt seine Ängste und verarbeitet sein Leid. Spielend gestaltet er die eigene Person und die Umwelt; spielend erfährt er befriedigende Beziehungen, die sich orientieren an einer der Gemeinsamkeit des Spiels dienenden Ordnung. All diese «nützlichen» Ergebnisse fallen ihm spielend im Erleben von Freiheit zu.

Die Unterstützung, die dem geistig behinderten Menschen zuteil werden kann, hilft ihm beim Spielen und bedient sich zugleich des Spiels als pädagogisches oder therapeutisches Medium. Richtet sich der Zweck auf den Erwerb bestimmter (fein)motorischer, kognitiver oder sozialer Fähigkeiten, so dient das Spiel der «heilpädagogischen Übungsbehandlung». In ihr spielt der methodische Aufbau eine gewichtige Rolle. Er soll gewährleisten, daß die Anforderungen sich genau an den vorhandenen Fähigkeiten orientieren und schrittweise gesteigert werden. Für den kognitiven Bereich wird z. B. Montessori-Spielmaterial eingesetzt. Anders wird vorgegangen, wenn das Spiel als psychotherapeutisches Mittel zur Überwindung emotionaler Probleme eingesetzt wird. In diesem Fall ähnelt der Vorgang der Spieltherapie eines normal begabten Kindes. Der Therapeut greift die vom «Klienten» ausgehenden Spielimpulse auf, läßt ihn das gemeinsame Tun bestimmen, folgt, versteht, spiegelt ihn und bietet ihm so die Möglichkeit zur Darstellung, Bearbeitung und Überwindung seiner Konflikte im Spiel. Hierbei leistet das Rollenspiel den wichtigsten Beitrag, doch auch Konstruktions- und Regelspiele werden auf Wunsch mit einbezogen.

Nicht nur als Medium zur Förderung, sondern auch als diagnostisches Mittel erweist sich das Spiel als nützlich. Einen unmittelbaren Einblick in die emotionale Befindlichkeit, in die oftmals unbewußten Konflikte gewährt vor allem das Rollenspiel. Diese Tatsache führte dazu, daß Spielmaterial, das zu szenischem Spiel anregen soll, speziell für diagnostische Zwecke entwickelt wurde. Weite Verbreitung fand insbesondere der «Scenotest», der durch eine Vielzahl kleiner Puppen verschiedensten Lebensalters, unterschiedlichster Tiere, Bäume, Blumen, alltäglicher Gegenstände und neutraler Bausteine die Darstellung jeder beliebigen «Szene» erlaubt. Das Spielergebnis wird anschließend im Sinne eines projektiven Persönlichkeitstests interpretiert.

Der geistige und emotionale Entwicklungsstand eines geistig behinderten Menschen läßt sich hervorragend von seinem spontanen Spiel ablesen. Das «Spielalter» das er erreicht, wenn er sich selbst überlassen spielt, nicht eingebunden in einen zwischenmenschlichen Kontakt, verweist normalerweise auf die frühesten Defizite, die sich entweder im kognitiven oder im emotionalen Bereich befinden. Die Entwicklungsspitzen werden sichtbar, wenn die Spielsituation harmonisch und durch emotionale Nähe zu einer Bezugsperson gekennzeichnet ist.

Ein Beispiel mag das Gemeinte erläutern: Ein zehnjähriger, geistig behinderter Junge beschäftigt sich alleine mit einfachen Funktionsspielen: er dreht stundenlang die Räder seines Spielzeugautos oder läuft selbst andauernd im Kreis herum. Er spricht in Ein-Wort-Sätzen und kann sich mit Hilfestellung selbst an- und auskleiden. Im gemeinsamen Spiel beherrscht er leichte Regelspiele wie «der Plumpssack geht um» oder «Memory». Dieser Junge hat kognitive Leistungsinseln im Bereich eines etwa dreijährigen Kindes. Sich selbst überlassen fällt er aber auf das Niveau der sekundären Kreisreaktion, also eines etwa halbjährigen Säuglings zurück. Ob emotionale Störungen oder kognitive Ausfälle ihn zu dieser Regression veranlassen, wäre zu überprüfen. Auf jeden Fall aber sollte eine ganzheitliche Förderung immer auf der untersten Defizite aufweisenden Entwicklungsstufe ansetzen.

Zwanzigstes Kapitel

Sprachentwicklung

Über die Bedeutung der Sprache für den Menschen ist – keineswegs nur von Psychologen, vielmehr von Philosophen und Philologen – viel Grundsätzliches geschrieben worden, auf das einzugehen hier nicht der Ort ist. Verwiesen sei nur andeutend auf das Wechselwirkungsverhältnis von Sprache und Denken, Sprache und Intelligenzentwicklung, Sprache und Selbstbewußtsein oder auf den Zusammenhang von Sprache, Kulturentwicklung und Geschichtsbewußtsein, nicht zu vergessen die schöpferische Kraft der Sprache, die die Bibel meint, wenn es im Johannesevangelium heißt: «Am Anfang war das Wort». Die Sprache, gerne definiert als ein sich ständig weiter entwickelndes System von Zeichen, ist also viel mehr als das komplexeste menschliche Kommunikationssystem, auf das sie im Zeitalter der Informatik häufig reduziert wird. Die Ausführungen dieses Kapitels beschränken sich auf die für den Umgang mit geistig behinderten Menschen wesentlichen Aspekte: Sprachentwicklung und Sprachentwicklungsverzögerung, Sprachstörungen und Grundsätze der Sprachförderung.

I.
Die Sprachentwicklung

Die Sprachentwicklung des Kindes beginnt mit der Geburt. Bis es, etwa einjährig, die ersten Wörter sinnvoll gebraucht – jetzt beginnt der Spracherwerb im engeren Sinne – eignet es sich in vier «vorsprachlichen Stadien» die dazu notwendigen Grundlagen an:

1. Schreien

Die erste Lautäußerung des Neugeborenen, der Geburtsschrei, entsteht reflektorisch durch die notwendige Umstellung auf das selbständige Atmen. Später schreit das Kind, wenn es sich unwohl fühlt, z. B. Schmerzen oder Hunger hat oder Zuwendung braucht. Mit dem Schreien übt der Säugling den für das Sprechen notwendigen Zusammenhang von Atmung und Stimmgebung. Aber auch die kommunikative Funktion der Sprache bahnt sich schon an, insofern die Bezugspersonen auf die Lautäußerungen reagieren und die Bedürfnisse befriedigen. Von Woche zu Woche differenziert sich dabei das Schreien aus, und die Eltern lernen die verschiedenen Bedeutungen zu verstehen und entsprechend zu beantworten.

2. Lallen

Mit dem zweiten Lebensmonat beginnt das Kind zu lallen. Drückten seine Lautäußerungen zuvor überwiegend sein Unbehagen aus, so steht nun die «Funktionslust» im Vordergrund. Der Säugling übt gleichsam, zufrieden im Bettchen liegend, seine Artikulationsfähigkeit. Er spielt zunächst den Bereich der Vokale durch, anschließend entdeckt er die Vielfalt der Konsonanten und der Urlaute, wie Gurgeln, Schmatzen, Schnalzen. Die von ihm produzierte Lautfülle übersteigt bei weitem den Lautbestand der Muttersprache, ja sie umfaßt alle nur denkbaren Laute.

Die Tatsache, daß Säuglinge auf der ganzen Welt in den ersten Monaten gleichartig lallen, daß auch schwerhörige und sogar taube Kinder zunächst ihre Artikulationsfähigkeit genauso üben, zeigt, daß der Mensch sich bei seinen ersten Lautdifferenzierungen nicht an den gehörten Lauten orientiert. Allerdings gewinnt das Hören – sowohl der eigenen als auch der fremden Laute – sehr bald nicht nur eine bestätigende und anregende, sondern auch eine korrigierende Funktion. Fehlt es, so stellen die Säuglinge gegen Ende der Lallphase ihre Lautäußerungen weitgehend ein. Sie erreichen die Stufe des nachahmenden Lallens nicht. Zu erwähnen ist noch, daß die Entwicklung der Artikulationsfähigkeit auch durch die Schulung der Mundmotorik, etwa durch das Saugen und Lutschen, unterstützt wird.

3. Nachahmendes Lallen

Mit der zweiten Hälfte des ersten Lebensjahres wächst die Bedeutung der gehörten Laute für das Kind. Schon seit Beginn der Lallphase antworten die Bezugspersonen auf die vielfältigen Laute, indem sie sich seinem Säuglingsniveau anpassen und ihrerseits mit dem Säugling lallen. Ihn so spiegelnd, beginnen sie mit ihm ein intensives Zwiegespräch, das ihn ermutigt und seine Freude am Lautieren erhöht. Die Spiegelung der Mimik verstärkt die Wirkung zusätzlich. Bei blinden Kindern fehlt dieser Effekt, bei tauben bildet er die einzige Rückmeldung. Derartige «Spiele» lassen das Kind die kommunikative Funktion der Sprache erleben. Wie beim bedeutungsträchtigen Schreien erfährt es sich lallend als wirksam, und dies besonders, wenn die Bezugspersonen die Lautgestalt, den Rhythmus und die Tonhöhe seiner Äußerungen spiegeln. Neuere Forschungen legen den Schluß nahe – weil im Kontakt zu Säuglingen die Menschen erstaunlich gleichförmig reagieren – daß das angemessene «Dialogverhalten» genetisch festgelegt ist und durch den Säugling abgerufen wird.

Indem die Bezugspersonen mit den Kind lallen, erleichtern sie ihm zudem die lautliche Nachahmung. Denn – so sehr sie sich auch um

Ähnlichkeit bemühen mögen – sie können doch nur in den Lauten und der Sprachmelodie der Muttersprache lautieren. Damit aber helfen sie dem Säugling, in den folgenden Monaten die «richtigen» Laute und Klangformen auszuwählen und einzuüben. Mit ca. sechs Monaten beginnt der Säugling seinerseits, die eigenen Lautfolgen und wenig später die seines Gegenübers in langen Silbenketten nachzuahmen. Dabei verschwinden die sprachfremden Laute allmählich, und die Laut- und Klangmuster der Muttersprache werden zunehmend erkennbar. Das Wiederholen solch bedeutungsloser oder unverstandener Lautverbindungen nennt man physiologische Echolalie. Mit ihr erreicht das nun acht Monate alte Kind eine weitere Stufe der Wechselseitigkeit des Dialoges.

4. Sprachverständnis

Auf die Silbenketten, die überwiegend Laute enthalten, die mit den Lippen und dem vorderen Teil der Zunge gebildet werden – also etwa bababa, papapa, mamamam, tatata, mimimi – antworten die Bezugspersonen recht verschiedenartig. Manche spiegeln sie einfach spielerisch, manche aber auch mit hervorhebender Betonung, besonderer gestisch-mimischer Begleitung, ihnen sichtlich eine Bedeutung beimessend: «Mama, Papa».

Allmählich vermag das Kind, seine unterschiedlichen in vergleichbaren Situationen regelmäßig wiederkehrenden Wahrnehmungen miteinander zu verbinden und ihren Bedeutungsgehalt auch auf die Lautgestalten zu übertragen. Seine vielfältigen sensomotorischen Erfahrungen, der Beginn seines Vorstellungsvermögens bilden die Voraussetzung für das nun wachsende Sprachverständnis. Zum Beispiel spielt die Mutter mit ihrem neun Monate alten Säugling «Guckuck-da!:» Sie verbirgt ihr Gesicht hinter ihren Händen und fragt: «Wo ist Mama?» Gleich darauf wendet sie ihm ihr strahlendes Gesicht zu und sagt: «Da ist Mama». Lallt das Kind: «Mama mama mama», schaut sie es an und wiederholt: «Ja, ich bin Mama. Du bist Heiko». Und sie wiederholt das «Guckuck-da»-Spiel mit vertauschten Rollen. Oder sie gibt ihrem Kind das Fläschchen mit den immer gleichen, besonders betonten Worten: «Hier ist deine Milch», verbunden mit Blickkontakt oder Streicheln. Wieder entsteht ein ritualisiertes Kommunikationsspiel, dessen emotionalen und handlungsbezogenen Bedeutungsgehalt das Kind längst erfaßt hat. Nun weitet es ihn auch auf die Lautfolge aus und antwortet seinerseits mit etwa ein Jahr: «Mimi».

5. *Ein-Wort-Sätze*

Mit ungefähr einem Jahr – das Kind hat inzwischen die erreichbaren Objekte, alle Sinne einsetzend, auf vielfältige Weise untersucht, seine Erfahrungen gesammelt und sich ein grundlegendes «Wissen» um die «Beschaffenheit der Welt» angeeignet – begreift es, daß jedes Ding einen Namen besitzt. Es erfaßt den Zusammenhang von Gegenstand und Wort, erkennt mit etwa eineinhalb Jahren, daß eines ein anderes kennzeichnen kann. Es erwirbt die zeichenhaft-hinweisende Funktion der Sprache. In diesem Zeitraum beginnt es zu sprechen: zunächst äußert es sich in einzelnen Worten, den sogenannten Ein-Wort-Sätzen, bei denen ein und dasselbe Wort unterschiedliche Sachverhalte darstellen kann. So mag das Wort «Ball» bedeuten: «Da rollt der Ball.» oder: «Gib mir den Ball!» oder: «Wo ist der Ball?». Welche Bedeutung im Einzelfall zutrifft, ist aus der jeweiligen Situation zu erschließen.

Indem das Kind «die Namen der Dinge» lernt, wächst im Erleben seine Macht. Sein Machtzuwachs besteht nicht nur darin, daß es sich nun besser ausdrücken kann, Mutter und Vater also eher verstehen, was es meint, und seine Wünsche leichter erfüllen können; vielmehr beruht er in erster Linie auf einem gewandelten Verhältnis zu den Dingen. Über sie scheint das Kind Macht zu bekommen, indem es ihre Namen kennt. Diese Bemächtigungsfunktion der Sprache ist uns aus den verschiedensten Zusammenhängen vertraut. So signalisierte der alttestamentliche Gott seine Unverfügbarkeit, indem er seinen Namen nicht nannte, sondern nur umschrieb. Beschwörungsformeln aller Kulturen beruhen ebenfalls auf der Vorstellung von der magischen Kraft der Namen. Und im Märchen entmachtet die schöne Müllerstochter das Rumpelstilzchen, indem sie seinen geheimgehaltenen Namen herausfindet.

6. *Zwei- und Drei-Wort-Sätze*

Die Ein-Wort-Sätze, die etwa zeitgleich mit dem Laufenlernen auftreten, werden mit ca. eineinhalb Jahren abgelöst von den Zwei-Wort-Sätzen und etwa ein halbes Jahr später von den Drei-Wort-Sätzen. Das Kind hat entdeckt, daß nicht nur die Dinge Namen haben, sondern daß man sie mit einem zweiten Wort auch noch näher kennzeichnen kann: «Papa lieb», «Tina Hunger», «da Ball», «Ball fort» oder «Ball haben». Diese Satzstruktur, die noch nicht der muttersprachlichen Grammatik folgt und in allen Kulturen anzutreffen ist, wird als Pivot-Grammatik bezeichnet.

Indem das Kind verschiedene Wörter zu einem Sinngefüge zusammenstellt, vollzieht es den Schritt von der einfachen sprachlichen Benennung eines Gegenstandes zur qualifizierenden Aussage. Es hat einen Weg gefunden, seine Empfindungen, seine Impulse und Beobachtungen sprachlich auszudrücken, und hat damit seine Fähigkeit, sich die Welt anzueignen, entschieden erweitert.

Zur gleichen Zeit vergrößert es seinen Wortschatz, indem es bei allen Dingen nach dem Namen fragt: «Das is?» oder «Is das?» Auch die bereits bekannten Wörter werden immer wieder erfragt. Die Fragen dienen ihm zur Bestätigung, die es strahlend empfängt, aber auch zur Abgrenzung der Bedeutung. Auch durch das Nachplappern einzelner Worte, Satzteile und schließlich ganzer Sätze, die Echolalie, festigt und erweitert das Kind seine sprachliche Kompetenz.

In der Phase der Zwei-Wort-Sätze beginnt das Kind sich hin und wieder als «Ich» zu bezeichnen, obgleich es sich nach wie vor überwiegend mit seinem Vornamen nennt. Mit etwa zweieinhalb Jahren aber hat das «Ich» die Namensnennung abgelöst. Dem von der Mutter mit dem Namen «Paul» gerufenen Jungen ist die Identität seines Namens mit seinem «Ich» aufgegangen. Nach dem Vorbild von Mutter und Vater, die sich selbst als «Ich» bezeichnen, obwohl er «Mama» oder «Papa» sagt, spricht er nun von sich als «Ich». Mag die Fähigkeit, «ich» zu sagen, den Beginn des Abstraktionsvermögens anzeigen, mag sie auch ein dumpfes Gefühl ausdrücken, daß die Beziehung zur eigenen Person sich qualitativ grundsätzlich unterscheidet von der Beziehung zu anderen Menschen oder Dingen, wie dies häufig behauptet wird, das bleibe hier dahingestellt. Deutlich ist jedoch, daß das Kind das Vermögen, «ich» zu sagen, in dem Zeitraum erwirbt, der gemeinhin als Trotzphase bezeichnet wird, d. h. in der Phase, in der es seinen Willen entdeckt, ihn gegenüber dem elterlichen Willen zu behaupten trachtet und in der es durch ständige Abgrenzung die «ideale Distanz» sucht, so daß es sich weder verlassen noch vereinnahmt fühlt. In diesem Zusammenhang ist auch daran zu erinnern, daß Menschen, die zu und von sich selbst in der zweiten oder dritten Person reden, einen gestörten Bezug zu sich selbst haben. Verbessert sich aufgrund therapeutischer Bemühungen der Selbstbezug, so beginnen solche Menschen in der Regel, sich als «Ich» zu bezeichnen.

7. Mehr-Wort-Sätze

In der Mitte des dritten Lebensjahres lernen die meisten Kinder, in Mehr-Wort-Sätzen zu sprechen. Nun passen sich ihre Äußerungen schrittweise an die grammatische Struktur der gehörten Sprache an, und zwar zunächst, indem die einzelnen Satzteile, sofern sie überhaupt verwendet werden, den richtigen Platz einnehmen. «Ich auch Pielplatz gehen». «Kann ich allein». Bestimmte und unbestimmte Artikel, auch adverbiale Bestimmungen und manche Verben werden zunächst noch häufig fortgelassen. Auch bei der Mehrzahlbildung, den Verbendungen und den Steigerungsformen differenziert das Kind noch nicht. Nachdem es die Grundregeln, etwa der Zeitenbildung oder der Steigerung, erfaßt hat, wendet es sie eine Zeitlang in jedem Fall an. Die Verben beugt es alle nach Art der schwachen Verben. Es sagt korrekt: «ich lachte», aber auch entsprechend «ich schlafte» und «ich laufte». Das Grundmuster der Steigerung «schön, schöner, am schönsten» überträgt das Kind auf die Ausnahmen, wenn es eifrig verkündet: «Schokolade schmeckt am gutesten». Erst wenn es die Grundregeln sicher beherrscht, schränkt es das sogenannte «Prinzip der Analogiebildung» ein und erlernt die Ausnahmen.

8. «Warum»-Fragen und Begriffserklärungen

Mit drei Jahren beginnt das Kind die Geduld seiner Mitmenschen herauszufordern, indem es fortwährend «warum» fragt. Mit diesen oftmals lästigen Fragen verfolgt es keineswegs in erster Linie den Zweck, sein Gegenüber auf die Probe zu stellen oder von einer unliebsamen Forderung abzulenken, wenn es z. B. dem Gebot der Mutter, es solle jetzt die Puppe weglegen und sich ausziehen, um ins Bett zu gehen, mit der auch jeder Erklärung wiederum folgenden Frage «Warum?» begegnet. Vielmehr hat es inzwischen erfaßt, daß jedes sichtbare Geschehen einem (unsichtbaren) Grund folgt. Der schon im ersten Lebensjahr erlebnishaft begriffene Wenn-dann-Zusammenhang hat sich zum Ursache-Wirkungs-Zusammenhang erweitert. Des gleichen merkt das Kind, daß Handlungen gewöhnlich einen Zweck verfolgen. Auch nach ihm erkundigt es sich mit seiner Warum-Frage. Die Tiefendimension des Wirklichkeitsverständnisses wird gleichsam systematisch erforscht. Dabei lernt das Kind auch, seine Gedanken in Haupt- und Nebengedanken aufzugliedern. Ihren Niederschlag finden diese Bemühungen in der zunehmend komplexer werdenden kindlichen Sprache.

Die begrifflichen Relationen erarbeiten sich Kinder dieses Alters oftmals konsequent. So spielte der dreieinhalbjährige Heiko mit seiner Großmutter «Nach-Amerika-Fliegen». Das Bett galt ihm hierbei als Flugzeug. Während des Spiels entwickelte sich folgender Dialog: Großmutter: «Wann fliegen wir? Heute?» Heiko: «Ja, heute». Großmutter: «Jetzt gleich?» Heiko: «Nein, du mußt noch warten, nachher». Und er machte sich «im Flugzeug» zu schaffen und brummte. Als er aufgehört hatte, fragte die Großmutter: «Ist jetzt nachher?» Heiko: «Nein, noch nicht». Er überlegte angestrengt und sagte dann mit Nachdruck: «Aber bald». Wieder vergingen einige Minuten mit Gebrumm. Dann plötzlich verkündete Heiko strahlend: «Gleich ist jetzt» – Pause – «jetzt». Während einiger Tage häuften sich in seinen Rollenspielen die Zeitbestimmungen, und unmittelbar darauf wandte er sie sinnentsprechend in den Alltagsgesprächen an, z. B. in Erwartung einer Mahlzeit oder eines Spazierganges.

Auch in dem folgenden Zwiegespräch mit Heikos jüngerer Schwester spiegelt sich das Bemühen um begriffliche Klarheit: Frauke, drei Jahre, fragt ihre zu Besuch kommende Tante, die einen Hund mitbringt: «Ist Bello ein Junge?» Auf die Bestätigung hin fährt sie fort: «Heiko ist auch ein Junge. Ich bin ein Mädchen. Bist du auch ein Mädchen?» Die Antwort: «Ja, und zugleich auch eine Frau», regt sie zu der Feststellung an: «Mama ist auch eine Frau und meine Mama». Die Tante ergänzt, daß Mama auch ein Mädchen war. Es folgt die Feststellung, daß sie selbst ein Mädchen und eine Tochter sei. Das gemeinsame Gespräch endet mit der Erkenntnis, daß sie auch noch Papas Tochter und Heikos Schwester ist und daß Heiko als Junge auch noch Sohn und Bruder, der Papa aber Mamas Mann und Omas Sohn ist. Diese verschiedenartigen Zuordnungen zu treffen, befriedigte sie augenscheinlich.

9. Satzgefüge

Im vierten Lebensjahr beherrscht das durchschnittlich begabte Kind die einfachen Satzstrukturen, beginnt mit der Bildung von Nebensätzen, macht aber noch die oben beschriebenen Fehler bei der Wahl der Wortendungen. Im fünften Lebensjahr überwinden die meisten Kinder weitgehend ihre grammatischen Fehler und eignen sich zunehmend komplexere Satzstrukturen an, so daß Kinder, die bei sprachlich differenziert redenden Menschen aufwachsen (in der Regel Kinder der Mittelschicht) mit fünf Jahren die Umgangssprache korrekt beherrschen und die gängigen Nebensatzformen anwenden, zumindest aber verstehen können. Mit sechs Jahren, bei Schuleintritt sollten alle Kinder dieses Niveau erreicht haben. Die einzige Ausnahme bildet der Gebrauch des Passivs, den viele Kinder erst im Grundschulalter lernen.

10. Sprechfertigkeit

Die Sprechfertigkeit schult sich mit dem Spracherwerb. Während dem zweijährigen Kind noch die Aussprache vieler Laute Schwierigkeiten bereitet, so daß es sie entweder durch andere ersetzt, fortläßt oder falsch bildet – es sagt z. B. «Pielplatz» oder «is tomme dleis» anstelle von «Spielplatz» und «ich komme gleich» – sollte ein Kind im Einschulungsalter alle Laute richtig aussprechen. Auch sollte es inzwischen sein Denken, seine Atmung und die Bewegungen seiner Sprechmuskeln flüssig koordinieren können, so daß es beim Erzählen nicht mehr vor lauter Eifer ins Stottern oder Poltern gerät. Die Phase des physiologischen Stotterns (drei bis vier Jahre), in der das genannte Gleichgewicht noch nicht erreicht ist, sollte mit sechs Jahren überwunden sein. Die folgenden Jahre dienen der differenzierteren Aneignung der Sprache. Das Kind erweitert seinen Wortschatz und gewinnt immer größere Sicherheit in der sprachlichen Darstellung der Welt, der es begegnet.

II.
Sprachentwicklungsverzögerung

Von einer verzögerten Sprachentwicklung spricht man, wenn der Rückstand gegenüber der Altersnorm ein halbes Jahr überschreitet. Ein zweijähriges Kind, das erst beginnt, Ein-Wort-Sätze zu sprechen oder ein dreijähriges Kind, das immer noch in Zwei-Wort-Sätzen plappert, ist sprachlich zurückgeblieben. Daß ein Kind verspätet sprechen lernt, kann die harmlose Folge einer ererbten Anlage («Spätentwickler»), kann aber auch ein Symptom einer körperlichen oder seelischen Störung sein. Da eine Störung aufgrund des engen Zusammenspiels von Sprach- und Intelligenzentwicklung so früh als möglich behoben oder zumindest abgemildert werden sollte, ist eine Klärung der Verzögerungsgründe dringend anzuraten. Weil eine Vielzahl von biologischen und sozialen Voraussetzungen für einen störungsfreien Spracherwerb erfüllt sein müssen, können sehr unterschiedliche Mängel eine Entwicklungsverzögerung verursachen oder verstärken. Zu beachten sind insbesondere folgende Faktoren:

- ein Anlagefaktor, der z. B. erkennbar wird durch das Alter, mit dem die Eltern sprechen lernten
- körperliche Entwicklungsrückstände, z. B. als Folge einer Frühgeburt oder einer schweren und insbesondere langwierigen Krankheit
- Defekte der Sprechorgane, z. B. aufgrund einer «Hasenscharte» (Lippenspalte) oder eines «Wolfsrachens» (Gaumen-Kiefer-Lippenspalte)
- Sinnesdefekte, d. h. Schwerhörigkeit/Taubheit und/oder Schwachsichtigkeit/Blindheit
- Wahrnehmungsstörungen, die auf eine Hirnschädigung zurückgehen können, welche aber oftmals nicht nachzuweisen ist. Ein geistiger Entwicklungsrückstand muß keineswegs, kann aber damit verbunden sein
- frühkindliche Hirnschädigung, z. B. eine zerebrale Lähmung (Spastik). Sie geht möglicherweise, nicht aber unbedingt mit einem geistigen Entwicklungsrückstand einher
- ein geistiger Entwicklungsrückstand, der erblich (z. B. Minderbegabung) und/oder organisch (z. B. Downsyndrom) bedingt sein kann. Häufig wird er auch durch eine frühkindliche Hirnschädigung (z. B. durch Sauerstoffmangel bei der Geburt) verursacht

- mangelnde sprachliche Anregungen, wenn z. B. die Eltern sehr wenig mit dem Kind sprechen oder wenn die Bezugspersonen zu häufig wechseln und die emotionale Bindung fehlt (z. B. bei Heimkindern)
- schlechte sprachliche Vorbilder, die die Sprache nur mangelhaft beherrschen oder unter Sprach- bzw. Sprechstörungen leiden
- konfliktbeladene Erziehungssituationen, z. B. Überforderung durch die Eltern, die Geburt eines Geschwisterchens oder andauernder Streit zwischen den Eltern.

Für eine Verzögerung der Sprachentwicklung kann sowohl ein einziger als auch eine Kombination mehrerer der hier genannten Faktoren verantwortlich sein. Ist das Kind lediglich ein sprachlicher Spätentwickler, so wird es im übrigen seinem Alter entsprechende motorische, insbesondere feinmotorische, und kognitive Leistungen erbringen. Es wird hinsichtlich seines Sprachverständnisses, der Aufmerksamkeit, Neugier und Spielfähigkeit nicht negativ auffallen. Bei derart normal entwickelten Kindern kann bedenkenlos gewartet werden, bis sie von selbst das Sprechen lernen. Gleiches gilt für Kinder, die einen körperlichen Entwicklungsrückstand aufweisen. Sie nehmen regen Anteil an ihrer Umwelt und setzen ihre Eltern oftmals dadurch in Erstaunen, daß sie, nach einem sogenannten stummen Intervall, plötzlich einen ganzen Satz äußern, wie z. B.: «Da kommt Papa». Diese Kinder brauchten zunächst ihre ganze Kraft für ihre körperliche Entwicklung, haben aber die Sprache dennoch «innerlich» gelernt.

Defekte Sprachorgane mögen zwar einen Teil der Sprechentwicklung, nämlich die Aussprache, behindern. Die allgemeine Sprachfähigkeit wird bei normal begabten Kindern durch einen derartigen Schaden jedoch nicht beeinträchtigt. Diesen Kindern sollte man Artikulationshilfen anbieten, damit sie im sozialen Kontakt möglichst nicht stigmatisiert werden. Seh- oder hörgeschädigte Kinder sollte man möglichst frühzeitig mit technischen Hilfsmitteln unterstützen. Die Kinder überprüfen ihre Lautbildung, indem sie ihrem Gesprächspartner auf den Mund schauen und den Klang der gehörten Wörter mit dem der selbst gesprochenen vergleichen. Die optische Sprechkontrolle mag auf die Dauer gesehen durch die akustische ersetzbar sein, die Einschränkung oder gar den Ausfall des Hörvermögens kann das Kind jedoch nicht alleine ausgleichen. Deshalb braucht es in diesem Fall möglichst frühzeitige Hilfe, soll es nicht dauerhaft in seiner Sprach- und damit auch Denkentwicklung behindert werden.

Die wahrnehmungsgestörten Kinder brauchen eine gezielte Förderung. Sie leiden unter einer Störung der Reizverarbeitung, die dazu führt, daß das Kind die Sinnesinformationen über die es umgebende Wirklichkeit nicht angemessen ordnet und auswertet – unter Umständen, weil es sie zuvor gar nicht hinreichend aufgenommen, oder zwar aufgenommen, aber nicht untereinander verknüpft hat. Damit ist der Grundstock für den Spracherwerb nicht gelegt und muß nachentwikkelt werden. Eine Wahrnehmungsstörung läßt sich vermuten bei Kindern, die motorisch sehr unruhig (hyperaktiv) und konzentrationsschwach sind, aber auch bei solchen, die unter einem zu geringen Muskeltonus leiden und/oder Schwierigkeiten mit dem Gleichgewicht oder bei der Koordination ihrer Bewegungen haben, also motorisch ungeschickt wirken. Ebenso können Symptome wie mangelndes Orientierungsverhalten und fehlender Blickkontakt auf eine Wahrnehmungsstörung hinweisen. (S. Kap. 17, S. 251 f.) Auch beim Vorliegen einer frühkindlichen Hirnschädigung, selbst wenn sie die Intelligenzentwicklung nicht beeinträchtigt, etwa bei einer sich nur motorisch auswirkenden Spastik, ist eine störungsspezifische Förderung angezeigt.

Gleiches gilt für Kinder mit geistigem Entwicklungsrückstand. Sie sind daran zu erkennen, daß sie in ihren geistigen und sozialen Aktivitäten insgesamt nicht der Altersnorm entsprechen. Sie setzen sich mit ihrer materiellen Umwelt nicht altersgemäß auseinander, erforschen sie z. B. zu wenig oder nicht zielgerichtet, spielen in stereotypen Handlungsmustern. Häufig ist auch ihre Motorik beeinträchtigt, sie bewegen sich tollpatschig, versagen bei Aufgaben, die Fingergeschicklichkeit erfordern. Insgesamt ist die sensomotorische Grundlage für den Spracherwerb nicht genügend gefestigt. Doch auch im Sozialverhalten zeigt sich die Behinderung. Denn oftmals verfügen geistig behinderte Säuglinge nicht hinreichend über die angeborene Kontaktfähigkeit, so daß sie, weil sie zu schwach oder ungewöhnlich reagieren, sehr bald zu wenig Zuwendung bekommen und kommunikative Defizite den Sprecherwerb zusätzlich behindern. Damit rücken die sozialen Aspekte des Sprachaufbaus in das Blickfeld. Wie bereits dargelegt, vollzieht sich der Spracherwerb im sozialen Feld. Die gefestigte, zwischenmenschliche Beziehung und die sprachliche Interaktion, die gegenseitige Nachahmung, bilden eine notwendige Voraussetzung, denn durch sie fühlt sich das Kind in seinen Lautäußerungen angenommen, bestätigt und zu weiterem Üben angeregt, durch sie erhält es aber auch die zur Weiterentwicklung notwendige Korrektur. Fehlt die ausreichende spiegelnde Ermutigung, so bleibt das Kind sprachlich zurück, wenn es nicht sogar in seiner geistigen Entwicklung insgesamt beeinträchtigt wird (Hospitalismus, Deprivationssymptom).

Ähnliche Wirkungen üben schlechte sprachliche Vorbilder auf das Kind aus, z. B. Menschen, die ihre Kinder in einer ihnen selbst nur unzulänglich vertrauten Sprache erziehen, oder Schwerhörige, deren Aussprache Mängel aufweist. Wesentlich häufiger aber führen psychische Konfliktsituationen – bei im übrigen hinlänglicher Ansprache von ausreichender Qualität – zu sprachlichen Entwicklungsverzögerungen. Vielfältige Gründe lassen sich aufzählen, jedoch spielt stets der Verlust an emotionaler Sicherheit eine Rolle. Beispielhaft seien folgende Belastungen für das Kind erwähnt:

- eine ernsthafte Ehekrise der Eltern: das Kind fürchtet die Spannungen und den möglichen Verlust eines Elternteils
- der Verlust eines Elternteils durch Tod, Scheidung, Heimunterbringung: das Kind trauert, leidet unter der Trennung
- ein dramatischer Wechsel des Lebensumfeldes, z. B. ein Umzug in eine sprachlich fremde Umgebung, insbesondere wenn er auch eine erhebliche Verunsicherung der Bezugsperson mit sich bringt: das Kind leidet unter der Entwurzelung und entwickelt Ängste
- die Geburt eines jüngeren Geschwisterchens, verbunden mit einem erheblichen Zuwendungsverlust: das Kind fühlt sich zurückgesetzt und nicht mehr so geliebt wie zuvor
- ehrgeizige Eltern, die hohe Leistungs- oder Anpassungsanforderungen an ihr Kind stellen: das Kind fühlt sich den Anforderungen nicht gewachsen und versagt. Angst vor Mißerfolg, Liebesverlust, Verlassenheit sowie der damit verbundene Selbstwertverlust bewirken, daß der Spracherwerb gehemmt wird, daß es auf ein bereits überwundenes Sprachniveau zurückfällt oder daß es Sprachstörungen entwickelt.

Hier sind die psychischen Ursachen zu beheben, bzw. dem Kind Unterstützung zu gewähren, damit es seine Konflikte bewältigen kann. Der Erfolg wird sich u. a. in guten sprachlichen Fortschritten zeigen.

III.
Sprach- und Sprechstörungen

Im Folgenden seien die vier gängigsten Sprach- und Sprechstörungen, die bei geistig behinderten Menschen gehäuft auftreten, beschrieben.

1. Stammeln (Dyslalie)

Das Stammeln ist eine Artikulationsstörung und bezeichnet die Unfähigkeit, Einzellaute oder Lautverbindungen richtig zu bilden. Die fraglichen Laute – in der Regel Konsonanten – werden entweder falsch ausgesprochen, fortgelassen oder durch andere ersetzt. Bei dem kindersprachlichen Satz: «Iss will wei Tück Tuchen» zeigt sich das Unvermögen, die Zischlaute korrekt zu bilden. Sie werden durch ähnliche ersetzt (ss – ein undefinierbarer Zischlaut) oder fortgelassen (z-wei, S-Tück). Auch das K bereitet Schwierigkeiten und erscheint deshalb in diesem Satz als T (Kuchen). Die Unfähigkeit der normgerechten Artikulation kann sich auf einzelne Laute beschränken, auch mehrere oder sogar viele betreffen. Am häufigsten ist in der deutschen Sprache die Zischlautbildung beeinträchtigt. Diese allgemein als «Lispeln» bekannte Störung ist also eine Unterform der Dyslalie. Doch auch das Stammeln der r-, g- und k-Laute tritt sehr oft auf. Für die weitere Differenzierung der Störung ist bedeutsam, ob der Laut nie ausgesprochen werden kann, oder ob das Stammeln erst im Silben-, Wort- oder gar Satzzusammenhang auftritt.

Dyslalie entsteht aufgrund der verschiedensten Schwächen oder Mängel. Die Ursache kann in Zahnanomalien (sehr häufig beim Lispeln) oder der mangelnden Beweglichkeit der Sprechwerkzeuge liegen (zeigt sich oft bei schwierigen Lautverbindungen, wie z. B. Zw..., Str (Schtr)..., Pfl..., Qu.... Schw..., Schr..., Kn...). Darüber hinaus äußert sich eine generelle feinmotorische Ungeschicklichkeit sprachlich oft als Stammeln. Aber auch Schwerhörigkeit beeinträchtigt oftmals die Lautbildung. Erbliche Faktoren spielen häufig eine Rolle. Schließlich kann Dyslalie als Folge einer frühkindlichen Hirnschädigung und ebenso aufgrund einer geistigen Behinderung unterschiedlichster Genese auftreten. Im letzteren Fall ist das Stammeln immer auch verbunden mit einem Intelligenzdefizit und wird in der Regel mehrere oder viele Laute betreffen. Unnötig zu erwähnen, daß soziale Faktoren, wie mangelnde sprachliche Anregung, schlechte Vorbilder oder eine psychische Belastungssituation ebenfalls das Stammeln hervorrufen oder seine Überwindung hemmen können. In abnehmendem Maße stammelt jedes Kind im Rahmen seiner Sprachentwicklung, bis es etwa fünf Jahre alt ist. In diesem Zeitraum spricht man von physiologischen, d. h. entwicklungsbedingtem Stammeln.

2. *Fehlerhafter Satzbau (Dysgrammatismus)*

Dysgrammatismus ist das Unvermögen, grammatisch richtige Sätze zu bilden. Bis zum Alter von fünf Jahren erlernt das Kind die häufig verwendeten Satzformen seiner Muttersprache. Das bedeutet, daß es bis zu diesem Zeitpunkt noch mehr oder weniger viele grammatische Fehler (physiologischer Dysgrammatismus) machen «darf». Von einer Sprachstörung spricht man erst, wenn der Satzbau auch späterhin fehlerhaft bleibt. Hierbei gilt es zu unterscheiden:

- Menschen mit «hochgradigem Dysgrammatismus» sprechen in Ein-Wort-Sätzen und können vollständige Sätze nicht wiederholen, sondern reduzieren sie wiederum auf einzelne Wörter. Das Sprachniveau entspricht dem eines ein- bis eineinhalbjährigen Kindes.
- Beim «mittelgradigen Dysgrammatismus» werden Zwei- bis Drei-Wort-Sätze, wie eineinhalb bis zweijährige Kinder sie bilden, aneinandergereiht. Einfache Mehrwortsätze werden richtig nachgesprochen

– Die als «geringfügig dysgrammatisch» bezeichneten Sätze enthalten nur noch leichte Fehler, etwa bei der Wahl des Falles, der Zeitform oder der Pluralbildung. Als Ursache für den Dysgrammatismus kommen entweder eine Intelligenzminderung (d. h. eine geistige Behinderung unterschiedlichster Genese), eine Wahrnehmungsstörung (auch ohne Schädigung der Intelligenz) oder die bereits beschriebenen sozialen Faktoren in Frage. Unnötig zu betonen, daß auch mehrere Faktoren zusammenspielen und sich gegenseitig steigern können.

3. Stottern (Stockende Rede)

Das Stottern ist eine Hemmung des Redeflusses. Es tritt in zwei verschiedenen Formen auf:
– beim (häufigen) «klonischen Stottern» werden Einzellaute oder -silben mehrfach schnell hintereinander wiederholt: «D-d-d-d-du sollst k-k-k-kommen, a-a-aber schnell!»
– beim (seltenen) «tonischen Stottern» kommt zuerst gar kein Ton, dann wird das Wort unter Pressen, oft mit rotem Kopf oder einer entlastenden Gebärde, hervorgebracht: «--Du sollst---kommen,--aber schnell!»

Wie das Stammeln und der Dysgrammatismus, so gibt es ein entwicklungsbedingtes Stottern bei drei- bis fünfjährigen Kindern, wenn die Sprachfertigkeit noch nicht mit dem Sprechwunsch mithalten kann. Es verliert sich mit zunehmender Sprechgeschicklichkeit. Tritt das Stottern als Störung auf, so können verschiedenste Gründe an der Entstehung beteiligt sein. Immer spielt die verkrampfte Atmung eine Rolle. Erbfaktoren kommt eine gewisse Bedeutung zu. Wie beim erblich bedingten Stammeln litten viele Eltern von Stotterern ebenfalls unter Sprachstörungen; es stottern drei- bis viermal so viele Jungen wie Mädchen. Eine leichte frühkindliche Hirnschädigung oder ein geistiger Entwicklungsrückstand gelten auch als mögliche Ursache. Den Hauptgrund aber bildet eine psychisch belastende Erziehungssituation. Psychische Konflikte – wie sie als Gründe für eine verzögerte Sprachentwicklung angeführt wurden – lösen Angst aus, führen zu Verkrampfungen der Muskulatur und der Atmung und begünstigen so das Stottern. Häufig zeigt sich, daß bei stotternden Kindern die Beziehung zu den Eltern gestört ist, daß sich die Kinder emotional verlassen fühlen, daß sie unter einem extremen Leistungs- oder Anpassungsdruck stehen, wobei Durchsetzungsvermögen zwar gefordert ist, Aggressionen aber streng bestraft werden. Das «typische» Stotter-Kind kann schlecht mit diesen Konflikten umgehen; es ist empfindsam, feinfühlig, eher introvertiert und schüchtern, leicht zu verunsichern. Es sieht seine Schwächen, spürt, daß es nicht «gut genug ist», kann sich nicht hinreichend wehren oder durchsetzen. Es ist aggressionsgehemmt, will alles recht machen, leidet unter seinen Mißerfolgen und entwickelt häufig Versagensängste bzw. eine mißerfolgsorientierte Erwartungshaltung, die sein Stottern ebenfalls verstärken.

4. *Poltern (Überstürzte Rede)*

Das Poltern ist das Gegenstück zum Stottern: Worte und Sätze stürzen so schnell hervor, daß die Kontrolle über die Aussprache versagt. In der Hast werden einzelne Laute, Silben oder Wörter verstümmelt, verschluckt, verstellt oder auch mehrfach wiederholt. Häufiges Versprechen oder Verlesen gehört ebenfalls zu den typischen Merkmalen des Polterns. Insgesamt ähnelt die Rede eines Polterers, der versucht, einen längeren Sachverhalt mitzuteilen, einer Mischung aus Stottern, Stammeln und Dysgrammatismus. Das Versprechen und die Wiederholungen beeinträchtigen den Redefluß, das Verschlucken oder Verstümmeln rückt das Poltern in die Nähe des Stammelns, durch die Wortverstümmelungen und -verstellungen wird der Satzbau fehlerhaft. Gelingt es jedoch, die Sprechgeschwindigkeit – das hervorstechendste Symptom – zu verlangsamen, so vermag der Polterer plötzlich fehlerfrei zu sprechen. Auch kurze Sätze artikuliert er – im Gegensatz zum Stotterer – oftmals korrekt. Für das Auftreten des Polterns – ebenfalls drei- und viermal so häufig bei Jungen wie bei Mädchen – zeichnen dieselben erblichen und (hirn-) organischen Faktoren verantwortlich wie beim Stottern. Die psychischen Aspekte hingegen, die als Ursache vermutlich eine untergeordnete Rolle spielen, unterscheiden sich. Der «typische» Polterer ist unkontrolliert und impulsiv. Er ist hastig, unkonzentriert und unordentlich, bewegt sich oftmals fahrig und übereilt. Er selbst nimmt seine Artikulationsstörung in der Regel nicht wahr, leidet deshalb primär nicht unter einer Hemmung sich mitzuteilen. Seine Ungeduld und mangelnde Leistungsmotivation erschweren therapeutische Bemühungen.

Die vier beschriebenen Sprach- bzw. Sprechstörungen treten oftmals isoliert voneinander auf: ein Mensch stottert – möglicherweise wegen psychischer Hemmungen –, ein anderer stammelt als Konsequenz einer Zahnanomalie, ein dritter poltert aufgrund einer erblichen Veranlagung. Bei schwer belasteten und bei geistig behinderten Menschen findet man allerdings häufig eine Kombination mehrerer Störungen: Stammeln und Dysgrammatismus, eventuell noch verbunden mit Stottern oder Poltern. Diese Menschen verharren aufgrund ihrer Minderbegabung auf dem Sprachniveau eines zwei-, drei- oder vierjährigen Kindes und haben deshalb den physiologischen Dysgrammatismus nicht überwunden oder haben niemals gelernt, alle Laute korrekt auszusprechen. Eine Hirnschädigung, Erbanlagen oder bestimmte Persönlichkeitsmerkmale und Beziehungserfahrungen mögen darüber hinaus noch ein Stottern oder Poltern (manchmal auch beides im Wechsel) bedingen. Da Sprachstörungen leicht zu Kontakt- und Kommunikationsstörungen führen, da sie zudem emotionale Schwierigkeiten verfestigen und Verhaltensauffälligkeiten verstärken können, sollten sie so früh wie möglich behandelt werden.

IV.
Grundsätze der Sprachförderung

An der Entstehung von Sprachstörungen können, wie bei der Sprachentwicklungsverzögerung, die unterschiedlichsten Faktoren beteiligt sein. Sie gilt es zu erkennen. Eine differenzierte Beobachtung und Diagnostik der Gesamtpersönlichkeit steht deshalb am Anfang jeder Sprachbehandlung. Überprüft werden neben dem Sprachvermögen: die Hörfähigkeit, die visuelle Wahrnehmung, die gestisch-mimischen Ausdrucksmöglichkeiten, die Grob- und Feinmotorik, der Muskeltonus, die Art der spontanen Selbstbeschäftigung (Spiel- und Freizeitverhalten), das Niveau der Denkleistungen, Interessen und Stärken der Person, typische Verhaltensweisen, emotionale und soziale Probleme. Aus den Beobachtungsbefunden ergeben sich die Ansätze zur Förderung.

1. Allgemeine Grundsätze

Die Förderung muß immer am kognitiven und emotionalen Entwicklungsstand des betroffenen Menschen ansetzen. Alle angewandten Methoden dienen dem Ziel der ganzheitlichen Persönlichkeitsförderung. Nur in den eher seltenen Fällen einer isolierten und nicht sehr tiefgreifenden Sprechstörung nützen Übungen, die sich unmittelbar auf das sprachliche Geschehen richten, wie etwa Artikulationsübungen. In der Regel muß die Behandlung sowohl umfassender als auch indirekter erfolgen. Möglicherweise erfährt die Sprache selbst gar keine besondere Beachtung. Erweist sich die Sprachstörung z. B. als mitbedingt durch ein Defizit auf der sensomotorischen Entwicklungsstufe, so ist es ratsam, die Überwindung dieser Mängel durch entsprechende Aktivitäts- und (insbesondere bei geistig behinderten Menschen) Kontaktangebote zu fördern (s. Kap. 18, S. 286ff.). Spielt eine Wahrnehmungsstörung die Hauptrolle, so ist die sensorische Integration zu unterstützen (s. Kap. 17, S. 256ff.). Als Folge der allgemeinen kognitiven Weiterentwicklung verbessern sich auch die Sprachleistungen.

Stehen emotionale Probleme – Beziehungsstörungen, familiäre Konflikte, emotionale Überforderungen – im Vordergrund, so bestimmen sie den Schwerpunkt der Förderung. Alles, was zur Bewältigung der Probleme hilft, fördert letztlich auch das Sprachvermögen. In erster Linie ist die angemessene, einfühlsame Beziehungsgestaltung zu nennen, die möglichst im Alltag, zumindest aber in der therapeutischen Situation zum Tragen kommen muß. Spieltherapeutische Maßnahmen können die Konfliktbearbeitung beschleunigen, körperliche Erlebnisse das Selbstbewußtsein und Selbstwertgefühl anheben.

2. Besondere Methoden

Zur Integration in die ganzheitliche Förderung bieten sich folgende Einzelmethoden an:

- Schulung der Atmung, Kräftigung der Atemmuskulatur (bei Hypotonie, Stottern). Ein ruhiger Atemfluß bildet die Grundlage störungsfreien Sprechens. Die Atemschulung geschieht spielerisch, z. B. durch Blasespiele wie Wattepusten, Luftballon aufblasen, aber auch durch Singen und das Erlernen eines Blasinstrumentes.
- Schulung der Grob- und Feinmotorik. Die gelungene Artikulation beruht auf dem reibungslosen Zusammenspiel aller Muskeln im Mund- und Rachenbereich. Diese feinmotorische Höchstleistung bedarf hinreichender Übung der Gesamtmotorik. Die Grobmotorik dient als Basis für die feinmotorische Ausdifferenzierung. Hier wiederum stehen Handgeschicklichkeit und Mundmotorik in einem engen Zusammenhang. Verkrampfungen, grob- und feinmotorische Hemmungen und Ungeschicklichkeit wirken sich unmittelbar auf die Sprechgeschicklichkeit aus – in einem frühen Stadium (sensomotorische Phase) aber auch auf die geistige Entwicklung und den Spracherwerb insgesamt. Deshalb spielen Bewegungsübungen bei der Sprachförderung eine hervorragende Rolle. Verschiedene Ansätze ergänzen sich hierbei wechselseitig: Rhythmische Übungen, Gymnastik und Sport, Bewegungsspiele, die Förderung der Fingergeschicklichkeit, etwa durch Anregungen zum Malen, Basteln, Handarbeiten, die Aktivierung der Mund- und Gesichtsmotorik, etwa durch das Trinken mit dem Trinkhalm oder durch gezieltes Grimassieren, können hilfreich sein.

  Die Schulung der Beweglichkeit ist jedoch nicht die einzige Funktion der körperlichen Übungen. Sie dienen außerdem der Entspannung – hierzu können spezielle Entspannungsübungen eingesetzt werden –, verhelfen zu einem ausgeglichenen Muskeltonus und zum Aufbau eines stimmigen Körperbildes. Damit erhöhen sie auch das emotionale Wohlbefinden und tragen dazu bei, das Selbstbewußtsein zu steigern.

- Das wichtigste Mittel, emotionale Sprachhindernisse zu überwinden, ist der Aufbau einer Beziehung, die dem emotionalen Entwicklungsstand entspricht
- Darüber hinaus hilft der Einsatz von Spielen, insbesondere Rollenspielen (s. Kap. 19, S. 305), die Bewältigung vorhandener Konflikte zu unterstützen. Das Rollenspiel schafft nicht nur emotionale Entlastung und trägt bei zur Klärung der problematischen Situation, vielmehr ermöglicht es häufig – aufgrund des in ihm enthaltenen Rollenwechsels – ein störungsfreies Sprechen und vermittelt so sprachliche Erfolgserlebnisse.
- Das Selbstwertgefühl läßt sich auch verbessern durch die Anerkennung und Erweiterung schon vorhandener Fähigkeiten. Die bestehenden Interessen sollten beobachtet und in die Gestaltung kommunikativer Situationen einbezogen werden (gemeinsames Spielen, Basteln, Arbeiten). Der Anreiz zu sprachlichen Äußerungen sollte hauptsächlich von alltäglichen Situationen ausgehen, die das Interesse erregen, zum Selbsttätigwerden auffordern, die grundsätzliche Erfahrungen vermitteln und Erfolgserlebnisse versprechen. Hier sollte der sprachgestörte Mensch Unterstützung, emotionale Nähe und Begleitung erfahren.
- Zusätzlich können direkte Sprechübungen eingesetzt werden, etwa zur Lockerung der Lippen- und Zungenmuskulatur, zur Übung schwieriger Lautverbindungen und zur Kontrolle der Atemführung. Auch das Sprechen vor einem Spiegel kann in diesem Fall nützen.
- Für den Umgang mit Stotterern gelten neben den bisher beschriebenen Aspekten noch folgende Grundsätze: Da der Stotterer normalerweise ein Bewußtsein seiner Störung besitzt, da er häufig seinem Sprechen, um Fehler zu vermeiden, große Aufmerksamkeit schenkt, damit aber nur eine Verschlechterung bewirkt, sollte der Gesprächspartner das Stottern möglichst wenig beachten. Er sollte sich Zeit nehmen, geduldig zuhören, Fehler nicht verbessern lassen oder gar selbst korrigieren und so dem stotternden Gegenüber vermitteln: laß dir Zeit, ich laufe dir nicht fort, ich kritisiere deine Schwäche nicht, du bist nicht unter Druck, sondern kannst entspannen. Je spannungsfreier und vertrauter für den Stotterer die Situation ist, um so gelöster kann er sprechen. Reden unter Druck, vor Fremden oder bei emotional belastenden Ereignissen, ein zur Rede gestellt werden, jegliches Gespräch, das Spannung und Angst erzeugt, verstärkt hingegen das Stottern.
- Für Polterer gelten entgegengesetze Ratschläge zur Gesprächsgestaltung. Ein Polterer empfindet in der Regel seine Störung nicht, merkt nicht, daß er zu schnell spricht und dadurch Fehler macht. So ist es notwendig, ihn auf seine Sprechweise hinzuweisen, seine Konzentration auf die Sprache zu lenken und unverständliche Sätze wie-

derholen zu lassen. Hierzu können ihm Angebote zur Strukturierung, wie etwa kurze Fragen, helfen. Diese vorsichtige Kritik dient der Schulung der Selbstwahrnehmung, sie darf aber nicht zu einer grundlegenden Verunsicherung führen. Deshalb muß der Gesprächspartner dem Polterer auch vermitteln, daß dieser sich Zeit lassen und entspannen kann, weil er, der Zuhörer, sich auch Zeit nimmt und ihn grundsätzlich akzeptiert. Konzentration auf den Sprechvorgang und die Senkung des Sprechtempos sind die Bedingungen für eine verständliche Aussprache. Wo beides gegeben ist – z. B. bei wichtigen Gesprächen oder Gesprächen mit Fremden, aber auch in der therapeutischen Situation – spricht der Polterer deutlicher.

3. Fallbeispiel

Abschließend sei noch die sprachliche Förderung eines achtjährigen, mittelgradig geistig behinderten Mädchens geschildert. Claudia spricht nur wenige, schlecht verständliche Ein-Wort-Sätze. Sie scheint die kommunikative Funktion der Sprache, die Befriedigung, die sie durch sprachliche Äußerungen erreichen kann, noch nicht erfaßt zu haben. So macht sie sich nur durch Gesten und präverbale Lautierungen verständlich. Sie spielt, indem sie Autos hin- und herschiebt, an den Rädern dreht oder selbst im Kreis herumläuft. Experimentierverhalten zeigt sie nicht. Bei den wenigen Tätigkeiten, zu denen sie ihre Hände einsetzt, schaut sie nicht hin, was sie tut. Ihre feinmotorischen Fähigkeiten sind entsprechend schwach. Bilderbüchern bringt sie wenig Interesse entgegen; zusammen mit einer Betreuerin schaut sie sich die Bilder für einige Minuten an, erkennt auch die abgebildeten Gegenstände, sich selbst überlassen verliert sie sofort die Lust. Ihr Sprachverständnis entspricht vermutlich dem eines ca. dreijährigen Kindes. Ihre kognitiven Leistungen zeigen, daß sie die Zweck-Mittel-Relation erfaßt, das Stadium der tertiären Kreisreaktion aber noch nicht erreicht hat. Hinsichtlich der Ich-Entwicklung scheint sie sich überwiegend in der Differenzierungsphase zu befinden. Im Sinne einer ganzheitlichen Förderung wurden die Beziehung den Bedürfnissen der Differenzierungsphase entsprechend gestaltet und Aktivitäten auf dem Niveau der serialen Stufe angeboten. Eine Betreuerin intensivierte den Kontakt zu Claudia, bezog sie mehr in die alltäglichen Verrichtungen ein und ermunterte sie, z. B. mit dem Löffel die Suppe umzurühren, beim Händewaschen mit dem Wasser zu spielen. Über die Erlebnisse und Entdeckungen – manche waren durch Handführung erreicht – freute sie sich gemeinsam mit dem Kind. So stand sie als spiegelnder Beziehungspartner zur Verfügung. Schon bald zeigte Claudia Freude am Experimentieren. Zunächst dehnte sie nur in Gegenwart der Erzieherin, Aktivitäten wie Waschen und Ankleiden aus, probierte dabei aus, was man mit Wasser, Seife, Zahnbürste und Kleidungsstücken alles anfangen kann. Dabei schaute sie nun auf das, was sie tat. Sie lief viel hinter der Betreuerin her, wollte immerzu «helfen». Diese bezog Claudia, wo immer sie konnte, in ihre Tätigkeiten ein und begleitete das Geschehen sprachlich. Nun erwartete sie auch, daß Claudia die Wörter, die sie beherrschte, tatsächlich anwandte. Sie reagierte in den fraglichen Augenblicken nicht mehr auf Laute oder Gesten.

Bald sprach Claudia mit sichtlichem Eifer mehr und mehr Ein-Wort-Sätze. Auch wuchs ihr Interesse, das Bilderbuch gemeinsam mit der Betreuerin zu betrachten, sie hörte den erläuternden Geschichten zu und benannte die gemalten Gegenstände. Als Claudia Lust am Umgang mit allen Dingen des Alltags entwickelt hatte – nach einigen Monaten spielte sie sogar mit Leidenschaft alleine im Sandkasten, rief nur zwischendurch immer wieder nach der Betreuerin, damit diese ihre Produkte bewundere –, verbesserten sich auch die feinmotorischen Fähigkeiten. Bald konnte sie ihre Hände differenziert gebrauchen. Doch auch ihre Grobmotorik hatte sich weiterentwickelt. Sie balancierte auf den Bordsteinen, begann zu hüpfen, bekam Freude an anspruchsvolleren Bewegungsspielen (z. B. der Plumpssack geht rum). Die Phase des «ziellos-im-Kreis-Herumrennens» war längst überwunden. Als Claudia lernte, alleine zu spielen, begann sie auch in Zwei-Wort-Sätzen zu sprechen. Sie kommentierte das Gesehene, berichtete von Erlebnissen und wurde ärgerlich, wenn man sie wegen ihrer schlechten Artikulation nicht verstand. Jetzt wiederholte sie auch auf Aufforderung ihre Aussagen und begann von sich aus, Wörter der Erwachsenen nachzuplappern. Sprachliche Kommunikation bereitete ihr offensichtlich große Freude. Anhand der dargestellten Entwicklung – sie dauerte ein halbes Jahr – sollte gezeigt werden, wie eng der Spracherwerb eines Kindes mit den kognitiven, emotionalen und motorischen Aspekten seiner Entwicklung verknüpft ist. Deshalb muß die Sprachförderung in der Regel in ein ganzheitliches Förderkonzept eingebettet sein.

Einundzwanzigstes Kapitel

Kommunikation

Entwicklungspsychologische Theorien wollen die Einsicht in das Fühlen, Denken und daraus resultierende Verhalten bestimmter Lebensstufen vertiefen. Doch gewährleistet dieser Ansatz noch kein hinreichendes Verstehen. Es müssen darüber hinaus kommunikationstheoretische Aspekte beachtet werden. Denn der Mensch lebt nie isoliert von anderen Lebewesen, immer bezieht er sich in seinem Denken, Fühlen und Handeln auf die ihn umgebende Mitwelt, die ihn ihrerseits entscheidend beeinflußt. Was der Mensch ist, gestaltet sich im kommunikativen Wechselspiel. Deshalb ist es wichtig, die Grundlagen des kommunikativen Geschehens zu betrachten.

I.
Zum Begriff der Kommunikation

Kommunikation ist ein lateinisches Wort, das man im Deutschen zweckmäßig mit «Mitteilung» übersetzt, eine Nachricht zugänglich machen, miteinander teilen. In verengter psychologischer Terminologie definieren *Drever* und *Fröhlich* (Wörterbuch zur Psychologie, S. 154f.): Kommunikation ist die «allgemeine und umfassende Bezeichnung für Prozesse, die einen Sender (initiator), Empfänger (recipient), einen Kommunikationsmodus oder -kanal (z. B. Sprache), eine (inhaltlich bestimmbare) Botschaft oder Nachricht (message) und eine auf Empfang erfolgende Verhaltensänderung oder allgemein einen Effekt gleichwelcher Art als analytische Einheiten aufweisen.» Einen Vorgang, den wir in diese fünf Glieder zerlegen können, nennen wir also Kommunikation.

Eng verbunden mit dem Begriff der Kommunikation ist der der sozialen Interaktion. Er bezeichnet «die wechselseitige Beeinflussung von Inividuen und Gruppen hinsichtlich ihrer Einstellungen und Handlungen durch Kommunikation». (Wörterbuch, S. 242) Wie alle psychologischen Begriffe werden auch diese beiden Begriffe von diversen Psychologen verschiedener Fachrichtungen unterschiedlich definiert, so daß mal der erste, mal der zweite als der umfassendere erscheint. Nach einem weiteren Unterscheidungsgesichtspunkt rückt die Formulierung «Kommunikation» mehr den mitgeteilten Inhalt, die Bezeichnung «Soziale Interaktion» hingegen mehr den Prozeß in den Vordergrund; aber man spricht auch von Kommunikationsprozessen. Weil also keine allgemein akzeptierte Abgrenzung der beiden

Begriffe gegeneinander existiert, werden hier die Ausdrücke Kommunikation und Soziale Interaktion gleichbedeutend verwendet. Für ein Kommunikations- oder Interaktionsgeschehen brauche ich also 1. einen Sender, der 2. etwas (Nachricht) auf 3. irgendeine Weise (Kanal: z. B. Lautsprache, Schriftzeichen, Gesten) mitteilt, und 4. einen Empfänger, der 5. reagiert (Effekt). In der Regel bemerkt der Sender die Reaktion des Empfängers, die für ihn den Charakter einer neuen Botschaft annimmt, auf die er wiederum reagiert usw. So setzt sich der Kommunikationsprozeß als Regelkreis fort.

Nun besteht auch die Möglichkeit, daß ein Mensch etwas äußert, ohne daß er die Reaktion des Empfängers erfährt, z. B. der Autor eines Buches oder Zeitungsartikels, der Produzent einer Rundfunk- oder Fernsehsendung. Hier spricht man von Einwegkommunikation. Eine weitere kommunikative Sonderform bildet diejenige, die den Inhalt von Kommunikationsabläufen ausdrücklich thematisiert. Gemeint sind Sätze, die Anweisungen geben, wie eine Äußerung zu verstehen sei, die das Verständnis widerspiegeln oder die Kommunikationsprozesse analysieren. So sagt z. B. eine neue Erzieherin scherzhaft zu einem geistig behinderten Jugendlichen, der häufig mit geöffnetem Mund herumläuft: «Mach den Mund zu, Fliegen kommen rein.» Als er sie entgeistert anstarrt, kommentiert sie: «Du brauchst keinen Schreck zu bekommen; es war nur Spaß.» Bei derartigen Sätzen sprechen Kommunikationstheoretiker von (expliziter) Metakommunikation. (Anmerkung: Nach *Watzlawick* erfüllen auch die nonverbalen Aspekte einer Botschaft die Aufgabe, das angemessene Verständnis zu ermöglichen. Er bezieht sie deswegen in die Definition des Begriffes Metakommunikation mit ein; s. 2. Axiom) Regelmäßig wiederkehrende Kommunikationsabläufe nennt man Interaktions- oder Kommunikationsmuster.

II.
Axiome der Kommunikation

Paul Watzlawick entwickelt gemeinsam mit anderen Autoren in dem Buch «Menschliche Kommunikation» ein pragmatisches Modell der Kommunikation und formuliert fünf Axiome, die in jeder Interaktion eine Rolle spielen. Als Axiome bezeichnet man Grundannahmen, die man weder beweisen kann noch muß, die aber die Basis für weitere Aussagen bilden.

1. Die Unvermeidbarkeit der Kommunikation

Um das erste Axiom zu erläutern, schildert *Watzlawick* folgendes Beispiel: Ein Mann sitzt im überfüllten Wartesaal und starrt schweigend vor sich hin oder schließt die Augen (vgl. S. 51). Kommuniziert er? – Selbstverständlich. Er, als Sender, vermittelt über die nonverbalen Kanäle der Körperhaltung und Mimik die Botschaft, daß er weder sprechen noch angesprochen werden möchte. In der Regel verstehen auch die Empfänger, hier: die anderen anwesenden Menschen, diese Nachricht und reagieren entsprechend; sie lassen ihn in Ruhe. Alle Bestimmungsteile der Kommunikation lassen sich also an diesem Beispiel aufweisen. Das Beispiel zeigt, daß Kommunikation sich ereignet, unabhängig davon, ob der Sender kommunizieren will oder nicht. Der Grund liegt darin, daß nicht nur die Sprache, sondern jede Verhaltensweise – gleichgültig, ob sie bewußt oder unbewußt erfolgt – Mitteilungscharakter hat, auf den das Gegenüber reagiert. Schon die bloße Anwesenheit eines Menschen «sagt» einem anderen etwas, so daß dieser sich anders verhält, als wenn jener nicht gegenwärtig wäre. Da es unmöglich ist, sich nicht zu verhalten, ist es folglich ebenso unmöglich, nicht zu kommunizieren. *Watzlawick* formuliert diese Erkenntnis als erstes pragmatisches Axiom: «Man kann nicht nicht kommunizieren.» (S. 53)

2. Sach- und Beziehungsebene

Untersucht man das Beispiel weiter, so enthüllt es nicht nur die sachliche Information des «Ruhebedürfnisses», sondern es beschreibt auch die Beziehung des Mannes zu seinen Nachbarn: «Ich will meine Ruhe, ihr interessiert mich nicht. Stört mich nicht.» Jede Kommunikation enthält einen derartigen Beziehungsaspekt. Er gibt unter anderem Aufschluß darüber, wie die inhaltliche Information zu verstehen sei. *Watzlawick* bezeichnet den Beziehungsaspekt deshalb als (unausgesprochene) Metakommunikation. In einer verbalen Aussage wird der Sachaspekt normalerweise mit Worten ausgedrückt, während der Beziehungsaspekt, wenn er nicht gerade das Thema der Unterhaltung bildet, sich nonverbal (durch Gestik, Mimik, Tonfall) mitteilt. So enthält die Bemerkung: «Du hast aber ein tolles Kleid an», sachlich verstanden, eine positive Bewertung des Kleidungsstückes. Erst durch die nonverbalen Begleitinformationen oder aber durch den gesamten Kontext erfahre ich etwas über die Beziehung des Senders zum Empfänger und erkenne, wie ich die Bewertung einzuordnen habe. Denn je nach Gebaren des Senders, kann diese Äußerung Bewunderung («so gefällst du mir»), Neid («so ein Kleid möchte ich auch haben»), Abwertung im Sinne der ironischen Verkehrung («wie kannst du dich so unmöglich anziehen»), Mißgunst («hoffentlich machst du dich mit der Fahne lächerlich») oder manches andere ausdrücken. *Watzlawick* faßt diese Erkenntnis in folgendem Axiom zusammen: «Jede Kommunikation hat einen Inhalts- und einen Beziehungsaspekt, derart, daß letzterer den ersteren bestimmt und daher eine Metakommunikation ist.» (S. 56)

3. Digitale und analoge Kommunikation

Eng verbunden mit den Blickwinkeln der Sach- und der Beziehungsebene sind zwei weitere, die nach *Watzlawick* jeder Mitteilung zukommen: der digitale und der analoge. Unter dem digitalen Aspekt einer Kommunikation versteht *Watzlawick* den Anteil, der gleichsam «zahlenmäßig» zu erfassen ist, den Teil, den man als eine Menge aneinandergereihter Zeichen verstehen kann, wobei diese Zeichen dem dargestellten Inhalt nicht ähneln. Ihre Entschlüsselung und damit das Verständnis der Information erfolgt nach einem konventionell festgelegten Regelsystem. Die Laut- und Buchstabenfolgen «T–I–SCH» oder «K–I–N–D» haben nichts gemeinsam mit den durch sie bezeichneten Gegenständen oder Personen. Dennoch wird jeder deutsch sprechende Hörer oder Leser dieser Wörter den Inhalt verstehen. Hängt man an das erste Wort noch ein «E», an das zweite ein «E–R», so wird er begreifen, daß es sich um mehrere Exemplare handelt, obwohl diesen Buchstaben/Lauten als solchen keine Mehrzahl anhaftet. Dasselbe gilt für alle Wortarten, wird aber besonders deutlich bei den sogenannten Funktionswörtern. Denn welche sichtbare Bedeutung trügen schon die Wörter «welche, sondern, oder, die, an, nicht»? Derart in ihrer Bedeutung weitgehend festgelegte Zeichen, die keine Ähnlichkeit mit dem Bezeichneten aufweisen, besitzt jedes funktionierende Kommunikationssystem, auch ein nonverbales, wie etwa die Taubstummensprache.

Darüber hinaus versucht jede Botschaft ihrem Inhalt sinnlich wahrnehmbar zu entsprechen, ihn gleichsam lautlich oder sichtbar nachzubilden. Manche Worte drücken klanglich ihren Inhalt aus: z. B. «krachen», «zucken», «Blitz». In erster Linie aber vollzieht sich diese «Abbildung», die *Watzlawick* den «analogen» Aspekt der Kommunikation nennt, über nonverbale, sogenannte «natürliche» Signale; der Sprachduktus, der Tonfall, die Mimik und Gestik unterstützen die inhaltliche Aussage, indem sie insbesondere den emotionalen Gehalt sinnenfällig darstellen. Ob es sich um eine freudige oder traurige Nachricht handelt, ob ihr Inhalt den Sprecher langweilt, ärgert oder begeistert, derartige Informationen teilen sich auch außerhalb des definierten Sprachzeichens mit. Schließlich können sogar ganze Handlungen, wie das Überreichen eines Blumenstraußes, das Gemeinte (z. B. Wertschätzung, Zuneigung) sichtbar erscheinen lassen. Der analoge Aspekt der Kommunikation verdeutlicht in erster Linie durch nonverbale Gestaltungsmittel den in der digitalen Kommunikation rational und abstrakt vermittelten Inhalt. Digitale Kommunikation bedient sich eines möglichst klar definierten Begriffs- und Regelsystems und äußert sich, bezogen auf die Sprache, vorwiegend verbal. Daraus ergibt sich, daß Sachinformationen eher digitalen Charakter tragen, während Beziehungsinformationen eher analog vermittelt werden.

Kritisch anzumerken ist hier, daß *Watzlawick* sich im Hinblick auf dieses Axiom im wesentlichen an den Methoden der (technischen) Nachrichtenübertragung (Digital- und Analogierechner) orientiert, damit aber keineswegs Bedingungen einer natürlichen Sprache angemessen erfaßt. Dennoch besitzen seine Ausführungen einen gewissen heuristischen Wert. Kurz zusammengefaßt lautet das Axiom: «Menschliche Kommunikation bedient sich digitaler und analoger Modalitäten». (S. 68)

4. Die Notwendigkeit der Interpunktion

Bedenkt man, daß normalerweise mindestens zwei Partner sich miteinander austauschen und daß jeder kommunikativen Einheit immer schon eine andere voranging und eine weitere folgen wird – wir stehen immer schon in einem Interaktionszusammenhang –, so ergibt sich ein weiteres Problem. Jeder Partner bezieht sich auf irgendetwas und setzt damit neue Reize, auf die sein Gegenüber reagiert, worauf der erstere wiederum antwortet. Dieses Wechselwirkungsverhältnis setzt sich unendlich fort. Der Fluß der Wirklichkeit fließt immer schon, wir können ihn nicht aufhalten, um einen Anfang zu setzen oder ein Ende zu bestimmen. Unser Denken und Begreifen kann aber nicht die gesamte Wirklichkeit umspannen, sondern ist bestrebt, sie in Abschnitte zu unterteilen, die es erfassen kann. Der Beginn solch einer überschaubaren Einheit heißt z. B. Grund oder Ursache, das Ende entsprechend Folge oder Wirkung. Den Grund hat unser Bewußtsein also dadurch gewonnen, daß es den Fluß der Ereignisse an einer Stelle gleichsam unterbrochen hat und ein Geschehnis als Anfang einer neuen Kette ansieht. Damit leugnet es in dem Moment, daß das gewählte Ereignis selbst durch vorangehende bedingt wurde. Irgendwann bestimmt unser Denken dann wiederum das Ende der Ereigniskette. Um ein anderes Bild zu verwenden: unser Bewußtsein gliedert seinen Inhalt, den «Text der Wirklichkeit», den man als unendliche Wortfolge ohne Punkt und Komma betrachten könnte, in sinnvolle Satzeinheiten mit Anfang und Ende. An welche Stellen es jedoch die Punkte setzt, was es als Anfang und Ende, als Ursache und Wirkung bestimmt, wie es «interpunktiert», das hängt von seinem jeweils erworbenen Welt- und Selbstverständnis ab.

Kein Mensch kann vermeiden, solche Gliederungen vorzunehmen, will er die Wirklichkeit als sinnvoll begreifen und sich in ihr orientieren und handeln können. In einem Interaktionsprozeß treffen nun (mindestens) zwei Menschen zusammen, die als Individuen die «Welt» (d. h. sich selbst, die Umwelt, den anderen und alle Ereignisse, die sich zwischen ihnen abspielen) interpretieren oder «interpunktieren». Wie weit diese Interpunktionen harmonieren und ob über Unterschiede Verständnis erzielt werden kann (z. B. welches Verhalten als Ursache und welches als Folge angesehen wird), davon hängt die Qualität der Beziehung der Kommunikationspartner ab. Kommunikationsstörungen beruhen häufig auf unverträglichen Interpunktionen. Aus der Tatsache, daß in jedem kommunikativen Prozeß die Inhalte interpunktiert werden, ergibt sich als Axiom: «Die Natur einer Beziehung ist durch die Interpunktion der Kommunikationsabläufe seitens der Partner bedingt». (S. 61)

5. *Symmetrische und komplementäre Kommunikation*

Schließlich gilt es noch zu bedenken, daß jedes Kommunikationsgeschehen geprägt wird von dem Selbstkonzept, der jeweiligen Vorstellung vom Gegenüber und der Definition von der gemeinsamen Beziehung der Interaktionspartner. Möglich ist, daß beide Partner sich als gleichartig, damit auch als gleichrangig erleben (symmetrische Beziehungsform, z. B. Geschwister oder die Mitglieder einer Wohngruppe) oder daß sich die Partner als unterschiedlich empfinden, dergestalt, daß sie sich gegenseitig ergänzen, indem der eine Partner überlegen, der andere aber unterlegen ist (komplementäre Beziehungsform, z. B. Eltern – Kind oder Erzieher – Gruppenmitglied). Möglich ist ebenfalls, daß die Vorstellungen beider Partner nicht übereinstimmen, so mag sich z. B. der «große Bruder» oder eines der Gruppenmitglieder aufgrund bestehender oder vermeintlicher Fähigkeiten den anderen überlegen fühlen und eine «Hilfserzieher»-Rolle einnehmen, was ihm die Geschwister/anderen Gruppenmitglieder verübeln. Oder ein Kind/Gruppenmitglied will sich von seinen Eltern/Erziehern «nichts sagen lassen» und fordert Selbstbestimmung, die diese ihm nicht zugestehen.

Welche Vorstellungen die einzelnen Partner jeweils vertreten, spiegelt sich in ihrer Kommunikationsweise wieder. Wichtig ist zu betonen, daß keine Beziehungsform an sich gut oder schlecht ist. Die Beziehungsqualität hängt stets ab von der Art ihrer Ausgestaltung in einer konkreten Situation. *Watzlawick* formuliert entsprechend folgendes Axiom: «Zwischenmenschliche Kommunikationsabläufe sind entweder symmetrisch oder komplementär, je nachdem, ob die Beziehung zwischen den Partnern auf Gleichheit oder Unterschiedlichkeit beruht». (S. 70)

III.
F. Schulz von Thuns Kommunikationsmodell

Durch die fünf Axiome ist nach *Watzlawick* ein Kommunikationsablauf hinreichend bestimmt. *Schulz von Thun* bezieht sich in seiner Zusammenschau kommunikationstheoretischer Ansätze ausführlich auf *Watzlawick* und erweitert dabei dessen Kommunikationsmodell in einer für den praktischen Umgang wesentlichen Hinsicht. Er differenziert nämlich beim zweiten Axiom den Aspekt der Beziehungsebene, indem er darauf hinweist, daß der Sender einer Nachricht nicht nur eine Vorstellung vom Gegenüber und seiner Beziehung zu ihm ausdrückt (Beziehungsaspekt), sondern bei jeder Mitteilung auch etwas von seiner Person preisgibt (Selbstoffenbarung) und eine bestimmte Reaktion vom Empfänger erwartet (Appell). Eine Nachricht läßt sich nach *Schulz von Thun* folgendermaßen schematisch darstellen:

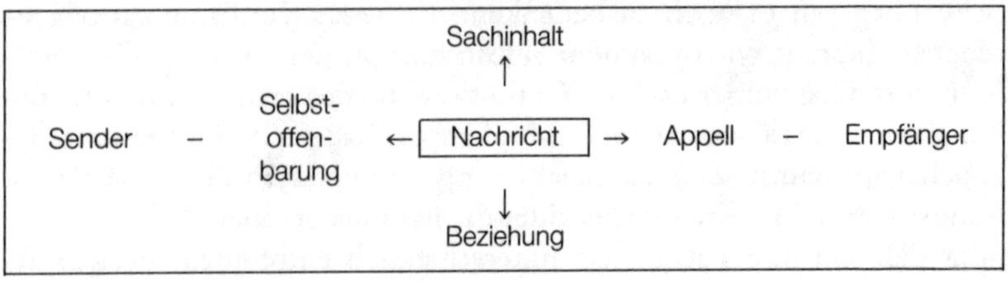

Die Entschlüsselung der Reaktion auf die Botschaft folgt selbstverständlich demselben Modell. Zum Beispiel sagt eine Mutter/Betreuerin zu ihrem geistig behinderten Sohn/Gruppenbewohner: «Der Pullover ist frisch gewaschen». Dieser erwidert: «Das weiß ich». Die Analyse der Nachricht enthüllt z. B. folgende Zusatzbotschaften, die durch den Tonfall und andere nonverbale Signale erkennbar werden:

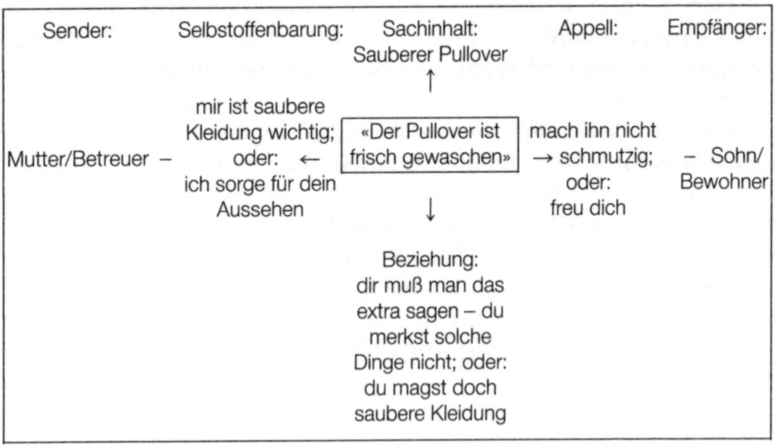

Der Empfänger reagiert keineswegs immer auf der Sachebene, sondern antwortet häufig auf denjenigen Anteil der Nachricht, der ihn am meisten betroffen hat. Viele Menschen bevorzugen gewohnheitsmäßig, wählen gleichsam «automatisch» einen bestimmten Aspekt.

Auf die Sachebene bezieht sich ein Mensch, wenn ihm die Informationsseite einer Aussage wichtig ist, wenn er nach weiteren Informationen fragt oder seinerseits welche hinzufügt. Folglich bemüht sich das «Sach-Ohr» um das rechte Verständnis des Sachverhaltes. Die Mitteilung auf der Sachebene wird in der Regel entweder dann bevorzugt, wenn die Beziehung als problemlos erlebt wird und keine drängenden emotionalen Bedürfnisse vorhanden sind, oder wenn der ganze emotionale Bereich als bedrohlich erlebt wird; im letzteren Fall blendet man die Beziehungsebene weitestmöglich aus und zieht sich auf die Sachebene zurück.

Liebevolle Zuwendung, Fürsorglichkeit, Abhängigkeit, Unterwürfigkeit und das Streben nach Abgrenzung sind die Hauptmotive für das Hören mit den «drei anderen Ohren»:

- Das «Selbstoffenbarungs-Ohr» versucht, die Frage zu beantworten: Was ist gerade mit dem Sender? Ein mit dem Selbstoffenbarungs-Ohr Hörender «diagnostiziert» die Befindlichkeit des Sprechers und reagiert entsprechend mit Anteilnahme oder Ablehnung.
- «Wie steht der Sprecher zu mir, wie schätzt er mich ein?», lautet die Hauptfrage, auf die ein mit dem «Beziehungs-Ohr» Hörender stets die Antwort sucht. Er fühlt sich immer persönlich angesprochen, bezieht alle Aussagen auf sich, fühlt sich leicht angegriffen. Er nimmt sich sehr wichtig oder ist unsicher und leicht verletzt.
- Mit dem «Appell-Ohr» hört ein Mensch, der sich stets bemüht oder weigert, den in der Nachricht vermeintlich enthaltenen Wunsch zu erfüllen. Er möchte gefallen oder fühlt sich leicht vereinnahmt und wehrt sich deshalb ständig.

Der behinderte Mann in unserem Beispiel antwortet auf der Beziehungsebene. Dabei bleibt zunächst offen, ob die von ihm entschlüsselte Beziehungsbotschaft tatsächlich impliziert war oder ob er sie «hinein-hörte». Nonverbale Signale oder der Kontext könnten – wie bereits dargelegt – hier Hinweise geben.

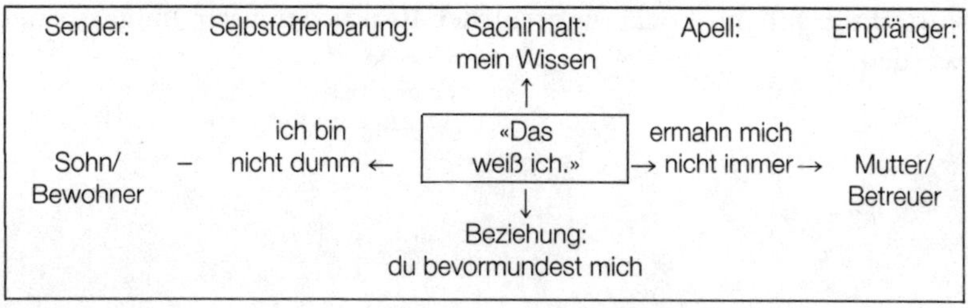

Eine Reaktion auf den als negativ empfundenen Appell (ebenso wie auf die Beziehungsbotschaft) hätte lauten können: «Laß mich in Ruhe» oder: «Ich bin kein Schwein». Ein positiv empfundener Appell hätte die Bemerkung: «Oh, wie schön» hervorlocken können. Eine positive Beziehungsantwort wäre z. B. die Frage: «Bin ich jetzt schön»? Eine Bezugsnahme auf der Sachebene wäre die Feststellung: «Jetzt ist er wieder wie neu». Auf die Selbstoffenbarung würde der Satz: «Du paßt auf mich auf» anspielen.

Viele Kommunikationsstörungen entstehen dadurch, daß die Nachricht nicht unter dem Aspekt entschlüsselt und beantwortet wird, auf den der Sender in erster Linie das Gewicht seiner Rede legte. Häufig dominieren Gewohnheiten, die oft die Struktur früh eingeschliffener Kommunikationsmuster widerspiegeln, und verhindern das erhoffte Verständnis sowie eine angemessene Reaktion. Das Bewußtwerden der «Hörgewohnheiten», des «dominanten Ohres» kann in diesen Fällen der erste Schritt zur Verringerung der Schwierigkeiten sein, da es die Möglichkeit eröffnet, das eigene Verhalten in Frage zu stellen und zu verändern.

Von geistig behinderten Menschen kann eine derartige Selbstreflexion selbstverständlich nicht geleistet werden. Hier ist es die Aufgabe der Bezugsperson, die Angemessenheit der Reaktion zu überdenken und sich negativ auswirkende Kommunikationsgewohnheiten entweder großzügig zu überhören oder – bei entsprechendem Verständnisvermögen – sie vorsichtig anzusprechen. So könnte die Bemerkung: «Das weiß ich» tatsächlich eine in dem Fall unangemessene, d. h. überbehütende oder ständig Anweisungen gebende, komplementäre Beziehungsform enthüllen. Sie könnte aber auch Zeichen einer stereotypen Abwehr gegenüber jeder komplementären Beziehung oder gegenüber neuer Information überhaupt sein. Ersteres wäre daran erkennbar, daß sich der betreffende Mensch grundsätzlich gegen jede mögliche Überlegenheit eines Gegenübers wehrt, gleichgültig ob sie sich als ein «besser» Wissen oder Können, eine sachlich notwendige Anweisung oder ein berechtigtes Privileg äußert. Eine generelle Informationsabwehr müßte außerdem noch andere Abwehrstrategien aufweisen, z. B. Weghören und Einfach-nicht-Beachten, Ablenkungsmanöver bei Belehrungsversuchen etc. In derartigen Fällen könnte vorsichtig auf die Lockerung solcher Reaktionsmuster hingearbeitet werden.

IV.
Nonverbale Kommunikation

Wie bereits mehrfach erwähnt, spielen bei der Kommunikation nonverbale Aspekte eine bedeutsame Rolle. Schon das erste Axiom: «Man kann nicht nicht kommunizieren» basiert auf der Tatsache, daß nonverbale Signale Mitteilungscharakter besitzen. Das gilt nicht nur für den Menschen, sondern auch für den vormenschlichen Bereich. Deshalb wird mit Fug und Recht behauptet, daß Tiere kommunizieren, ja selbst Pflanzen können mit ihren Reaktionen im weitesten Sinne in diese Definition einbezogen werden. Die menschliche Sprache hat sich aus dieser elementarsten Kommunikationsweise herausentwickelt, wird aber in ihrem Gebrauch ständig von nonverbalen Signalen begleitet. Diese äußern sich über sechs Kanäle:

- die Mimik – die feinen Bewegungen und der Ausdruck des Gesichts
- die Gestik – die Bewegungsweise der Hände und Arme
- die Körperhaltung – Haltung von Kopf, Rumpf und Extremitäten insgesamt
- Körperbewegung – Bewegungsweise des gesamten Körpers
- Räumliche Orientierung – Gestaltung von Nähe und Distanz zum Partner, Entfernung und Position der Sprecher zueinander
- Stimmführung – z. B. Stimmlage, Sprechgeschwindigkeit bzw. -rhythmus, Lautstärke.

Um der Vollständigkeit willen seien noch drei weitere nonverbale Kanäle erwähnt, die zwar nicht unmittelbar an das sprachliche Geschehen gebunden sind, aber insbesondere für Menschen mit geistigen Behinderungen eine wichtige Funktion erfüllen. Diese sind der olfaktorische, der gustatorische und der taktile Kanal, d. h. die Signalgebung und -aufnahme über den Geruch, den Geschmack und die Berührung. Säuglinge benutzen diese Form der Kontaktgestaltung gleichrangig mit ihren lautlichen und mimisch-gestischen Möglichkeiten, ebenso geistig behinderte Menschen, die sich auf einem vergleichbaren Entwicklungsniveau befinden. Sie berühren, schnuppern, lekken und lutschen an allen erreichbaren Dingen ebenso wie an Personen.

Nonverbale Zeichen vermitteln Botschaften über die Gefühlsverfassung und die Beziehungsgestaltung bzw. Beziehungswünsche des Sprechers (vgl. die Aspekte Selbstoffenbarung, Beziehung und Appell bei *Schulz von Thun*) und erläutern so die Sachinformation. Sie sind zumeist sehr komplex, entsprechend unserer häufig ebenfalls komplexen Gefühls- und Beziehungszustände. Ein Mensch ist z. B. zugleich aktiv und neugierig, aber auch zurückhaltend und ängstlich in Erinnerung an ein unangenehmes Ereignis, er will den Konflikt verbergen und zeigt deshalb ein «normales Mittelmaß», um so auch eventuelle

Kritik oder Strafe zu vermeiden. Er interessiert sich vielleicht für einen neuen Kollegen, wagt es jedoch nicht, seine Neugier zu zeigen, weil er wegen seines «forschen Verhaltens» schon oft zurückgewiesen wurde. Diesen Zwiespalt und die aufkeimende Unsicherheit überspielt er und gibt sich nun «freundlich abwartend». Die Interpretation nonverbaler Signale muß der Vielschichtigkeit Rechnung tragen. Dazu gehört, daß bei der Deutung die Informationen möglichst vieler Kanäle als sich gegenseitig ergänzend einbezogen werden. Eine einfache Aussage (gemäß dem Motto: A ist b) genügt nicht. Ebenso gilt es, die äußere Situation zu berücksichtigen. Eng an den Körper gepreßte, geschlossene Arme bedeuten bei – 20° Kälte im Freien, daß der Sender friert, während sie in einem gut geheizten Raum bei einem Fest eher Angst oder Distanz ausdrücken können.

Nonverbale Signale sind häufig so klein, daß sie im Kommunikationsvollzug nicht bewußt registriert werden. Erst durch Mikroanalysen (Slow-motion-Abspielung oder Großaufnahmen von Szenen) sind sie sichtbar zu machen. Folglich werden solche Zeichen zumeist unterhalb der Wahrnehmungsschwelle aufgenommen und beantwortet. Ebenso werden sie meist unbewußt gesendet und lassen sich nur zu einem geringen Teil bewußt, und das heißt: willkürlich, steuern. Aus diesem Grunde werden nonverbale Signale vom Empfänger oftmals – mitunter vorschnell – als die «wahre» Information gedeutet (Motto: der Körper lügt nicht).

Als alltägliches Beispiel für die unterschwellige Wirkungsweise nonverbaler Zeichen sei ihre Bedeutung bei der Gesprächsstrukturierung erwähnt. Über nonverbale Kanäle wird gesteuert:

- wer als Hauptsprecher gilt und wer sich zu fügen hat (Dominanz-Unterordnung)
- wer sich in welchem Maß durchsetzen kann (Hierarchie)
- über welches Thema gesprochen wird (Gesprächsinhalt)
- wem das Wort erteilt wird (Sprecherfolge)
- wer wie lange spricht (Beitragslänge)
- wer wen in seiner Meinung unterstützt bzw. bekämpft (Koalitionen).

Als Steuerungselemente für den normalerweise reibungslos ablaufenden Prozeß dienen neben der Stimmführung der Einsatz des Blickkontaktes, die beurteilende Mimik, die Anpassung der Gestik und Körperhaltung als Zeichen der Akzeptanz oder Koalition sowie umgekehrt der ablehnende Körperausdruck. Einen weiteren Hinweis kann die räumliche Gestaltung von Nähe und Distanz geben, sofern diese nicht durch die Sitzordnung eingeschränkt ist. Harmonische Interaktionen zeichnen sich häufig durch die unwillkürlich auftretende Parallelität der nonverbalen Signale der Kommunikationspartner aus: Sie stellen sich in der Lautstärke und Ausdrucksqualität der Sprache aufeinander ein, oftmals nehmen sie eine ähnliche Körperhaltung ein, mitunter gleicht sich sogar die Gestik der Sprechenden. So scheint es, daß sich die Kommunikationspartner unbewußt gegenseitig spiegeln, wodurch sie sich emotionale Nähe und Übereinstimmung signalisieren.

V.
Störungsformen der Kommunikation

Wie sich verschiedene Aspekte der Kommunikation herauskristallisieren lassen, so lassen sich auch unterschiedliche Formen gestörter Kommunikation beschreiben und den einzelnen Axiomen zuordnen. Allen folgenden Störungen gemeinsam ist, daß sie Diskrepanzen oder Inkongruenzen, also Unstimmigkeiten, zwischen einzelnen Aspekten ausdrücken und zugleich Lösungsversuche darstellen, mit diesen Diskrepanzen oder Widersprüchen umzugehen. Insofern die Lösungsversuche wiederum Konflikte oder Unklarheiten bewirken, sprechen wir von gestörter Kommunikation. Gelungen wäre demgegenüber eine «stimmige», klare Mitteilung.

1. Diskrepanz zwischen Kommunikationswunsch und Situation

Beim ersten Axiom besteht die Diskrepanz zwischen dem Kommunikationswunsch und der gegebenen Situation bzw. dem erlebten Appell. Das bedeutet, der Sender will nicht kommunizieren, kann es aber nicht verhindern, oder er darf nicht kommunizieren, kann es aber ebenfalls nicht vermeiden, da seine reine Gegenwart schon Mitteilungscharakter trägt. Die zweite Art des Kommunikationsverbotes erleben z. B. Menschen, die etwas spüren, hören oder sehen, jedenfalls auf irgendeine Weise aufgrund ihrer Anwesenheit etwas ahnen, was sie nicht wissen sollen. Hier sei nur an Kinder erinnert, vor denen Eltern ihre Beziehungskonflikte verbergen wollen. Die Kinder «sollen nichts merken», sind als Empfänger der Botschaft unerwünscht, können aber nicht vermeiden, daß sie «etwas mitbekommen».

Die radikalste Weise, diesen Konflikt zu lösen, wäre, die eigene Kommunikationsfähigkeit zu leugnen, gleichsam zu signalisieren: «ich bin – als Kommunikationspartner – gar nicht da». Dies kann geschehen, indem man sich taub oder dumm stellt bzw. sich dem geläufigen Sinnzusammenhang entzieht. Schizophrene Kommunikationsmuster können hier eingeordnet werden. Aber auch viele geistig behinderte Menschen benutzen diese elementare Selbstschutz- und Verweigerungsstrategie. Denn als eine Art «kognitiver Totstellreflex» steht die Selbstverleugnung auch Menschen mit einem sehr niedrigen emotionalen und kognitiven Entwicklungsniveau zur Verfügung. Darüber hinaus wird sie als einzige Methode auch einer paradoxen Handlungsaufforderung im Sinne der gleichzeitigen Erwartung: «Reagiere – aber reagiere ja nicht» gerecht.

Dem klaren Zwang zur Kommunikation kann auch mit Selbstaufgabe begegnet werden. Der Mensch unterliegt dem Druck und paßt sich den Erwartungen an, unter Umständen so perfekt, daß er das Wissen um seine eigenen Wünsche verliert. Das Ergebnis ist ein überangepaßter «Ja-Sager», der sein Selbstbewußtsein einerseits aus seiner Anpassungsfähigkeit bezieht, der andererseits aber auch unter seiner Selbstbehauptungsschwäche leidet und möglicherweise die unterdrückten Aggressionen gegen sich selbst richtet. Geistig behinderte Menschen neigen aufgrund ihrer Ichschwäche und der fehlenden geistigen Möglichkeiten zu dieser Reaktionsweise, wenn sie nicht versuchen, sich durch die oben beschriebenen Verweigerungshaltung völlig zu entziehen.

Eine weitere Möglichkeit bildet die Scheinanpassung an die Erwartungen. Der Mensch läßt sich scheinbar auf das gewünschte Gespräch ein, aber er antwortet nur auf der Sachebene erwartungsgemäß; er entspricht den Erfordernissen verbal. Nonverbal signalisiert er Unwillen, Desinteresse, verweigert sein Engagement und entwertet sein Gegenüber. Auf der Beziehungsebene widerspricht er der Botschaft der Sachebene und bewahrt so unterschwellig seinen eigenen Willen. Der Zwang zur Kommunikation veranlaßt ihn also zu diskrepanten Botschaften auf der Sach- und Beziehungsebene. In der Form des «widerstrebenden Gehorsams» bedienen sich geistig behinderte Menschen dieser Möglichkeit. Indirektere Formen, wie z.B. die Ironie, erfordern hingegen einen kognitiven Entwicklungsstand, den Menschen mit geistiger Behinderung in der Regel nicht erreichen. Die reifste Lösung dieses Dilemmas besteht in der eindeutigen verbalen und nonverbalen Abgrenzung, etwa in der klaren Formulierung des Wunsches, nicht zu sprechen. Solch klare Selbstbewahrung setzt jedoch eine gesunde Ichstärke voraus, die aufgrund der emotionalen und kognitiven Defizite bei geistig behinderten Menschen nur selten zu finden ist.

2. Diskrepanz zwischen Sach- und Beziehungsebene

Störungen, die das zweite Axiom betreffen, erscheinen als Diskrepanz zwischen der Sach- und Beziehungsebene. Während die klare positive Interaktion Einigkeit der Sach- und Beziehungsebene, die eindeutig negative Interaktion hingegen deren Uneinigkeit signalisiert, formuliert die gestörte Kommunikation entweder

a) Einigkeit auf der Beziehungsebene und Uneinigkeit im Hinblick auf den besprochenen Inhalt oder

b) Übereinstimmung hinsichtlich der Sache, aber Differenzen auf der Beziehungsebene.

Bei a) sind auf dem Boden einer guten Beziehung inhaltliche Probleme relativ leicht durch sachliche Argumente lösbar, so daß gute Chancen für eine Konfliktbewältigung bestehen: man bespricht jeweils das Für und Wider, akzeptiert unterschiedliche Gesichtspunkte, findet Kompromisse oder erarbeitet sich sogar einen gemeinsamen Standpunkt. Bei b) hingegen wird die Beziehung nur durch die gemeinsame Sache aufrechterhalten und läuft Gefahr zu zerbrechen, wenn der verbindende Inhalt entfällt. Darüber hinaus werden in diesem Falle die Beziehungsprobleme oft auf die Sachebene verlagert, so daß sich die Kommunikationspartner schon deshalb sachlich nicht unterstützen und auf eine gemeinsame Handlungsstrategie einigen können, weil der Beziehungskonflikt dies nicht erlaubt. Z. B. tendieren Betreuer einer Behindertengruppe, die sich gegenseitig «nicht riechen können» dazu, sich im gemeinsamen Fallgespräch zu streiten und gegeneinander auszuspielen, obwohl sie grundsätzlich dieselben Erziehungsstile vertreten und auch – unabhängig voneinander – dieselbe Situation gleich beurteilen. Der Beziehungskonflikt aber verbietet ihnen, wirkungsvoll am gemeinsamen Strang zu ziehen. Man findet keine gemeinsame Lösung oder führt die Lösung nicht durch. Auch zerstrittene Eltern neigen zu ähnlichem Verhalten.

Sind die Konfliktpartner jedoch so reif, daß es ihnen gelingt, ihre persönlichen Gefühle hintanzustellen und sich an der Sache zu orientieren, verfolgen sie ernsthaft die gefundene gemeinsame Lösung, so kann der eintretende Erfolg sich als verbindend auswirken, die gegenseitige Anerkennung erhöhen und damit auch die Beziehung verbessern.

Eine weitere Möglichkeit, einen Konflikt zwischen Beziehungs- und Sachebene zu beantworten, ist die Verleugnung der Beziehungsbotschaft. Der Empfänger «hört» nur mit dem «Sachohr», vermittelt, paßt sich an, findet Scheinerklärungen, um die Gefährdung der Beziehung nicht wahrnehmen zu müssen. Ehepaare, deren warme Gefühle füreinander längst erkaltet sind, die sich nicht mehr lieben, die sich aber die gegenseitige Gleichgültigkeit nicht eingestehen, denen vielmehr die «gute Gewohnheit» lieb geworden ist und die zudem eine sachliche Ebene des gemeinsamen Umgangs gefunden haben, wählen diese Lösung. Läßt sich die Wahrnehmung der Diskrepanz nicht vermeiden, fehlt aber der Mut, sie anzusprechen, so bietet sich als «Lösungsweg» auch die «innere Emigration» an: man reagiert sachlich korrekt, aber ohne inneres Engagement, ohne persönliche Beteiligung. Die dargestellten erfolglosen Lösungsstrategien äußern sich in der Kommunikation wiederum durch Diskrepanzen, insbesondere zwischen dem verbalen und nonverbalen bzw. dem digitalen und dem analogen Kanal.

Die klare Lösung – neben dem beziehungsverbessernden Erfolgserlebnis durch eine gemeinsam bewältigte Aufgabe – besteht in dem Ansprechen der Diskrepanz bzw. des Konfliktes. Daß Menschen mit geistigen Behinderungen dies zumeist nicht können, muß wohl nicht extra betont werden. Dennoch spüren sie derartige Unstimmigkeiten in der Regel sehr genau und beantworten sie mit Kommunikations- und Verhaltensstörungen. In ihrer Hilflosigkeit verweigern sie z. B. die Kooperation, sie werden widerspenstig oder handlungsunfähig. Möglicherweise steigern sie ihre Anhänglichkeit und werden dadurch lästig, oder sie stellen sich – wenn sie nur indirekt von dem Konflikt, z. B. ihrer Eltern/Betreuer, betroffen sind – als besonders «liebes» vermittelndes Bindeglied zur Verfügung.

3. Diskrepanz zwischen digitaler und analoger Kommunikation

Unstimmigkeiten zwischen dem digitalen und dem analogen Kanal stellen sich meist dar als Inkongruenzen zwischen der verbalen und der nonverbalen Aussage und somit als Widerspruch zwischen Sach- und Beziehungsbotschaft. Störungen dieser Art werden als «Doppelbotschaften» bezeichnet. Ein bekanntes Beispiel hierfür bildet die Ironie. Ein Erzieher empfängt z. B. einen Bewohner, der zu spät zum Essen kommt, mit der Bemerkung: «Wie schön für uns, daß du heute nichts essen willst.»

Häufig beruhen Störungen aber auch darauf, daß der Empfänger den digitalen oder den analogen Inhalt einer Aussage falsch entschlüsselt, d. h. daß er die Bedeutung der verwendeten Worte oder der analogen Signale mißversteht. Insbesondere analoge Ausdrucksformen eröffnen von Natur aus einen weiten Interpretationsspielraum, da dieselbe Geste verschiedene Sachverhalte widerspiegeln kann. So kann ein Lächeln Zuneigung, Unsicherheit, Scham, Mitleid, Schadenfreude und vieles mehr bedeuten. Erst im Kontext anderer nonverbaler Signale, der Situation und der Kenntnis der Persönlichkeit sowie ihrer Äußerungsgewohnheiten läßt sich die jeweilige Botschaft hinreichend bestimmen. Dasselbe gilt für komplexe nonverbale Handlungsabläufe. Ein Ehemann, der nach zehnjähriger Ehe seiner Frau seit langer Zeit zum ersten Mal wieder einen Blumenstrauß mitbringt, kann ihr damit zeigen wollen, daß ihm seine mangelnde Aufmerksamkeit leid tut; er kann aber auch sein schlechtes Gewissen beruhigen, günstige Stimmung für einen nachfolgenden «Anschlag» erzeugen wollen oder ganz einfach einen empfangenen Strauß weitergeben. Die Situation und der Beziehungshintergrund liefern den Schlüssel zur Interpretation, wodurch sich wieder die enge Verquickung mit der Beziehungsebene zeigt.

Die Vielfalt der Deutungsmöglichkeiten gilt es auch im Hinblick auf die Verhaltensweisen geistig behinderter Menschen zu berücksichtigen. Das wiederholte Fortlaufen eines Jugendlichen kann beispielsweise seinen Expansionsdrang anzeigen; es kann aber auch seine gänzliche Beziehungslosigkeit ausdrücken oder seine Antwort darstellen auf die Tatsache, daß er sich in seiner Wohngruppe nicht wohlfühlt oder daß er als Außenseiter sogar von den Betreuern abgelehnt wird. Schließlich kann es auch die Folge seiner völligen Orientierungslosigkeit darstellen. Psychisch kranke Menschen äußern ihre Gefühle oft verschlüsselt oder inadäquat, so daß die analogen Signale das Gegenüber zu Fehlinterpretationen verleiten. Als Beispiel sei das scheinbare Machtgehabe erwähnt, das dazu dient, – häufig unbewußte – Unsicherheiten und Ängste zu verbergen. Hier ist die Beachtung möglichst vieler nonverbaler Ebenen sowie das Einbeziehen des situativen und biographischen Hintergrundes unbedingt erforderlich. Schwierigkeiten der Entschlüsselung können sich auch ergeben, wenn sich der eine Kommunikationspartner symbolsprachlich ausdrückt, sein Gegenüber sich aber an die konkreten Wortbedeutungen hält. So meint z. B. eine geistig behinderte Frau, um das Ende ihres Trotzverhaltens anzukündigen: «Schmeiß den Zirkus weg». Ihre beginnende gute Laune kommentiert sie mit dem Satz: «Jetzt geht die Sonne auf», während die Worte: «ziehen Wolken vor» einen Stimmungsabfall signalisieren. Hier ist es für den Kommunikationspartner wichtig, ein bildhaftes Sprachverständnis zu entwickeln.

Störungen auf der Ebene der digitalen und analogen Kommunikation führen – wie die oftmals damit verbundenen Diskrepanzen zwischen Sach- und Beziehungsebene – zur psychischen Verunsicherung, der häufig ein emotionaler Rückzug mit Handlungsblockade folgt oder die den Empfänger veranlaßt, Informationen nur noch auf einer Ebene zu empfangen und zu beantworten. Reagiert er, z. B. bei einer ironischen Bemerkung, auf die «ernst gemeinte» Botschaft, so kann er damit die Störung scheinbar beheben. Bekennt sich der Sender aber nicht zu einer eindeutigen Aussage, so befindet sich der Empfänger in dem Dilemma, daß jede seiner gewählten Antworten falsch ist; denn immer hat der Sender die Möglichkeit zu behaupten, er habe gerade die Information des anderen Kanals vermitteln wollen. Die klare Lösung dieses Problems besteht im Aufzeigen der widersprüchlichen Botschaften. Menschen mit geistigen Behinderungen können jedoch derartige kognitive Leistungen nicht erbringen. Auch die ironische Struktur einer Aussage vermögen sie nicht zu erfassen. Wenn sie dennoch Ironie scheinbar «verstehen» und erwartungsgemäß reagieren, so liegt das eher an ihrer Sensibilität für Beziehungsbotschaften als an ihrer rationalen Urteilsfähigkeit. Auf der kognitiven Ebene werden sie unnötig verwirrt und so zusätzlich gedemütigt. Denn ein Elternteil oder Betreuer, der Ironie als Verständigungs- oder gar als Erziehungsmittel einsetzt, spielt damit seine geistige Überlegenheit aus. Darüber hinaus läuft er Gefahr, daß sich die Doppelbotschaft als «Doppelbindung» auswirkt.

4. Die «Doppelbindung»

Eine Doppelbindung entsteht, wenn eine Doppelbotschaft gleichbleibend wiederholt wird und

- der Empfänger sich in einem emotionalen Abhängigkeitsverhältnis zum Sender befindet, er deshalb der Situation/Beziehung nicht entrinnen kann (z. B. Bezugsperson – Behinderter), wenn
- die Botschaft mit einer Handlungsaufforderung verbunden ist, die aber aufgrund der gegensätzlichen Natur der Botschaft ebenfalls widersprüchlich ist (z. B.: entscheide frei und selbständig – aber handle ja nicht unabhängig von mir), und wenn
- der Empfänger die Struktur der Kommunikation nicht durchschauen, also die Widersprüchlichkeit nicht erkennen kann, sei es, weil er durch die Erkenntnis ein Tabu verletzen, er folglich dafür empfindlich bestraft würde (z. B. Liebensentzug) bzw. der Sender den Widerspruch leugnen würde; sei es, weil ihm dazu die notwendigen kognitiven Fähigkeiten fehlen.

Ein derart ausgelieferter Mensch ist «doppelt gebunden». Keine seiner möglichen Reaktionsweisen führt zu einem positiven Ziel. Er kann seine Handlungen nicht mehr als erfolgreich und damit als sinnvoll erleben. Er vermag die Realität nicht mehr einzuschätzen und ihre Ereignisse als zusammenhängend zu begreifen. So verliert er mehr und mehr die Orientierung und damit seinen Realitätsbezug. Mögliche psychische Folgen sind zunehmende Selbstunsicherheit, Verwirrung, Rückzug aus Beziehungen oder die Übernahme paradoxer Beziehungsmuster und der Verlust von Handlungsinitiative. *Watzlawick* sieht in der Doppelbindung einen wesentlichen Faktor für die Entstehung schizophrener Verhaltensmuster.

Ein normalsinniges Kind ist durch seine naturgegebene Entwicklungskraft gegen die negativen Folgen «maßvoller Doppelbotschaften», die in jeder Erziehung auftreten, weil auch die besten Bezugspersonen manchmal zwiespältige Gefühle haben, weitgehend gefeit. Bei geistig behinderten Menschen hingegen werden aufgrund der kognitiven Defizite und der Betreuungsbedürftigkeit die Doppelbotschaften leicht zu Doppelbindungen. Folgende widersprüchliche Botschaften schleichen sich bei komplementären Beziehungen verständlicherweise leicht ein: Sei selbständig (denn ich will deine Weiterentwicklung, außerdem entlastet sie mich auch) – bleibe unselbständig (denn sonst werde ich nicht mehr gebraucht und verliere die Basis meiner – beruflichen oder familiären – Identität). Sei vital, entdeckungs- und experimentierfreudig (denn das ist die Voraussetzung für eine geistige Weiterentwicklung) – sei ruhig, «pflegeleicht» und störe den Arbeitsalltag nicht mit deiner Vitalität (denn das erhöht die Arbeitsbelastung). Entwickle deine Individualität (diese zu fördern, kennzeichnet eine «gute» Erziehung) – doch verhalte dich möglichst nicht anders als die anderen Gruppen-/Familienmitglieder (denn eine verstärkte Sonderbehandlung ist bei der ohnehin hohen Arbeitsbelastung nicht durchführbar. Auch gilt sie als ungerecht und schafft eventuell Konflikte).

Ein Beispiel mag die Erscheinungs- und Wirkungsweise widersprüchlicher Botschaften verdeutlichen. Engagierte Eltern verwarfen in einem Beratungsgespräch den Vorschlag, daß ihr im Heim wohnender Sohn lernen solle, selbständig zu telefonieren – wozu dieser geistig durchaus in der Lage wäre: er kann etwas lesen und rechnen –, mit der Begründung: «Wozu braucht er das?» Sie, die Eltern, kümmern sich schließlich regelmäßig und intensiv um den Sohn und rufen ihn oft an. Gleichzeitig erwarten sie seine optimale Förderung. Dem Gesichtspunkt, daß die Fähigkeit zu telefonieren aber seine Selbständigkeit und seinen Handlungsspielraum erweitere, entgegneten sie: «Dann ruft er uns ja dauernd an». Auch das Argument, daß 2,– DM Taschengeld in der Woche dem Ferngespräch ein schnelles Ende setze, überzeugte sie nicht. So viel Selbständigkeit sei für einen akuten Epileptiker zu gefährlich.

Ein Kennzeichen derartig widersprüchlicher Botschaften ist, daß die zur Unterstützung angeführten Argumente immer einen «Teil der Wahrheit» repräsentieren, aber eben nur einen Teil. Deswegen sind sie weder zu entkräften, noch kann man sich mit ihnen zufrieden geben. Und immer verbergen sie eine Beziehungsambivalenz, deren einer Teil als problematisch empfunden und deshalb möglichst aus dem Bewußtsein ausgeklammert wird. In dem angeführten Beispiel war es der Wunsch der Eltern, trotz anderslautender Beteuerungen, den Sohn von sich abhängig zu halten.

Normalerweise ist nur der eine Pol einer Ambivalenz deutlich bewußt, er repräsentiert die Einstellung, die die Bezugsperon offiziell vertritt. Der Gegenpol, der die implizierte Konsequenz ablehnt, wird zumeist nur undeutlich geahnt. Ihn bewußt wahrzunehmen, als eigenen Anteil zu erkennen und zu verantworten, ist eine wichtige Aufgabe jeder Bezugsperson, will sie die Gefahr von Doppelbindungen möglichst niedrig halten. Um Mißverständnisse zu vermeiden, sei nochmals betont: Das Problem liegt nicht in erster Linie in der Existenz derartiger Ambivalenzen, die nun einmal zur Natur der menschlichen Bestrebungen gehören. Kritisch ist vielmehr ihre, meist moralischen Normen entsprechende Leugnung. Aus ihr folgt das «Verbot», die Zwiespältigkeit der Beziehungsinformationen wahrzunehmen. Damit aber bleibt der Widerspruch unbewußt, er wird nicht geklärt und Kompromißlösungen zugeführt, sondern wirkt unterschwellig zerstörerisch.

5. *Diskrepante Interpunktion*

Differenzen in der Interpunktion der Ereignisabfolge entstehen zumeist dadurch, daß die Kommunikationspartner ihre Zuordnung, was als Ursache und was als Wirkung anzusehen sei, absolut setzen und dabei nicht berücksichtigen, daß sich Ereignisse wechselseitig bedingen, dergestalt, daß jede Wirkung zugleich selbst wieder eine Ursache für erneute Wirkungen darstellt. Vielmehr interpretieren sie die Wirklichkeit linear. So könnte Betreuer A feststellen: «Weil mein Kollege so schlampig ist und nie aufräumt, darum dringe ich so auf Ordnung und räume eben selber auf». Sein Kollege B hingegen erwidert: «Weil A einen Ordnungstic hat und immerzu aufräumt, weil ich es ihm sowieso nicht rechtmachen kann, darum überlasse ich ihm die Aufgabe, für Ordnung zu sorgen». Beide sehen die Ursache für die eigenen Reaktionen im Verhalten des Partners und merken nicht, daß dessen Verhalten ebenfalls eine Antwort auf die eigenen Reaktionen darstellt. Als Folge wird immer dem Partner die Schuld für die mißliche Lage zugeschrieben. Neben dem fortdauernden Kampf gibt es folgende ungünstige Möglichkeiten des Umgangs mit Interaktionen, deren Störung in wechselseitigen Schuldzuschreibungen besteht:

- das scheinbare Nachgeben und die damit verbundene Anpassung, die nicht auf Einsicht beruht, sondern dem Motto folgt: «Du hast recht und ich meine Ruhe»;
- die Überanpassung, bei der der eine Partner aufgrund des zu starken Druckes oder seiner Selbstbehauptungsschwäche die eigene Interpunktion aufgibt.

Beide Male bleibt der Konflikt unterschwellig wirksam und wird den Unterlegenen eines Tages veranlassen, sich seinen Möglichkeiten entsprechend – etwa durch Beschuldigungen, Verweigerung oder Entwertung – für die Demütigung zu entschädigen.

Eine klare Konflikt-Lösung bestände in der Einsicht in die kreisförmige, auf Wechselwirkungen beruhende Struktur der Kommunikation, in der Klärung der dem Konflikt zugrundeliegenden unterschiedlichen «Weltsichten» oder Empfindungsweisen sowie in der Akzeptanz der verschiedenen Gesichtspunkte. Dies bedeutet zugleich ein Aussteigen aus dem verhängnisvollen Kreislauf und beinhaltet die Suche nach einem neuen Ansatzpunkt – z. B. das Verlassen der Sachebene und eine Hinwendung zur Beziehungsebene. In bezug auf das beschriebene Beispiel könnte die Lösung darin bestehen, daß beiden Kollegen deutlich wird, inwiefern sie mit dem eigenen Verhalten die Reaktionen des Partners auslösen und daß eigene Verhaltensänderungen auch solche beim Partner nach sich ziehen. Darüber hinaus würde ein vertieftes Verständnis für die Erlebnisweise des Partners – was ihm Ordnung bedeutet – diese Verhaltensänderung erleichtern und zugleich eine neue Form der Begegnung – jetzt auf der Beziehungsebene – darstellen. Eine harmonische, von Akzeptanz getragene Interaktion könnte sich erneut einstellen. Ein weiteres Problem kann durch Interpunktionsfehler entstehen. Partner A bildet sich aufgrund seiner Interpunktionen, d. h. seiner Einteilung der Ereignisketten, die immer zugleich Interpretationen darstellen, eine Meinung von Partner B (z. B.: B ist unordentlich). Aufgrund dieses Urteils werden ihm unordentliche Aspekte seiner Person deutlicher ins Auge fallen, als wenn er diese Auffassung nicht schon gewonnen hätte. Außerdem wird er als Reaktion seinerseits besonders seine ordentlichen Seiten zeigen (z. B. ständig jede Kleinigkeit aufräumen) und somit B gar keine Chance lassen, ordnend einzugreifen. Vielmehr wird er von B weitere Nachlässigkeiten erwarten und dies verbal oder nonverbal signalisieren. B wird entsprechend reagieren und somit A's Vor-Urteil bestätigen. Diesen Kreislauf nennt man: Sich selbst erfüllende Prophezeiung: Derartige Mechanismen spielen im negativen wie auch im positiven Sinn in der Erziehung eine starke Rolle. Sündenböcke und Außenseiter von Gruppen werden oft durch diesen Vorgang in ihrer Position festgeschrieben. Umgekehrt ist es möglich, durch positive Erwartungen zuvor nicht für möglich gehaltene Entwicklungen aus einem Menschen «herauszulieben».

Menschen mit geistiger Behinderung können aufgrund ihrer kognitiven Defizite ihre eigene Weltsicht/Interpretation nicht oder nur mit Hilfe eines verständnisvollen Gesprächspartners hinterfragen. Denn in der Regel sind sie noch im egozentrischen Denken verhaftet. (S. Kap. 18, S. 288). Stellen sich also in der Kommunikation mit ihnen Interpunktionskonflikte ein, so ist es die Aufgabe der Bezugsperson, hier Abhilfe zu schaffen.

6. Erstarrte oder diskrepant definierte Beziehungskonstellationen

Störungen der Kommunikation, die in problematischen Beziehungsmustern gründen, zeigen sich auf dreierlei Weise:

a) Symmetrische Beziehungen, deren Selbstverständnis in der Gleichartigkeit oder Gleichrangigkeit der Partner wurzelt, werden dann problematisch, wenn diese zu kontrollieren beginnen, daß keiner den anderen übertrifft. Jede neue Verhaltensweise des einen wird vom anderen nachgeahmt, was der eine bekommt, muß der andere auch erhalten: ißt Alfred ein Nutella-Brot zum Frühstück, will Burkhard auch eines. Zugleich versucht aber jeder den anderen zu übertrumpfen, z. B. sein Brot dicker zu bestreichen (oder – bezogen auf das Statussymbol Auto – ein größeres Fahrzeug zu erwerben als der Nachbar). Als typisches Problem entsteht bei dieser Beziehungsstruktur die Rivalität: «Alle sind gleich, aber ich bin gleicher». Im Streit kann nicht nachgegeben werden, denn das Nachgeben würde den Verzicht auf «das gleiche Recht» bedeuten. (Auf der wirtschaftlichen Ebene äußert sich die «symmetrische Eskalation» z. B. als die Konkurrenz der Wirtschaftsgiganten untereinander.) So entsteht leicht «eine Spirale ohne Ende», für die jeder bei seinem Partner die Schuld sucht. Eine derartige «symmetrische Eskalation» folgt dem Muster: «weil A hat/darf/kann ..., muß B. . .muß A».

b) In komplementären Beziehungen, die auf gegenseitiger Ergänzung beruhen, besteht die Gefahr, daß sich die Positionen der beiden Partner immer weiter voneinander entfernen, wobei wiederum der Grund für diese Entwicklung im Partner gesehen wird: weil das behinderte Kind so schwach ist, muß seine Mutter/Bezugsperson immer stark sein. Dadurch wird das Kind wiederum in seiner Hilflosigkeit bestätigt, es wird noch schwächer und fordert noch mehr Hilfestellung. Oder: weil der Partner immer nur streng und konsequent ist, verkörpert der andere zum Ausgleich die Milde und Nachgiebigkeit, was wiederum die Strenge des ersten verstärkt. Bei einer Fixierung dieser Beziehungsstruktur werden die Entwicklungsspielräume (z. B. das Einüben der gegenteiligen Position) drastisch eingeschränkt.

c) Schließlich besteht noch die Möglichkeit der Uneinigkeit über die Beziehungsdefinition: der eine Partner erwartet eine symmetrische Interaktionsweise, wohingegen der andere sich komplementär verhält und eine entsprechende Reaktion wünscht. Derartige Probleme treten oft zwischen Eltern/Erziehern und heranwachsenden Kindern auf. Die Kinder rivalisieren mit den Eltern, wohingegen diese Unterordnung fordern. Aber auch umgekehrt: Eltern/Betreuer begegnen den Jugendlichen/Bewohnern auf gleicher Ebene. Diese können der wohl gewünschten, jedoch unvertrauten Beziehungsform nicht entsprechen und reagieren ihrer alten Gewohnheit gemäß. Bei derartigen Beziehungen wechseln häufig, je nach augenblicklicher Interessenlage, konflikthaft rivalisierende wie komplementäre Interaktionsweisen. Jugendliche tendieren häufig dazu, eine symmetrische Beziehungsform einzufordern, wenn es um die Rechte der Erwachsenen geht: «Ich bin alt genug, du hast mir nicht mehr vorzuschreiben, wann ich heimkommen muß. Du kommst schließlich auch, wann du willst». Sie genießen jedoch die komplementäre Beziehungsform, wenn das Versorgtwerden ihre Bequemlichkeit steigert, und sind keineswegs bereit, selbstverantwortlich zu handeln. So erwarten sie das fertige Essen auf dem Tisch, die gewaschene und gebügelte Kleidung, ein geordnetes Zuhause, ein ansehnliches Taschengeld, ohne sich im entsprechenden Maß an den Haushaltspflichten zu beteiligen.

Ungünstige Lösungen für diese drei Konfliktformen sind:

a) das Beharren auf gleichbleibend symmetrischen oder komplementären Beziehungsdefinitionen. Dadurch wird der individuelle Entfaltungsspielraum eingeschränkt, die eigene Identität beschnitten und schlimmstenfalls aufgrund der Überanpassung aufgegeben. Ebenso ungünstig wirkt

b) die verbale Scheinakzeptanz der vorgegebenen Beziehungsdefinition; denn sie führt zu widersprüchlichen Botschaften auf der nonverbalen Ebene und zieht alle damit verbundenen Probleme nach sich.

Als klare Lösung bietet sich an, die Beziehungsmuster und -erwartungen zu klären und das Verhalten der jeweiligen Situation entsprechend zu gestalten. Denn eine lebendige Beziehung zeichnet sich dadurch aus, daß jeder Partner Stärken und Schwächen zeigt, daß jeder Partner seine spezifischen Kompetenzen besitzt, daß er dadurch trotzdem keine einseitig festgeschriebene Position erfüllt, sondern sich aus seinen Schwächen heraus entwickeln darf und auch in seinen Stärken versagen kann. In derartig flexibel gestalteten Beziehungen wechseln mithin symmetrische und komplementäre Kommunikationsformen situationsspezifisch ab.

Übertragen auf den Umgang mit geistig behinderten Menschen, bedeutet diese Einsicht: Aufgrund der vielen Defizite, die geistig behinderte Menschen kennzeichnen, liegt es nahe, die Beziehungen zu ihnen komplementär zu gestalten. Um ihnen aber Entwicklungsspielräume zu eröffnen, ist es notwendig, für Situationen zu sorgen, in denen sie sich in der Beziehung zu anderen Menschen als gleichwertig/-rangig oder gar als überlegen erfahren können. Sie müssen auch symmetrische und entgegengesetzt gepolt – komplementäre Beziehungsgestaltungen erleben, auch im Umgang mit sogenannten «geistig normal entwickelten» Menschen. Konkret bedeutet dies: Sie sollten in ihren Kompetenzen anerkannt werden; ihre Willensäußerungen sollten unterstützt bzw. geachtet, d. h. ernstgenommen und partnerschaftlich beantwortet werden; und schließlich sollten sie in der Fähigkeit, ihr Leben eigenständig zu gestalten, gefördert werden. So sollte ihnen die Einflußnahme auf die Gestaltung des Tagesablaufs gewährt werden. Dabei darf die Förderung nicht zu einer Nivellierung vorhandener Unterschiede und damit zu einer Überforderung der behinderten Menschen führen, etwa im Hinblick auf ihre kognitiven Verarbeitungsmöglichkeiten oder ihre affektive Steuerung. Eine derart flexible

Beziehungsgestaltung mit geistig behinderten Menschen erfordert jedoch von der Bezugsperson ein hohes Maß an Einfühlungsfähigkeit und pädagogischer Phantasie.

Die Begegnung geistig behinderter Menschen untereinander eröffnet unter günstigen Voraussetzungen vielfältige Spielräume für symmetrische Beziehungsgestaltungen. Sie bietet die Möglichkeit, in der Auseinandersetzung mit Menschen, die vergleichbare Stärken und Schwächen besitzen, die eigene Position zu finden, Nähe und Distanz selbständig zu bestimmen und das Selbstbild zu überprüfen. Allerdings kann ein Mensch – sei er nun behindert oder nicht – symmetrische Umgangsweisen nur dann entwickeln, wenn er sich zuvor selbst auch symmetrisch angesprochen erfuhr. Darüber hinaus muß der Mensch gruppenfähig sein, d. h. er muß sich zeitweise von einer primären Bezugsperson lösen und sich aus eigenem Antrieb gleichgewichtige Partner suchen.

VI. Gelungene Kommunikation

Die mangelnde Kongruenz in den verschiedensten Hinsichten hat sich als gemeinsames Merkmal bei den beschriebenen Arten gestörter Kommunikation erwiesen. Nun läßt sich auch der Umkehrschluß ziehen: eine intakte Kommunikation zeichnet sich aus durch ein hohes Maß an «Stimmigkeit» oder Übereinstimmung bezüglich aller beteiligten Kommunikationsaspekte: Der Sender will kommunizieren, und die gewählte Form entspricht seinem Kommunikationswunsch. Er hat eine klare innere Haltung dem Kommunikationsinhalt gegenüber und vermittelt diese Haltung gleichermaßen verbal und nonverbal. Dasselbe gilt für die Beziehung zu seinem Gegenüber. Dabei sollte diese Beziehung grundsätzlich flexibel gestaltet werden, d. h. situationsbezogen symmetrisch oder komplementär mit angemessen wechselnder Positionsverteilung. Übereinstimmung sollte im jeweiligen Kommunikationsvollzug darüber herrschen, wer welche Position gerade einnimmt. Und schließlich sollte noch Einigkeit über den Interpunktionszusammenhang bestehen, bzw. sollte die Übereinstimmung in der Akzeptanz der jeweilig anderen Sichtweise liegen. *Schulz von Thun* beurteilt eine Aussage dann als stimmig, wenn sie der «Wahrheit der Situation» entspricht. Er versucht zu verdeutlichen, daß die Übereinstimmung mit der Wahrheit der Situation beim Sprecher die Bewußtheit seiner inneren wie der äußeren Realität voraussetzt und daß vor allem folgende Aspekte eine Rolle spielen: sein inneres Zumutesein, die erkennbare Verfassung des Empfängers, die Beziehung (auch: Rollenbeziehung) zu ihm, die Forderungen der Lage und die Anliegen der Existenz (vgl. S. 123). So läßt sich eine gelungene Kommunikation charakterisieren als «stimmig», kongruent, der «Wahrheit der Situation» Rechnung tragend und insofern als klar, «transparent» und «authentisch».

VII.
Die personenzentrierte Gesprächsführung nach *C. Rogers*

1. Grundlagen hilfreicher Gesprächsführung

Mit den Bedingungen gelungener Kommunikation im Sinne von konstruktiven, wachstumsfördernden Gesprächen setzte sich *C. Rogers* auseinander. Insbesondere wollte er erforschen, welche Merkmale ein Gespräch hilfreich – und im engeren Sinne: therapeutisch wirksam – werden lassen. Voraussetzung dafür ist eine «stimmige» Gesprächssituation. Doch was macht die Stimmigkeit aus – über die bisher beschriebenen Aspekte hinaus?

Ein echtes Gespräch verlangt, daß ich mich auf mein Gegenüber einlasse, offen, aufmerksam und zugewandt bin. Das erfordert wiederum, daß ich dieses Gegenüber grundsätzlich als vollwertigen Gesprächspartner anerkenne und damit als Mensch ernst- und annehme, unabhängig davon, ob ich seine konkreten Verhaltensweisen gutheiße oder nicht. Nur unter dieser Voraussetzung der vorurteilsfreien Akzeptanz kann eine vertrauensvolle Beziehung entstehen, die ihrerseits die Grundlage für eine positive Entwicklung bildet. Nur unter dieser Voraussetzung werden darüber hinaus meine nonverbalen Beziehungssignale mit dem positiv gemeinten Gesprächsinhalt übereinstimmen. *C. Rogers* nennt dieses grundlegende Merkmal des wachstumsfördernden Gesprächs die bedingungslose Wertschätzung des Gesprächspartners.

Der Haltung der Wertschätzung muß als zweite, gleich bedeutsame die der Echtheit zur Seite treten. Denn nur wenn ich echt bin, wenn meine verbalen Mitteilungen meinen Gedanken, Gefühlen, Einstellungen, meiner körperlichen Verfassung, kurz «der Wahrheit der Situation» entsprechen, werde ich glaubwürdig. Die Glaubwürdigkeit jedoch ermöglicht erst, daß meine Wertschätzung als solche angenommen wird und sich mein Gegenüber im Gespräch öffnet und selbst echt reagiert. Die Echtheit verlangt auch, daß ich unangenehme Dinge (z. B. Kritik, gegenteilige Meinungen, Distanzierungswünsche) ehrlich äußere. Beachte ich jedoch das Gebot der Wertschätzung, wird dies nicht rücksichtslos geschehen.

Als dritte Grundhaltung fordert *Rogers* die Empathie. Darunter ist die Einfühlungsbereitschaft zu verstehen, der Versuch die Erlebniswelt meines Gesprächspartners aus dessen Perspektive zu erfassen, nachzufühlen, wie er fühlt, denkt, handelt, sowie das Bemühen, ihm meine Wahrnehmung seiner Situation zurückzumelden. Dieses Spiegeln – das sich insbesondere darin äußert, daß ich mein Verständnis seiner Empfindungen, Wünsche, Reaktionen, Erlebnisse (für ihn) formuliere – vermittelt meinem Gegenüber einerseits die Gewißheit verstanden worden zu sein und erhöht dadurch wiederum seine Offenheit. Andererseits vertieft das «Paraphrasieren» bzw. die «Verbalisierung der emotionalen Erlebnisinhalte» sein eigenes Selbstverständnis. So regt die Empathie ihn dazu an, genauer über sich nachzudenken. Sie stärkt sein Selbstbewußtsein und fördert Entwicklungsvorgänge.

2. Aspekte der Anwendung

Auch im Hinblick auf den Umgang mit geistig behinderten Menschen spielen die drei Variablen – Wertschätzung, Echtheit und Empathie – eine bedeutsame Rolle, weil sie als Grundhaltungen die Bedingungen für das Gelingen jeder Kommunikation darstellen, selbst der Kommunikation mit Menschen ohne aktiver Sprachentwicklung. Allerdings erweist sich ihre Umsetzung manchmal als schwierig und kann zu charakteristischen Problemen führen. Wertschätzung sollte bei Eltern hinsichtlich ihrer Kinder sowie bei Menschen, die einen sozialen Beruf ausüben, selbstverständlich sein. Dennoch stellt sie eine hohe Anforderung dar – insbesondere wenn die Beziehung durch Verhaltensprobleme belastet wird –, und leicht schleichen sich «Nachlässigkeiten» ein. Zeichen mangelnder Wertschätzung hinsichtlich des Gesprächsverhaltens sind dieselben Verhaltensweisen, wie sie in den verschiedensten Gesprächssituationen unangenehm auffallen und zu Kommunikationsstörungen (bei dauerhafter Wiederholung im Extremfall zu Verhaltensstörungen) führen. Beispielsweise seien erwähnt:

- auf der verbalen Ebene: mangelnde Aufmerksamkeit, erkennbar an unpassenden Fragen oder Bemerkungen und ablenkenden Einwürfen; den Partner nicht ausreden lassen, unterbrechen, für ihn sprechen; das Thema des Gespräches zur einseitigen Selbstdarstellung an-sich-reißen; Verbessern unwesentlicher Fehler; insgesamt ein Gesprächsstil, der im wesentlichen aus Aufforderungen, Befehlen und Kritik besteht
- auf der nonverbalen Ebene: abweisende, kalte oder überhebliche Gestik und Mimik sowie fehlender oder aufdringlicher Blickkontakt; Nebentätigkeiten, die andeuten, daß andere Dinge jetzt wichtiger sind als der Gesprächskontakt; insgesamt alle Signale, die den anderen beschämen, lächerlich machen und herabsetzen.

Drücken die verbalen und nonverbalen Zeichen jedoch Aufmerksamkeit, Interesse und die Bereitschaft aus, das Gegenüber anzunehmen und gedanklich zu begleiten, so stellt sich ein Gefühl der Wertschätzung ein. Verhaltenstherapeutisch gesprochen bildet das wertschätzende Gesprächsverhalten den bedeutsamsten positiven sozialen Verstärker.

Auch die Echtheit kann zu Problemen führen: entweder wagt es der Sender nicht, seine Befindlichkeit (Gedanken, Gefühle, Wünsche) in einer Situation eindeutig zu äußern, aus Angst, die Wertschätzung zu mißachten, eine Höflichkeitsregel zu verletzen oder sich selbst bloßzustellen. Oder er benutzt das «Gebot der Echtheit» als Vorwand, dem Gesprächspartner seine Befindlichkeit ungefiltert «an den Kopf zu werfen», womöglich noch mit impliziten Schuldzuweisungen (nach dem Motto: ich bin ehrlich, das ist die Realität, die mußt du aushalten). Derartige Reaktionen entsprechen jedoch nicht der gemeinten Echtheit, sondern demonstrieren Überlegenheit und Macht. Zwar ist es aus vielen Gründen notwendig, Gefühle offen zu zeigen, Grenzen aufzuzeigen, Werte zu vermitteln, zu konfrontieren und Konsequenzen zu setzen; doch darf diese Seite der Echtheit das Gegenüber nicht demütigen oder psychisch «vernichten», was leicht geschieht, wenn die Reaktionen einseitig vom eigenen Affekt diktiert werden und die Rücksicht auf das Gegenüber vergessen. Dann wird dem Partner die Wahrheit als «nasser Lappen um die Ohren geschlagen» – anstelle sie ihm «als warmen Mantel um die Schultern zu legen» –, und er wird sie zum Schutz seines Selbstwertgefühles versuchen abzuwehren.

Dem Widerspiegeln der wahrgenommenen Erlebnisinhalte als Ausdrucksform der Einfühlung kommt im Umgang mit geistig behinderten Menschen eine vielfältige Bedeutung zu, selbst wenn das aktive und sogar das passive Sprachvermögen des Gegenübers nur geringfügig ausgebildet ist. Unter der Voraussetzung, daß es in angemessener Weise geschieht, vermittelt die sprachliche Begleitung seiner Handlungen oder das Benennen seiner Empfindungen und Wünsche dem behinderten Menschen das Gefühl, verstanden und angenommen zu sein. Selbst wenn seinen Handlungsimpulsen nicht stattgegeben wird, bedeutet die sprachliche Formulierung doch eine Akzeptanz des zugrundeliegenden Erlebens. Zugleich verhilft sie ihm dazu, seine Empfindungen bewußt wahrzunehmen, einzuordnen und den Zusammenhang zu seinen Reaktionen herzustellen. So wird ihm eine kognitive Klärung seiner Situation ansatzweise ermöglicht, eventuell sogar die Möglichkeit zur punktuellen Steuerung seiner Affekte vermittelt. Schließlich lenkt die sprachliche Begleitung seine Aufmerksamkeit auf das Geschehen, bietet ihm Anregung, sich selbst sprachlich zu artikulieren, und hilft ihm, seinen Wortschatz zu erweitern.

Bei Menschen mit schwerster geistiger Behinderung und/oder schwersten Verhaltensstörungen empfiehlt sich darüber hinaus unter Umständen das Spiegeln auf der Handlungsebene. Das bedeutet, daß die erlebten Zusammenhänge nicht nur verbal kommentiert werden, sondern Verhaltensweisen und Handlungsabläufe wertfrei nachgeahmt werden (z. B. Nachahmung der Körperhaltung, Gestik, Mimik, Lautäußerungen, Atemrhythmus). Die basale Kommunikation wendet dieses Prinzip systematisch an, um kommunikatives Verhalten aufzubauen und die Persönlichkeitsentwicklung anzuregen. Daß jedoch das spiegelnde Nachahmen die Basis der Wertschätzung voraussetzt und – selbst, wenn sie in kritisch erhellender Absicht eingesetzt wird – niemals zum «Nachäffen» degradiert werden darf, bedarf keiner besonderen Betonung. Jede negativ akzentuierte Spiegelung würde das Gegenüber verletzen, demütigen, die Beziehung belasten und das Persönlichkeitswachstum verhindern.

VIII.
Die themenzentrierte Interaktion (TZI) nach *R. Cohn*

Kommunikation findet keineswegs immer in einer Situation statt, in der sich ein Mensch frei dem Anliegen seines Gegenübers (oder der Gruppe) zuwenden kann. Viel häufiger interagieren Menschen im Rahmen von vorgegebenen Zielsetzungen: eine bestimmte Aufgabe soll erledigt werden, eine Arbeit verrichtet, ein aktuelles Thema besprochen werden. Diesem Umstand widmet sich *R. Cohn* in der von ihr entwickelten «themenzentrierten Interaktion». Sie analysiert die Bedingungen, unter denen kommunikative Prozesse, erweitert um die Dimension des «Themas», gelingen können.

1. Der philosophische Hintergrund

Die Grundlage ihrer Überlegungen bildet die philosophische Einsicht, daß der Mensch nur zu begreifen ist in Anerkennung seiner Autonomie und seines Vermögens zu freier Entscheidung. Zugleich bleibt er aber als Teil des universellen Bedingungsgefüges abhängig von allen Gesetzen und verbunden mit allen Geschehnissen des Universums. Seine Handlungen sind folglich keine voraussetzungslosen, willkürlichen Taten, sondern bedingt durch andere Gegebenheiten bzw. Geschehnisse und insofern nicht frei. Da sowohl Freiheit als auch Notwendigkeit oder Gebundenheit bzw. Allverbundenheit zum Begriff des Menschen gehören, da aber Freiheit und Notwendigkeit sich letztlich gegenseitig ausschließen, spricht *R. Cohn* vom «Paradox der Freiheit in Bedingtheit» (*Cohn,* 1980, S. 120). Sie geht davon aus, daß die menschliche Entscheidungsfreiheit durch das Wissen um die universelle Verbundenheit wächst. Zugleich sieht sie dieses Bewußtsein als die Grundlage menschlicher Verantwortung. Die Verantwortung aber bezieht sich auf alles Lebendige. Freie Entscheidung verwirklicht sich verantwortungsvoll, wenn sie der universellen Allverbundenheit Rechnung trägt und das Leben bzw. lebendige Wachstumsprozesse respektiert und unterstützt. Aus dem Paradox der «Freiheit in Bedingtheit» leitet *R. Cohn* für die sachbezogene, kommunikative Situation – die ja nie im luftleeren Raum, sondern immer in einem konkreten, ebenfalls die Situation beeinflussenden Rahmen stattfindet – zwei Postulate ab, die die Kommunikationspartner beherzigen sollten.

2. Die beiden Grundforderungen

«Sei dein eigener Chairman, der Chairman deiner selbst» (S. 120)

Das bedeutet: «Übe dich, dich selbst und andere wahrzunehmen, schenke dir und anderen die gleiche menschliche Achtung, respektiere alle Tatsachen so, daß du den Freiheitsraum deiner Entscheidungen vergrößerst. Nimm dich selbst, deine Umgebung und deine Aufgabe ernst». «Nimm und gib, wie du es verantwortlich für dich selbst und andere willst». (S. 121) Da sich die Freiheit des einzelnen dann sinnvoll verwirklicht, wenn er sich als Individuum und als eingebettet in ein Ganzes begreift, in dem alle Glieder das gleiche Wachstumsrecht besitzen und das Wohlergehen jedes einzelnen Gliedes zu dem der anderen in Beziehung steht, bedeutet Selbstverantwortung und «Selbstvertretung» nie Rücksichtslosigkeit gegenüber den anderen Interaktionspartnern. Vielmehr sind bedingungslose Wertschätzung und Echtheit sowie die Anerkennung der Begrenztheit der eigenen Macht die zugrunde liegenden Haltungen. «Ich bin verantwortlich für meine Anteilnahme und meine Handlungen, nicht aber für die der anderen». (S. 121) Da sich das Verhalten des einzelnen auf die Ganzheit auswirkt, muß er seine Handlungen sowohl in Anbetracht seiner Bedürfnisse als auch ihrer Wirkungen auf die anderen Glieder verantworten können; diese wiederum zeichnen für ihre Antworten und deren Wirkung verantwortlich.

Konkret bedeutet das: Jeder beachtet gleichermaßen seine vielfältigen körperlichen, emotionalen, geistigen und sozialen Bedürfnisse. Ebenso akzeptiert er die der anderen sowie die Erfordernisse der Aufgabe bzw. der Situation. Danach entscheidet er, was und wie er etwas sagen will, ob er das Gespräch in eine andere Richtung lenken oder ob er schweigen will. Er kann es z. B. als notwendig erachten, seinem Gegenüber heftig die Meinung zu sagen. Dann verantwortet er auch dessen Schmerz oder Ärger, nicht aber die Reaktion, mag sein Gegenüber nun zurückschreien, weinen oder sich schweigend abwenden. Denn auch dieser Mensch reagiert aus einem vielfältigen Bedingungsgefüge heraus, und die kränkende Äußerung stellt nur einen Ausschnitt seiner Handlungsbedingungen dar. Zudem besitzt auch er ein gewisses Maß an Entscheidungsfreiheit. Eng verbunden mit dem beschriebenen Postulat ist das folgende:

«Störungen haben Vorrang» (S. 122)

Störungen tauchen ungefragt auf und behindern, wenn sie unausgesprochen bleiben, den Interaktions- oder Arbeitsprozeß, weil sie die Zugewandtheit, Offenheit und Konzentration beeinträchtigen. Darum sollten Störungen bewußt wahrgenommen und, falls sie sich durch ein Gespräch beseitigen lassen, geäußert werden. Dies gilt insbesondere für gesprächs- bzw. aufgabenbezogene Störungen: Verlust des roten Fadens, mangelndes Verständnis, Ermüdung durch zu lange, einseitige Beanspruchung, bewegende Einfälle, Meinungsverschiedenheiten. Es gilt aber auch für aktuelle emotionale Störungen, z. B. Störungen auf der Beziehungsebene zwischen Gruppenmitgliedern. Hat die Störung andere, situationsunabhängige Gründe, z. B. generelle Lern- oder Arbeitsstörungen aufgrund früherer traumatischer Erlebnisse, Beziehungsschwierigkeiten im privaten Bereich, so hilft ein Äußern der Störung nicht weiter. Hier ist es wichtig, andere Wege zu suchen, die es ermöglichen, wieder am Interaktionsgeschehen teilzunehmen. So hilft evtl. ein bewußtes Auf-die-Seite-Stellen, um sich später mit dem Problem zu beschäftigen und unter Umständen fachliche Hilfe aufzusuchen. Manchmal haben die Interessen der anderen Gruppenmitglieder oder die Erfordernisse der Realität, wenn z. B. eine Aufgabe unter Termindruck erledigt werden muß, Vorrang vor den Störungen eines einzelnen. Dies wäre in einem kurzen Gespräch zu klären.

Konkret bedeutet das zweite Postulat: Ein Gruppenmitglied, das eine Frage hat, eine Aussage oder ein Verhalten nicht akzeptieren kann, keinen Bezug zum Inhalt findet, die gewählte Arbeitsform für ungünstig hält etc., sollte das Gespräch bzw. die Tätigkeit unterbrechen und seine Störung «anmelden». Denn ein «Abwesender» verliert nicht nur die Möglichkeit, seine Interessen in der Gruppe zu verfolgen, sondern er bedeutet auch einen Verlust für die ganze Gruppe. Wenn die Störung behoben ist, wird das unterbrochene Gespräch entweder wieder aufgenommen oder einem momentan wichtigeren Platz machen. Eine derartige Anmeldung von Störungen dient somit dem einzelnen und dem gesamten Gruppenprozeß und ist eine Form, in der sich die Chairman-Funktion erfüllen kann.

3. Die Hilfsregeln

Den beiden Postulaten stellt *Cohn* neun Hilfsregeln zur Seite, die zu deren Verwirklichung beitragen sollen.

1. «Vertritt dich selbst in deinen Aussagen; sprich per «Ich» und nicht per «Wir» oder per «Man» (S. 124)

Begründung: Es ist sehr leicht, sich hinter «Man-» und «Wir-»Sätzen zu verstecken und die Verantwortung für die eigene Meinung auf eine anonyme Allgemeinheit abzuwälzen. Außerdem wird bei «Wir-Aussagen» die Zustimmung der anderen Gruppenmitglieder häufig ungeprüft und fälschlich vorausgesetzt.

2. «Wenn du eine Frage stellst, sage, warum du fragst und was deine Frage für dich bedeutet. Sage dich selbst aus und vermeide das Interview.» (S. 124)

Fragen sollten echt sein, d.h. dem Bedürfnis nach Information und Verständnis entspringen, um den Prozeß zu fördern. Unechte Fragen sind eine Methode, sich und seine Meinung nicht zu zeigen. Außerdem können sie inquisitorisch wirken und den anderen in die Enge treiben.

3. «Sei authentisch und selektiv in deinen Kommunikationen. Mache dir bewußt, was du denkst und fühlst, und wähle, was du sagst und tust». (S. 125)

Damit Äußerungen und Handlungen verantwortet werden können, müssen sie bewußt und absichtsvoll erfolgen. Das bedeutet auch, daß anonyme Gruppennormen, verinnerlichte elterliche Gebote oder spontane Bedürfnisse nicht unreflektiert befolgt werden dürfen. Vielmehr sollte überprüft werden, ob sie hinreichend die eigene Gesamtbefindlichkeit ausdrücken. (Stimme ich dem Geschehen mit den mir wesentlichen Teilen meiner Person zu?) Darüber hinaus ist es wichtig, sich über die eigene Vertrauensbereitschaft und die vermutliche Verständnisfähigkeit der anderen klar zu werden. Dieser Einsicht sollte der Grad der persönlichen Offenheit der Mitteilungen entsprechen. Durch eine solcherart gefilterte und zugleich echte Kommunikation wird schrittweise Vertrauen aufgebaut, so daß das Filtern allmählich an Bedeutung verliert.

4. «Halte dich mit Interpretationen von anderen so lange wie möglich zurück. Sprich stattdessen deine persönlichen Reaktionen aus». (S. 125)

Interpretationen dienen meistens zur Selbstbestätigung und ermöglichen dem Sprecher zugleich eine emotionale Distanz. Darum blockieren sie – anders als eine direkte persönliche Reaktion (z.B. die Äußerung eines Wunsches) – häufig die lebendige Interaktion.

5. «Sei zurückhaltend mit Verallgemeinerungen». (S. 126)

Aufgrund ihres «abschließenden Charakters» – ihnen ist schwer etwas hinzuzufügen – unterbrechen sie den Interaktionsprozeß. Folglich sind sie, ebenso wie Zusammenfassungen, insbesondere dann am Platz, wenn im Gesprächsverlauf eine Zäsur gesetzt werden soll.

6. «Wenn du etwas über das Benehmen oder die Charakteristik eines anderen Teilnehmers aussagst, sage auch was es dir bedeutet, daß er so ist, wie er ist (d.h. wie du ihn siehst)». (S. 126)

Eine Rückmeldung (feed-back) ist die Äußerung einer persönlichen Meinung und nicht einer allgemeingültigen Wahrheit. Sie sollte nicht bewertend oder normativ erfolgen und keine Schuldzuweisungen enthalten, sondern ein Bericht der subjektiven Wahrnehmung und der persönlichen (begründeten) Reaktion darauf sein. Andernfalls besteht die Gefahr, daß das feed-back zum methodisch legitimierten Angriff («ich werde doch wohl noch meine Empfindungen mitteilen dürfen!») und zum Ablenkungsmanöver wird.

7. «Seitengespräche haben Vorrang. Sie stören und sind meist wichtig. Sie würden nicht geschehen, wenn sie nicht wichtig wären (vielleicht wollt ihr uns erzählen, was ihr miteinander sprecht?)» (S. 126)

Es ist wichtig, die Möglichkeit zu geben, persönliche Reaktionen in den Gruppenprozeß einzubringen und zugleich zu vermeiden, daß Teilnehmer sich vom Gesamtgeschehen abkoppeln.

8. «Nur einer zur gleichen Zeit bitte». (S. 127)

Niemand kann mehrere verbale Äußerungen zur gleichen Zeit aufnehmen und verarbeiten. Deshalb müssen sie nacheinander erfolgen.

9. «Wenn mehr als einer gleichzeitig sprechen will, verständigt euch in Stichworten, über was ihr zu sprechen beabsichtigt». (S. 127)

Diese Vorgehensweise kann individuelle, aber auch mehrheitliche Bedürfnisse berücksichtigen und verhilft zu klaren Gruppenentscheidungen, indem eine Themen- oder Sprecherfolge bestimmt wird. Die Funktion dieser Regeln ist, konkrete Anwendungsformen der beiden grundlegenden Postulate aufzuzeigen. In dieser dienenden Absicht erfüllt sich ihr Zweck. Wird ihre Durchführung um ihrer selbst willen gefordert, d. h. werden sie absolut gesetzt, verkehrt sich ihre Wirkung leicht in ihr Gegenteil, und sie werden zum Machtmittel, mit dem man weniger geschulte Gesprächsteilnehmer bevormunden und unterdrükken kann. Aus diesem Grunde sollten die Hilfsregeln vorwiegend der Selbstüberprüfung dienen, nicht aber ihre Erfüllung von den Gesprächspartnern gefordert werden.

4. *Aspekte der Anwendung*

Für Betreuer geistig behinderter Menschen liegt die Bedeutung der themenzentrierten Interaktion in zwei Bereichen:

Erstens erleichtern die dargestellten Gesichtspunkte den Umgang der Kollegen untereinander, z. B. bei Team- oder Fallgesprächen, indem sie zeigen, wie sachbezogene, individuelle und gemeinschaftliche Gesichtspunkte gleichermaßen berücksichtigt werden können. Zugleich verdeutlichen sie mögliche Gesprächs-Hemmnisse und weisen Wege auf, diese zu überwinden.

Zweitens besteht die Bedeutung der TZI für Eltern und Betreuer vorwiegend in einer Wahrnehmungsschulung: wie ist mein eigener Interaktionsstil, und wie wirkt er sich auf das Verhalten der Gemeinschaft aus? Menschen mit geistiger Behinderung können nur in beschränktem Ausmaß ihre Chairman-Funktion ausfüllen. Die Bezugsperson sollte sich etwa folgende Fragen stellen: Respektiere ich ihre manchmal unbeholfenen Versuche, sich selbst einzubringen? Unterstütze ich sie in ihren individuellen Belangen? Erfülle ich die Position des «Gruppen-Chairman», ohne individuelle Bedürfnisse mehr als unvermeidbar zu unterdrücken? Wie gehe ich mit anfallenden Störungen um? Inwieweit gelingt es, Störungen aufzufangen und die «Störenfriede» wieder konstruktiv in den Interaktionsprozeß einzubeziehen? Wie weit gelingt es mir, die Hilfsregeln förderlich einzusetzen? Wie weit bin ich für die behinderten Menschen durch meine persönlichen Reaktionen als wertschätzend, echt, vertrauenswürdig, transparent erfahrbar? Wo verstecke ich mich hinter allgemeinen Normen oder Redensarten, wo urteile ich interpretierend, wo demonstriere ich Macht, indem ich ein klassifizierendes Feedback gebe oder indem ich ohne konkrete Notwendigkeit auf die Einhaltung von Regeln dringe? Inwieweit bin ich aber auch mein eigener Chairman und nehme meine eigene Befindlichkeit, meine Bedürfnisse sowie meine Grenzen wahr und an, oder wo überfordere ich mich ständig? Sorge ich angemessen für mein eigenes Wohlergehen?

Diese Fragen mögen zur Selbstreflexion anregen. Wenn allmählich die intendierten Grundhaltungen – die, wie vielleicht deutlich wurde, mit den von *Rogers* geforderten Variablen übereinstimmen – verinnerlicht werden, so behindern sie auch ein spontanes Gesprächsverhalten nicht mehr. Integriert in die jeweilige Persönlichkeit, werden sie vielmehr ihre positive Kraft entfalten und befriedigende, aufbauende Interaktionsprozesse ermöglichen.

IX.
Zusammenfassung: Gelungene Kommunikation

Abschließend seien die von *Schulz von Thun, Rogers und Cohn* geforderten Einstellungen, die wachstumsfördernde Gespräche ermöglichen, noch einmal zusammengefaßt:

Der Gesprächspartner, das besprochene Thema und die eigene Person sind gleichermaßen ernst zu nehmen. Das Ernstnehmen äußert sich in der Bereitschaft, echt – d. h. der Wahrheit der Situation entsprechend und in angemessener Offenheit – zu reagieren, auf den Partner einzugehen, seine Empfindungen zu verstehen und zu akzeptieren. Die Grundhaltungen verwirklichen sich durch aktives, aufmerksames und annehmendes Zuhören, ein Zuhören, dessen Hauptanliegen darin besteht, die jeweils zentrale der vielfältig möglichen Botschaften zu erfassen. Diesem Ziel dienen methodisch

- die Informationssuche durch Fragen, die bezwecken, das Verstehen zu vertiefen,
- das Paraphrasieren des verstandenen Inhaltes und
- das Verbalisieren der emotionalen Erlebnisinhalte,
- die Bereitschaft, sich vom Gesprächspartner im Verstehen korrigieren zu lassen, sowie
- das Mitteilen der eigenen Gefühle.

Auf diese Weise können Diskrepanzen in der Kommunikation gering gehalten oder zumindest schnell erkannt werden, und die Chancen, Unstimmigkeiten zu klären, erhöhen sich beträchtlich.

Nachwort

Mit dem Überblick über die Fragen der gelungenen und gestörten Kommunikation sei die Einführung in die Entwicklung der Persönlichkeit abgeschlossen. Selbstverständlich könnten noch weitere Schwerpunktthemen erörtert werden, doch würden sie keine wesentlich neuen Gesichtspunkte zu den bisherigen Erkenntnissen beitragen, sondern lediglich die hinlänglich wiederholte Grundeinsicht bestätigen: Für die Entfaltung der geistig behinderten Persönlichkeit sind dieselben psychischen Funktionen bedeutsam wie für diejenige des «normal Begabten». Außerdem unterliegen die psychischen Prozesse beider grundsätzlich denselben Bedingungen. So müssen z. B. bei behinderten wie bei nichtbehinderten Menschen prinzipiell dieselben Voraussetzungen erfüllt sein, um die Symbolfunktion zu erwerben; die Sprachfähigkeit entwickelt sich nach demselben Muster, auch das Lernen und die Ausbildung des Denkens folgen denselben Gesetzen, die Ich-Funktionen, das Gewissen, die Beziehungsfähigkeit, kurz alle psychischen Strukturen bedürfen zu ihrer Herausbildung vergleichbarer Gegebenheiten.

Die dargestellte Ähnlichkeit stellt die psychische Nähe zwischen dem beeinträchtigten und «normal begabten» Menschen her, sie erlaubt ein grundlegendes Verständnis.

Dennoch gilt auch, daß der geistig Behinderte «anders» ist, und zwar in solchem Ausmaß, daß das «kognitive Anderssein» *(M. Thalhammer)* als bestimmendes Merkmal der geistigen Behinderung überhaupt angesehen werden kann. Durch seine Andersartigkeit befremdet der geistig behinderte Mensch den sogenannten «normalen» Menschen zunächst. Doch sie bezieht sich nicht auf die psychische Struktur überhaupt, auf die «Zusammensetzung» und «Wirkungsweise» der einzelnen Funktionen, sondern auf deren unterschiedliche Ausprägungsgrade. Neben der stets vorhandenen Beeinträchtigung der kognitiven wie der emotionalen Funktionen (durch die die Definition der geistigen Behinderung als «Schwäche der Gesamtseelenstruktur» *(H. Hanselmann/P. Moor)* nahegelegt wird) können bei geistig behinderten Menschen die Entwicklungsebenen der einzelnen Fähigkeiten deutlich stärker voneinander abweichen als bei normalbegabten. Diese außerordentliche Variationsbreite findet ihren Niederschlag in dem Reichtum der Erscheinungsformen der geistigen Behinderung.

Die Beschäftigung mit den psychischen Prozessen geistig behinderter Menschen erleichtert nicht nur das Verständnis und den angemessenen

Umgang mit ihnen, sie bildet nicht nur die Voraussetzung für eine wirkungsvolle Entwicklungsförderung und befriedigende Beziehungen, sondern sie gewährt auch besonders deutliche Einblicke in die Bedingungen der psychischen Entfaltung überhaupt. Insofern dient sie in hervorragendem Maße der psychischen Selbsterkenntnis. In diesem Zusammenhang ist das Motto des Buches zu verstehen: «Tua res agitur» – es geht um deine Sache.

Solche Sichtweise wirft natürlich ein neues Licht auf die Einschätzung der geistigen Behinderung überhaupt: Das sogenannte «Normale» ist dem sogenannten «Behinderten» nicht nur über die vorgestellte Teilhabe an einem abstrakt Menschlichen – über die Tatsache, daß dieser wie jener von Menschen gezeugt und geboren wurde – verbunden, die Nähe zu ihm stellt sich nicht nur her über die Einsicht, daß das Los der Behinderung als Folge eines Unfalls oder einer Krankheit jeden Menschen treffen kann und daß es nicht sein Verdienst ist, wenn er von solchem Geschick verschont bleibt. Sie verwirklicht sich auch nicht, indem der Behinderte zum beruflichen oder privaten Objekt, d. h. zum Behandlungsgegenstand, für die sozialen Triebe des «Nicht-Behinderten» wird. Vielmehr stellen Betroffenheit und Nähe sich ein und werden unmittelbar erfahrbar durch die einfühlsame Beobachtung und annehmende Begegnung. Durch sie wird dem sogenannten Normalen ein verfremdender Spiegel und oftmals eine Lupe vorgehalten, die ihn auf sich selbst und seine Existenzbedingungen verweisen. Weil sie die Chance zu derartiger Selbstbegegnung eröffnen, deshalb dürfen behinderte Menschen nicht vom alltäglichen Leben ausgegrenzt und in ghettoähnlichen Institutionen untergebracht werden. Die Forderung, sie in die Gesellschaft zu integrieren, indem sie in kleinen Lebensgemeinschaften und gemeindenahen Einrichtungen wohnen, als Kinder Regelkindergärten und -schulen besuchen und als Erwachsene weitmöglichst am öffentlichen Leben teilnehmen, entspringt mithin nicht einer übertriebenen Nächstenliebe oder einem übersteigerten Sinn für soziale Gleichwertigkeit und Gerechtigkeit. Vielmehr trägt sie der Einsicht Rechnung, daß geistig Behinderte anderen Menschen ein reiches Erfahrungsfeld eröffnen und deshalb wichtige Mitglieder einer Gesellschaft sind, die sich als differenziert und human versteht.

Literaturverzeichnis

Affolter, Félicie: Wahrnehmung, Wirklichkeit und Sprache. Villingen-Schwenningen 1987

Anstalt Stetten (Hrsg.): Sexualität und Partnerschaft im Zusammenleben geistig behinderter Menschen. Sexualpädagogische Konzeption der Anstalt Stetten, Karnen i. R. 1972

Atzesberger, Michael: Sprachaufbauhilfe bei geistig behinderten Kindern. 2. Aufl. Berlin-Charlottenburg 1970

Ayres, A. Jean: Bausteine der kindlichen Entwicklung. Die Bedeutung der Integration der Sinne für die Entwicklung des Kindes. 2. Aufl. Berlin, Heidelberg 1992

Brocher, Tobias: Stufen des Lebens. Stuttgart 1977

Bruner, Jerome: Wie das Kind sprechen lernt. Bern 1987

Cohn, Ruth: Von der Psychoanalyse zur themenzentrierten Interaktion. 11. Aufl. Stuttgart 1992

Drever, James; Fröhlich, Werner D.: dtv Wöterbuch zur Psychologie. 3. Aufl. München 1970

Elhardt, Siegfried: Tiefenpsychologie. Eine Einführung. 12. Aufl. Stuttgart

Erikson, Erik H.: Identität und Lebenszyklus. Frankfurt 1976

Fraiberg, Selma: Die magischen Jahre in der Persönlichkeitsentwicklung des Vorschulkindes. Reinbek bei Hamburg 1972

Freud, Sigmund: Abriß der Psychoanalyse. Das Unbehagen in der Kultur. 44. Aufl. Frankfurt 1993

Fröhlich, Andreas: Basale Stimulation. Düsseldorf: Berufsverband für spastisch Gelähmte und andere Körperbehinderte. Düsseldorf 1991

Fröhlich, Andreas (Hrsg.): Wahrnehmungsstörungen und Wahrnehmungstraining bei Körperbehinderten. 7. Aufl. Rheinstetten 1992

Hanselmann, Heinrich: Einführung in die Heilpädagogik. 9. Aufl. Erlenbach-Zürich, 1976

Hartmann, Heinz: Ich-Psychologie. Studien zur psychoanalytischen Theorie. Stuttgart 1972

Herzka, Heinz Stefan: Das Kind von der Geburt bis zur Schule. 6. Aufl. Basel 1984

Jung, Carl Gustav: Die Beziehung zwischen dem Ich und dem Unbewußten. Gesammelte Werke, Bd. 7, Olten 1966

Kail, Robert; Pellegrino, James W.: Menschliche Intelligenz. 2. Aufl. Heidelberg 1989

Kaplan, Louise J.: Die zweite Geburt. Die ersten Lebensjahre des Kindes. 7. Aufl. München 1993

Kaplan, Louise J.: Abschied von der Kindheit. Eine Studie über die Adoleszenz. 2. Aufl. Stuttgart 1991

Kast, Verena: Trauern. Phasen und Chancen des psychischen Prozesses. Stuttgart 1982

Kohlberg, Lawrence: Zur kognitiven Entwicklung des Kindes. Frankfurt 1974

Kohnstamm, Rita: Praktische Kinderpsychologie. Eine Einführung für Eltern, Erzieher und Lehrer. 3. Aufl. Bern, Stuttgart 1990

Kohut, Heinz: Die Heilung des Selbst. Frankfurt 1979

Kübler-Ross, Elisabeth: Interviews mit Sterbenden. 16. Aufl. Gütersloh 1992

Legewie, Heiner; Ehlers, Wolfram: Knaurs moderne Psychologie. München 1992

Mahler, Margaret M. et al.: Die psychische Geburt des Menschen. Symbiose und Individuation. Frankfurt 1978

Mayring, Philipp; Saup, Winfried (Hrsg.): Entwicklungsprozesse im Alter. Stuttgart 1990

Mentzos, Stavros: Neurotische Konfliktverarbeitung. Eine Einführung in die psychoanalytische Neurosenlehre unter Berücksichtigung neuer Perspektiven. 10. Aufl. Frankfurt 1992

Merkens, Luise: Aggressivität im Kindes- und Jugendalter. Entstehung, Ausdrucksformen, Interventionen. München, Basel 1989

Mertens, Wolfgang: Psychoanalyse. 4. verb. Aufl. Stuttgart 1992

Moor, Paul: Heilpädagogische Psychologie (2 Bde). 4. Aufl. Bern, Stuttgart 1974

Nickel, Horst: Entwicklungspsychologie des Kindes- und Jugendalters. 4. Aufl. Bern, Stuttgart 1982

Oerter, Rolf; Montada, Leo: Entwicklungspsychologie. 2. Aufl. München, Weinheim 1987

Oy, Maria Clara von; Sagi, Alexander: Lehrbuch der heilpädagogischen Übungsbehandlung. 9. Aufl. Heidelberg 1992

Piaget Jean: Psychologie der Intelligenz. 3. Aufl. Stuttgart 1992

Riemann, Fritz: Grundformen der Angst. Eine tiefenpsychologische Studie. München, Basel 1993

Rogers, Carl R.: Therapeut und Klient. Grundlagen der Gesprächspsychotherapie. 7. Aufl. Frankfurt 1992

Schenk-Danzinger, Lotte: Entwicklungspsychologie. 21. Aufl. Wien 1991

Schreiber, Hermann: Die Krise in der Mitte des Lebens. Bergisch Gladbach 1980

Schuchardt, Erika: Krise als Lernchance. Düsseldorf 1985

Schulz von Thun, Friedemann: Miteinander reden. Störungen und Klärungen. Psychologie der zwischenmenschlichen Kommunikation. Reinbek 1981

Speck, Otto; Thalhammer, Manfred: Die Rehabilitation der Geistigbehinderten. München, Basel 1974

Speck, Otto (Hrsg.): Erwachsenenbildung bei geistiger Behinderung. München 1982

Sporken, Paul (Hrsg.): Geistig Behinderte, Erotik und Sexualität. Düsseldorf 1974

Sporken, Paul; Jakobi, Volker; van der Arend, Arie: Die Sexualität im Leben geistig Behinderter. Düsseldorf 1980

Sporken, Paul: Hast du denn bejaht, daß ich sterben muß? Eine Handreichung für den Umgang mit Sterbenden. 4. Aufl. Düsseldorf 1992

Stengel, Ingeburg: Sprachschwierigkeiten bei Kindern. Früherkennung und Hilfe bei Sprachstörungen und verzögerter Entwicklung. 8. Aufl. Stuttgart 1993

Szagun, Gisela: Sprachentwicklung beim Kind. 4. Aufl. Weinheim 1991

Thomas, Klaus: Abriß der Entwicklungspsychologie. Die Lebensphasen des Menschen von der Zeugung bis zum Sterben. Freiburg 1979

Walter, Joachim (Hrsg.): Sexualität und geistige Behinderung. 3. Aufl. Heidelberg 1992

Walter, Joachim; Hoyler- Hermann, Annerose: Erwachsensein und Sexualität in der Lebenswirklichkeit geistigbehinderter Menschen. Heidelberg 1987

Watzlawick, Paul u. a.: Menschliche Kommunikation. Formen, Störungen, Paradoxien. 8. Aufl. Bern, Stuttgart 1990

Wechsler, David: Die Messung der Intelligenz Erwachsener. 3. Aufl. Stuttgart 1964

Wirsing, Kurt: Psychologisches Grundwissen für Altenpflegeberufe. 3. Aufl. Weinheim, Basel 1987

Zimbardo, Phillip G.: Psychologie. Eine Einführung für Studenten der Psychologie, Medizin und Pädagogik. 5. neubearb. Aufl. Berlin, Heidelberg 1992

Zimmer, Katharina: Das Leben vor dem Leben. Die seelische und körperliche Entwicklung im Mutterleib. 4. Aufl. München 1992

Zimmer, Katharina: Das wichtigste Jahr. Die seelische und körperliche Entwicklung im ersten Lebensjahr. 4. Aufl. München 1993

Zimmer, Katharina: Schritte ins Leben. Die seelische und körperliche Entwicklung von Kleinkindern. 2. Aufl. München 1992

Register

Anzeigen